抗日战争档案汇编

满铁与七七事变档案汇编

6

辽宁省档案馆 编

中華書局

本册目录

十六、经理部

十七、地方部

十八、产业部

十九、地质调查所

二十、其他机关

二十一、附录

（一）关东军感谢信

（二） 陆军感谢信

（三） 海军感谢信

（四）医院感谢信

十六、经理部

财务部长关于整理华北汽车公司派遣社员特殊薪金事致天津事务所庶务课长的函（一九三七年七月二日）

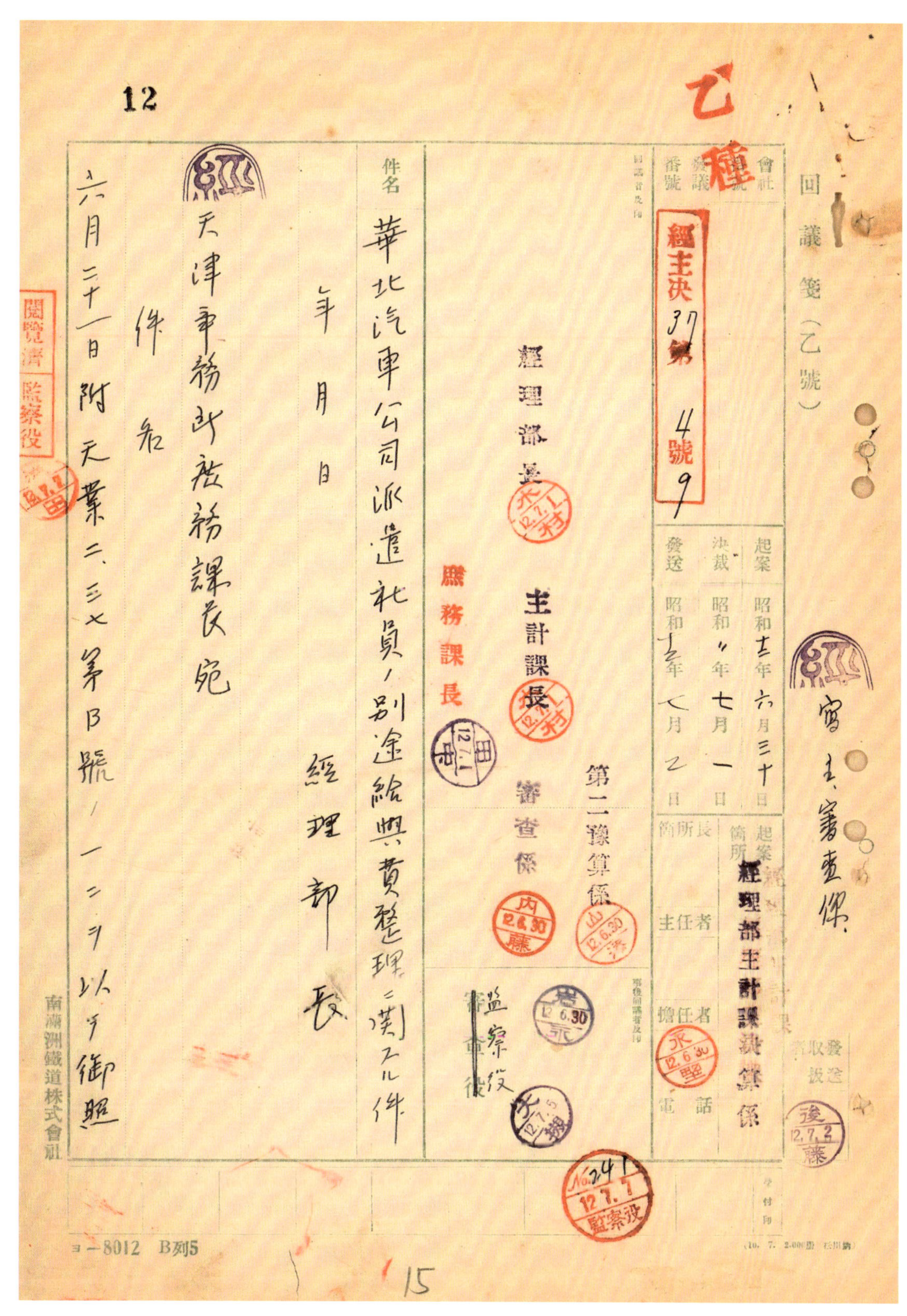

12

乙種

回議箋（乙號）

會社番號 發議番號

經主決37第4號9

起案 昭和十二年六月三十日
決裁 昭和〃年七月一日
發送 昭和十二年七月二日

經理部長

主計課長

庶務課長

審查係

第二豫算係

起案箇所 經理部主計課決算係

監察役

件名 華北汽車公司派遣社員ノ別途給與費整理ニ關スル件

年月日

經理部長

天津事務所庶務課長宛

件名

六月二十一日附天業二、三七第13號ノ一二ヲ以テ御照

閲覧濟 監察役

南滿洲鐵道株式會社

ヨ－8012 B列5

15

13

會ノ首題ノ件ニ關シテハ総主決三三第五號七七「鐵路總局又ハ社外ヘ出張シタル社員ノ費用整理方」ニ準ジ左記別途給與費割掛率ニ依リ整理相成度

別途給與費割掛率

一、賞與金

(イ)月俸社員

本俸一五〇円以上者　請求俸給額ノ五割八分額

〃 一五〇円未満八〇円以上者　〃 五割額

〃 八〇円未満者　〃 四割二分額

(ロ)日給社員

雇員　請求給料額ノ二割二分額

傭員　〃 一割六分額

二、社宅費

南滿洲鐵道株式會社

ヨ-0003　B列5　(12. 3. 15,000冊 滿日社納)

16

(イ) 月俸社員 有家族者 請求俸給額ノ七割額

単身者 〃 ノ三割五分額

(ロ) 雇傭員 有家族者 請求給料額ノ七割額

単身者 〃 ノ三割五分額

三、退職慰労金

(イ) 月俸社員 請求俸給額ノ五割五分額

(ロ) 雇員 請求給料額ノ一割六分額

(ハ) 傭員 〃 九分額

備考

社宅費ハ天津在勤者ニ対スル散宿料支給率ニ依ルモノトス

以上

「鉄路総局又ハ社外ヘ出張シタル社員ノ費用整理方」ニ於テハ社宅費ハ月俸者ニ於テハ俸給額ノ三割、雇傭員

南満洲鐵道株式會社

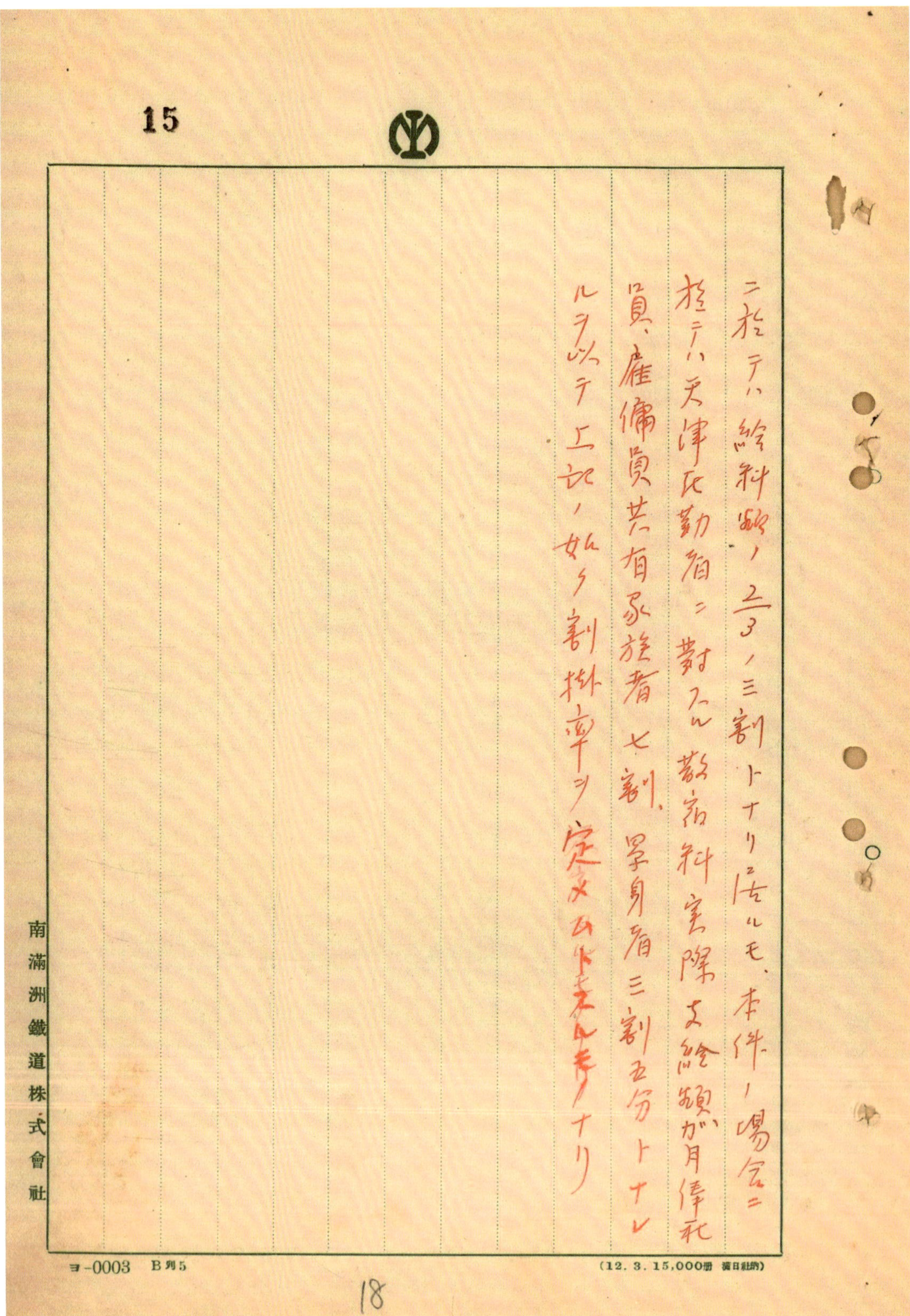
15

ニ於テハ給料額ノ2/3ノ三割トナリ居ルモ、本件ノ場合ニ
於テハ天津在勤者ニ對スル散宿料実際支給額ガ月俸乃
員、雇傭員共有家族者七割、單身者三割五分トナレ
ルヲ以テ上記ノ如ク割掛率ヲ定メ置クトスル考ナリ

南滿洲鐵道株式會社

ヨ-0003 B列5 (12.3.15,000册 濱日納)

18

财务部长关于购买联络用跨斗事致天津事务所长的电文（一九三七年七月二十八日）

40

打電濟

電報回議箋

文書番號	
指定	ウナ○ニカ○ムニ○ヨイ
電報番號	
起案	昭和12年7月28日　時　分
決裁	昭和　年　月　日　時　分
發電	昭和12年7月28日10時10分
回議者印	經理部長　主計課長　庶務課長　庶務係
件名	連絡用「サイドカー」購入ノ件
宛名	天津事務所長
發信者	經理部長
起案箇所	經理部主計課第二豫算係
箇所長	
主任者	
擔任者	
電請	2267
發電取扱者印	

電見「サイドカー」購入承知ス　正式追加手續セラレ度
事業費ハ事變費ノ整理ヲナサザルニ付、支出ノ都度事前申請
セラレ度シ

南滿洲鐵道株式會社

ヨー8016　B列5

(9. 7. 3.000)

41

财务部长关于购买无线电整流机事致天津事务所长的电文（一九三七年七月三十日）

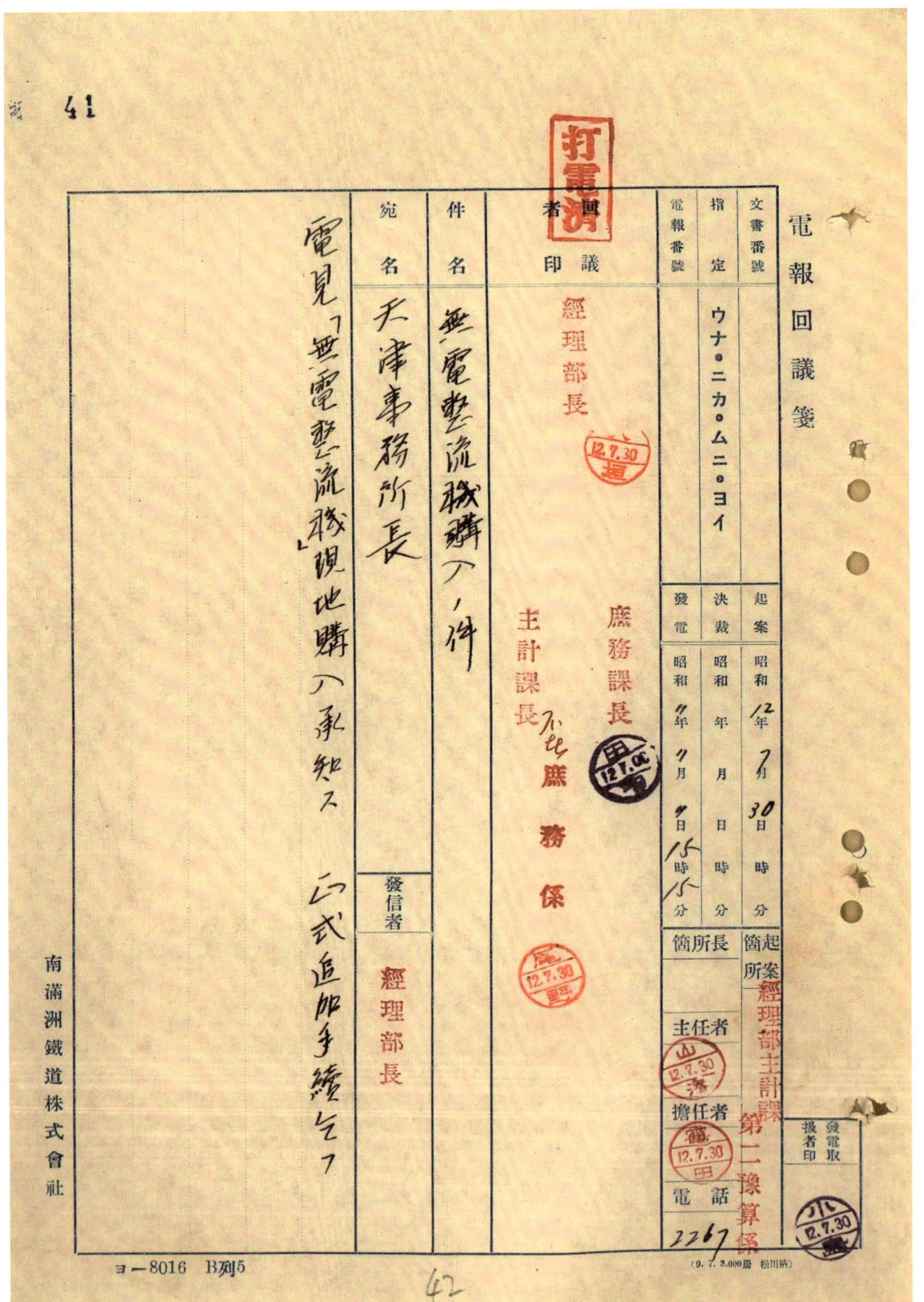

41

打電済

電報回議箋

文書番號 | 指定 ウナ・ニカ・ムニ・ヨイ | 電報番號

起案 昭和12年7月30日 時 分
決裁 昭和 年 月 日 時 分
發電 昭和 年 月 日 時 分

起案箇所 經理部主計課第二豫算係
箇所長
主任者
擔任者
電話 2267

興議者印 經理部長 庶務課長 主計課長 庶務係

件名 無電整流機購入ノ件

宛名 天津事務所長

發信者 經理部長

電見「無電整流機現地購入」承知ス 正式追加手續セヨ

南滿洲鐵道株式會社

ヨ—8016 B列5

42

财务部长关于七七事变费用旬报事致总裁室庶务课长、铁道总局财务局长、天津事务所庶务课长的函（一九三七年八月五日）

31

航空便

乙種

回議箋（乙號）

經主決37第4號13

起案 昭和12年8月5日
決裁 昭和 年 月 日
發送 昭和12年8月10日

起案箇所 經理部主計課決算係

經理部長
主計課長
庶務係

件名 北支事変費旬報ニ關スル件

本旬報及月報ハ従来事変費ニ従ヒ？スルコト

總裁室庶務課長
鉄道総局経理局長
天津事務所庶務課長

經理部長

日附

件名

完

ヨー8012 B列5

36

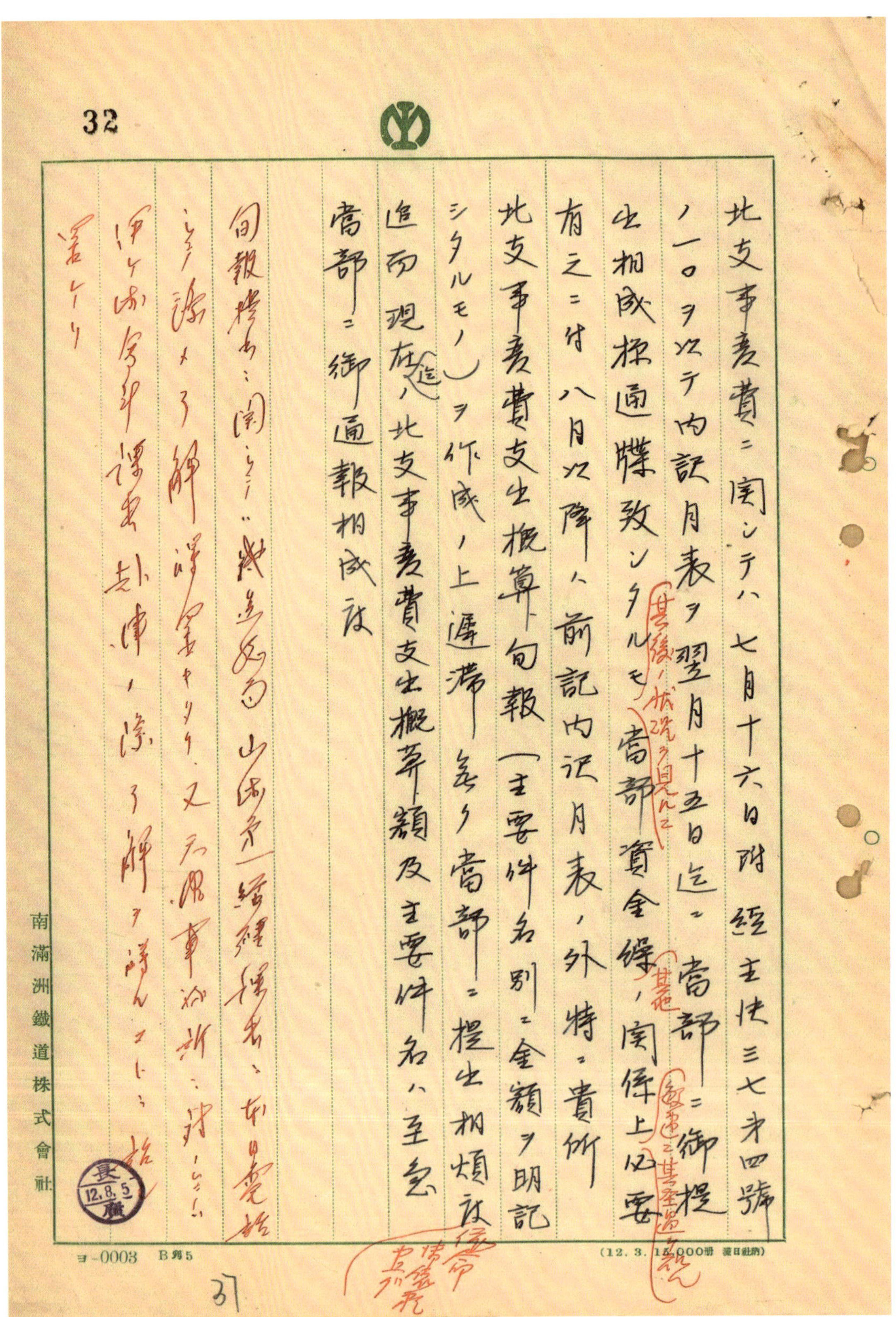

32

北支事変費ニ関シテハ七月十六日附経主庶三七第四号

ノ一ロヲ以テ内訳月表ヲ翌月十五日迄ニ当部ニ御提

出相成様通牒致シタルモ（其後ノ状況ヲ見ルニ）当部資金係ノ関係上必要

有之ニ付八月以降ハ前記内訳月表ノ外特ニ貴所

北支事変費支出概算旬報（主要件名別ニ金額ヲ明記

シタルモノ）ヲ作成ノ上遅滞無ク当部ニ提出相煩度

追而現在迄ノ北支事変費支出概算額及主要件名ハ至急

当部ニ御通報相成度

旬報様式ニ関シテハ鉄道総局山内氏ト経理係長ト協議

シ了解済ナリ。又天津事務所ニ対シテハ

伊木氏会計課長本件天津ノ係ト了解ヲ得ラレタルニ付

置クモノナリ

長 12.8.5

南滿洲鐵道株式會社

ヨ-0003 B列5 （12.3.15,000冊 濱日組製）

37

财务部长关于制定特殊生产资料制造的整理科目事致中央试验所长的函（一九三七年八月十九日）

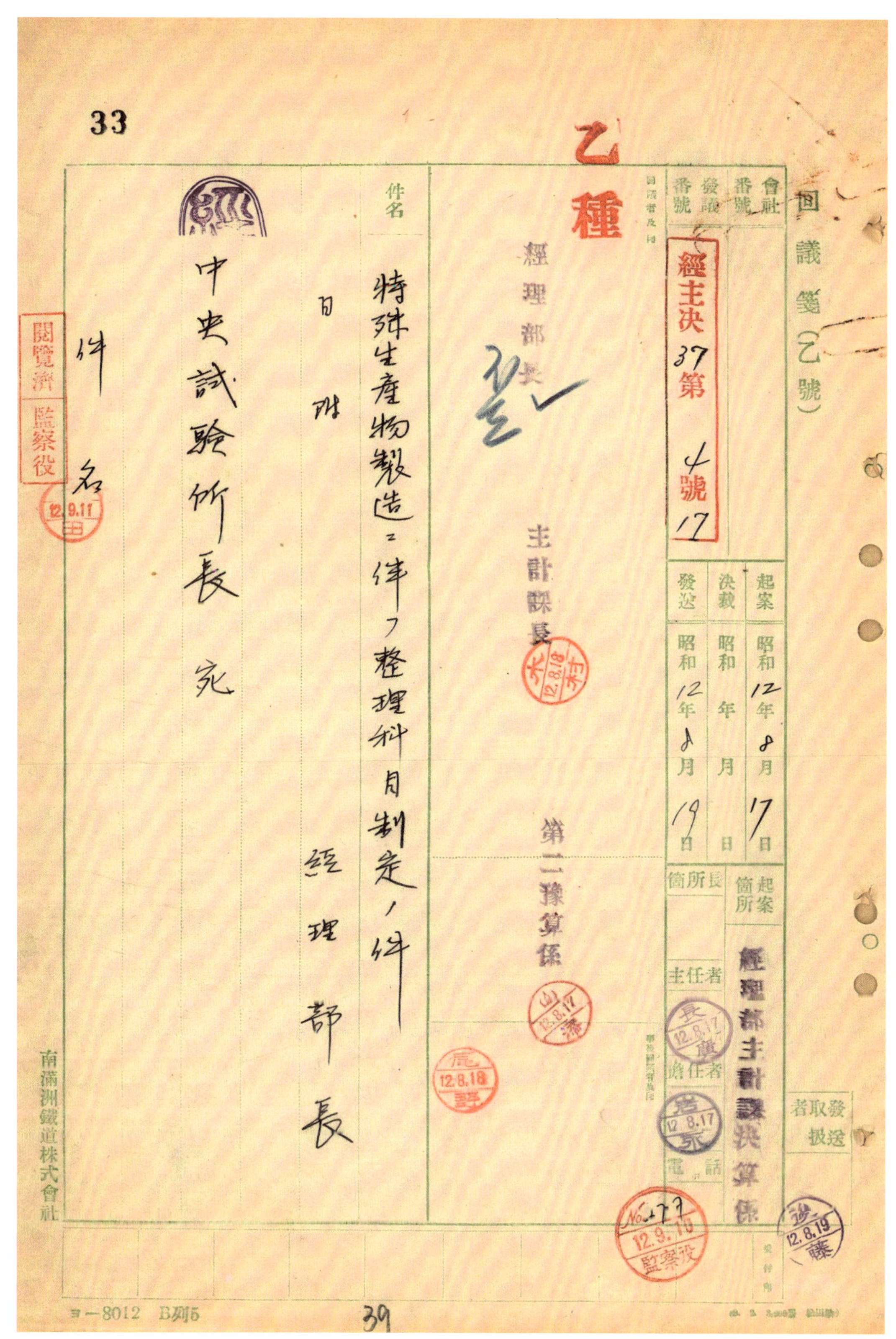

33

乙種

回議箋（乙號）

經理部長

主計課長

第二豫算係

經主決37第4號17

起案 昭和12年8月17日
決裁 昭和年月日
發送 昭和12年8月19日

起案箇所 經理部主計課決算係

件名 特殊生産物製造ニ伴フ整理科目制定ノ件

日附

經理部長

中央試驗所長 宛

件名

閲覽濟 監察役

南滿洲鐵道株式會社

ヨー8012 B列5

39

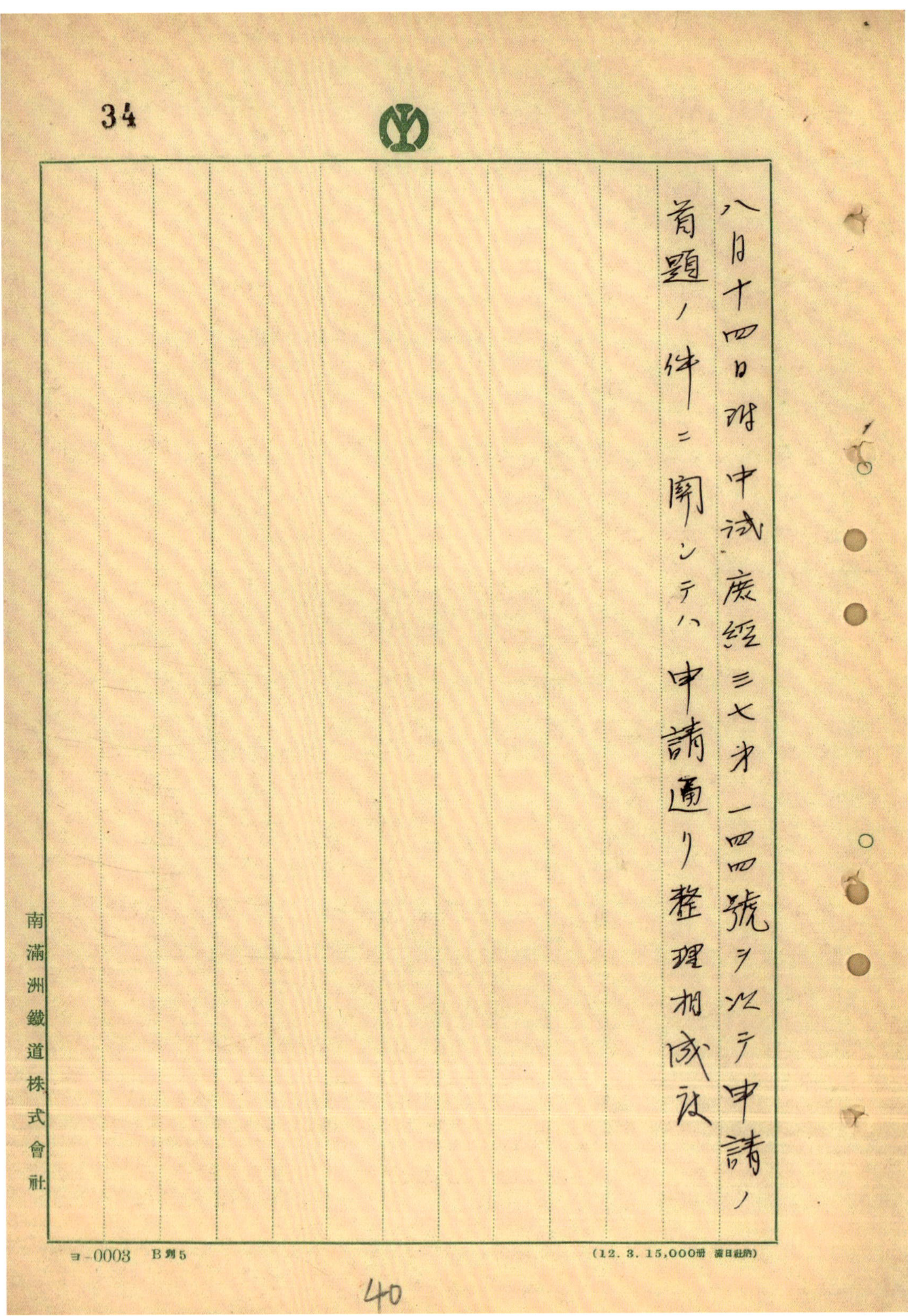

34

八月十四日附中試庶經三七第一四四號ヲ以テ申請ノ
首題ノ件ニ關シテハ申請通リ整理相成度

南滿洲鐵道株式會社

ヨ-0003 B列5 (12. 3. 15,000冊 滿日社印)

40

财务部长关于北支事务局设置特殊会计相关账目整理事致各决算分管所长的函（一九三七年九月四日）

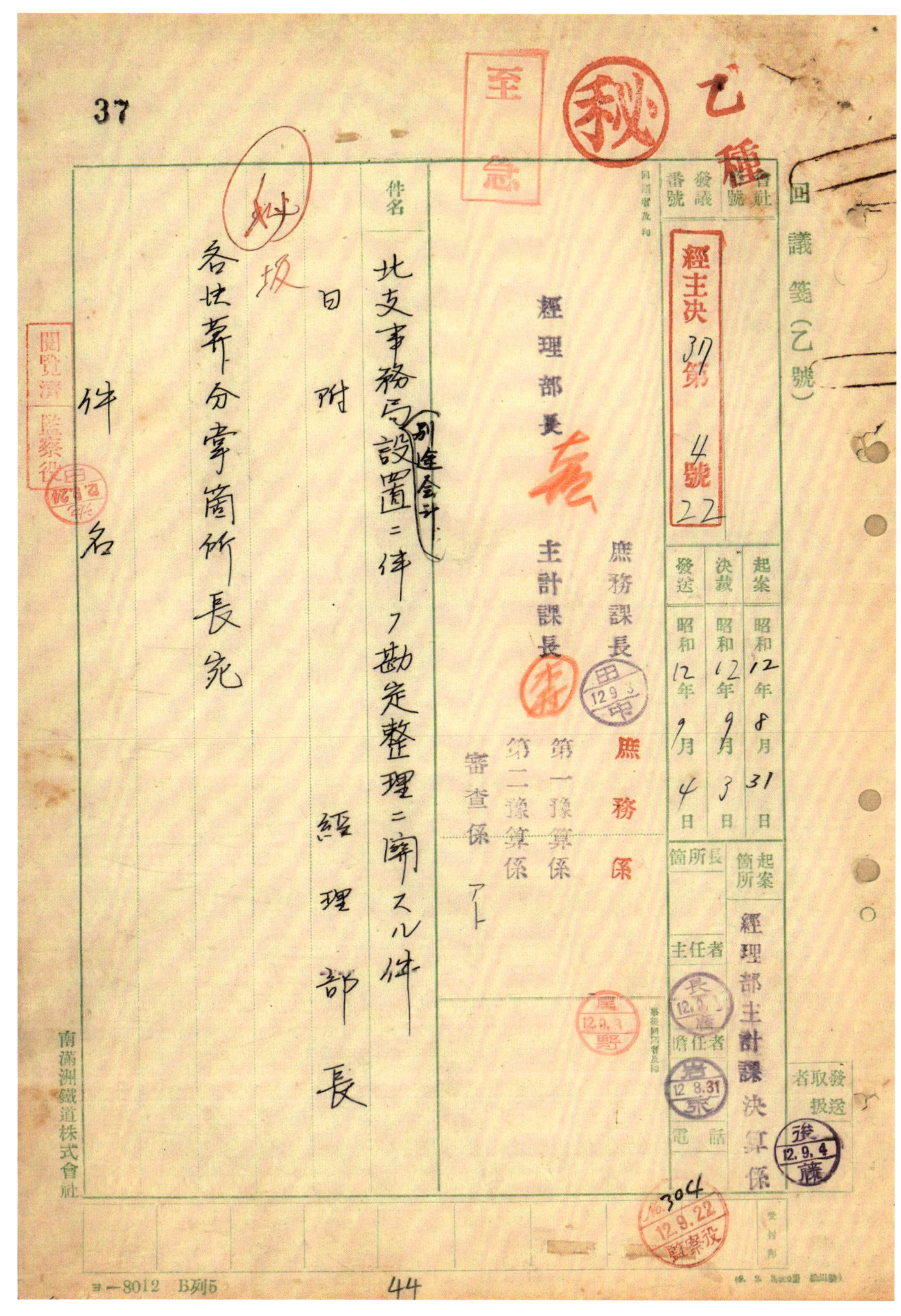

37

至急　秘　乙種

回議箋（乙號）

經主決37第4號

起案　昭和12年8月31日
決裁　昭和12年9月3日
發送　昭和12年9月4日

起案箇所　經理部主計課決算係

經理部長
主計課長
庶務課長
庶務係
第一豫算係
第二豫算係
審查係

件名　北支事務局設置（別途会計）ニ伴フ勘定整理ニ關スル件

日附

經理部長

各決算分掌箇所長宛

件名

南滿洲鐵道株式會社

38

九月一日社報別冊掲載ノ北支事務局別途會計ニ對スル勘定
整理ハ九月一日以降左記ニ依リ處理相成度
追而貴所関係箇所ヘハ貴職ヨリ秘扱ヲ以テ無漏御通知
相煩度

記

一、北支事務局ノ別途會計ニ属スル勘定ハ一應北支事務局勘定
(固有會計)ヲ以テ整理シ北支事務局ニ付替フルコト
例(イ)北支事務局別途會計ノ債務トナル場合
(借方)北支事務局勘定、同、相當科目(固有會計)
(貸方)當該勘定　相當科目(固有會計)
(ロ)北支事務局別途會計ノ債權トナル場合
(借方)當該勘定　相當科目(固有會計)
(貸方)北支事務局勘定、同、相當科目(固有會計)

南滿洲鐵道株式會社

ヨ-0003 B列　(12.5.20,000冊 滿日印刷)

45

二、北支事務局ニ派遣シタル社員ニ對スル諸給與金（旅費ヲ除ク）ハ原所屬箇所ニ於テ經費科目ヲ以テ支給ノ上之ガ精算ヲ爲スコトトシ其ノ精算額ハ左記ニ依リ振替整理スルコト

（借方）北支事務局勘定　同、諸給與金（固有會計）

（貸方）各所收入勘定　相當科目（固有會計）

備考

右借方傳票ニハ北支事務局ニ於テ別途會計ノ正當科目ニ整理シ得ル樣明細書及証憑書類ヲ添附スルコト

三、北支事務局ニ轉勤シタル社員ニ對シテモ諸給與金（旅費ヲ除ク）ハ當分ノ間原所屬箇所ニ於テ（自箇所トシ）假拂金科目ヲ以テ支給ノ上之ガ精算（一箇月未滿ノモノニ在リテハ日割計算トス）ヲ爲スコトトシ其ノ精算額ハ左記ニ依リ振替整理スルコト

40

（借方）北支事務局勘定、同上、諸給與金（固有會計）

（貸方）假拂金　各所假拂金　雜口（固有會計）

備考　前項派遣員ニ對スル諸給與金ノ場合ニ同シ

四、北支事務局ニ派遣シタル社員ニ對スル出張旅費ハ原所屬箇所ニ於テ自箇所ノ假拂金科目ヲ以テ支出シ之ガ精算ハ北支事務局ノ報告ニ依リ原所屬箇所ニ於テ爲シ左記ニ依リ整理スルコト

（借方）北支事務局勘定、同、　諸給與金（固有會計）

（貸方）假拂金、　各所假拂金　旅費（固有會計）

備考　借方傳票ニハ北支事務局ニ於テ（別途會計ノ）正當科目ニ決算シ得ル様明細書及証憑書類ヲ添附スルコト

南滿洲鐵道株式會社

ヨ-0003　B列　（12.5.20,000冊 滿日謹製）

47

五、「各所仮拂金、雜ロ」科目ヲ以テ整理シ来レル北支事変費ハ左記ニ依リ整理スヘシ

(イ) 九月一日以前ノ派遣者ニ對スル基本給（俸給、給料、臨時給料及嘱託給）及在勤手當ヲ左記ニ依リ北支事変費ニ追加計上スルコト

(借方) 仮拂金　各所仮拂金、雜ロ（北支事変費）

(貸方) 各所收入勘定、　相當科目

(ロ) 派遣者ノ補充員ニ對スル基本給及在勤手當ニシテ既ニ事変費ニ計上済ノ場合ハ左記ニ依リ事変費ヨリ之ヲ控除スルコト

(借方) 各所經費勘定　相當科目

(貸方) 仮拂金　各所仮拂金、雜ロ（北支事変費）

(ハ) (イ)號及(ロ)號ノ整理ヲ為シタル後ノ北支事変費總額ヲ北支事務局ヘ左記ニ依リ振替整理スルコト

42

(借方) 北支事務局勘定、同、相當科目 (固有會計)

(貸方) 仮拂金 各所仮拂金 雜口 (北支事變費)

備考、借方傳票ニハ、北支事務局ニ於テ別途會計ノ正當科目ニ決算シ得ル樣明細書及証憑書類ヲ添附スルコト

六、七月十六日附經、主、決三七第四號ノ一〇北支事變費整理ニ関スル件ニ依ル整理ハ九月一日以降之ヲ廢止ス 但シ左記留意ノ上處理スルコト

(イ)、事變関係派遣者又ハ轉勤者ノ補充員トシテ新規ニ採用セル者ニ對スル人件費(旅費ヲ除ク)ハ北支事務局ノ要求アリ次第事變發生以來ノモノヲ提出シ得ル樣整理シ置クコト

(ロ)、九月一日以降貴所ニ於テ支出スル人件費以外ノ諸費ハ「北支事務局勘定、同、相當科目(固有會計)」ニテ支出スルモノトス

南滿洲鐵道株式會社

ヨ-0003 B列5 (12. 5. 20,000冊 滿日社印)

49

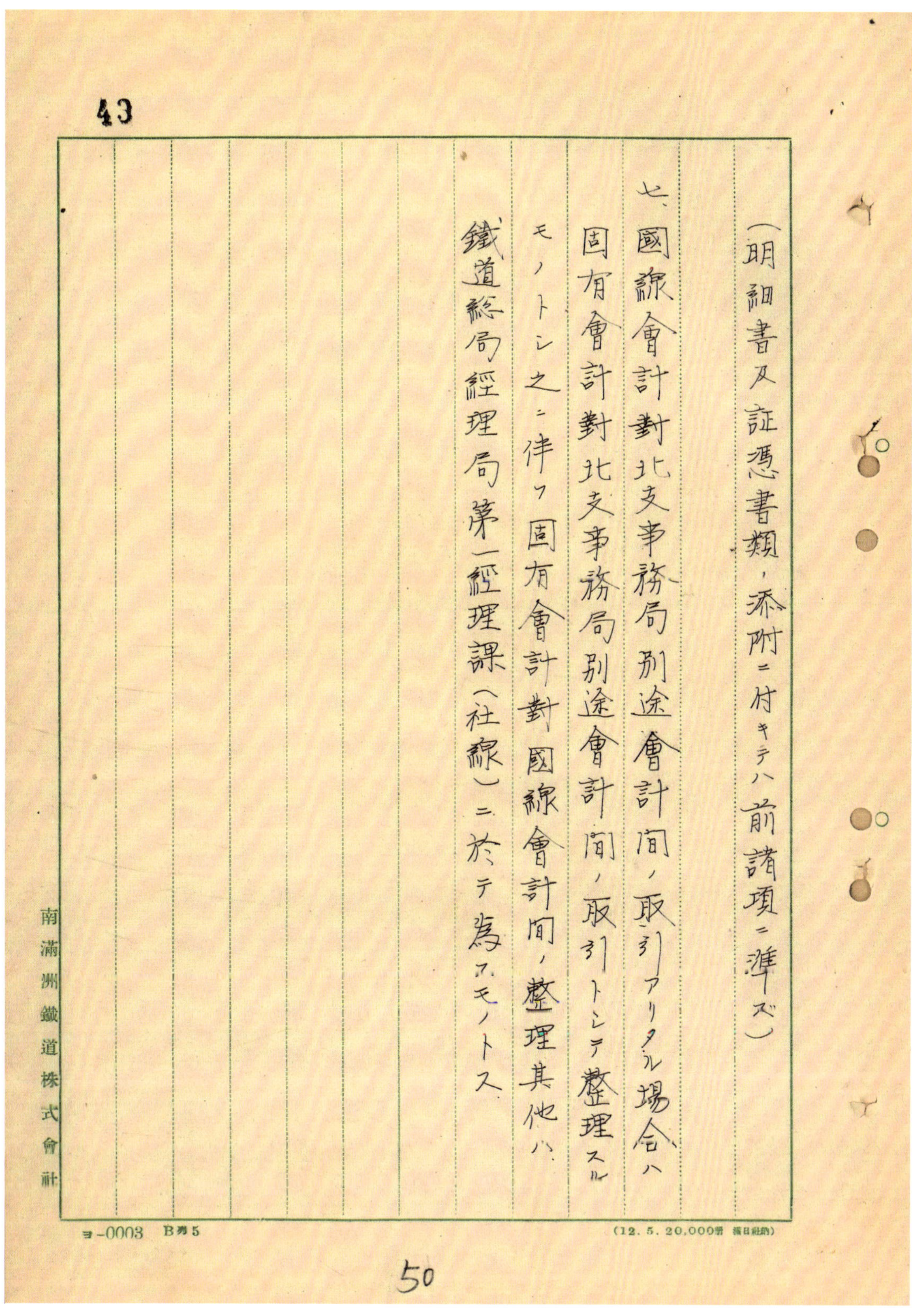

43

（明細書及証憑書類ノ添附ニ付キテハ前諸項ニ準ズ）

七、國線會計對北支事務局別途會計間ノ取引アリタル場合ハ固有會計對北支事務局別途會計間ノ取引トシテ整理スルモノトシ之ニ伴フ固有會計對國線會計間ノ整理其他ハ鐵道總局經理局第一經理課（社線）ニ於テ為スモノトス

南滿洲鐵道株式會社

ヨ-0003 B列5 (12.5.20,000冊 滿日納)

50

44

備考

第五項ハ従来各所仮払金科目ヲ以テ整理シ来レル北支事変費ノ人件費（旅費ヲ除ク）ハ事変関係派遣社員ノ補充者ニ支給シタル人件費ヲ計上シ来リタルガ今回北支事変費ヲ凡テ北支事務局ニ於テ統一整理スルコトトナリ、又今後ハ派遣者自体ノ基本給ヲ事変費トシテ計上スルコトトナリタルタメ既ニ各所ニ於テ整理済ノ事変費ヲ今後ノ整理ト同一内容ノモノニ訂正シ北支事務局ニ振替ヘントスルモノナリ

南滿洲鐵道株式會社

ヨ-0003 B列5 (12.5.20,000冊 福日社納)

51

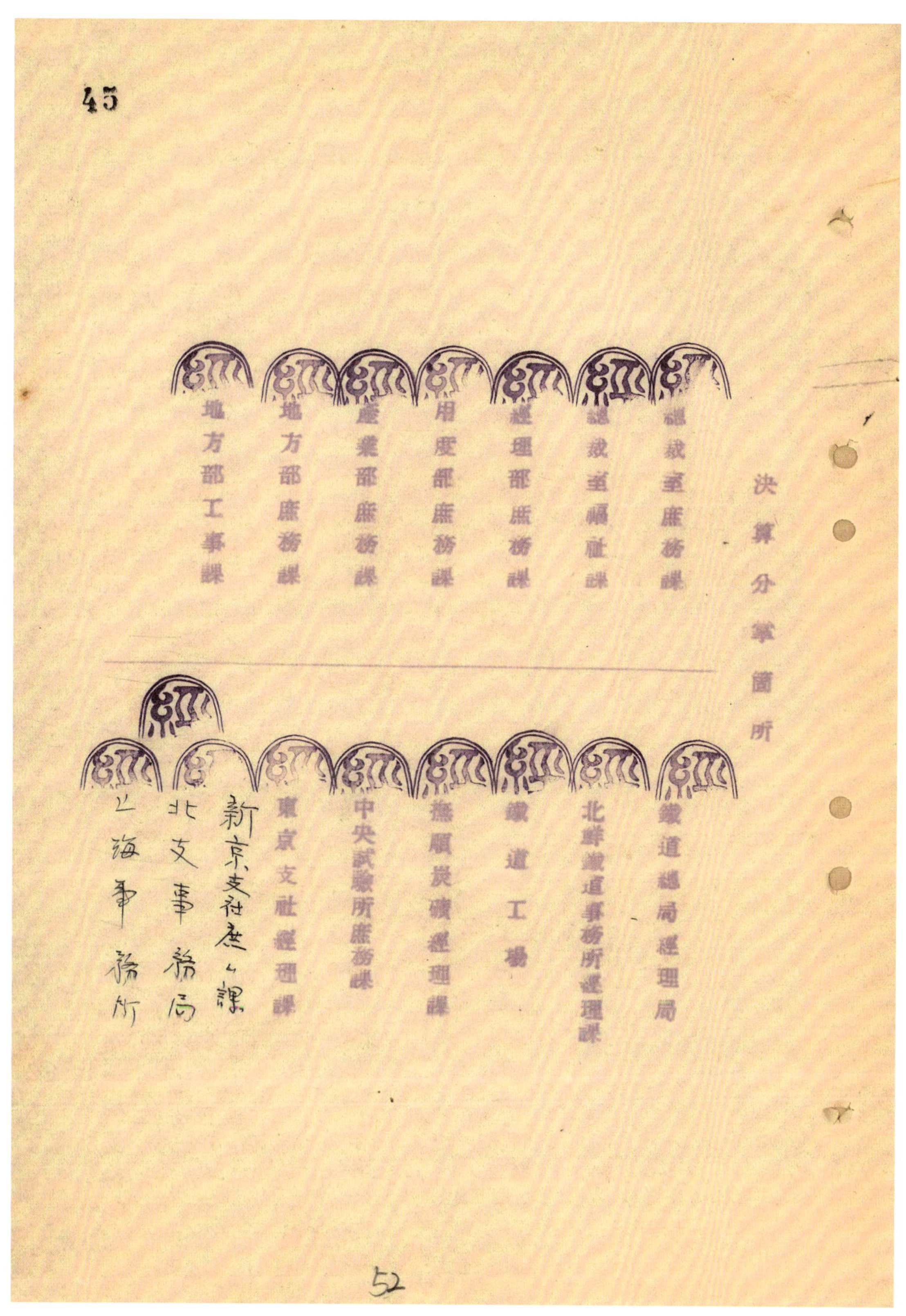

決算分掌箇所

總裁室庶務課
總裁室福祉課
經理部庶務課
用度部庶務課
產業部庶務課
地方部庶務課
地方部工事課

鐵道總局經理局
北鮮鐵道事務所經理課
鐵道工場
撫順炭礦經理課
中央試驗所庶務課
東京支社經理課
新京支社庶ム課
北支事務局
上海事務所

财务部长关于设置北支事务局掌管会计科目事致各预决算分管所长、全铁出纳各所长的函（一九三七年九月四日）

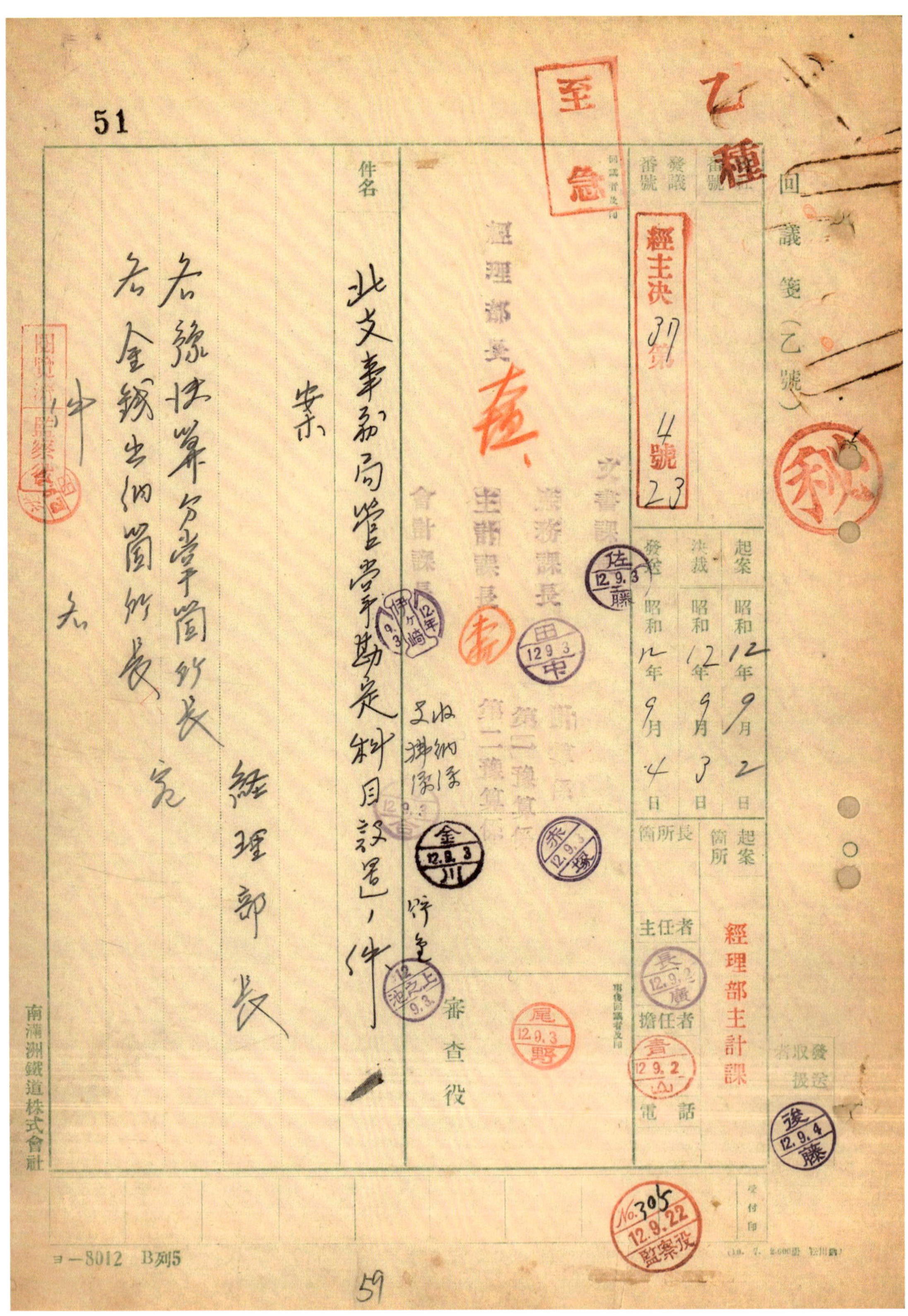
51

至急

乙種

回議箋（乙號）

經主決37第4號23

件名：北支事務局管掌勘定科目設置ノ件

經理部長

各豫決算分掌箇所長
各全鐵出納箇所長 殿

經理部長

案

起案 昭和12年9月2日
決裁 昭和12年9月3日
發送 昭和12年9月4日

起案箇所：經理部主計課

南滿洲鐵道株式會社

ヨ－8012 B列5

北支事務局ニ於ケル管掌勘定科目ヲ左ノ通リ設置ス

一、固有會計

款	項	目	備考
雜施設	用地	事務所用地	
	事務所	各目	
外國貨幣	各項	各目	
現金	現金	北支事務局	
総務收入	諸口收入	雜收入	
総務經費	各項	各目	
銀行貸借	銀行	各目	
北支事務局勘定	北支事務局勘定	各目	
社員貯金	當座貯金	北支事務局	
為替勘定	為替勘定	北支事務局	

南滿洲鐵道株式會社

53

（整理勘定）

款	項	目	備考
各款			自箇所勘定ヲ除ク

尚整理勘定（仕向被仕向勘定）ハ「新京支社庶務課勘定」ノ次ニ「北支事務局經理班勘定」ヲ設置セラレタルモノトシテ處理スルコト

二、別途會計

（北支事務局勘定整理科目）

款	項	目	備考
本社勘定	本社勘定	各目	
華北汽車公司勘定	華北汽車公司勘定	華北汽車公司勘定	
未收金	未收金	雜口	

南滿洲鐵道株式會社

ヨ-0003 B列5 (12. 3. 15,000冊 濱日社納)

61

未拂金	未拂金	各目
假受金	假受金	雜口
假拂金	假拂金	各目
別途整理勘定	各項	各目
工務収入	各項	各目
工務経費	工事費	各目
鐵道建設収入	各項	各目
鐵道建設経費	各項	各目

追而昭和十二年九月一日附社報第九千八十七號（別冊）達甲第四四號北支事務局勘定整理科目中「現金、外國貨幣、銀行貸借、為替勘定」ノ各款、各項、各目ヲ削除ス

南滿洲鐵道株式會社

ヨ-0003 B列5 (12.3.15,000冊 □日納)

62

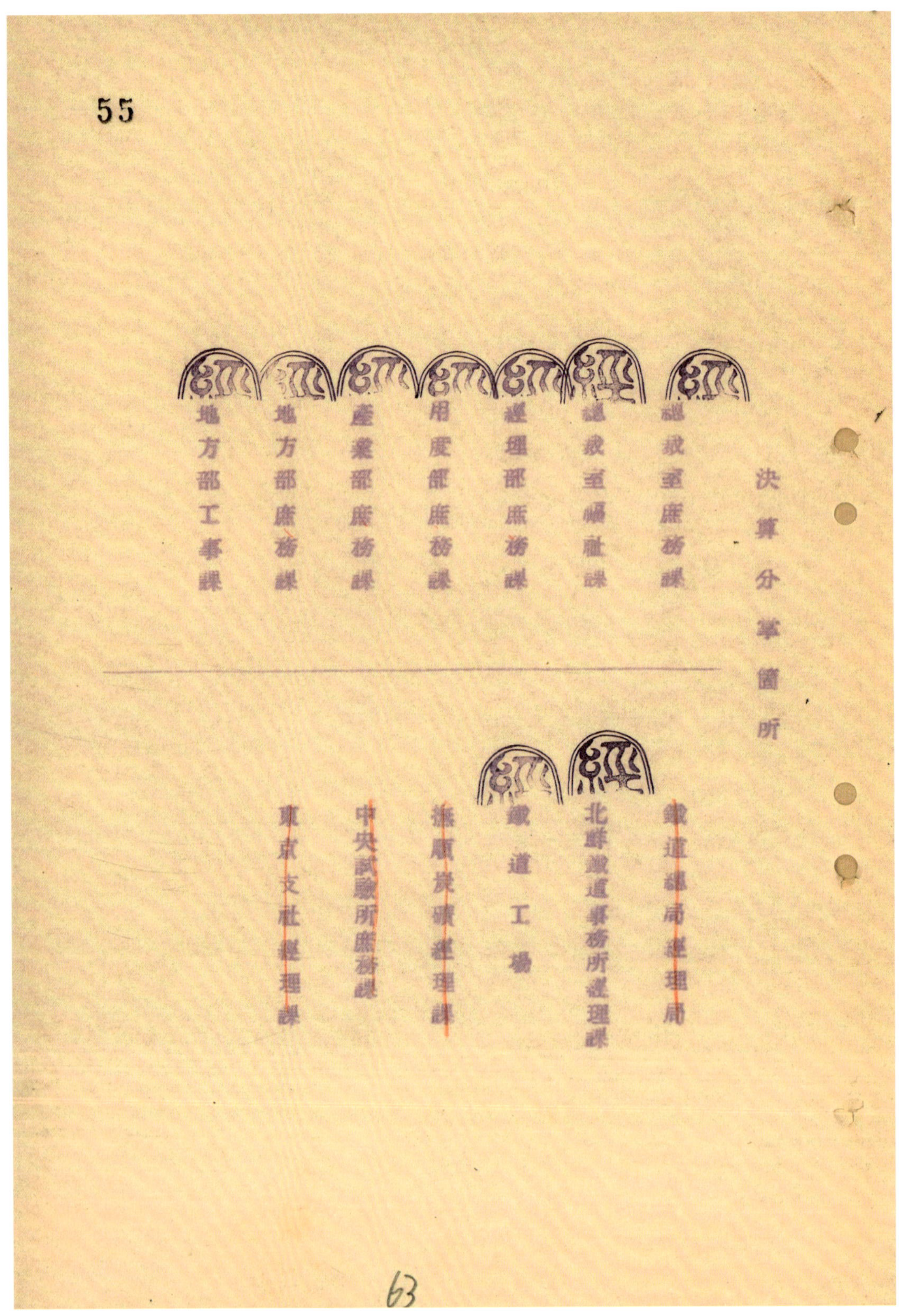

55

決算分掌箇所

總裁室庶務課
總裁室監理課
經理部庶務課
用度部庶務課
產業部庶務課
地方部庶務課
地方部工事課

鐵道總局經理局
北鮮鐵道事務所經理課
鐵道工場
撫順炭礦經理課
中央試驗所庶務課
東京支社經理課

63

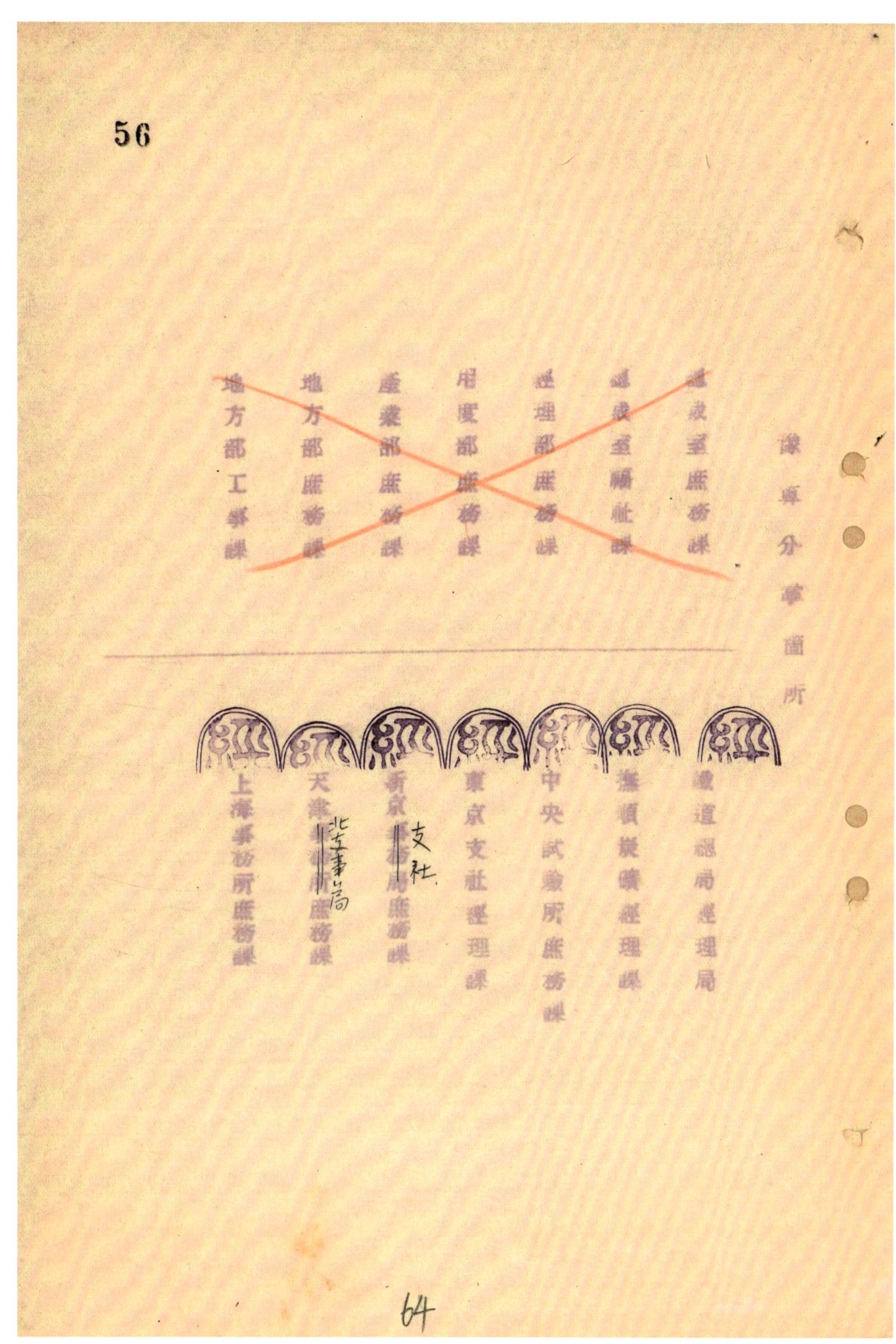

謄本分享箇所

~~總裁室庶務課~~

~~總裁室福祉課~~

~~經理部庶務課~~

~~用度部庶務課~~

~~產業部庶務課~~

~~地方部庶務課~~

~~地方部工事課~~

鐵道總局經理局

撫順炭礦經理課

中央試驗所庶務課

東京支社經理課

新京~~事務~~局庶務課（支社）

天津~~事務所~~庶務課（北支事務局）

上海事務所庶務課

财务部长关于发送七七事变费用概算额事致在东京支社佐佐木理事的电文（一九三七年九月十日）

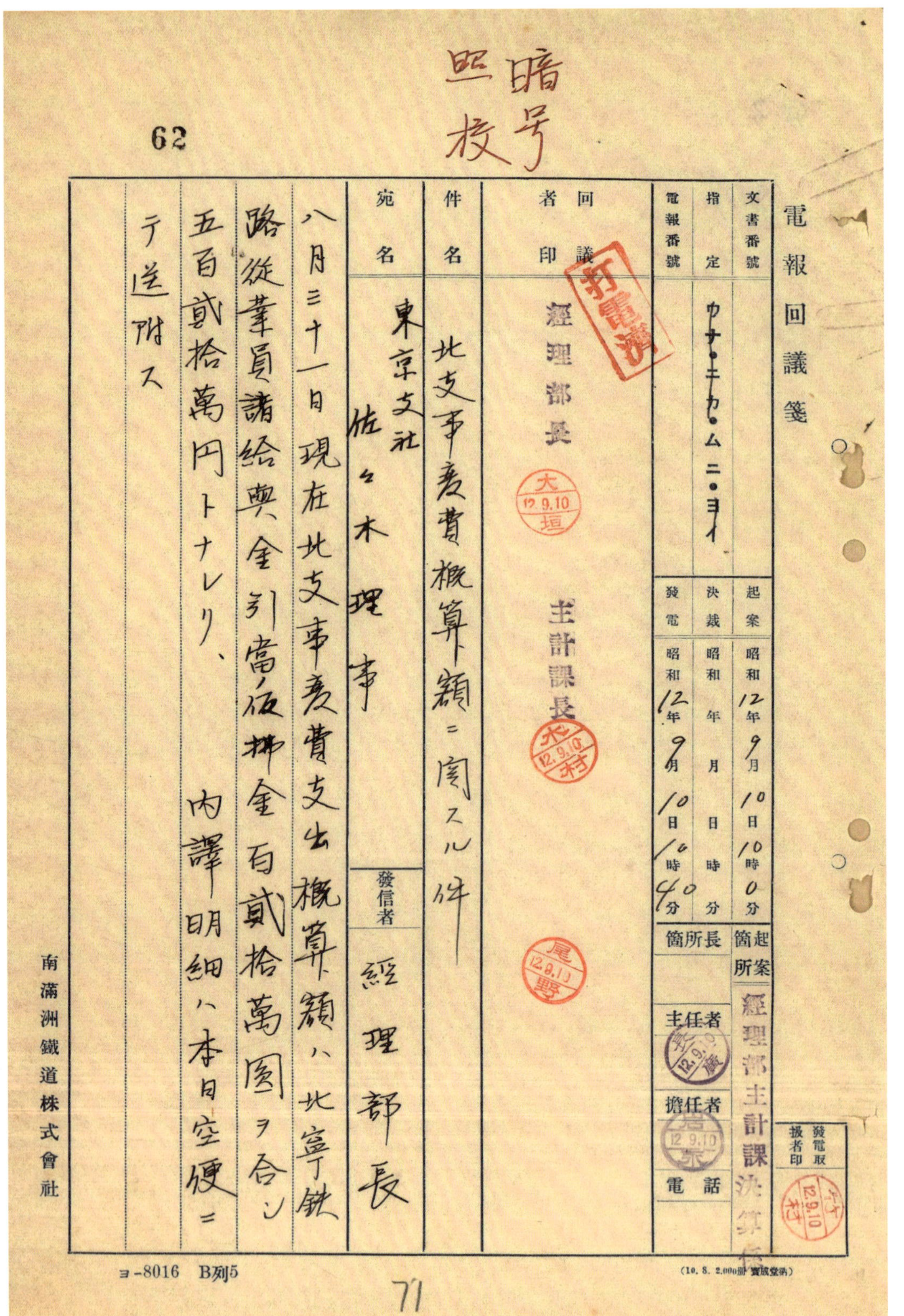
暗号
照校
62
電報回議箋
文書番號
指定 ウナ・エカ・ム
電報番號 ニ・ヨイ
起案 昭和12年9月10日10時0分
決裁 昭和 年 月 日 時 分
發電 昭和12年9月10日10時40分
回議者印 打電済 經理部長 主計課長
件名 北支事変費概算額ニ関スル件
宛名 東京支社 佐々木理事
發信者 經理部長
起案箇所 經理部主計課決算係
八月三十一日現在北支事変費支出概算額ハ北寧鉄路従業員諸給與金引當仮払金百弐拾萬圓ヲ合シ五百弐拾萬円トナレリ、内譯明細ハ本日空便ニテ送附ス
南滿洲鐵道株式會社
ヨ-8016 B列5
71

财务部主计课长关于送交七七事变相关派遣人员数量日报事致在东京支社佐佐木理事的函
（一九三七年九月十六日）

213

回議箋（乙號）

丙

會社番號　發議番號　經主豫37第15號11

起案　昭和12年9月15日
決裁　昭和　年　月　日
發送　昭和12年9月16日

件名　北支事変関係派遣者数日報送付ノ件

主計課長

（東京支社気付）
佐々木理事殿

經理部主計課長

件名
九月十三日現在北支事変関係派遣

經理部主計課

南滿洲鐵道株式會社

ヨ—8012　B列5

224

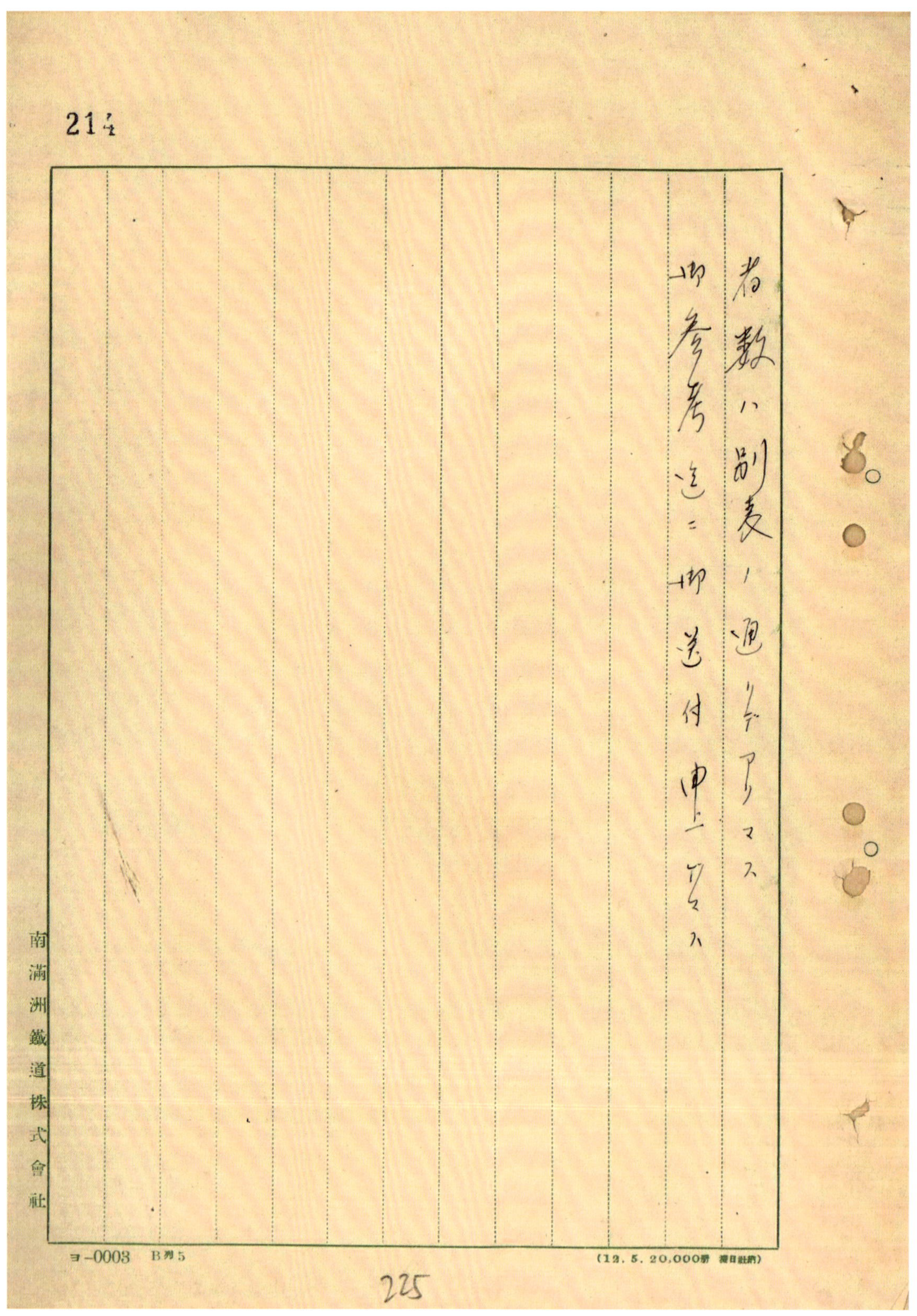

214

員數ハ別表ノ通リデアリマス

御參考迄ニ御送付申上ゲマス

南滿洲鐵道株式會社

ヨ-0003 B判5 (12. 5. 20,000冊 濱日納)

225

财务部长关于整理设置北支事务局相关账目事致各决算分管所长的函（一九三七年九月十六日）

201

（秘）

經主決三七第四號二六

昭和十二年九月十六日　　經理部長

各決算分掌箇所長殿

北支事務局設置ニ件フ勘定整理ニ關スル件

九月四日附經主決三七第四號二二ヲ以テ通牒シタル首題ノ件ニ關シ整理科目竝其ノ說明ニ於テ左記各項ノ通一部訂正及補足シタルニ付左樣御處理相成度

記

「第一項中「北支事務局勘定（固有會計）」トアルヲ「別途會計ノ當該勘定」「相當科目」ニ改ム

尚第二項以下各項中「北支事務局勘定（固有會計）」トアルヲ總テ「別途會計ノ當該勘定」「相當科目」ニ改ム

若別途會計ノ當該決算科目不明ノ場合ハ「假拂金」、假拂金、雜口（別

227

202

途會計）」ノ科目トス

二、第二項中ノ「派遣社員ニ對スル諸給與金」中ニハ別途給與費ヲ含ム

別途給與費ノ割當ハ別紙割掛率ニ依ル（昭和九年四月九日經主決三三第五號七七通牒參照）

三、第三項削除

四、第五項中(イ)號ヲ左ノ通改ム

(イ)「各所假拂金、雜口（北支事變費）」中ニ別途給與費各目ヲ設置ス

八月三十一日迄ノ派遣者（北支事變關係業務專任者トシテ派遣シタル者ニ限ル）ニ對スル基本給（俸給、給料、臨時給料及囑託給）在勤手當及別途給與費ヲ左記ニ依リ北支事變費ニ追加計上スルコト

（別途給與費ノ額ハ別紙割掛率ニ依ル）

（借方）　假拂金、各所假拂金、雜口（北支事變費）

（貸方）　各所收入勘定　相當科目

五、第六項(ロ)號中「人件費以外ノ諸費」トハ軍又ハ北支事務局ヨリノ要求ニ基ク諸費用ニ限ル

228

203

第六項(ロ)號ノ次ニ左記ヲ加フ

(ハ)支那事變費（從來ノ北支事變費ヲ改稱ス）整理科目ハ必要アル箇所ニ在リテハ經理部長ノ承認ヲ經テ之ヲ存續スルコトヲ得

六、第七項ノ次ニ左記ヲ加フ

八、北支事務局ヘ勘定附替ニ際シテハ左記事項留意ノ上處理スルコト

(イ)軍其ノ他社外ノ依頼ニ依ルモノハ傳票摘要欄ニ其ノ旨明記スルコト

(ロ)傳票ニハ特ニ詳細ナル證憑書類ヲ添附スルコト

以上

229

附：另项津贴发放比率清单

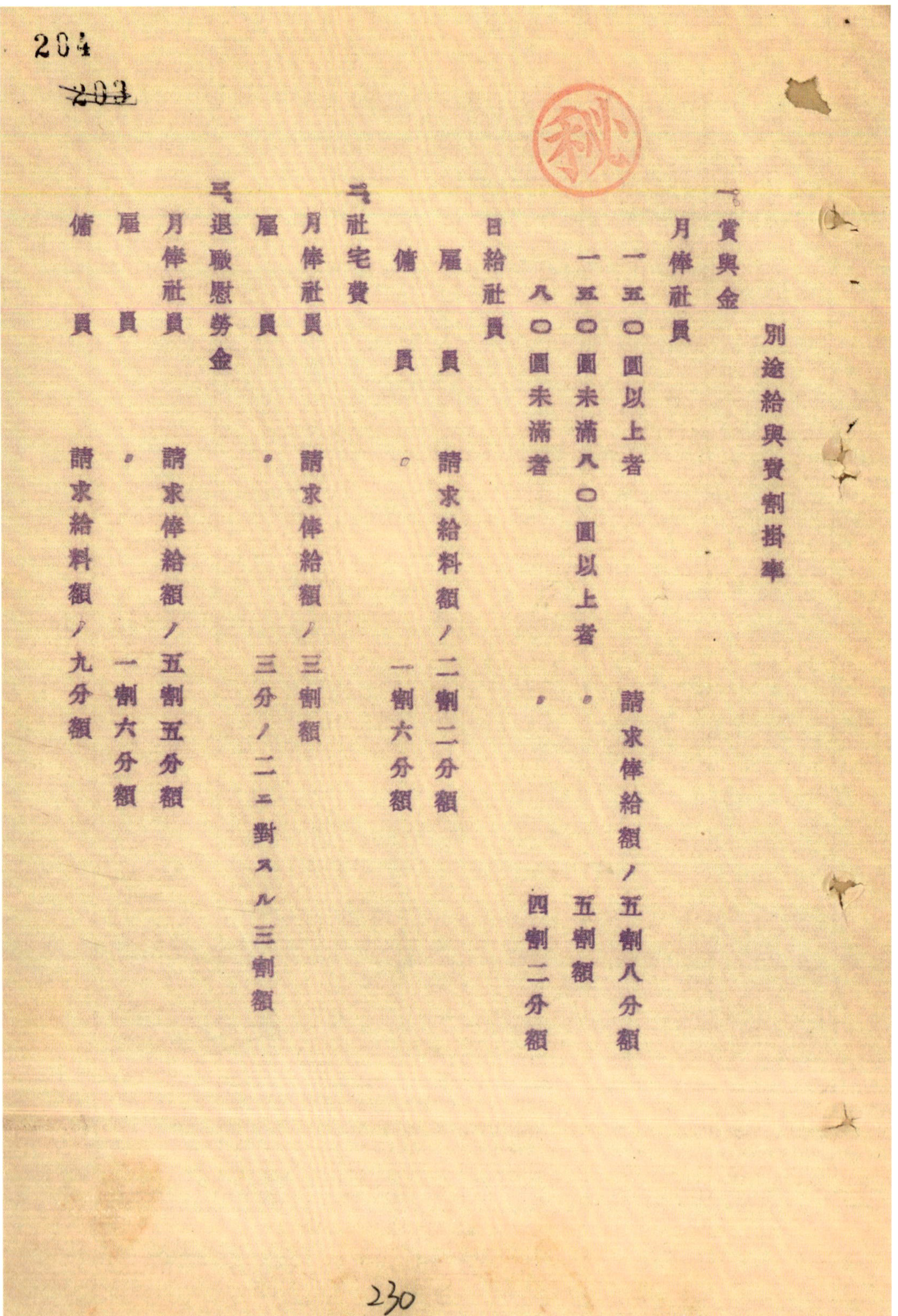

204

~~203~~

秘

別途給與費割掛率

一、賞與金

月俸社員

一五〇圓以上者　　請求俸給額ノ五割八分額

一五〇圓未滿八〇圓以上者　〃　五割額

八〇圓未滿者　〃　四割二分額

日給社員

雇員　請求給料額ノ二割二分額

傭員　〃　一割六分額

二、社宅費

月俸社員　請求俸給額ノ三割額

雇員　〃　三分ノ二ニ對スル三割額

三、退職慰勞金

月俸社員　請求俸給額ノ五割五分額

雇員　〃　一割六分額

傭員　請求給料額ノ九分額

230

财务部长关于汇报七七事变费用概算额事致在东京支社佐佐木理事的函（一九三七年九月二十日）

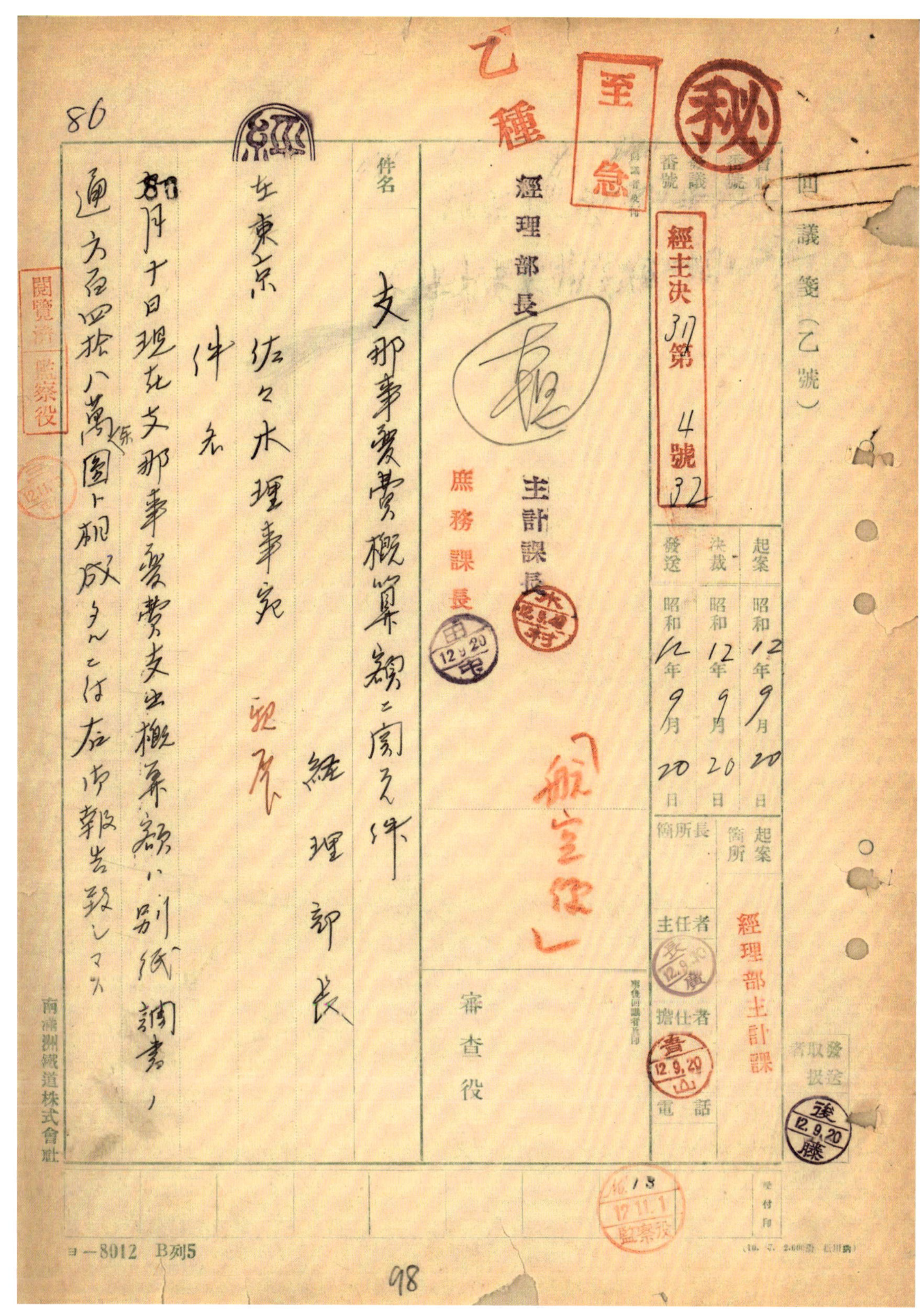
回議箋（乙號）

件名　支那事變費概算額ニ關スル件

在東京　佐々木理事宛　経理部長

九月十日現在支那事變費支出概算額ハ別紙調書ノ通ク百四拾八萬圓ト相成タルニ付右御報告致シマス

附：七七事变费用概算调查（截至一九三七年九月十日）

(秘)

支那事変費概算調（9月10日現在） 昭和12.9.20作成 経主

種別	金額	備考
臨時給料	279	
引揚手當	9.255	
雑手當	414	
旅費	1.031.201	
引揚諸費	393	
慰問費	32.870	北支駐屯軍慰問金30.000 其他2.870
情報費	4.151	
臨時費	5.768	
用品費	1.359.593	自動車補充83輛@¥8.000. 664.000 防毒面55.500 食糧品47.762 現場工具類53.459 防弾衣 拳銃 実弾31.726 派遣員被服代215.712 石炭代 22.900 油脂用品費28.795 事変撮影フイルム9.753 一般機器 備品 消耗品外雑件 229.986
材料及設備費	2.257.890	北寧線電線路架設工事 81.543 軍用引込線建設工事 60.000 軌道材料 149.997 通信材料 67.0.188 車輛材料 43.369 津浦、平漢、平綏線通信施設増備工事費 330.453 主要駅ニ於ケル施設費 72.290 天津北平間電話回線新設工事追加 38.200 北寧線用自動交換機施設 38.600 其他雑件 42.250
補修費	346.801	人員輸送用貨車改造材料費 260.000 同上取付費 10.922 各種車輛改造費 58.150 水槽車清掃費 6.800 其他雑件 10.929
労役費	1.116	
雑費	19.730	自動車借入料8.224 借家費其他食料品運搬費外
小計	5.069.461	
別口		
北寧鉄路従事員給料引當仮払金	1.200.000	8月9日支拂500.000 8月28日支拂700.000
北寧鉄路ヘ貸付ケタル小麦粉及高粱代	216.554	
総計	6.486.015	

18

99

财务部主计课关于北支事务局设置特殊会计之账单整理方法说明事致各决算分管所长的函（一九三七年九月二十一日）

002

至急　丙種

回議箋（乙號）

會社番號　經主決37第4號31

件名　北支事務局別途會計設置ニ伴フ勘定整理方解說

主計課長

庶務係

審査役

起案　昭和12年9月18日
決裁　昭和12年9月20日
發送　昭和12年9月21日

起案箇所　經理部主計課決算係

各決算分掌箇所長　殿

主計課長

南滿洲鐵道株式會社

2

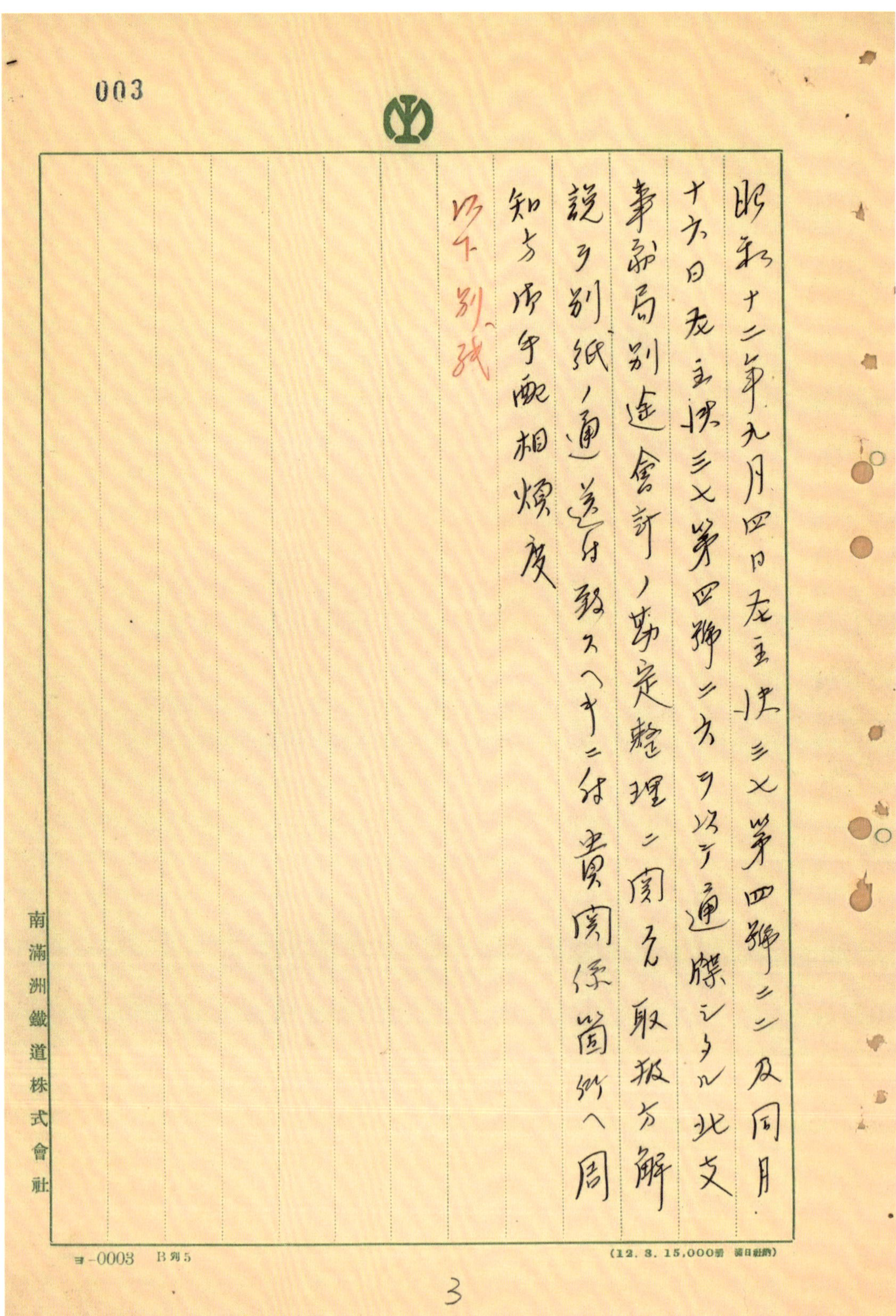
003

昭和十二年九月四日庶主決三七第四號ニ及同月十六日庶主決三七第四號ニ依リ通牒シタル北支事務局別途會計ノ勘定整理ニ關スル取扱方解說ヲ別紙ノ通送付致スヘキニ付貴關係箇所へ周知方御手配相煩度

以下別紙

南滿洲鐵道株式會社

ヨ-0003 B列5 (12. 3. 15,000冊 滿日社納)

3

004

北支事務局別途會計設置ニ伴フ勘定整理取扱方解説

一、北支事務局ノ別途會計ニ対スル取引アリタル場合ハ直接別途會計ノ當該勘定、相當科目ノ傳票ヲ発行シ之ヲ北支事務局固有會計ニ仕向整理スルコト

北支事務局ニ於テハ右仕向傳票ヲ受理シタル上一括本社勘定(別途会計)ニ対北支事務局勘定(固有会計)ノ貸借傳票ヲ発行シ振替整理スルコト

例、北支事務局ノ請求ニ依リ用度部ヨリ文具品ヲ配給シタル場合(別ハ別途会計ノ略、固ハ固有会計ノ略)

イ、用度部ノ発行傳票

借方　別途整理勘定、総係費、文具費　(別)

貸方　貯蔵品、保管品、文具品　(固)

ロ、北支事務局ニ於テ右借方傳票ノ仕向ヲ受ケタル場合

乙 005

借方　北支事務局勘定、北支事務局勘定、物品代（固）
（貸方　本社　勘定、本社　勘定、物品代（別）

註　若シ別途会計ノ當該決算科目不明ノ場合ハ「仮払金、仮払金、雑口（別）」科目トス、コノ場合ハ特ニ詳細ナル明細書ヲ添付スルコト（例題（イ）ノ借方傳票ニ準スベキモノ）

二、派遣社員ニ対スル諸給與金取扱方（旅費ヲ除ク）

北支事務局ヨリノ依頼ニ依リ派遣シタル社員ノ俸給、給料及別途給與賞與其ノ他人件費ハ総テ所属箇所ノ経費勘定ヲ以テ負担シ派遣期間（出發ノ日ヨリ歸任ノ日迄日割計算ニ依ル）ノ精算額ヲ自箇所ノ収入勘定対北支事務局ノ別途会計勘定ニ

南滿洲鐵道株式會社

ヨ-0003　B列5　　(12. 8. 30,000冊 ［illegible］)

振替整理スルコト

例、鉄道総局ヨリ輸送班員トシテ派遣シタル場合（便宜上俸給、精算傳票ノミニ付テ示ス、以下諸給與金ハ之ニ倣フ）

イ、鉄道総局発行傳票

借方　別途整理勘定、輸送費、俸給（別）

（右ニ係ル）貸方　鉄道収入、諸口収入、社外雑収入（固）

ロ、北支事務局発行傳票ハ第一項（ロ）號ニ準ス

註　別途給與費ノ割当ハ別途割掛率（昭和九年四月九日経主決三三第五號七七）社外ヘ出張シタル社員ノ費用整理方通牒参照）ニ依ル

三、派遣社員ニ対スル旅費取扱方

007

派遣社員ノ出張及助勤旅費ハ原所属箇所ニ於テ一應自箇所ノ仮払金科目ヲ以テ支出シ、北支事務局ヨリノ報告ヲ俟ッテ精算ノ上其ノ精算額ヲ直接北支事務局ノ別途会計當該勘定ニ振替整理スルコト

例、総裁室庶務課ヨリ庶務班員トシテ派遣シタル場合

イ、総裁室庶務課発行傳票（精算傳票）

借方、別途整理勘定、総係費、旅費　(別)

(貸方　仮払金、　諸口仮払金、旅費、総庶(固)

ロ、北支事務局ノ発行傳票ハ第一項(ロ)號ニ準ス

註、轉勤旅費ノ付替ハ一般轉勤者ト同様直接北支事務局別途会計ニ付替フルコト

南満洲鐵道株式會社

ヨ-0003　B列5　(12. 8. 30,000冊 [illegible])

7

008

5.

四、八月三十一日迄ニ於ケル仮払金、北支事変賞整理方

イ、「各所仮払金、雑口（北支事変賞）」科目中ニ「賞与金、退職慰労金、社定賞」ノ各目ヲ設置ス

右ハ八月三十一日迄ニ於ケル派遣者（北支事変関係業務専任者トシテ派遣シタル者ニ限ル）ニ対スル別途給与賞ヲ賦課スル為ニシテ俸給、給料、臨時給、嘱託給及在勤手当ト共ニ一應北支事変賞ニ追加計上スルコト

例

借方　仮払金、各所仮払金、雑口（北支事変賞）

（貸方　当該収入勘定、諸口収入、雑収入

ロ、派遣者ノ補充員トシテ新ニ採用シタルモノヽ、俸給、給料、臨時給、嘱託給及在勤手当ニシテ既ニ事変

南滿洲鐵道株式會社

009

6.

費ニ決算整理済ノモノハ之ヲ所属箇所ノ経費勘定負担トシテ（振替）整理スルコト

例

借方　各所経費勘定、相當科目

貸方　仮払金、各所仮払金、雑口（北支事変費）

ハ前記ノ手續ヲ了シタル後北支ニ直接関係シタル費用ニ限リ北支事変費トシテ之ヲ北支事務局別途会計ノ相當科目ニ付替整理スルコト

但シ付替科目不明ノ場合ハ「仮払金、仮払金、雑口（別）」トシ此ノ場合ハ特ニ詳細ナル明細表ヲ作成シ依頼箇所別ニ明記スルコト

例、

（借方　別途整理勘定、総係費、俸給給料外各目別（別

南滿洲鐵道株式會社

号-0003　B列5　(12.8.30,000冊 [illegible])

9

7. 010

貸方 仮払金、各所仮払金、雑口（北支事変費）（固）

二、北支ニ直接関係ナキ支出（九月一日以降ヲ含ム）ハ各所仮払金、雑口、支那事変費（北支事変費ヲ改称ス）トシテ同勘定ヲ存続（但シ経理部長ノ承認ヲ経タルモノ）ニ別途整理シ置クコト

尚右ハ毎月詳細ナル明細書ヲ作成ノ上派遣者ニ対スル新規採用ノ補充員諸費用調書ト共ニ経理部主計課長及北支事務局経理班長ニ送付スルコト

五、事変費旬報ニ関スル取扱方

北支事務局別途会計及各所支那事変関係ノ費用（派遣者ノ旅費其ノ他概算払ノ諸費ヲ含ム）、

南滿洲鐵道株式會社

ヨ-0008 B列5 (12.8.30,000冊 滿日印刷)

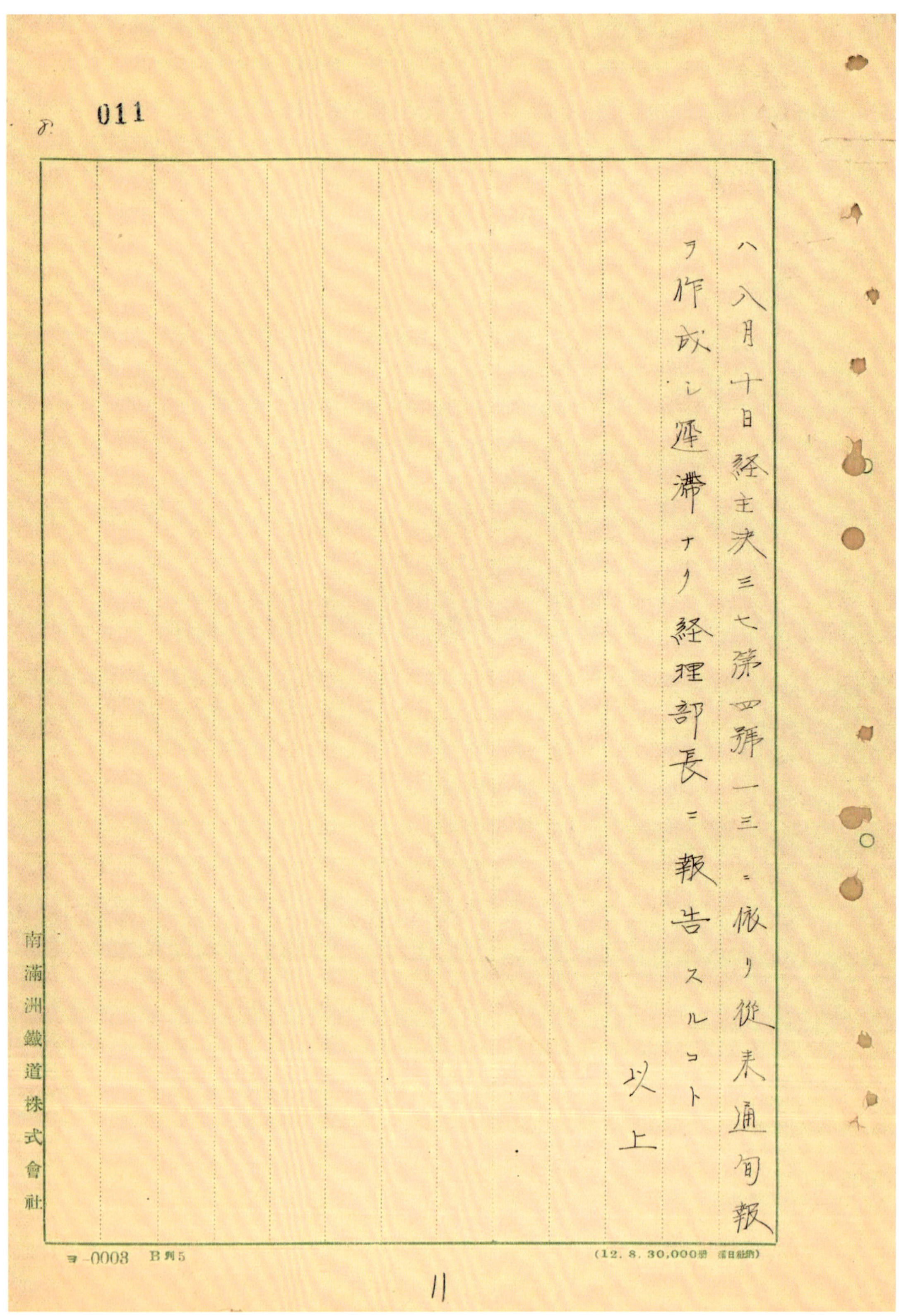
8. 011

八、八月十日経主決三七第四号ノ一三ニ依リ従来通旬報ヲ作成シ遅滞ナリ経理部長ニ報告スルコト

以上

南満洲鐵道株式會社

ヨ-0003 B列5 (12. 8. 30,000冊 名日納)

11

财务部长关于请回复送交铁道总局预算之时日事致铁道总局财务局长的电文（一九三七年九月二十二日）

87

電報回議箋

文書番號	指定	電報番號
	ウナ・ユカ・ム二・ヨイ	

起案	決裁	發電
昭和十二年九月二十二日十時十分	昭和　年　月　日　時　分	昭和　年　月　日11時40分

回議者印：打電濟　經理部長　主計課長

宛名：鐵道總局經理局長宛

發信者：經理部長

件名：

昭和十三年度事業費並營業收支豫算ハ既ニ各部共ニ送附濟ミニテ之ノ豫定通リ審議ヲ進メ居ルモ貴局豫算未送附ノ為總豫算編成不能ニ就キ、國線豫算ハ多少遅ルルハ止ムヲ得ザルトスルモ北線並北鮮線豫算ハ出來得ル限リ速カニ御送附願度

追テ送附豫定期日折返シ返電アレ。ケブチ

箇所長　主任者　擔任者　電話

起案箇所：第一豫算係

南滿洲鐵道株式會社

ヨ-8016　B列5

91

财务部长关于购买汽车事致奉天铁道总局佐藤理事的函（一九三七年十月八日）

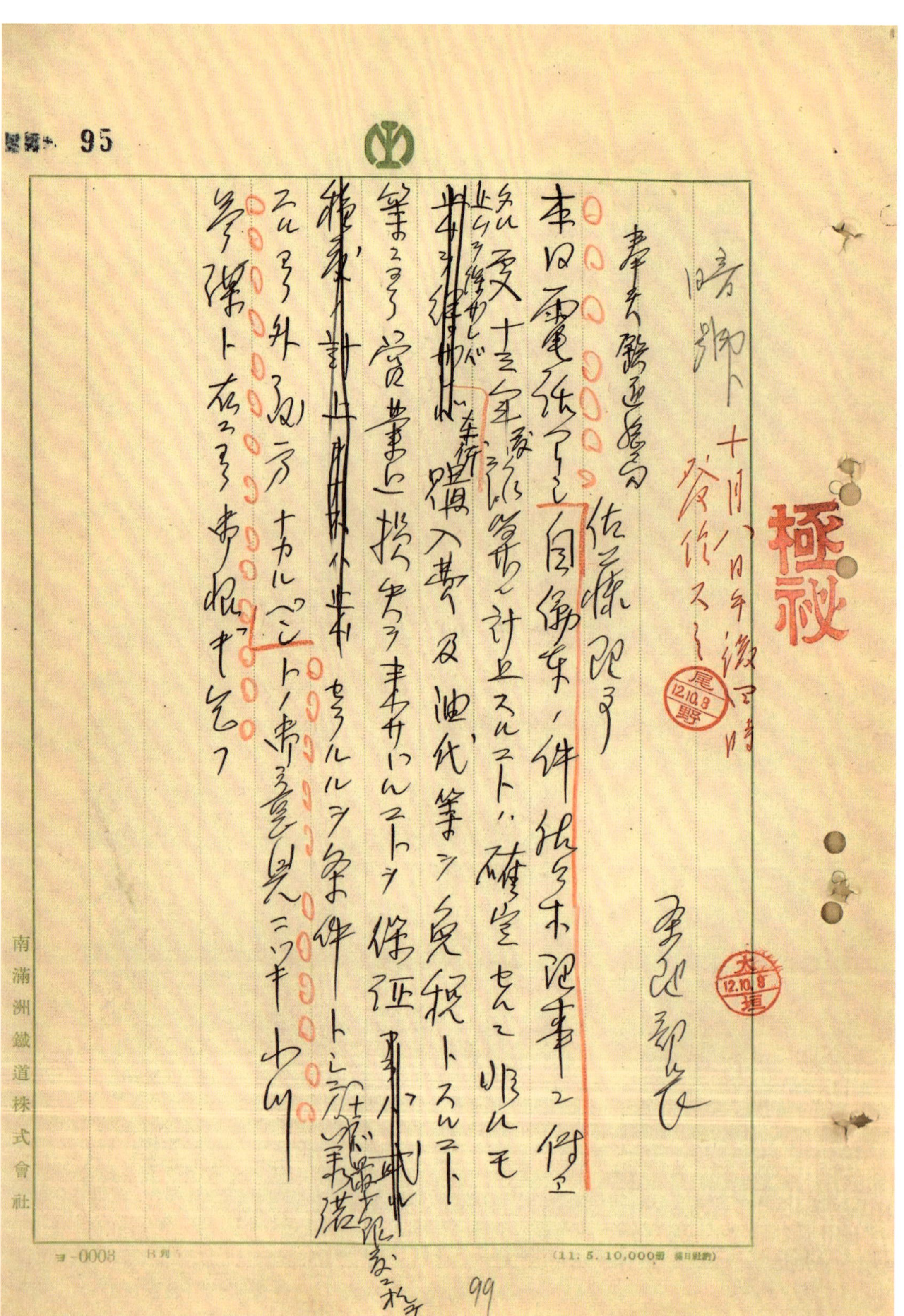

财务部庶务课长关于整理北宁铁路管理局办事员薪资垫款事致北支事务局财务班长的函
（一九三七年十月十三日）

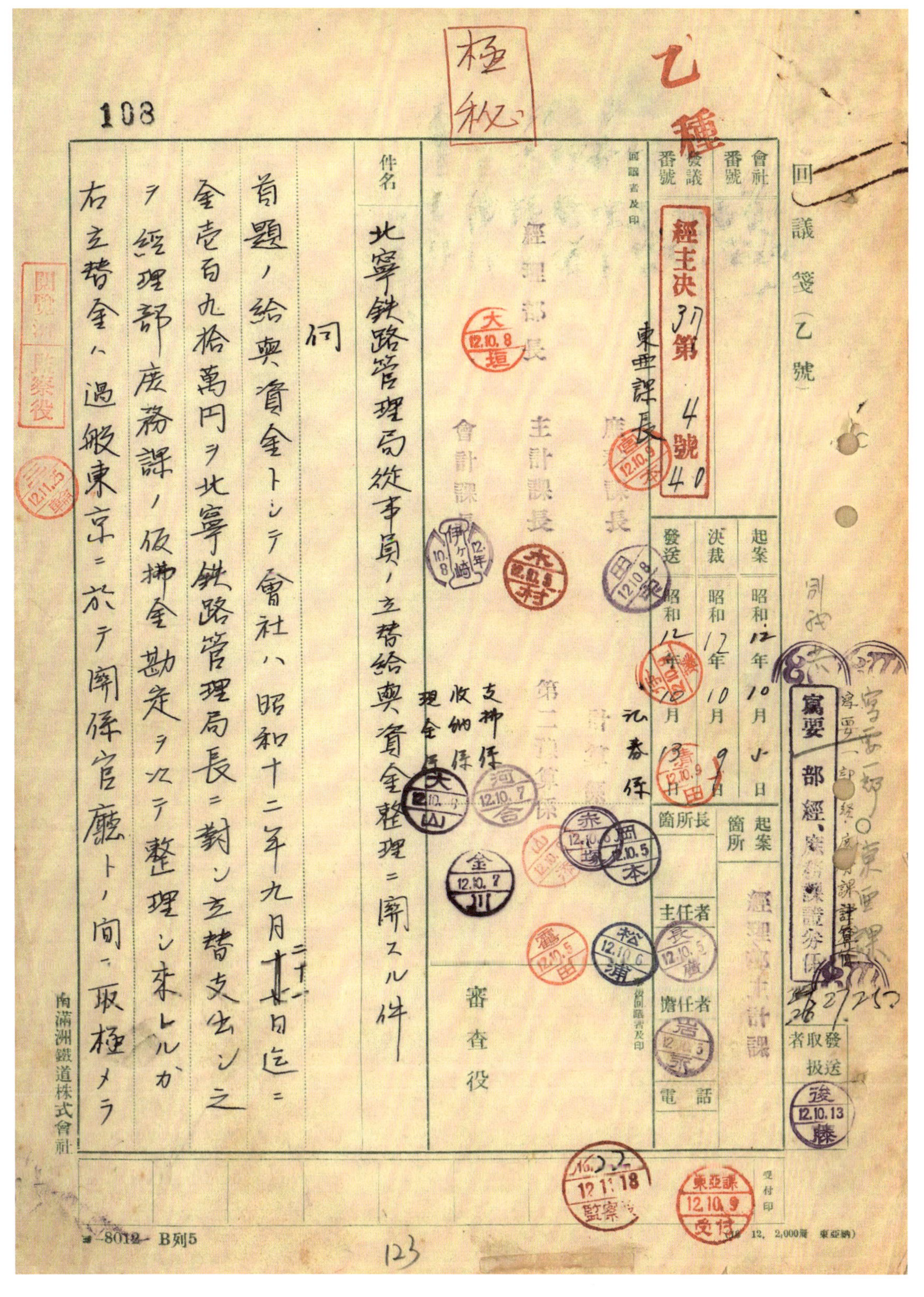
極秘

乙種

108

回議箋（乙號）

經理部長

庶務課長

主計課長

會計課長

東亜課長

經主決37第4號40

起案 昭和12年10月8日

決裁 昭和12年10月9日

發送 昭和12年10月 日

第二豫算係

計算係

支拂係

收納係

經理部主計課

審査役

件名 北寧鉄路管理局従事員ノ立替給與資金整理ニ関スル件

伺

首題ノ給與資金トシテ會社ハ昭和十二年九月十二日迄ニ金壹百九拾萬円ヲ北寧鉄路管理局長ニ對シ立替支出シ之ヲ經理部庶務課ノ仮拂金勘定ヲ以テ整理シ来レルカ右立替金ハ過般東京ニ於テ関係官廳トノ間ニ取極メラ

南滿洲鐵道株式會社

B列5

123

109

レタル「支那事変費請求要領」ニ基キ北支事務局ニ於テ取纒メ軍ニ請求スルコトト相成タルニ付之ヲ北支事務局仮払金、仮払金、雑口(別途会計ト)科目ニ振替整理致可然哉

一、立替金

八月九日　金五拾萬円

八月二十五日　金七拾萬円

九月二十一日　金七拾萬円

計　金百九拾萬円

二、右立替金ニ対スル契約書及附属協定書ハ従来通リ経理部

南滿洲鐵道株式會社

ヨ-0003 B列5　(12.5.20,000冊 滿日納)

124

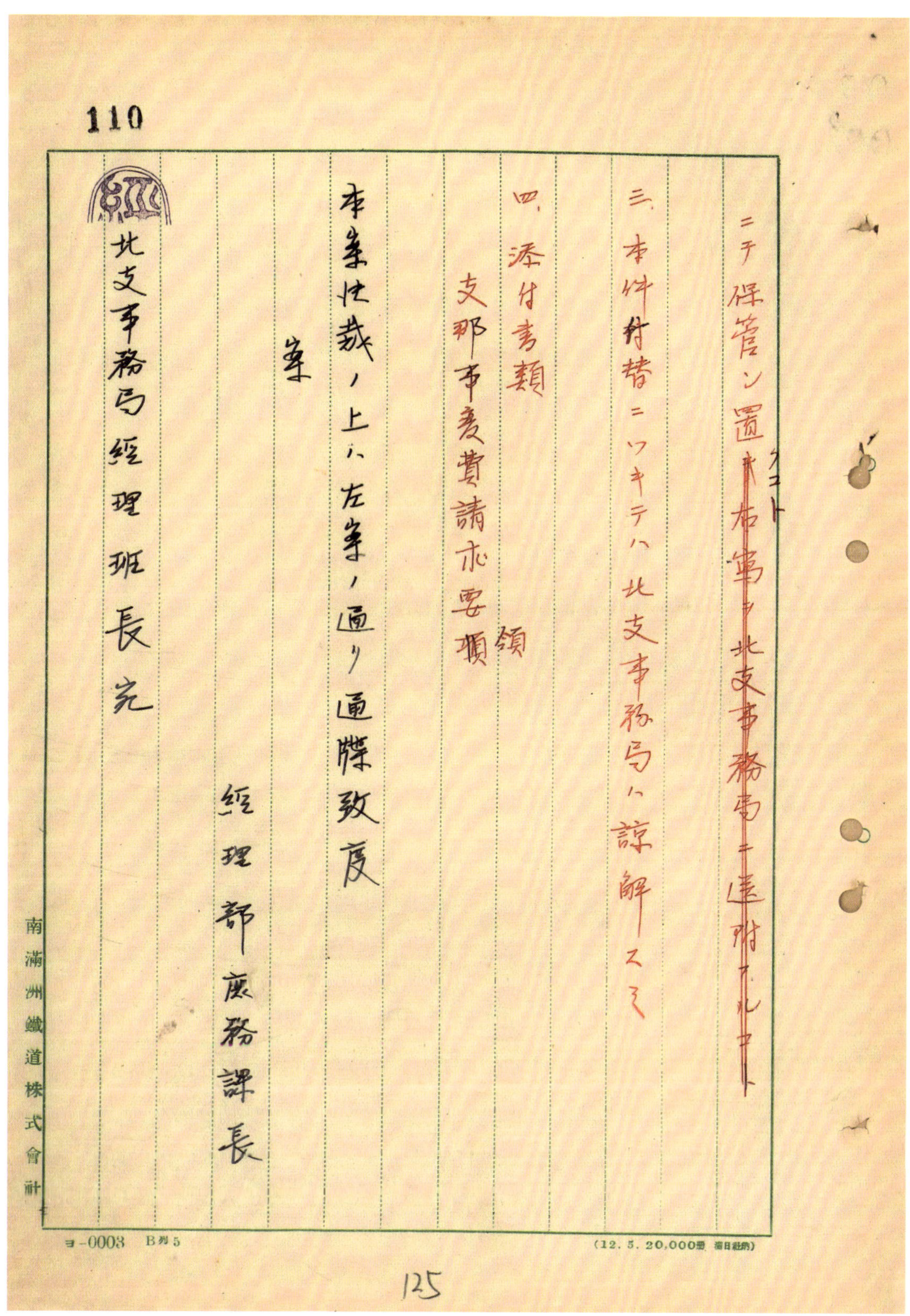
110

ニテ保管シ置~~キ右写ヲ北支事務局ニ送附スルコト~~クコト

三、本件振替ニツキテハ北支事務局ハ諒解ス

四、添付書類

支那事変費請求要~~項~~領

本案仕裁ノ上ハ左案ノ通リ通牒致度

案

経理部庶務課長

北支事務局経理班長宛

南滿洲鐵道株式會社

ヨ-0003 B列5　(12.5.20,000冊 ……)

125

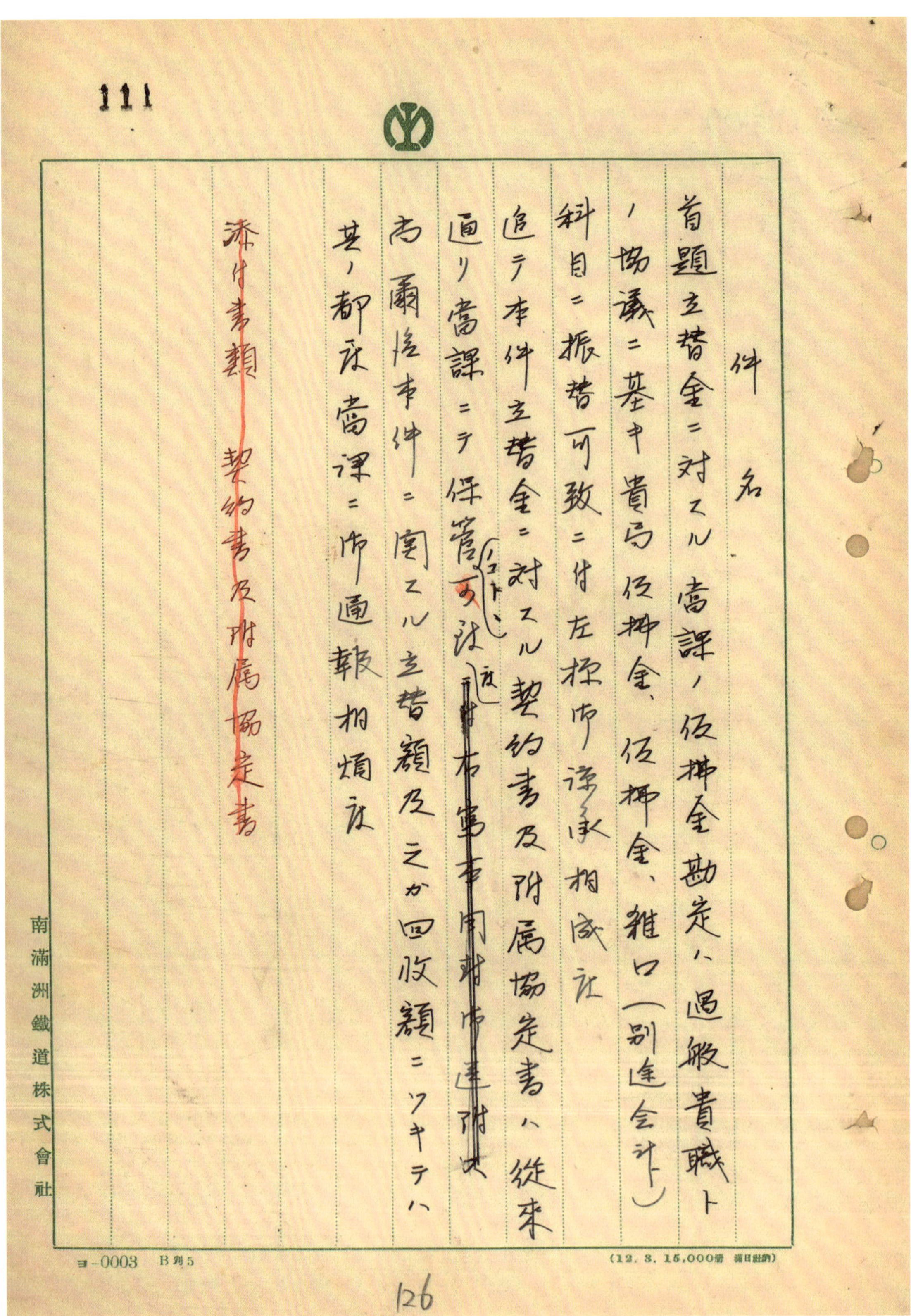
111

件名

首題立替金ニ対スル当課ノ仮払金勘定ハ過般貴職ト
ノ協議ニ基キ貴局仮払金、仮払金、雑口（別途会計ト）
科目ニ振替可致ニ付左様御諒承相成度
追テ本件立替金ニ対スル契約書及附属協定書ハ従来
通リ当課ニテ保管可致ニ付、
尚爾后本件ニ関スル立替額及之ガ回収額ニツキテハ
其ノ都度当課ニ御通報相煩度

添付書類　契約書及附属協定書

南満洲鐵道株式會社

ヨ-0003　B列5　(12.3.15,000冊 満日納)

126

秘

乙種

114

回議箋（乙號）

會社番號	發議番號	回議者及印
	經主決37第4號43	經理部長 庶務課長 主計課長 第一豫算係 第二豫算係

起案	決裁	發送
昭和12年10月7日	昭和12年10月8日	昭和12年10月16日

起案箇所：經理部主計課決算係

箇所長 主任者 擔任者 電話

監査役 審査役

件名　北支事務局經理打合事項ニ關スル件

伺

首題ノ件ニ關シテハ過般經理部、北支事務局、鐵道總局及用度部ノ各関係者協議ノ結果左記ノ通打合ヲ了シタルニ付左記打合要項ニ依リ之ヲ實施致可然哉

（要写二通経庶計算係）

發送取扱者

南滿洲鐵道株式會社

受付印

-8012/ B列5

(10 12, 2,000冊 東亞納)

131

115

打合要項 （昭和十二年十月二日 経理部会室）

一、別途給與費整理ニ關スル件

賞與金

(イ)北支事務局ヘ派遣シタル社員ニ対スル賞與金ハ派遣社員ノ所属箇所ニ於テ毎月別紙割掛率ニ依リ算出シタル金額ニ對シ（貸方）各所収入勘定 対（借方）北支事務局、別途整理勘定、各項、賞與金科目ノ振替傳票ヲ發行シ借方傳票ヲ北支事務局ヘ付替フルコト

(ロ)北支事務局ヘ轉勤シタル社員ニ對スル賞與金ハ北支事務局ニ於テ毎月別紙割掛率ニ依リ算出シタル金額ヲ（借方）北支事務局、別途整理勘定、各項、賞與金科目 対（貸方）北支事務局、仮受金、仮受金、雑口科目ニテ整理スルコト

(ハ)北支事務局ヘ轉勤シタル社員ニ對シ賞與金ヲ實際支給シタル

南滿洲鐵道株式會社

ヨ-0003 B列5 (12. 3. 15,000冊 ...)

132

116

トキハ北支事務局ニ於テ仮払金、仮払金、雑口（別途会計）科
目ニテ（別途会計）支出スルコト

(ニ) 北支事務局ハ年度末ニ於テ前記(ロ)號ノ仮受金ト(ハ)號ノ
仮払金トノ差額ヲ、仮受金過剰ノ場合ハ總務收入、諸口
收入、雑收入（北支事務局固有会計）ニ、又仮払金過剰ノ場合ハ
總務經費、總係費、雑費（北支事務局固有会計）ニ振替整理スル
コト

退職慰労金

(イ) 北支事務局ヘ派遣シタル社員ニ対スル退職慰労金ハ派遣社員ノ
所属箇所ニ於テ毎月別紙割掛率ニ依リ算出シタル金額ニ対シ
（貸方）各所收入勘定 対（借方）北支事務局、別途整理勘定、
各項、退職慰労金科目ノ振替傳票ヲ發行シ借方傳票ヲ
北支事務局ヘ付替フルコト

南滿洲鐵道株式會社

ヨ-0003 B列5 (12. 8. 15,000冊 滿日納)

133

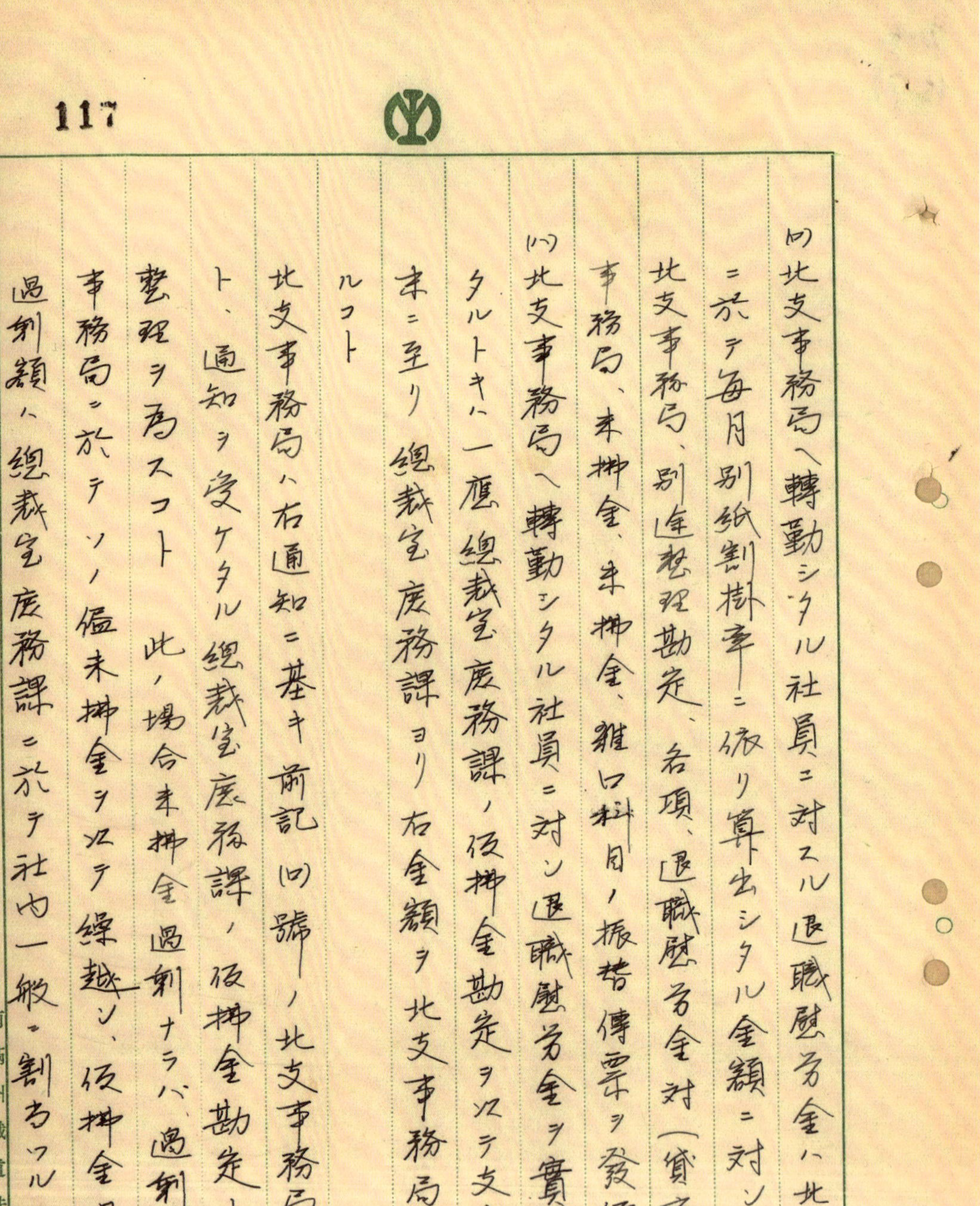
117

(ロ)北支事務局ヘ転勤シタル社員ニ対スル退職慰労金ハ北支事務局ニ於テ毎月別紙割掛率ニ依リ算出シタル金額ニ対シ（借方）北支事務局、別途整理勘定、各項、退職慰労金対（貸方）北支事務局、未払金、未払金、雑口科目ノ振替伝票ヲ発行スルコト

(ハ)北支事務局ヘ転勤シタル社員ニ対シ退職慰労金ヲ実際支給シタルトキハ一応総裁室庶務課ノ仮払金勘定ヲ以テ支出シ年度末ニ至リ総裁室庶務課ヨリ右金額ヲ北支事務局ニ通知スルコト

北支事務局ハ右通知ニ基キ前記(ロ)號ノ北支事務局未払金ト、通知ヲ受ケタル総裁室庶務課ノ仮払金勘定トノ振替整理ヲ為スコト　此ノ場合未払金過剰ナラバ、過剰額ハ北支事務局ニ於テ其ノ儘未払金ヲ以テ繰越シ、仮払金過剰ナラバ過剰額ハ総裁室庶務課ニ於テ社内一般ニ割当ツルモノトス

南滿洲鐵道株式會社

ヨ-0003　B列5　　(12. 3. 15,000冊 満日社納)

134

(ニ)北支事務局ノ別途会計ニ対シテハ年度末ニ於ケル退職慰労金實際支拂額ノ割当ヲ為サズ

社宅費

(イ)北支事務局ヘ派遣シタル社員ニ対スル社宅費ハ派遣社員ノ所属箇所ニ於テ毎月別紙割掛率ニ依リ算出シタル金額ニ対シ（貸方）各所収入勘定　対（借方）北支事務局　別途整理勘定、各項、社宅費科目ノ振替傳票ヲ發行シ借方傳票ヲ北支事務局ヘ付替フルコト

(ロ)北支事務局ヘ轉勤シタル社員ニ対スル社宅費（別居ヲ承認サレタル残留家族ニ対スル撤備料ヲ含ム）ハ北支事務局ニ於テ別途整理勘定、各項、社宅費科目ヲ以テ直接支出スルモノトス、但シ別居ヲ承認サレタル残留家族ニシテ社宅（代用社宅ヲ含ム）ニ居住スルモノニ対シテハ總裁室福祉課ニ於テ毎月別紙割掛率

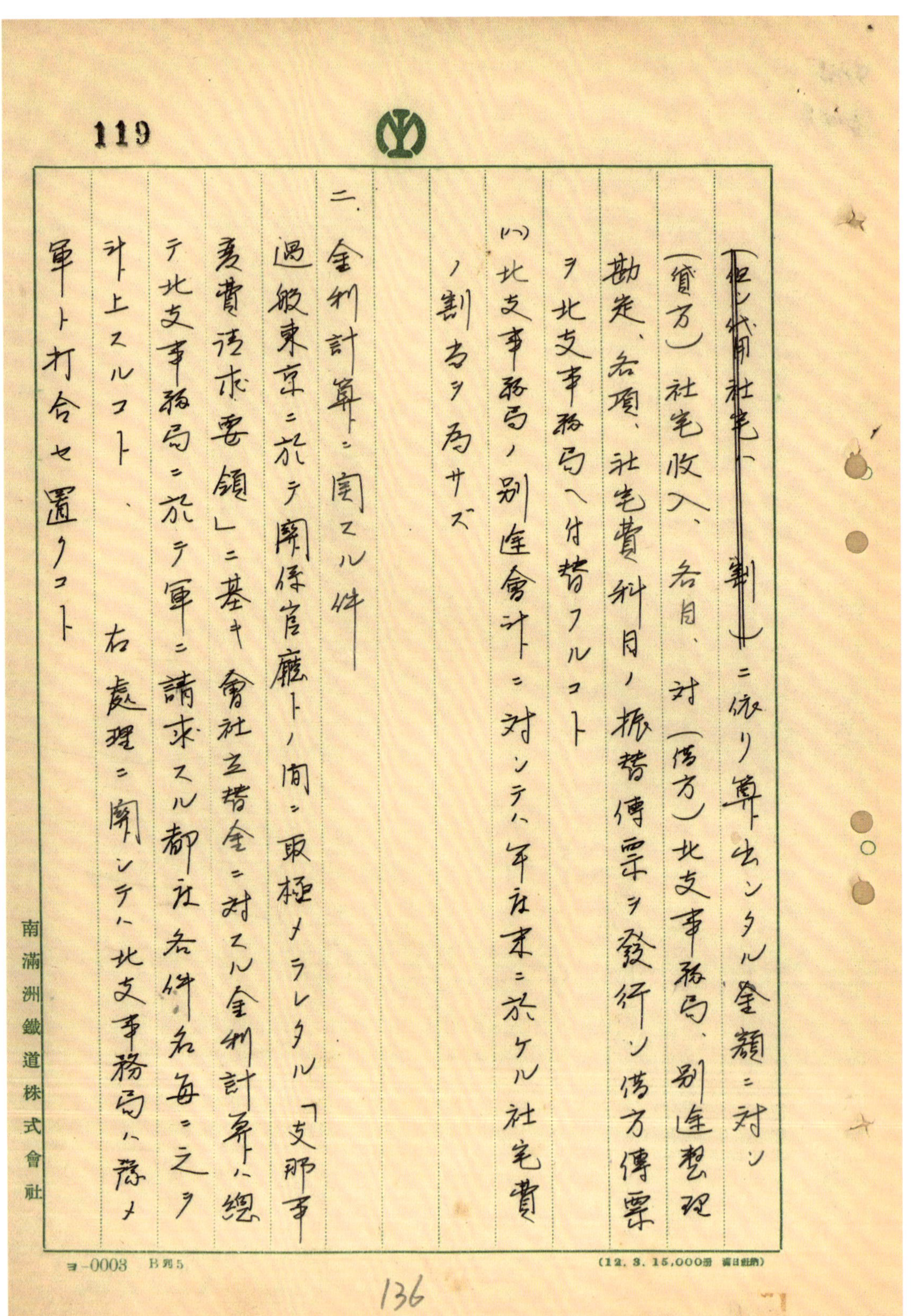

119

~~（但シ代用社宅ハ割）~~ニ依リ算出シタル金額ニ対シ（貸方）社宅收入、各目、対（借方）北支事務局、別途整理勘定、各項、社宅費科目ノ振替傳票ヲ發行シ借方傳票ヲ北支事務局ヘ付替フルコト

(ハ)北支事務局ノ別途會計ニ対シテハ年度末ニ於ケル社宅費ノ割当ヲ為サズ

二、金利計算ニ関スル件

過般東京ニ於テ関係官廳トノ間ニ取極メラレタル「支那事変費請求要領」ニ基キ會社立替金ニ対スル金利計算ハ總テ北支事務局ニ於テ軍ニ請求スル都度各件名毎ニ之ヲ計上スルコト、右處理ニ関シテハ北支事務局ハ豫メ軍ト打合セ置クコト

南滿洲鐵道株式會社

ヨ-0003　B列5　(12. 3. 15,000冊 [illegible])

136

120

三、配給物品代ニ関スル件

用度部其他ヨリノ配給物品代ニハ物品取扱間接費及(の分)運賃諸掛(山海関、塘沽又ハ古北口迄)ヲ附課スルコト

四、北寧鉄路管理局従事員ニ対スル立替給与金整理ニ関スル件

北寧鉄路管理局従事員ニ対スル給与立替金ハ従来経理部庶務課ノ仮払金勘定ヲ以テ整理シ来レルガ「支那事変費請求要領ニ基キ北支事務局ニ於テ取纏メ軍ニ請求スルコトトナリタル」ニ付テハ之ヲ北支事務局ノ仮払金勘定(別途会計)ニ振替整理スルコト

備考

第四項ニ関シテハ別途経理部長ノ決裁済(申請中)ナルモ打合事項ニ付

本案中ニ一括編入セリ

南満洲鉄道株式会社

ヨ-0003 B列5　(12.3.15,000冊 [illegible])

137

121

別途給與費割掛率

一、賞與金

月俸社員

一五〇圓以上者　請求俸給額ノ五割八分額

一五〇圓未滿八〇圓以上者　〃　五割額

八〇圓未滿者　〃　四割二分額

日給社員

雇員　請求給料額ノ二割二分額

傭員　〃　一割六分額

二、社宅費（家族持、独身者共）

月俸社員　請求俸給額ノ三割額

雇傭員　〃　給料額ノ三分ノ二ニ對スル三割額

三、退職慰勞金

月俸社員　請求俸給額ノ五割五分額

雇員　〃　給料額　一割六分額

傭員　請求給料額ノ九分額

138

122

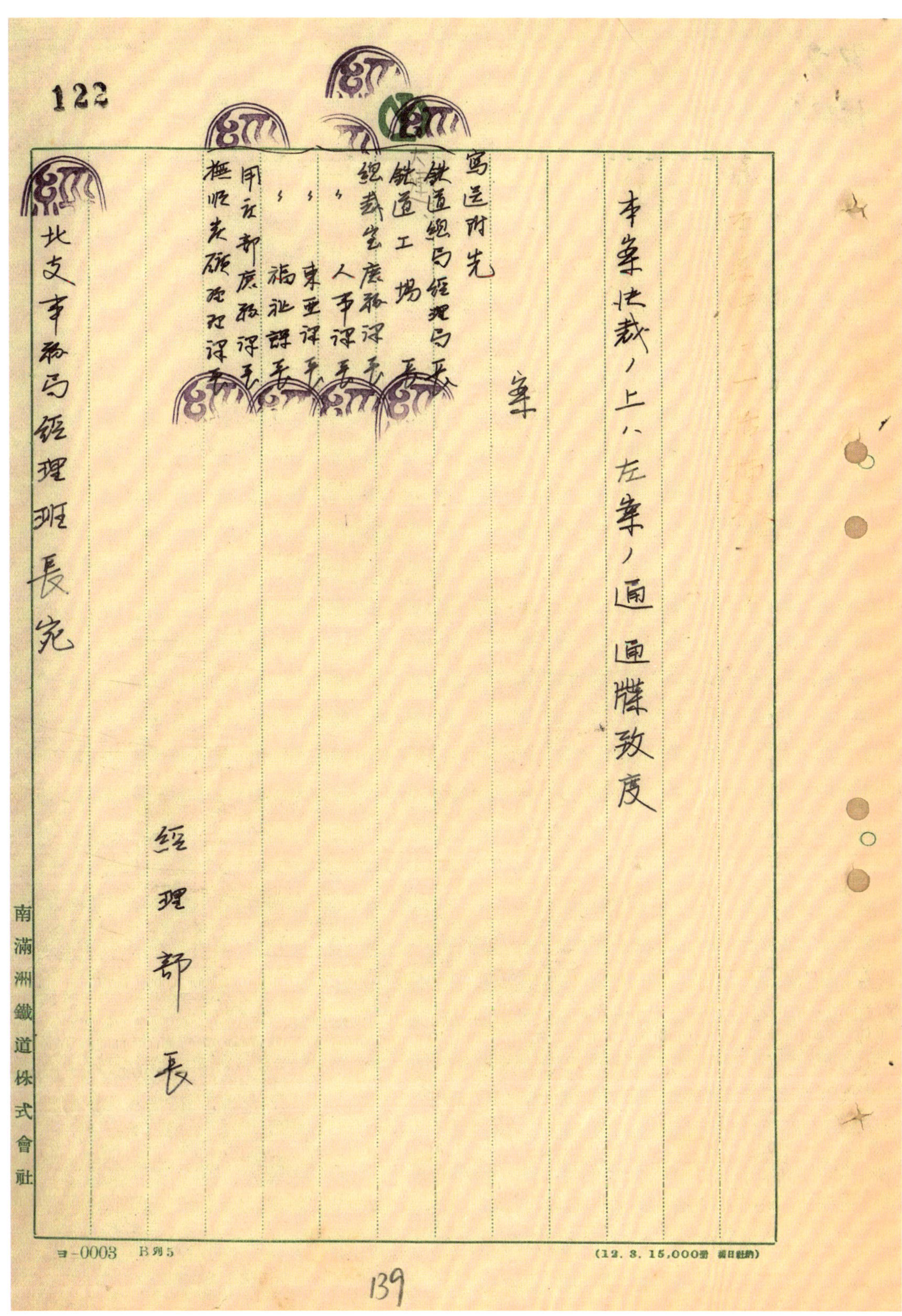

本案決裁ノ上ハ左案ノ通
通牒致度

案

写送附先
鉄道総局経理局長
鉄道工場長
総裁室庶務課長
〃 人事課長
〃 東亜課長
〃 福祉課長
用度部庶務課長
撫順炭礦経理課長

経理部長

北支事務局経理班長宛

南滿洲鐵道株式會社

ヨ-0003 B列5　(12. 3. 15,000冊 滿日社納)

139

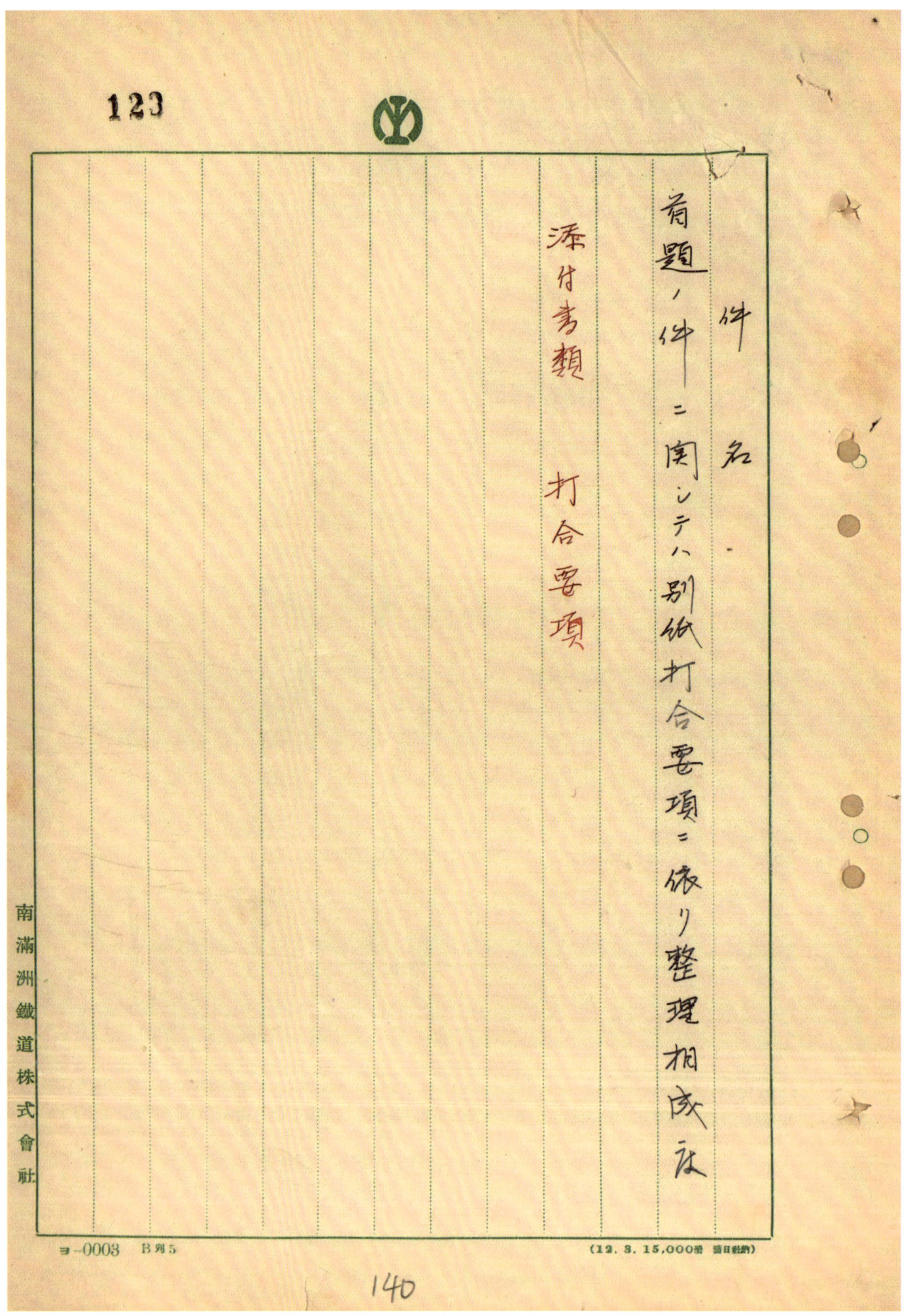
123

件名

前題ノ件ニ関シテハ別紙打合要項ニ依リ整理相成度

添付書類　打合要項

南滿洲鐵道株式會社

ヨ-0003　B列5　(12. 3. 15,000冊　須日經納)

140

财务部主计课长关于送七七事变费用支出概算调查表事致北支事务局财务班长的函（一九三七年十月二十七日）

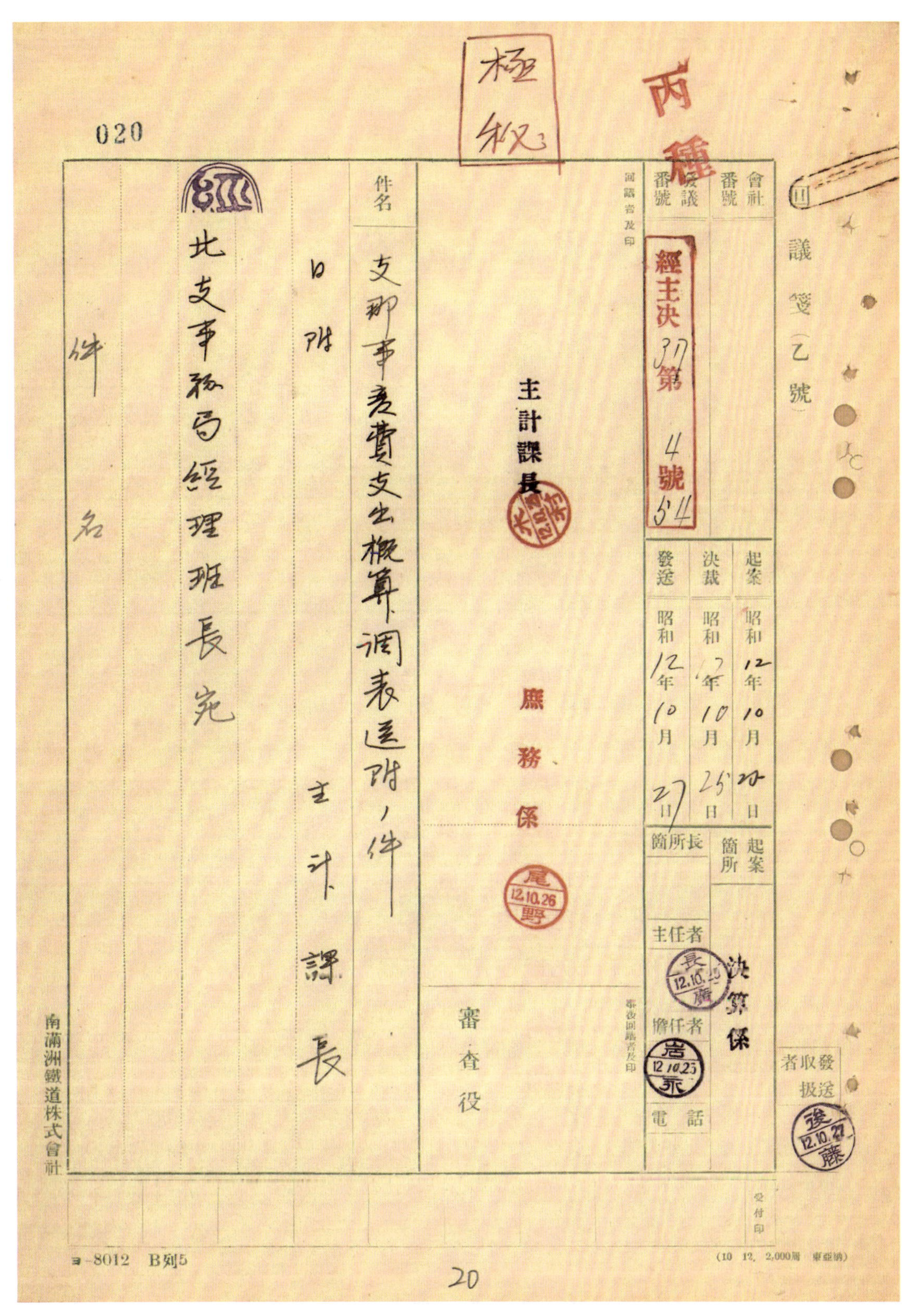

021

九月三十日現在支那事變費支出概算調表二部御参考迄ニ送附ス、尚軍ニ請求スヘキ事變費ハ豫テ東京ニ於テ關係官廳トノ間ニ取極メラレタル「北支諸鉄道使用ニ関スル經理要領」ニ基キ貴所ニ於テ(手配)証憑書類(等)ニ依リ概算請求書作成ノ上軍當局ニ請求相成度

爲念申添フ

追テ現實ニ現金ヲ支出セルモ精算ノ遅延ノモノ（俸給、給料、旅費等）ニ対シテハ概算額ニ依リ請求スル様、軍當局ト御協議相成度

南滿洲鐵道株式會社

ヨ-0003 B列5 (12. 8. 30,000冊 滿日社納)

21

财务部主计课长关于送交截至一九三七年九月三十日七七事变费用概算书事致东京支社财务课长的函（一九三七年十月二十七日）

017

丙種

極秘

回議箋（乙號）

會社番號	發議番號
	經主決37第4號53

回議者及印

起案	決裁	發送
昭和12年10月23日	昭和12年10月25日	昭和12年10月27日

起案箇所	箇所長
決算係	主任者
	擔任者
	電話

主計課長

庶務係

審查役

事後回議者及印

發送取扱者

件名 北支事変費概算調送附ノ件

東京支社經理課長宛

件名

日附

主計課長

南滿洲鐵道株式會社

受付印

ヨ-8012 B列5

（10 12, 2,000册 東亞納）

17

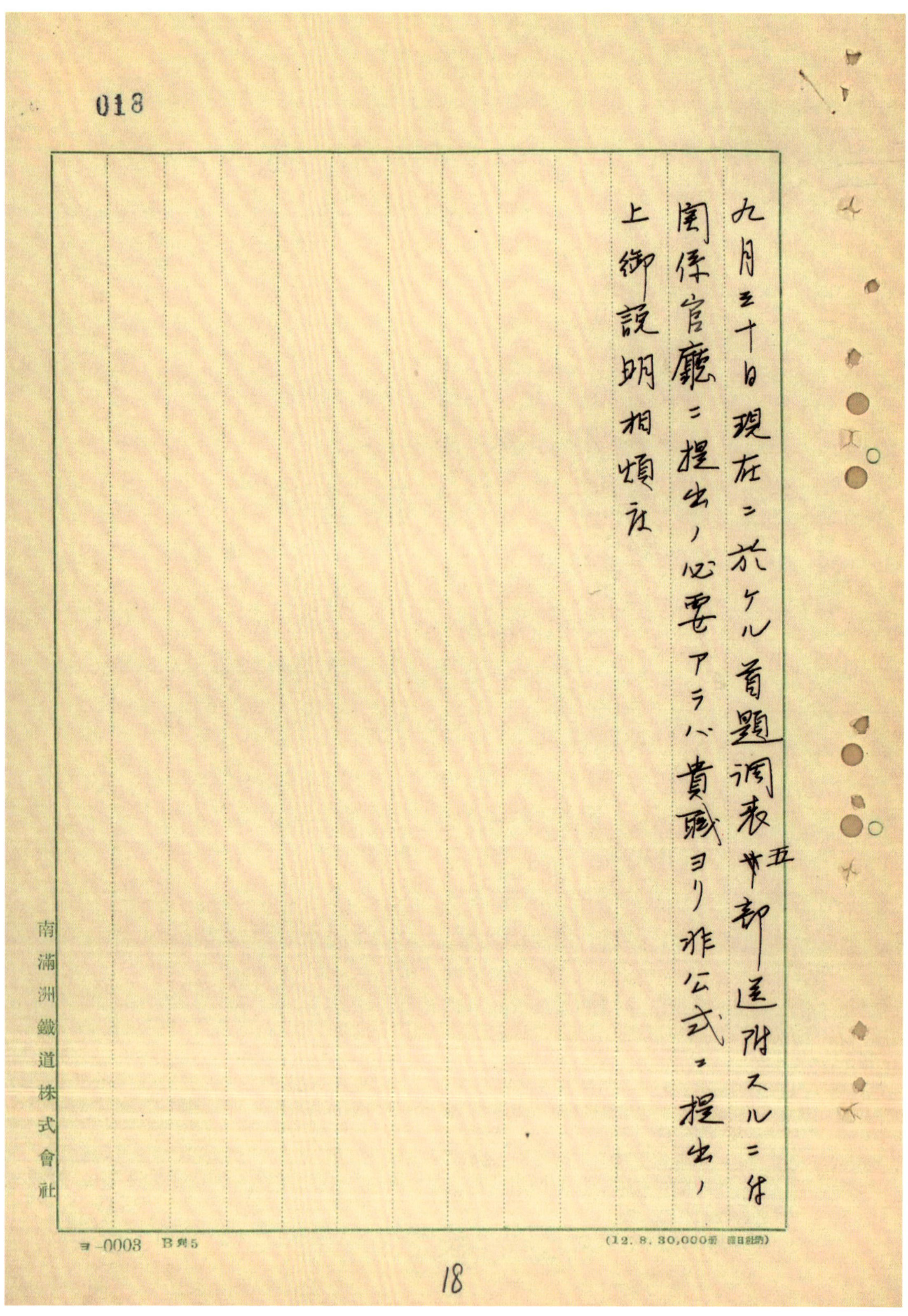

018

九月三十日現在ニ於ケル首題調表廿五部送附スルニ付
関係官廳ニ提出ノ必要アラバ貴職ヨリ非公式ニ提出ノ
上御説明相煩度

南滿洲鐵道株式會社

ヨ-0003 B列5 (12. 8. 30,000部 [illegible])

18

财务部长关于军方与满铁分别负担七七事变费用中人事费事致北支事务局长的函（一九三七年十一月四日）

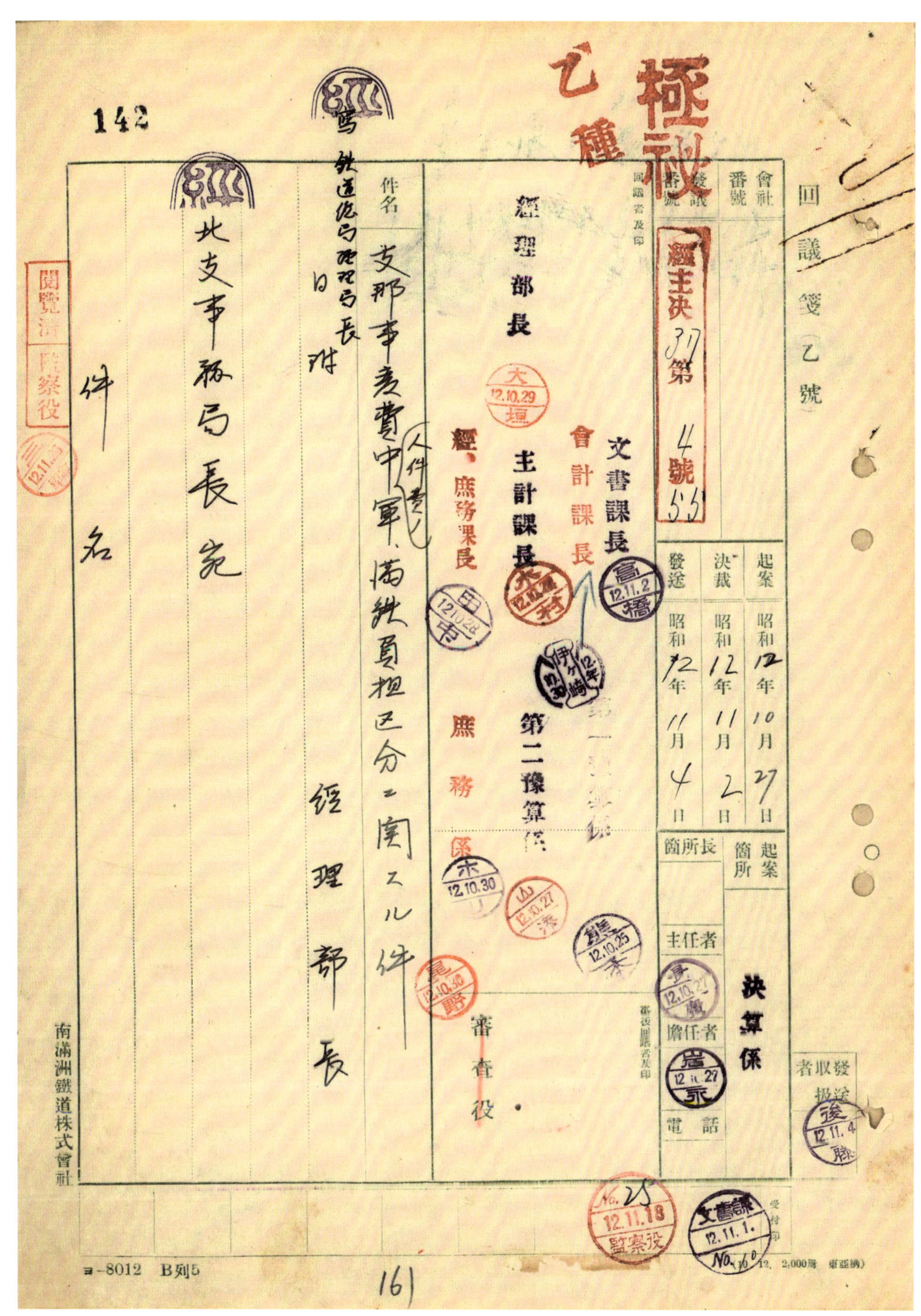

142

極秘 乙種

回議箋（乙號）

會社番號	發議番號
	經主決37第4號 55

起案	決裁	發送
昭和12年10月27日	昭和12年11月2日	昭和12年11月4日

經理部長

主計課長

文書課長

會計課長

經、庶務課長

第二豫算係

庶務係

決算係

審査役

件名 支那事変費中人件費ノ軍、満鉄負担区分ニ関スル件

鉄道総局総局長
北支事務局長 宛

日附

經理部長

南滿洲鐵道株式會社

ヨ-8012 B列5

161

143

十月二十二日北支理主三七第三號三五ヲ以テ御照會相成
タル首題ノ件ニ關シテハ過般東京ニ於テ軍、滿鉄
関係者間ニ取極メラレタル北支諸鉄道使用ニ関スル經
理要領第二ノ「軍ノ要求ニ基キ派遣セシメタル滿鉄社員
ノ俸給旅費等ノ諸給與金」及同第三ノ「軍ノ要求ニ基キ
滿鉄ヨリ派遣シタル社員ノ諸給與金ハ本人ニ支拂ヒタル金
額並其ノ支拂額ニ依リ計算セル金額」ノ條項ヨリシテ、
俸給、給料、旅費、在勤手當ハ勿論、雜手當、賞與金、
退職慰勞金及社宅費等派遣社員ニ要スル一切ノ給與金
ハ之ヲ軍ニ請求シ得ルコトトナリマスノデ北支諸鉄道使用
ニ関スル經理要領ニ基キ全軍當局ニ請求ノ御手配願ヒマス
但シ右諸給與金中退職慰勞金ノ如ク現實ニ現金ノ支出
ヲ伴ハサルモノハ會社ノ負擔トスヘキモノカトモ思惟

南滿洲鐵道株式會社

ヨ-0003 B判5 (12.8.30,000冊 ...)

162

144

サレマスノデ此点ニ関シテハ貴局ニ於テ軍當局ト御折衝
願ヒマス
尚右ノ請求ニ関シテハ東京ニ於テ直接軍當局トノ折衝ニ
當レル鉄道總局第一経理課長トモ打合セルガ軍ニ於テモ
右ト同様意見ナル旨同氏ヨリ申出アリタルニ付左様御承知
願ヒマス
次ニ御申出ノ「満鉄會社ノ負担トスベキ會社派遣員人件
費」ニ依レバ別途整理勘定總係費中ノ人件費全額ヲ會
社ニ於テ負担致度御意向ナルモ~~斯クテハ會社負担額ハ~~
~~相當多額ト相成ルベキニ付~~「北支諸鉄道使用ニ関スル
経理要領ニ基キ總係費人件費中ノ派遣社員ニ対スル
一切ノ諸給要金ハ軍ニ請求スルコトトシ其ノ残額ハ之ヲ
會社ニ於テ負担スルヲ妥当ト思料セラルルニ付此点ニ

南滿洲鐵道株式會社

ヨ－0003　B列5　(12. 8. 30,000冊)

163

145

関シテモ貴局ニ於テ軍當局ト併セテ御協議願ヒマス
尚總係費中人件費以外ノ諸費用ニシテ軍ノ要求ニ依
リ特ニ支出シタルモノニシテ明カニ区分シ得ルモノハ軍ニ請求スルコトトシ其他ハ會社ニ
於テ負担スルコトト致度
追テ右ニ對シ當部ト関東軍方面ト折衝スル様御
申出相成タルガ右ハ貴局ニ於テ現地ノ軍當局ト御折
衝相成度申添ヘマス

南滿洲鐵道株式會社

ヨ-0003 B列5 (12.8.30,000冊 滿日納)

164

财务部主计课长关于送交截至一九三七年十月十日七七事变费用概算书事致东京支社财务课长的函
（一九三七年十一月八日）

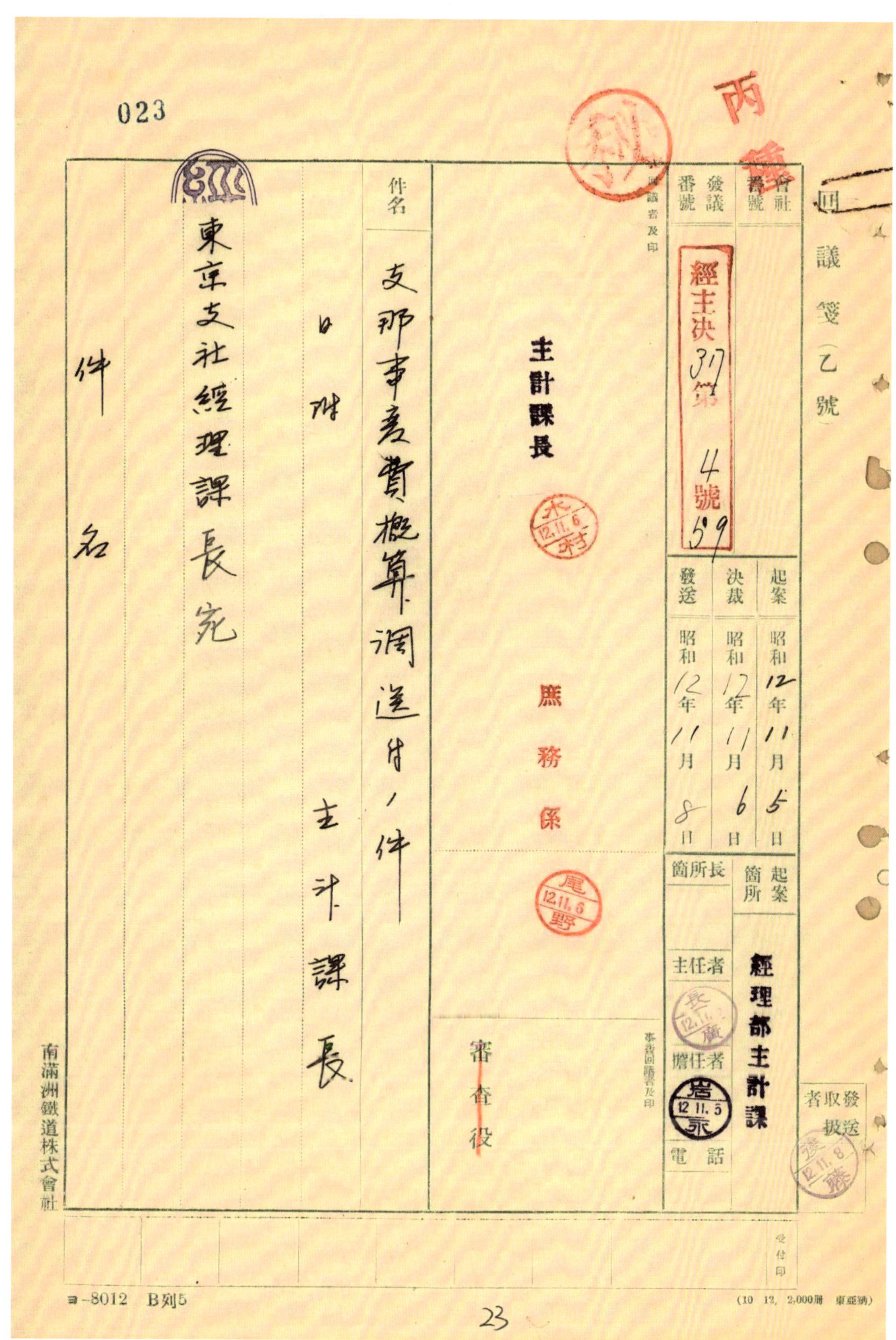
023

回議箋（乙號）

丙

會社番號　發議番號　回議者及印

經主決 37 第 4 號 59

起案 昭和12年11月5日
決裁 昭和12年11月6日
發送 昭和12年11月8日

起案箇所 經理部主計課
箇所長
主任者
擔任者
電話

主計課長

庶務係

審査役

發送取扱者

件名 支那事變費概算調送付ノ件

日附

主計課長

東京支社經理課長宛

件名

南滿洲鐵道株式會社

ヨ-8012　B列5　(10 12, 2,000冊 東亞納)

受付印

23

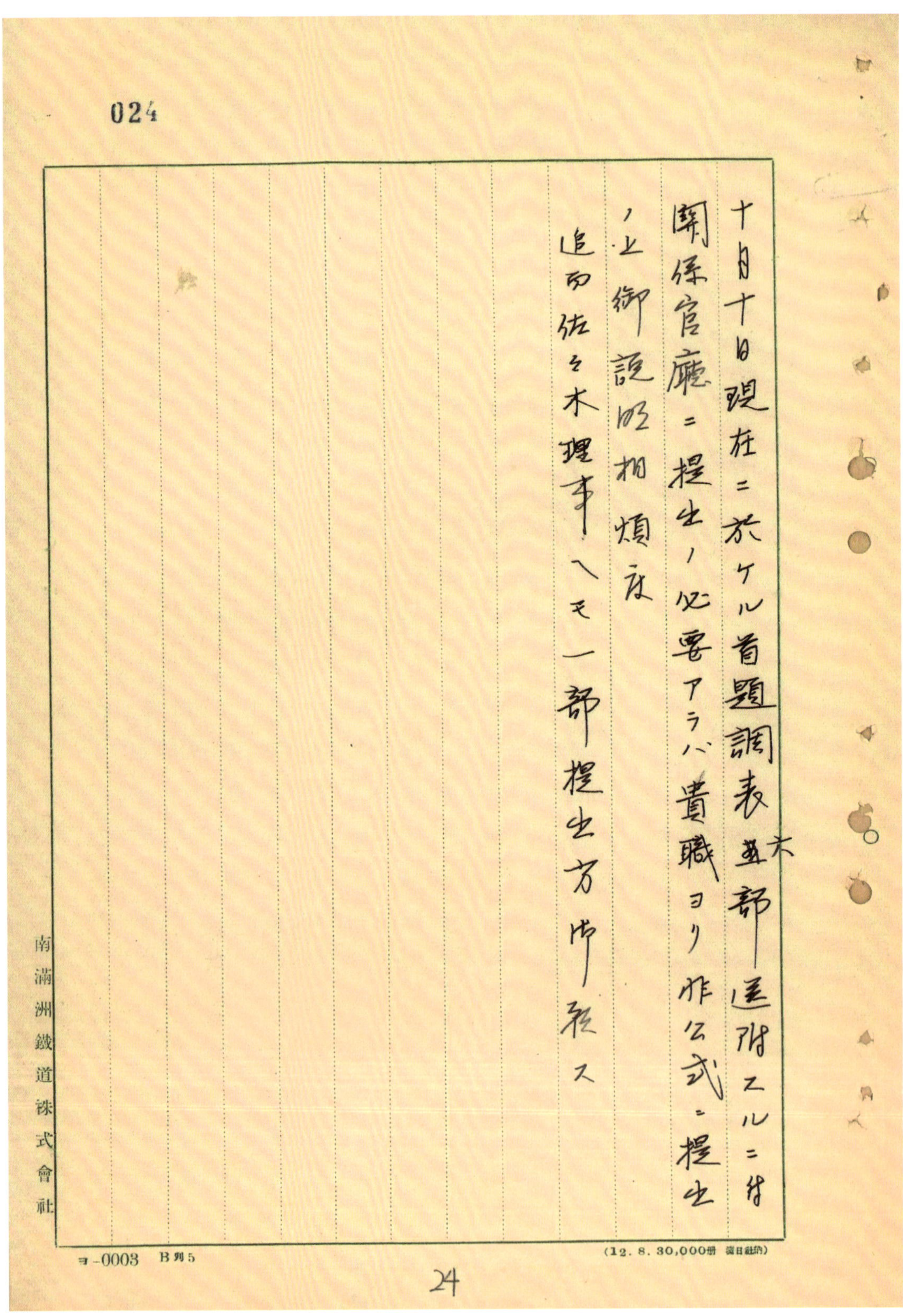
024

十月十日現在ニ於ケル首題調表並部送附スルニ付関係官廰ニ提出ノ必要アラバ貴職ヨリ非公式ニ提出ノ上御説明相煩度

追而佐々木理事ヘモ一部提出方御依頼ス

南滿洲鐵道株式會社

ヨ-0003 B列5 (12.8.30,000冊 満日納)

24

财务部主计课长关于安东营口军用地使用状态一案明日使用航空邮件发送事致东京支社财务课长的电文（一九三七年十一月八日）

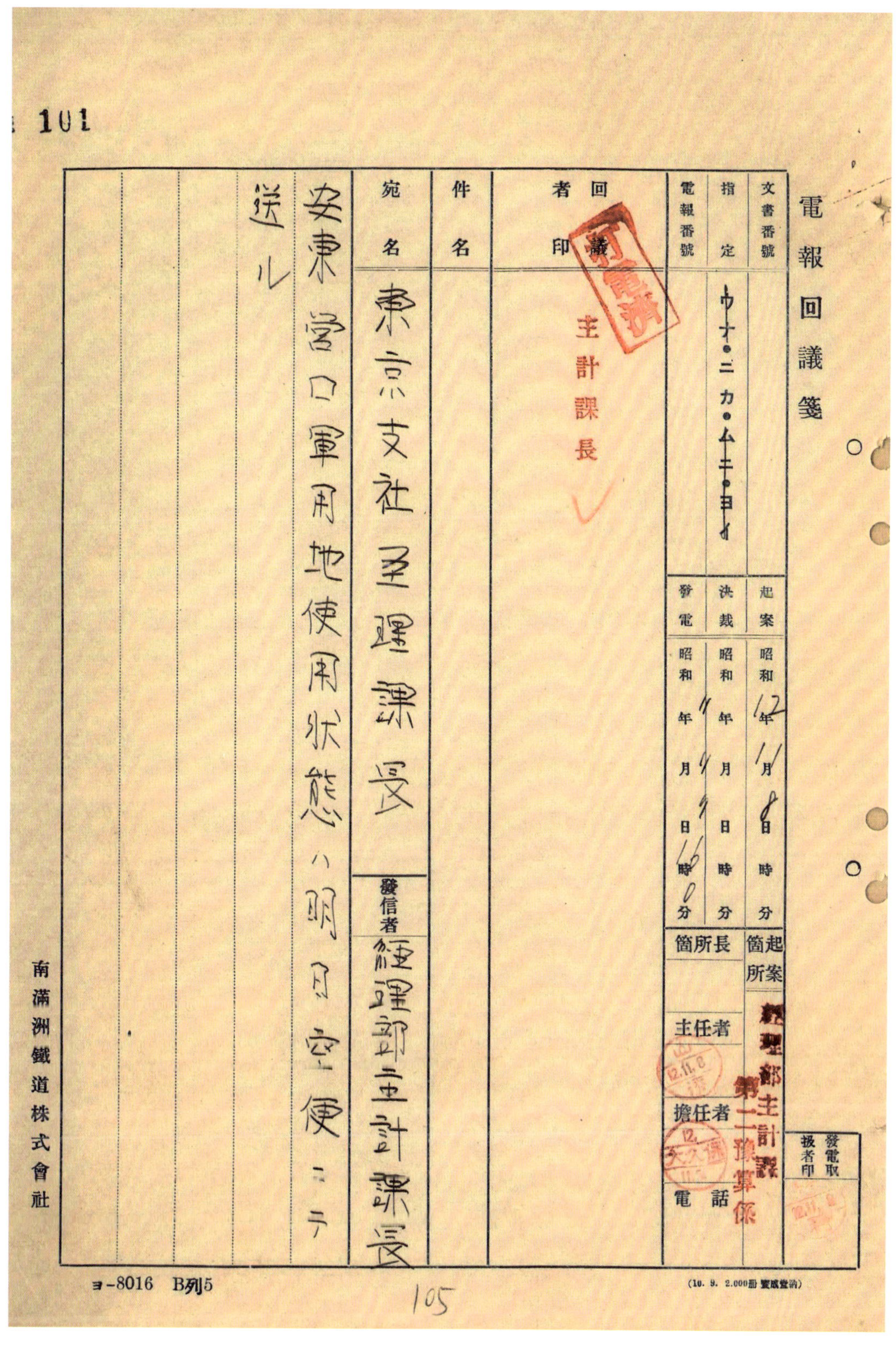
101

電報回議箋

文書番號
指定 ウオ・ニカ・ムキヨイ
電報番號

回議者印 主計課長

件名

宛名 東京支社経理課長

發信者 経理部主計課長

安東営口軍用地使用状態ハ明日空便ニテ送ル

起案 昭和12年11月8日 時 分
決裁 昭和 年 月 日 時 分
發電 昭和 年 月 日 時 分

起案箇所 経理部主計課第二預算係
箇所長
主任者
擔任者
電話

發電取扱者印

南滿洲鐵道株式會社

ヨ-8016 B列5 (10. 9. 2.000冊 螢風堂納)

105

财务部主计课长关于告知军用地图制作完成时间事致东京支社财务课长的电文（一九三七年十一月十五日）

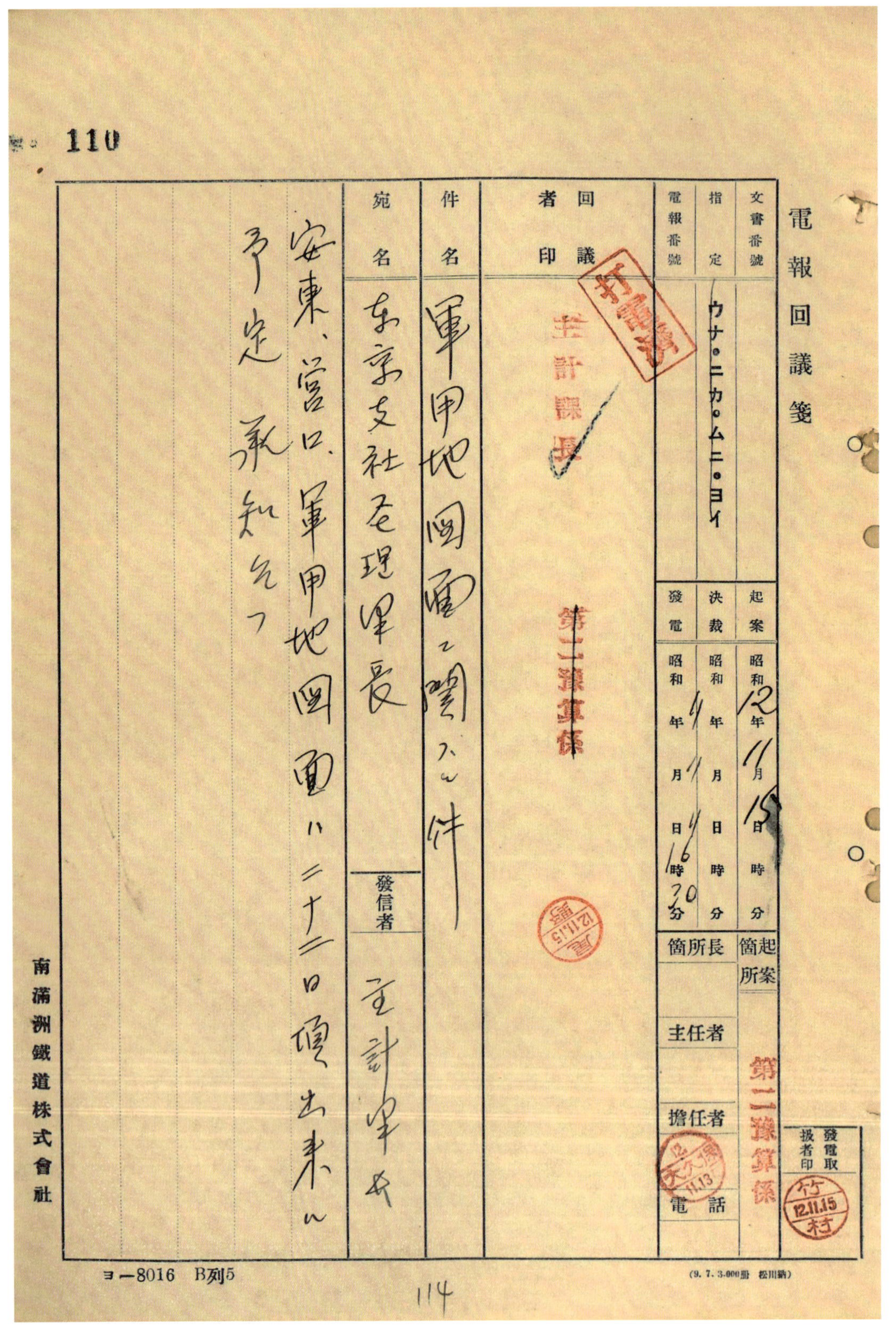

110

電報回議箋

文書番號	指定	電報番號
	ウナ・ニカ・ムニ・ヨイ	

起案	決裁	發電
昭和12年11月15日　時　分	昭和　年　月　日　時　分	昭和　年　月　日16時30分

起案箇所　箇所長　主任者　擔任者　電話

發電取扱者印

回議者印：打電済　主計課長　第二豫算係

件名：軍用地圖面ニ關スル件

宛名：東京支社経理課長

發信者：主計課長

安東、営口、軍用地圖面ハ二十二日頃出来ル予定　承知乞フ

南滿洲鐵道株式會社

ヨー8016　B列5　(9. 7. 3.000冊 松川納)

114

财务部主计课长关于送交截至一九三七年十月二十日七七事变费用概算书事致东京支社财务课长的函（一九三七年十一月二十七日）

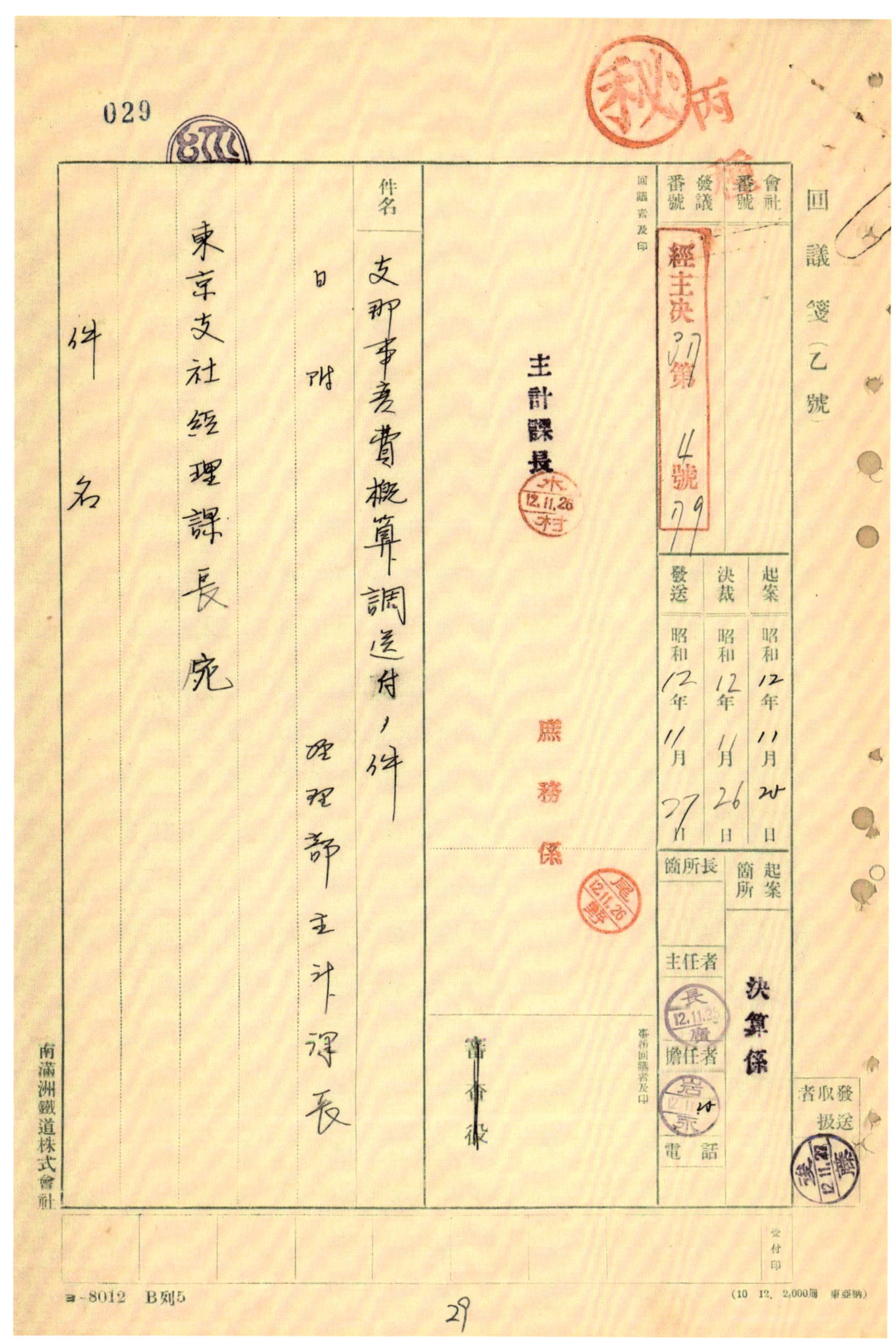
029

回議箋（乙號）

件名 支那事変費概算調送付ノ件

日附

經理部主計課長

東京支社經理課長 宛

件名

主計課長

庶務係

決算係

南滿洲鐵道株式會社

ヨ-8012 B列5

29

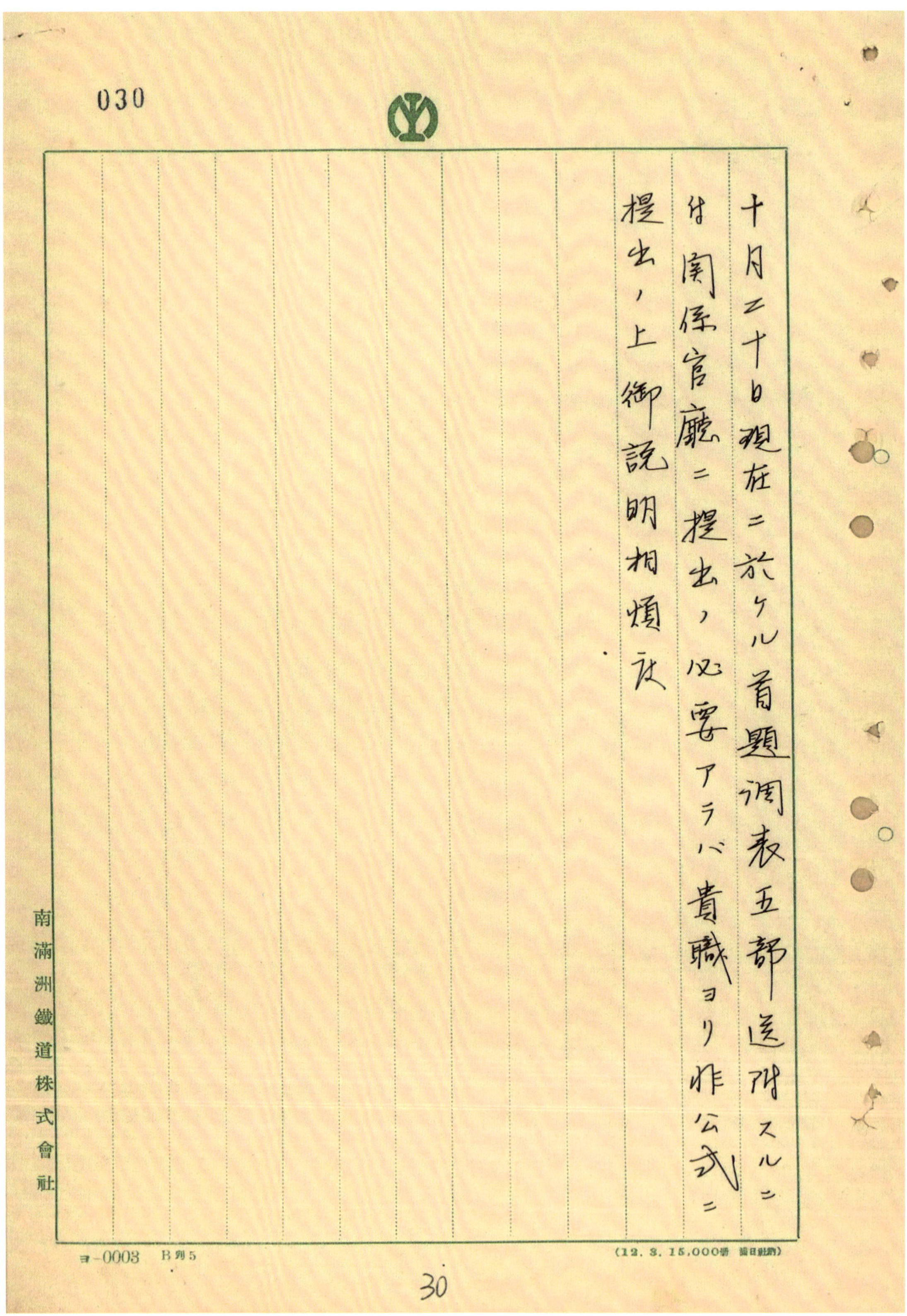

030

十月二十日現在ニ於ケル首題調表五部送附スルニ付関係官廳ニ提出ノ必要アラバ貴職ヨリ非公式ニ提出ノ上御説明相煩度

南滿洲鐵道株式會社

ヨ-0003 B列5

30

财务部主计课长关于送交七七事变费相关通牒事致北支事务局财务班长的函（一九三七年十一月三十日）

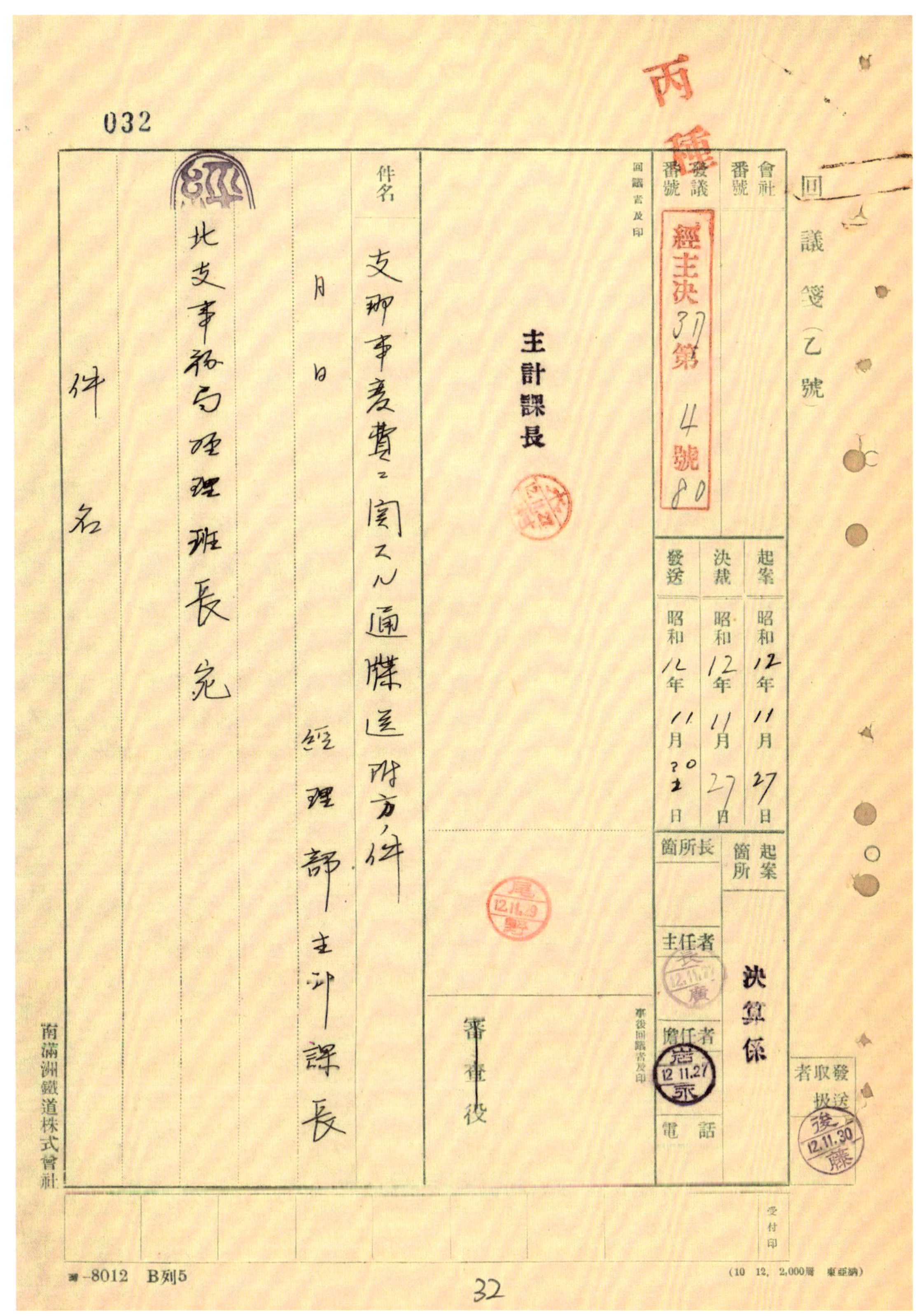
032

丙種

回議箋（乙號）

件名 支那事変費ニ関スル通牒送附方ノ件

北支事務局経理班長宛

月 日

経理部主計課長

主計課長

會社番號

發議番號 經主決37第4號80

回議書及印

起案 昭和12年11月27日
決裁 昭和12年11月27日
發送 昭和12年11月30日

起案箇所 決算係

箇所長

主任者

擔任者

電話

審査役

事後回議書及印

發送取扱者

受付印

南滿洲鐵道株式會社

第-8012 B列5

(10 12, 2,000冊 東亞納)

32

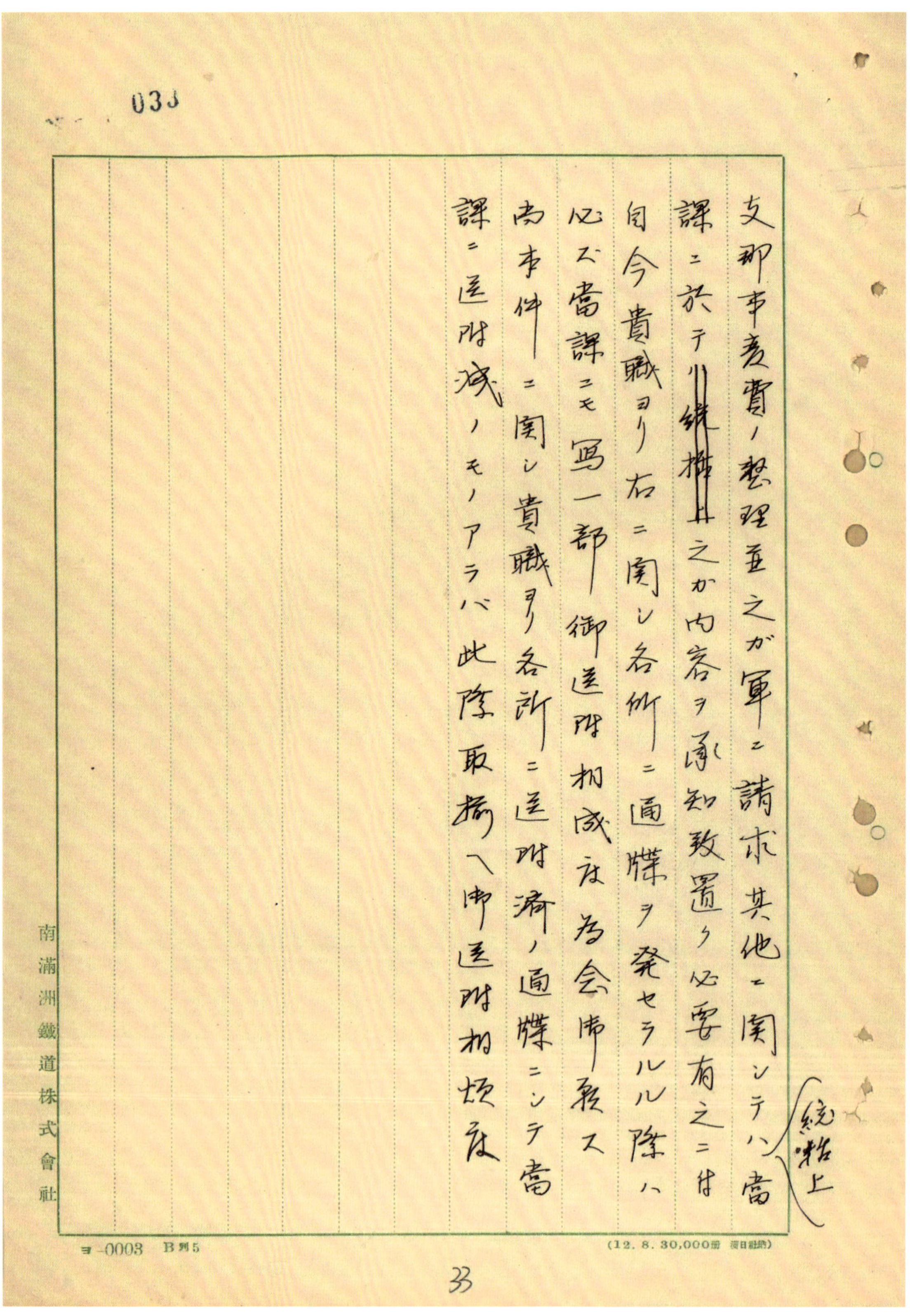
033

支那事変ノ整理並之ガ軍ニ請求其他ニ関シテハ当
課ニ於テ統括上之ガ内容ヲ承知致置ク必要有之ニ付
自今貴職ヨリ右ニ関シ各所ニ通牒ヲ発セラルル際ハ
必ズ当課ニモ写一部御送附相成度為念申添ス
尚本件ニ関シ貴職ヨリ各所ニ送附済ノ通牒ニシテ当
課ニ送附洩ノモノアラバ此際取揃ヘ御送附相煩度

南滿洲鐵道株式會社

ヨ-0003 B列5 (12. 8. 30,000冊)

33

财务部长关于政府已决定一九三八年度应向满铁拨款数目事致东京支社财务课长的电文（一九三七年十二月一日）

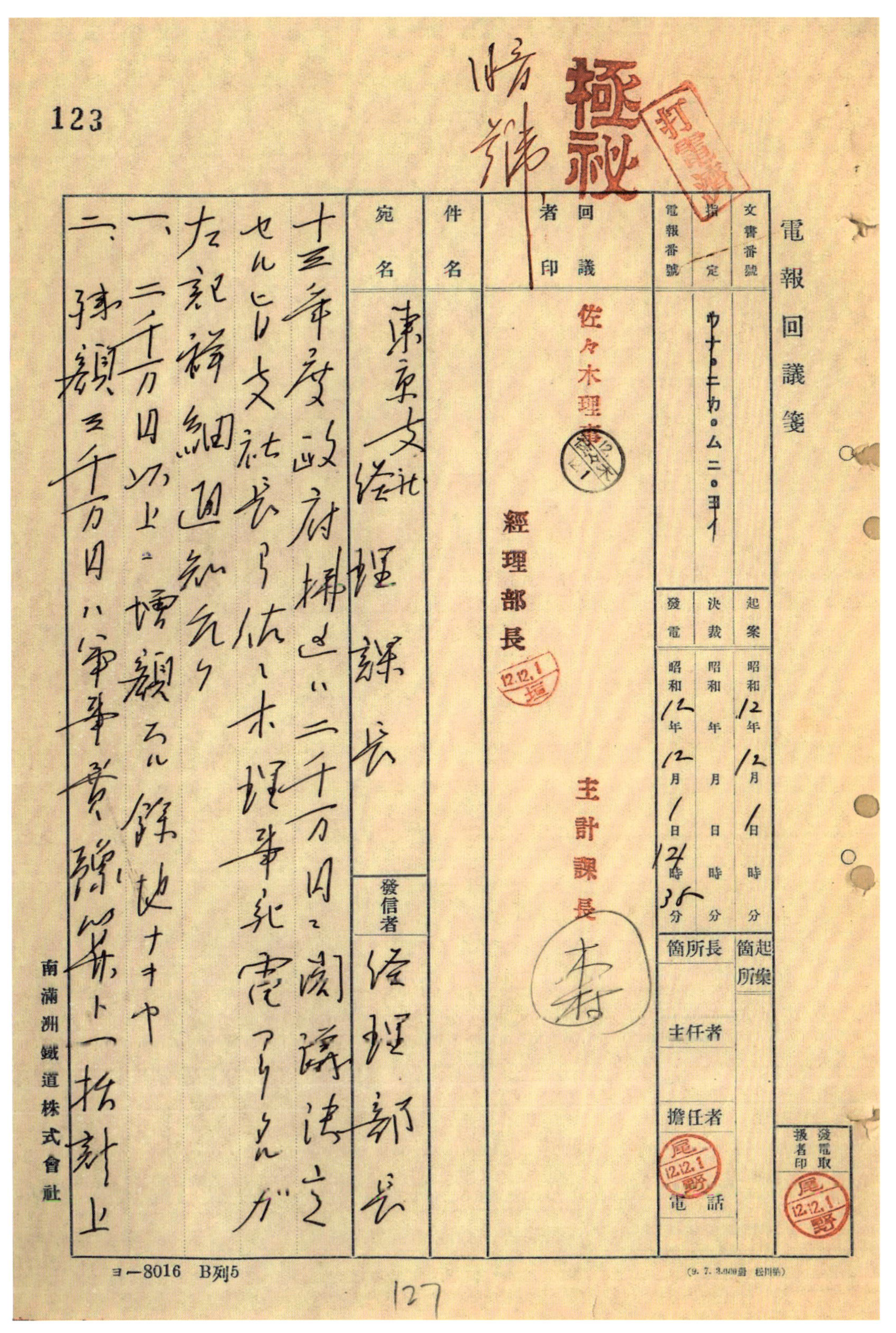

123

極秘　打電済　暗號

電報回議箋

文書番號	指定	電報番號
		ホナミカムニヨイ

起案	決裁	發電
昭和12年12月1日　時　分	昭和　年　月　日　時　分	昭和12年12月1日12時35分

回議者印：佐々木理事　經理部長　主計課長

宛名：東京支社経理課長

件名：

十三年度政府繰込ハ二千万円ニ閣議決定セル旨支社長ヨリ佐々木理事宛電アリタルガ右記詳細通知乞フ

一、二千万円以上ニ増額スル餘地ナキヤ

二、総額三千万円ハ軍事費関係ト一括計上

發信者：経理部長

箇所長　起案箇所　主任者　擔任者　電話　發電取扱者印

南滿洲鐵道株式會社

ヨ－8016　B列5

127

124

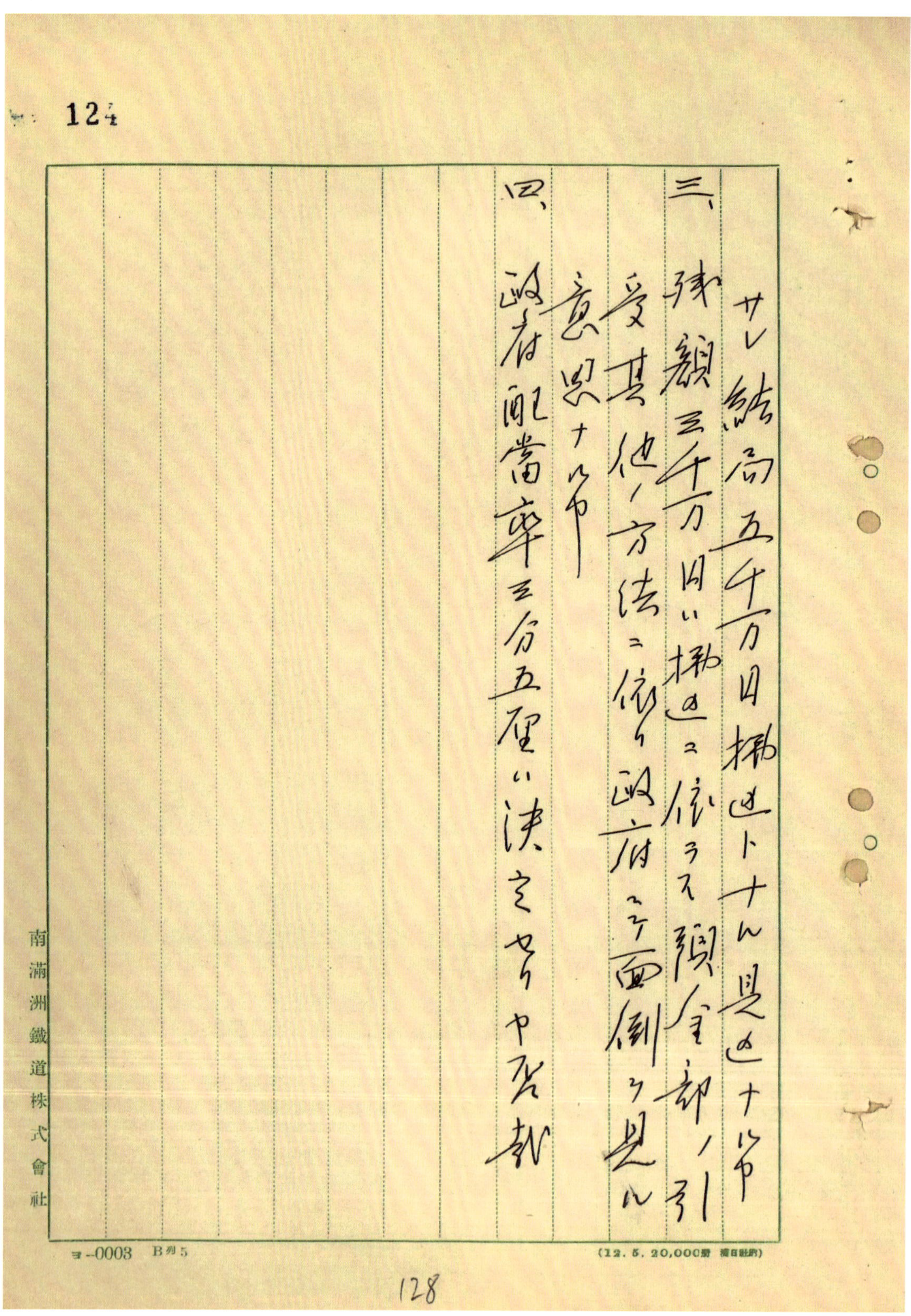

サレ結局五千萬圓拂込トナル見込ナル節

三、殘額三千萬圓ハ拂込ニ依ラス預金部ノ引受其他ノ方法ニ依リ政府ニテ面倒ヲ見ル意思ナル節

四、政府配當率三分五厘ハ決定セルヤ否哉

南滿洲鐵道株式會社

ヨ-0003 B列5 (12.5.20,000冊 滿日社納)

128

财务部主计课长关于请送交一九三七年度社线、地线、国线列车运行表各五份事致铁道总局运输局长、第一财务课长的电文（一九三七年十二月四日）

132

電報回議箋

文書番號

指定 ウナ・ニカ・ムキ・ヨイ

電報番號

回議者印

件名

宛名 鉄道総局輸送局長 第一経理課長

打電済

主計課長 ア

昭和十三年度予算改訂説明資料トシテ（昭和十二年度分）社線・北線・国線列車運行表各々五部送附乞フ

主計課長

發信者 主計課長

起案 昭和12年12月4日 時 分

決裁 昭和 年 月 日 時 分

發電 昭和 年 月 日 12時 8分

尾野 12.12.4

箇所長 起案箇所

主任者 熊本 12.12.4

擔任者 久米 12.12.4

電話

第一豫算係

發電取扱者印 12.12.4

南滿洲鐵道株式會社

ヨ—8016 B列5 (9.3.3,000冊 西川納)

136

财务部主计课长关于请送交满铁所辖铁路图三十份事致铁道总局资料课长、第一财务课长的电文（一九三七年十二月四日）

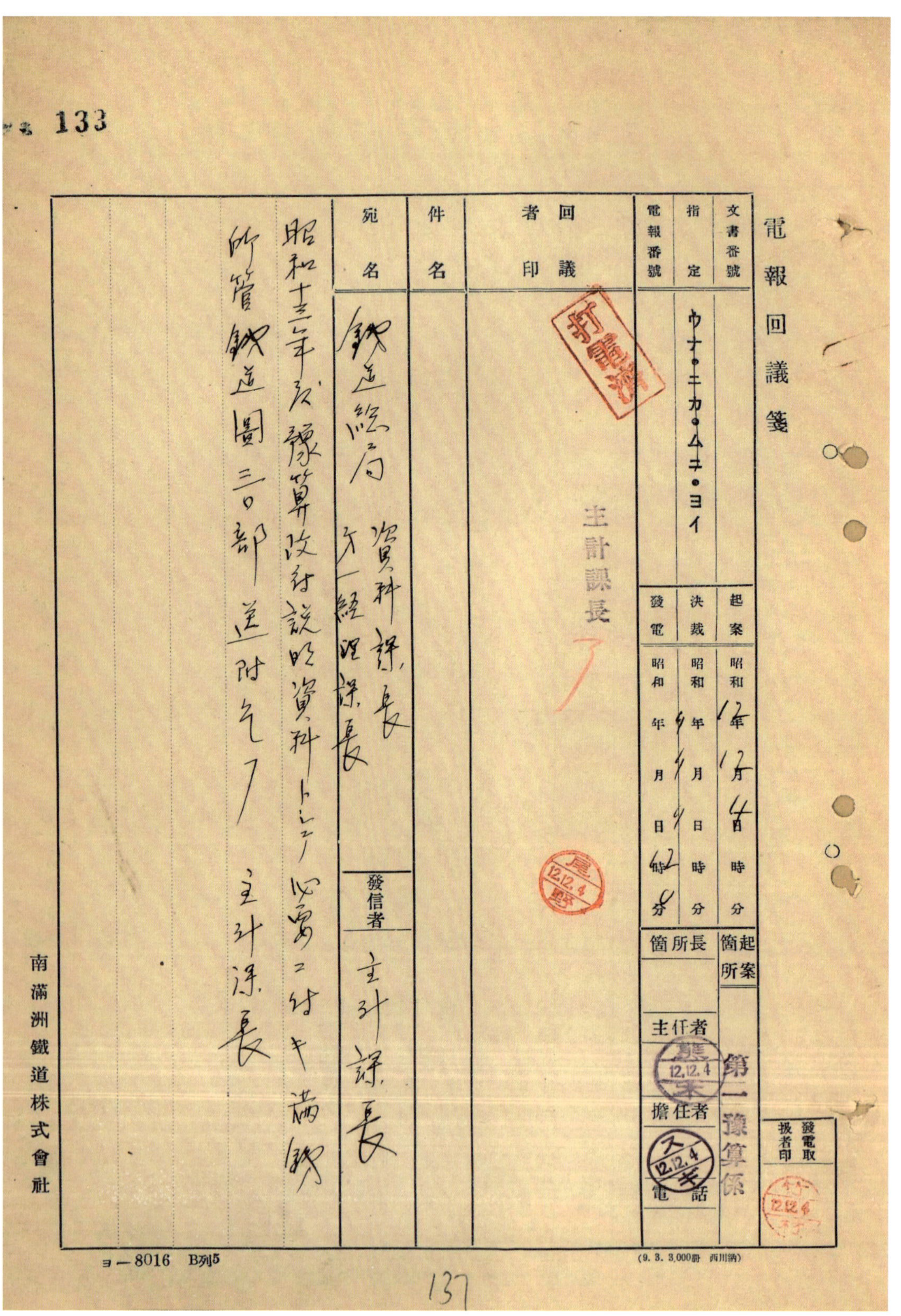
133

電報回議箋

文書番號	指定	電報番號
ウナ・ニカ・ムチ・ヨイ		

起案	決裁	發電
昭和12年12月4日 時 分	昭和 年 月 日 時 分	昭和 年 月 日 時 分

打電済

回議者印：主計課長

件名：

宛名：鉄道総局 資料課長 第一経理課長

發信者：主計課長

昭和十三年度豫算説明資料トシテ必要ニ付キ満鉄所管鉄道圖三〇部送附乞フ

主計課長

起案箇所：第一豫算係

南滿洲鐵道株式會社

ヨ—8016 B列5

(9.3. 3,000册 西川納)

137

用度部长关于借与中大铁道用铁轨以及附属品事致铁道总局次长佐藤、财务部长的函（一九三七年十二月七日）

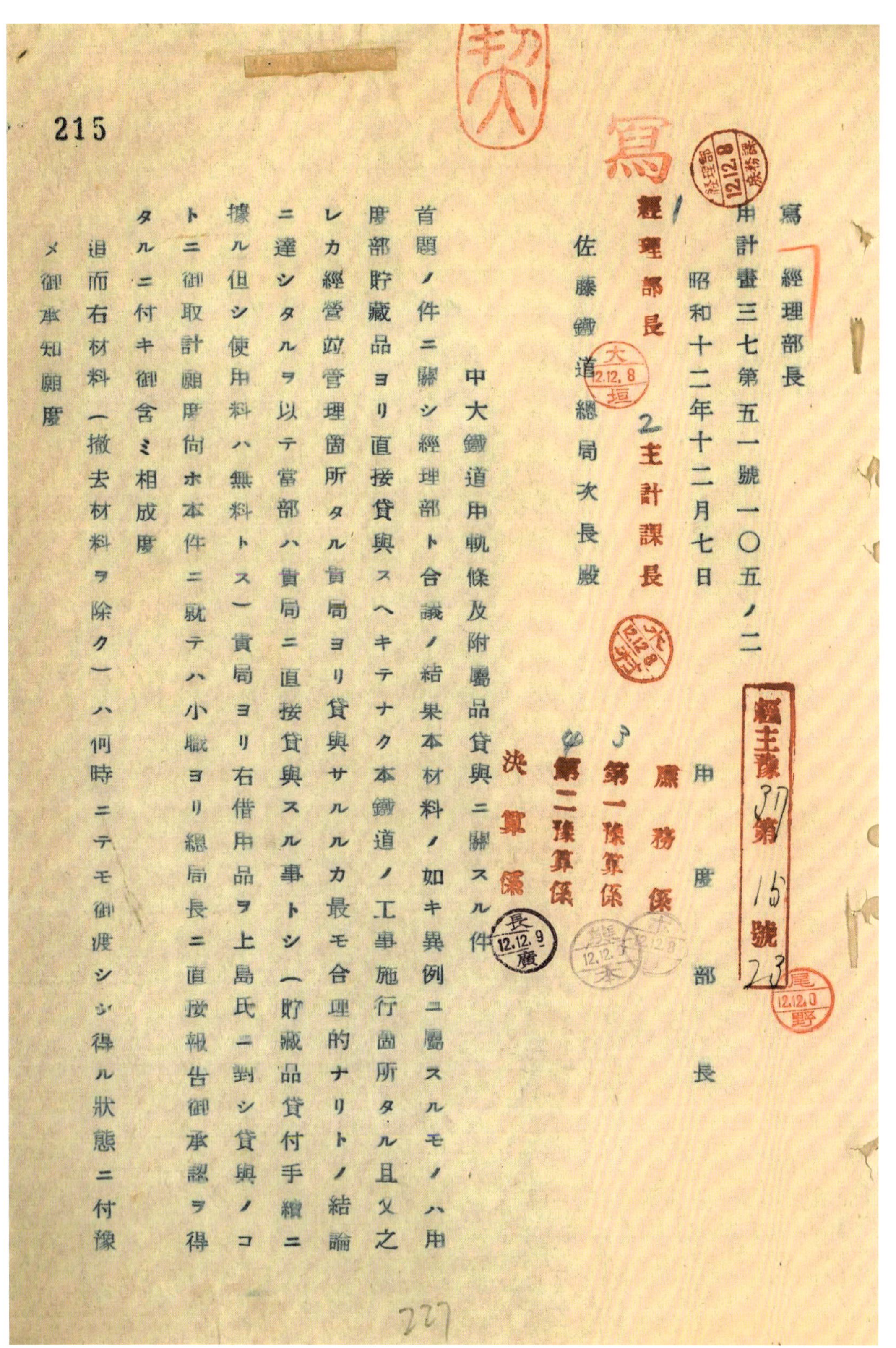

215

寫

寫 經理部長

用計畫三七第五一號一〇五ノ二

昭和十二年十二月七日

經理部長 主計課長

佐藤鐵道總局次長殿

用度部長

庶務係 第一豫算係 第二豫算係 決算係

中大鐵道用軌條及附屬品貸與ニ關スル件

首題ノ件ニ關シ經理部ト合議ノ結果本材料ノ如キ異例ニ屬スルモノハ用度部貯藏品ヨリ直接貸與スヘキテナク本鐵道ノ工事施行箇所タル且又之レカ經營並管理箇所タル貴局ヨリ貸與サルルカ最モ合理的ナリトノ結論ニ達シタルヲ以テ當部ハ貴局ニ直接貸與スル事トシ（貯藏品貸付手續ニ據ル但シ使用料ハ無料トス）貴局ヨリ右借用品ヲ上島氏ニ對シ貸與ノコトニ御取計願度尚ホ本件ニ就テハ小職ヨリ總局長ニ直接報告御承認ヲ得タルニ付キ御含ミ相成度

追而右材料（撤去材料ヲ除ク）ハ何時ニテモ御渡シシ得ル狀態ニ付豫メ御承知願度

财务部主计课长关于送交截至一九三七年十月三十日七七事变费用概算书事致东京支社财务课长的函
（一九三七年十二月十一日）

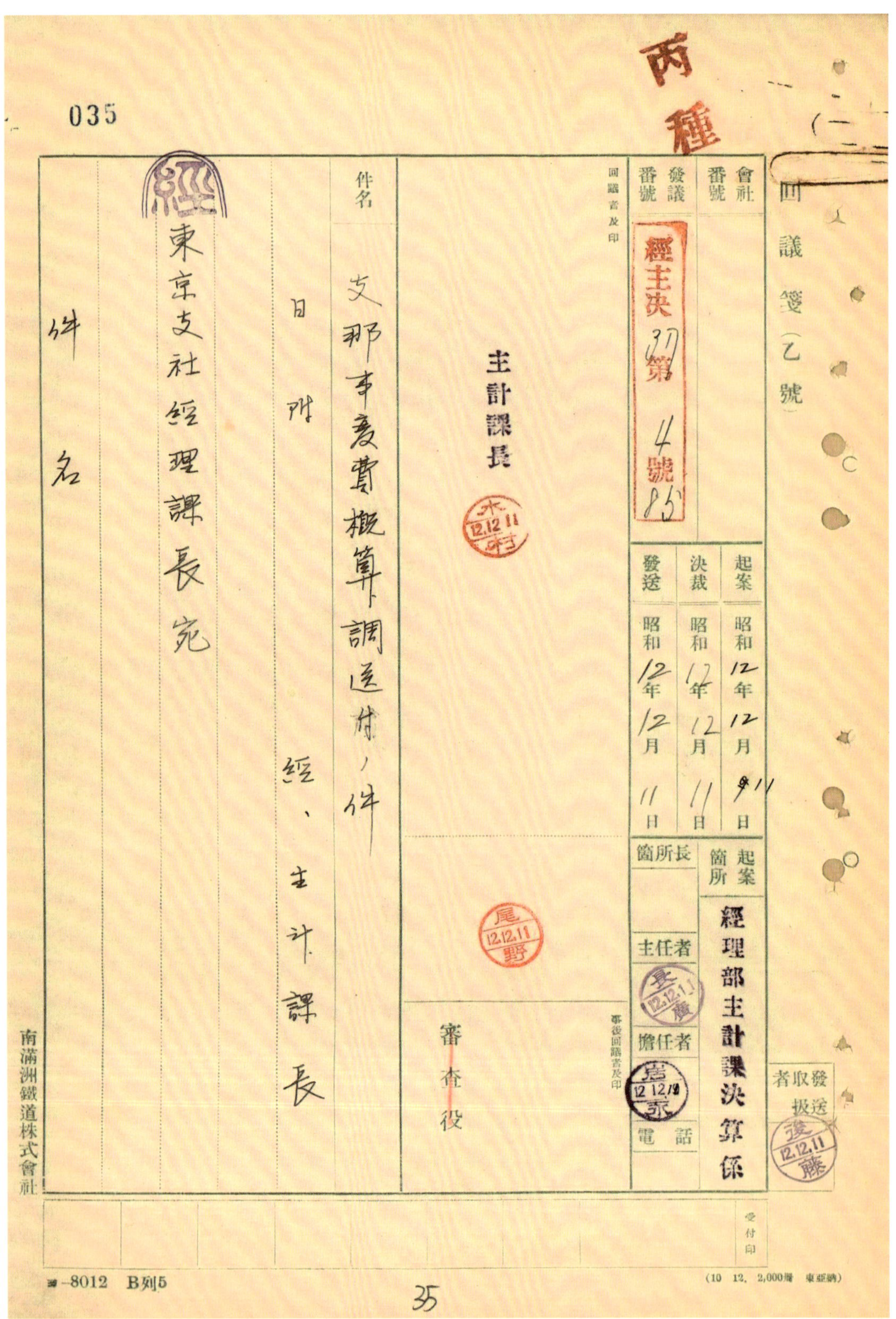
035

丙種

回議箋（乙號）

會社番號

發議番號 經主決37第4號 85

回議書及印

主計課長

件名 支那事変費概算調送付ノ件

日附

經、主計課長

東京支社經理課長宛

件名

起案 昭和12年12月11日
決裁 昭和12年12月11日
發送 昭和12年12月11日

起案箇所 經理部主計課決算係

箇所長

主任者

擔任者

電話

審査役

事後回議書及印

發送取扱者

受付印

南滿洲鐵道株式會社

-8012 B列5

(10 12, 2,000冊 東頒納)

35

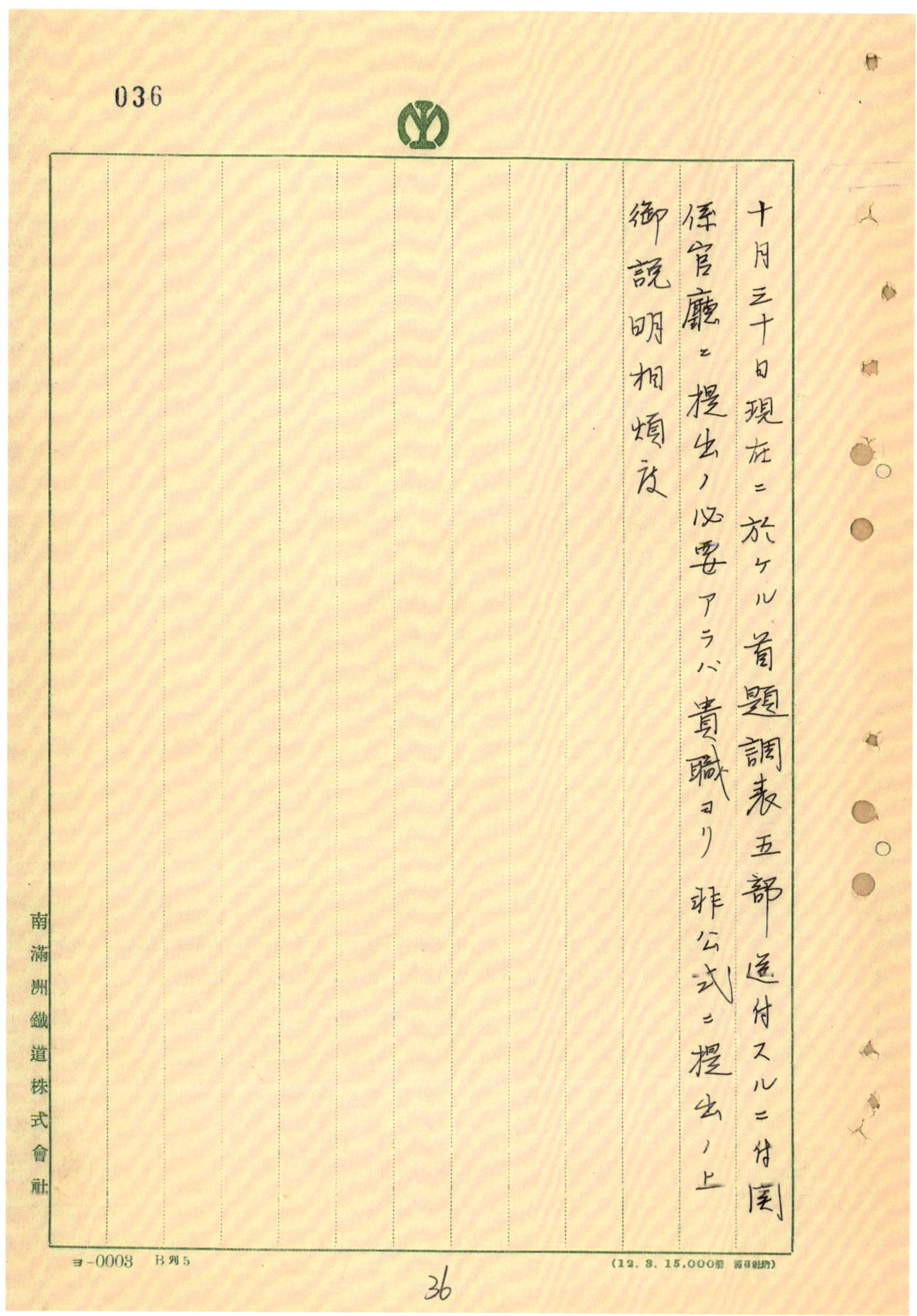

036

十月三十日現在ニ於ケル首題調表五部送付スルニ付関係官廳ニ提出ノ必要アラバ貴職ヨリ非公式ニ提出ノ上御説明相煩度

南滿洲鐵道株式會社

ヨ-0003 B列5 (12. 3. 15,000冊)

36

财务部主计课长关于送交使用华北诸铁路财务要领事致上海事务所长的函（一九三七年十二月十四日）

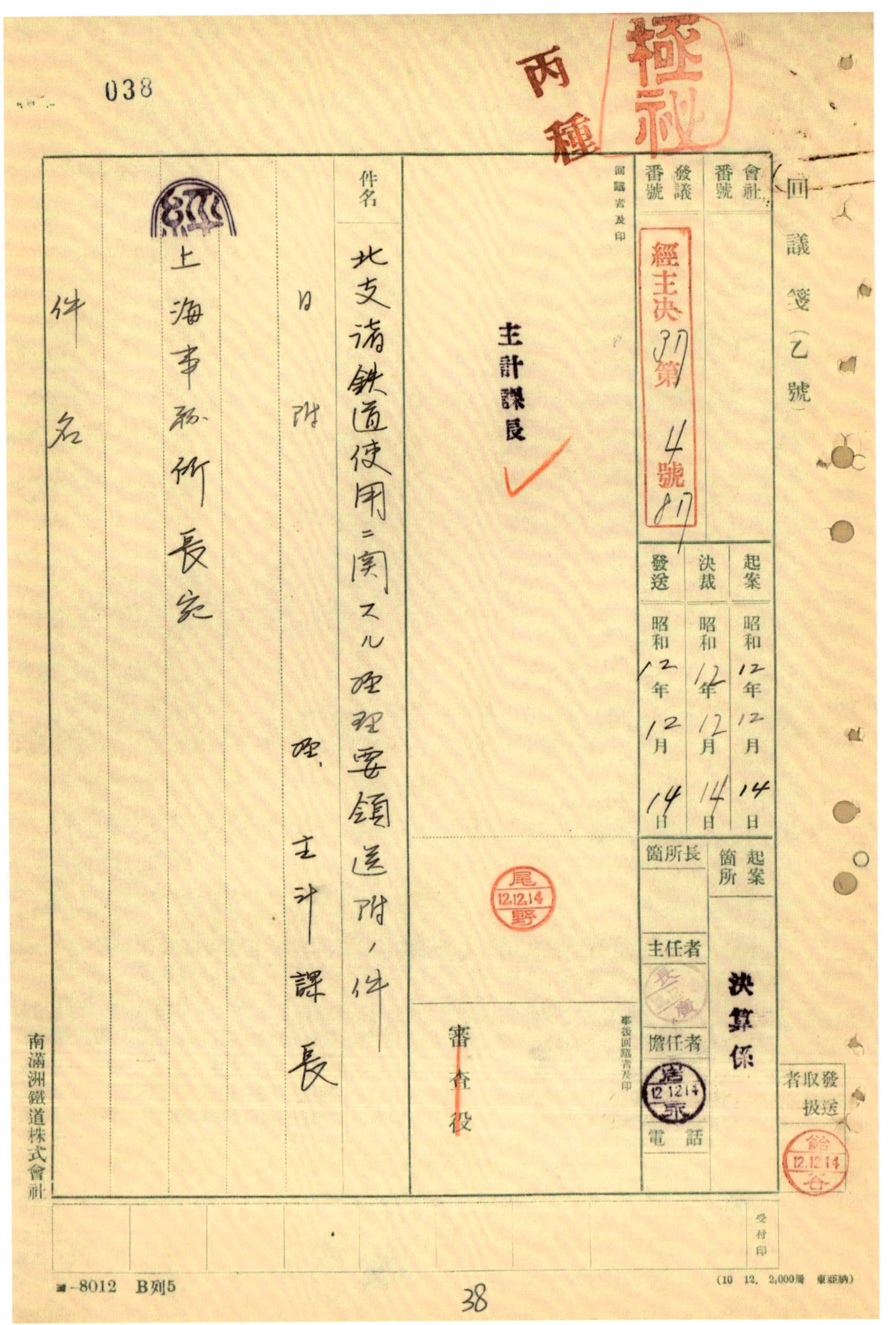

038

丙種　極秘

回議箋（乙號）

會社番號　發議番號　經主決 第 4 號 817

起案 昭和12年12月14日　決裁 昭和12年12月14日　發送 昭和12年12月14日

主計課長

件名　北支諸鉄道使用ニ関スル經理要領送附ノ件

上海事務所長宛

日附

經理主計課長

起案箇所　決算係

主任者　擔任者　電話

審査役

發送取扱者

南滿洲鐵道株式會社

38

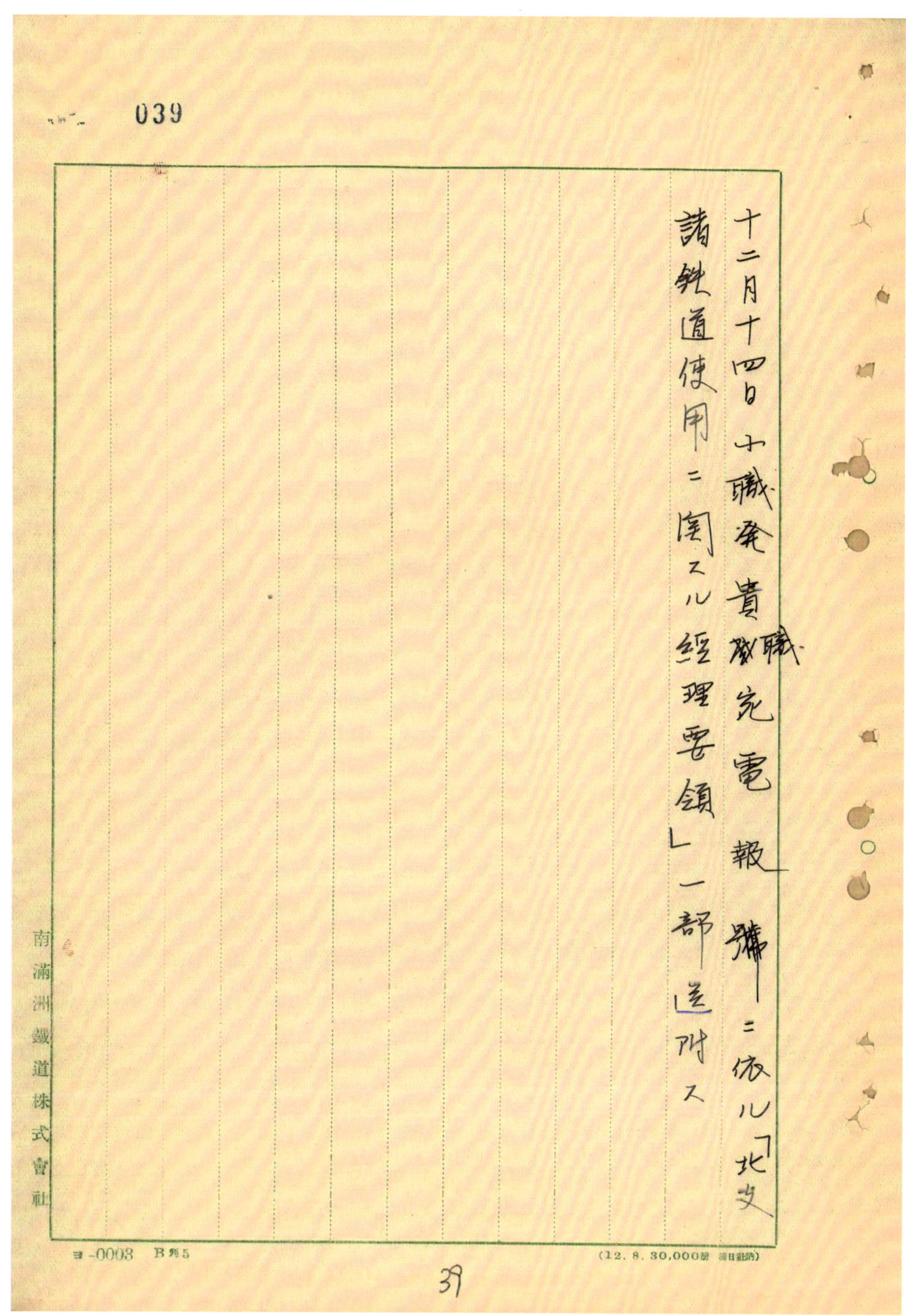

039

十二月十四日小職発貴職宛電報ニ依ル「北支諸鉄道使用ニ関スル経理要領」一部送附ス

39

铁道总局财务局局长、铁道总局第一财务课课长等关于敦促军方支付满铁垫付七七事变经费会谈资料（一九三七年十二月二十一日）

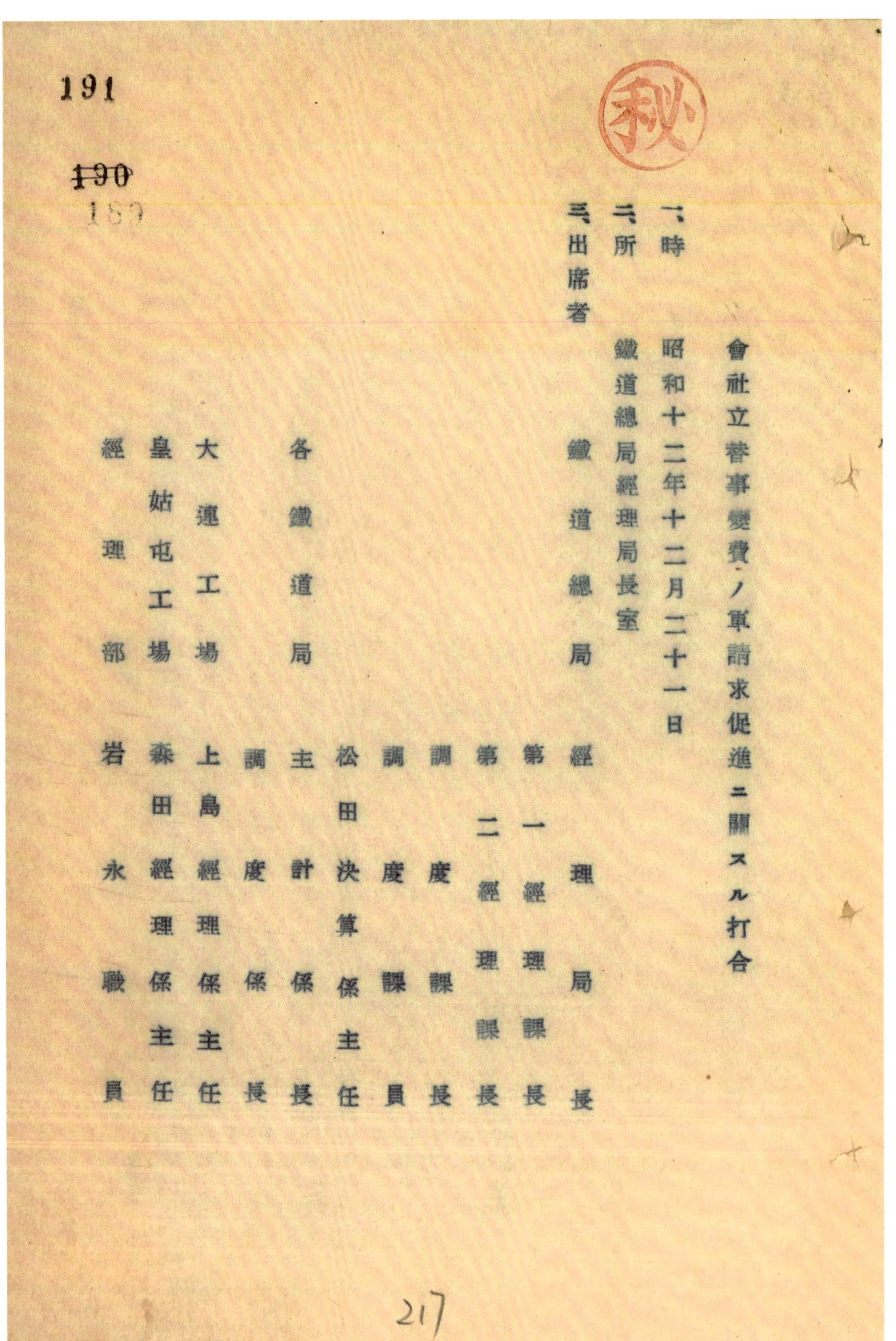
191

~~190~~

189

秘

會社立替事變費ノ軍請求促進ニ關スル打合

一、時　昭和十二年十二月二十一日

二、所　鐵道總局經理局長室

三、出席者

鐵道總局　經理局長

第一經理課長

第二經理課長

調度課長

調度課員

各鐵道局　松田決算係主任

主計係長

調度係長

大連工場　上島經理係主任

皇姑屯工場　森田經理係主任

經理部　岩永職員

217

192

北支事務局　布施經理班員

打合事項

一、人件費

1、俸給、給料、諸手當及別途給與費

イ、一月一日以降ノ分

派遣箇所長ハ派遣員ニ對スル各月分ノ明細書ヲ作成シ翌月五日迄ニ到達スル様ニ所屬鐵道局ニ提出ス

鐵道局ハ前項ニ依ル明細書ヲ調製シ其ノ月ノ十日迄ニ到達スル様鐵道總局第一經理課へ送付ス

鐵道總局第一經理課ハ右明細書ニ基キ無遲滯北支事務局經理班へ附替ノ整理ヲ爲ス

ロ、十二月三十一日迄ノ分

十二月末日迄ノモノニシテ北支事務局へ附替未濟ノモノアラハ前項ノ順序ヲ經テ一月中ニ北支事務局經理班ヘ到達スル様附替ノ整理ヲ爲ス

218

193

2、派遣手當（出張旅費）

イ、一月一日以降ノ分

a、派遣社員出發ノ際ハ所屬箇所ニ於テ派遣手當十日分（普通旅費十日分全額）ヲ支給シ北支事務局、別途會計ノ假拂金勘定ヲ以テ整理シ北支事務局經理班ヘ附替ヲ爲ス

b、派遣社員ニ對シテハ以後一切派遣手當ノ概算假拂金ヲ爲サス即チ派遣員ヨリ旅行日程表ヲ北支事務局ヘ提出シタル際北支事務局ニ於テ之カ精算ヲ爲シ、精算額ト前項假拂金トノ差額ヲ支給スルコト

精算額ハ別途整理勘定、當該科目ヲ以テ整理スルコト

ロ、十二月三十一日迄ノ分

a、北支事務局ニ於テ派遣社員ノ旅行日程ヲ速ニ取纏メテ原所屬ニ送付シ、原所屬ハ無遲滯精算シテ北支事務局ニ附替ヲ爲ス

b、軍ニハ不取敢概算前渡金ニテ請求ヲ爲シ之カ受領額ト精算額トノ差額ハ追加請求ヲ爲ス

219

二、物件費

1、用度部ヨリ北支事務局ヘノ配給品ニ對シテハ用度部ニ於テ可及的速ニ附替整理ヲ爲ス

尙北支事務局ニ於テ物品代ノ軍ニ請求ヲ迅速ナラシムル爲用度部ヨリノ配給物品ニ對スル請求調書ヲ用度部ニ於テ作成シ北支事務局ヘ送付スル樣折衝ノコト（本件ニ就テハ北支事務局ヘ物品代請求調書ノ樣式ヲ要求シ改メテ用度部ニ折衝スルモノトス）

2、鐵道工場ノ車輛修繕代、製作品配給代等ニ就テハ便宜見積原價ヲ以テ北支事務局ヘ附替ヲ爲スコト

3、鐵道總局ヨリ北支事務局ニ配給シタル物品代ニ對シテハ配給箇所ニ於テ每月分ヲ取纏メ鐵道總局經理局ニ附替ヘ經理局ニ於テ每月無遲滯北支事務局ヘ附替ヲ爲ス

财务部长关于处理七七事变费用事致各决算分管负责人、地方部善后工作处理委员会委员长的函（一九三七年十二月二十九日）

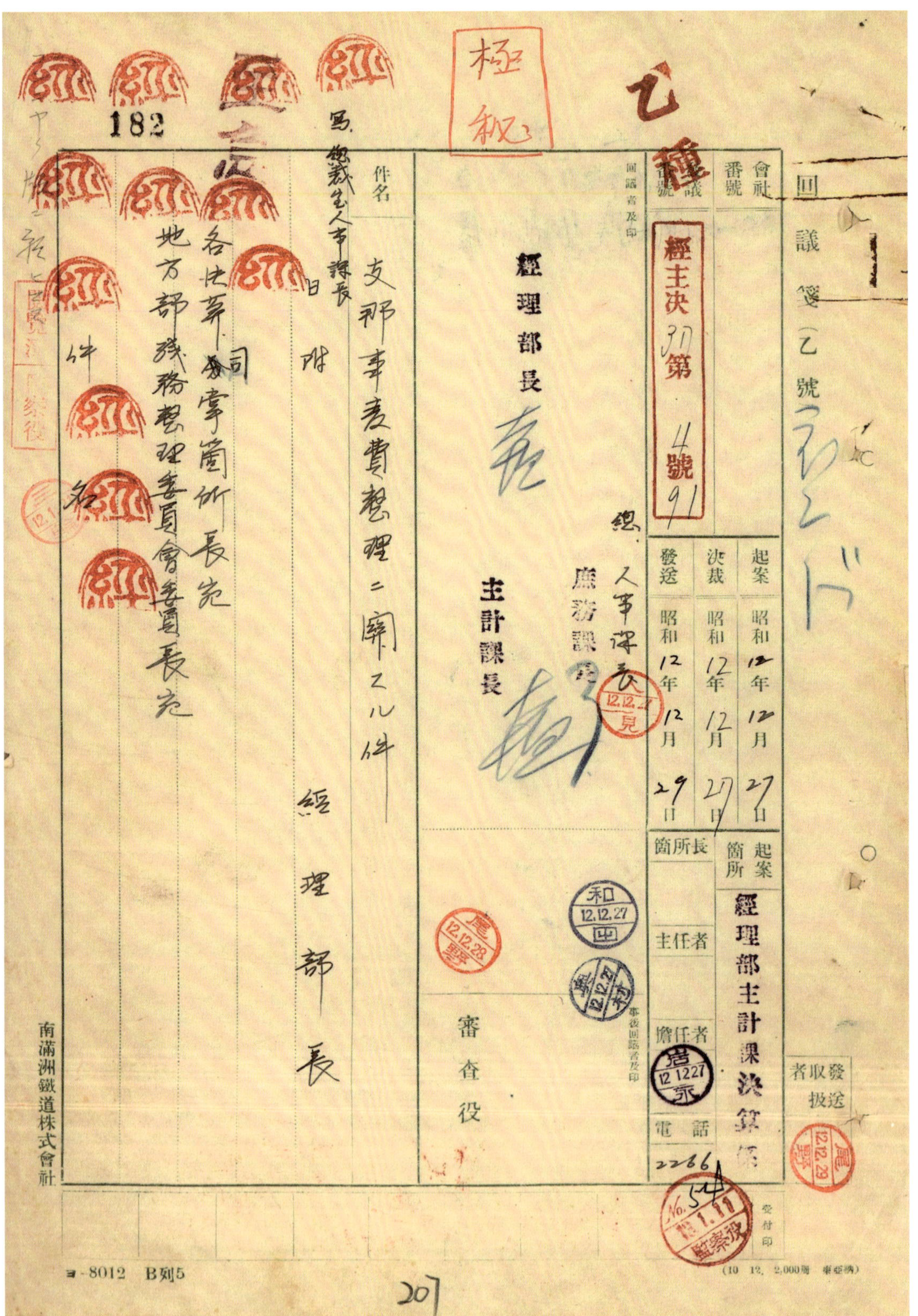
回議箋（乙號）
極秘
乙種
182
會社番號
回議番號
經主決37第4號91
起案 昭和12年12月27日
決裁 昭和12年12月27日
發送 昭和12年12月29日
經理部長
主計課長
庶務課長
總人事課長
件名 支那事変費整理ニ關スル件
写 總裁室人事課長
日附
經理部長
各決算箇所長宛
地方部残務整理委員會委員長宛
起案箇所 經理部主計課決算係
電話 2286
審査役
南滿洲鐵道株式會社

首題ノ件ニ關シテハ九月四日附經主快三七第四號ニ二、同十六日附經主快三七第四號ニ六及同二十一日附經主快三七第四號三一ヲ以テ之カ整理方ヲ通牒致シタルカ會社ノ軍ニ立替支出シタル事変關係諸費用ハ北支事務局ニ於テ取纏メ各月分ヲ翌月十五日迄ニ軍ニ請求スルヲ要シ之カ遅延スルニ於テハ回收不能トナルコトアルニ付請求ニ遅延ヲ來サシメザル様貴所ニ於ケル之カ立替費用ニシテ北支事務局又ハ鐵道總局第一經理課（通州建設事務所關係費）ヘ振替未濟ノモノアラハ至急調査ノ上無滞之カ振替整理相成度

管下ニ移牒方取計相煩度

尚北支事務局管下派遣社員ニ對スル諸給與金並派遣手當ノ整理方ニ關シテハ左記特ニ留意ノ上處理相成度

一、派遣社員ニ對スル諸給與金整理方

派遣社員ニ對スル派遣期間中ノ俸給、給料、諸手當及別途給與費等ニシテ一月一日以降ノ分ニ對シテハ各一ヶ月分ヲ取纏メ

184

別紙第一號様式ニ依ル明細書（三通）ヲ添付シ翌月五日迄ニ北支（鉄道總局ニ於テハ翌月十五日）
事務局ヘ振替整理スルコト（振替科目ハ各所収入勘定対
北支事務局別途會計ニ當該勘定トス）　但シ通州建設事務
所派遣社員ノ前記諸給與金ニ対シテハ各所収入勘定対
鉄道建設經費、總係費、各局ノ振替ヲ為シ鉄道總局第一經理
課（通州建設事務所）ヘ付替フルコト
尚~~十二月末日迄~~派遣社員ニ対スル十二月末日迄ノ前項諸給與
金ニシテ北支事務局或ハ鉄道總局第一經理課ヘ振替未濟ノモ
ノニ対シテハ別紙第一號様式ニ依ル明細書（三通）ヲ添付シ一月二十日
迄ニ夫々振替整理スルコト

二、派遣社員ニ対スル派遣手當整理方

(A)派遣社員ニ対スル十三年一月一日以降ノ派遣手當

南滿洲鐵道株式會社

ヨ-0003　B列5　　(12.8.30,000冊)

209

(イ)派遣社員ノ所属箇所出発ノトキハ派遣手当十日分（規程ニ依ル普通旅費十日分全額）ヲ支給スルコトトシ、北支事務局別途会計ノ仮払金、仮払金、旅費科目ヲ以テ支出シタル上北支事務局ヘ付替フルコト　但シ満洲建設事務所派遣社員ニ対スル右派遣手当ハ仮払金、鉄道建設仮払金旅費（満洲建設事務所）科目ヲ以テ支出シ鉄道総局第一経理課ヘ付替フルコト

(ロ)派遣社員ノ所属箇所出発ノトキ以降ハ派遣手当ノ概算ト仮払ハ為サズシテ派遣経過日数ニ対シ精算ノ上精算額ヲ支給スルモノトス、即チ派遣社員ヨリ北支事務局ヘ旅行日程表ヲ提出セシメテ、北支事務局ニ於テ之ガ精算ヲ為シ、精算額ト前項仮払金トノ差額ヲ支給スルモノトス

精算額ハ別途整理勘定、当該科目ヲ以テ整理スルコト

186

但シ通州建設事務所派遣社員ニ対スル派遣手當ノ精算ハ通州建設事務所ニ於テ之ヲ為シ、精算額ハ鉄道建設經費、總係費（當該科目）旅費（通州建設事務所）科目ヲ以テ整理スルコト

(ハ) 十二月三十一日迄ノ派遣社員ニ対シテハ派遣社員ヨリ一月一日以降ノ旅行日程表ヲ北支事務局ヘ提出セシメ北支事務局ニ於テノ精算ノ上精算額ヲ支給スルモノトス、精算額ノ整理科目及通州建設事務所派遣社員ノ派遣手當精算ニツキテハ前項ニ依ル

(B) 派遣社員（北支事務局）ニ対スル十二月（十二年）三十一日迄ノ派遣手當

(イ) 派遣社員ニ対スル十二月三十一日迄ノ派遣手當ハ従来通リ原所属箇所ニ於テ無遅滞精算ノ上精算額ハ北支事務局別途會計ト、當該勘定ニ振替整理スルコト

(ロ) 十二月三十一日迄ノ（北支事務局派遣社員ニ対スル）派遣箇所ニ於ケル旅費概算仮払金残高

南滿洲鐵道株式會社

ヨ-0003 B列5 (12.8.30,000冊 滿日社印)

211

187

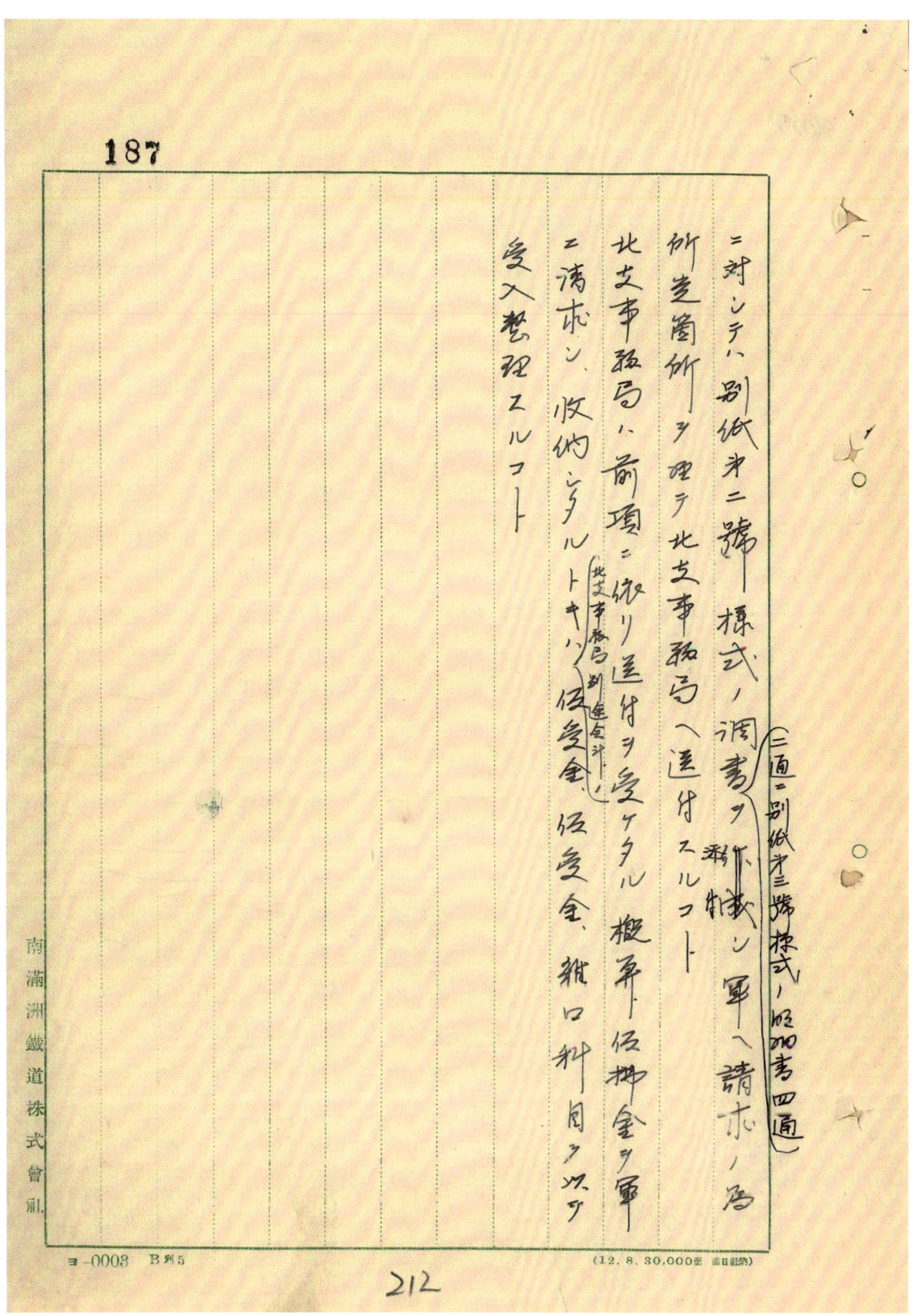

ニ対シテハ別紙第二號様式ノ調書ヲ二通ニ別紙第三號様式ノ貼加書四通添附シ軍ヘ請求ノ為

所定箇所ヲ經テ北支事務局ヘ送付スルコト

北支事務局ハ前項ニ依リ送付ヲ受ケタル概算仮拂金ヲ軍

ニ請求シ、收納シタルトキハ北支事務局別途会計ノ仮受金、仮受金、雑口科目ヲ以ッテ

受入整理スルコト

南滿洲鐵道株式會社

ヨ-0003　B列5　(12.8.30,000冊 [illegible])

212

188

備考

本案ハ會社ノ軍ニ立替支出シタル事変関係諸費用ノ軍請求ヲ促進スル件ニ関シ十二月二十一日奉天鉄道総局ニ於ケル會社経理関係者ノ打合事項ニ基キ、各関係箇所ヘ通牒セントスルモノナリ

本案ニ付テハ鉄道総局、北支事務局及総裁室人事課トモ打合諒解ズミ

南滿洲鐵道株式會社

ヨ-0003 B列5　(12.8.30,000册 [illegible])

213

财务部长关于处理七七事变费用事致北支事务局财务班长的电文（一九三八年一月十二日）

212

秘

電報回議箋

文書番號	經主決37第4號96
指定	ウナ・ニカ・ム ニ・ヨイ
電報番號	
起案	昭和12年1月12日14時0分
決裁	昭和 年 月 日 時 分
發電	昭和 年 月 日16時20分
起案箇所	經理部主計課決算係

回議者印：經理部長　庶務課長　主計課長　第二豫算係

件名：支那事變費整理ニ關スル件

宛名：北支事務局經理班長

發信者：經理部長

電見、十二月二十七日附經主決三七第四號九一ヲ通
達ノ過般ノ事變費整理促進ニ關スル鐵道總局ニ於ケ
ル打合（貴班ヨリモ出席協議）ニ基キ發シタルモノニ
シテ總局及各出張所等箇所ニ於テハ右通達ニ依リ
目下之ガ處理ヲ急ギツツアルニ付右通達ノ實施見合

南滿洲鐵道株式會社

ヨ-8016 B列5

239

213

ハ立替諸費用ノ当貴局ヘノ振替遅延ヲ来サシムルノミ
ナラズ整理済ノモノヲ却ツテ錯綜セシムル虞アリテ
實施見合ハ困難ニ付右許承ノ上処理相成度
局貴電ニ関シ鉄道総局ト打合セタルモ實施見合ハ困難ナル
意見ナリ　念。

備考
本件ニ関シテハ鉄道総局ト打合セタルモ総局ニ於テモ實施見合ハ困難ニ付
原案通リニテ整理ヲ進ムル方針ナリ

南滿洲鐵道株式會社

ヨ-0003　B列5　(12. 8. 30,000冊 遼日組納)

240

牡丹江铁道局、财务课会计系长关于处理七七事变费用事致财务部长的电文（一九三八年一月十七日）

218

著電譯文

文書番號	發信局	電報番號
		五九

發電 昭和13年1月17日14時45分
著電 昭和〃年〃月〃日18時19分
受付 昭和〃年〃月18日9時30分

供覽 主計課長 庶務係 決算係

件名 支那事変費整理ニ関スル件

受信者 経理部長

發信者 牡丹江鐵道局經理課會計係長

十二月二十七日経主決三七第四号九一通牒見タ尚一月十六日總裁室人事課長發五号電本日着セルガ如何スヘキヤ返願フ。

南滿洲鐵道株式會社

ヨ-8017 B列5

(11. 6. 1.500 小林納)

246

北支事务局财务班长关于调查向军方支出垫付金额事致财务部主计课长的电文（一九三八年一月十八日）

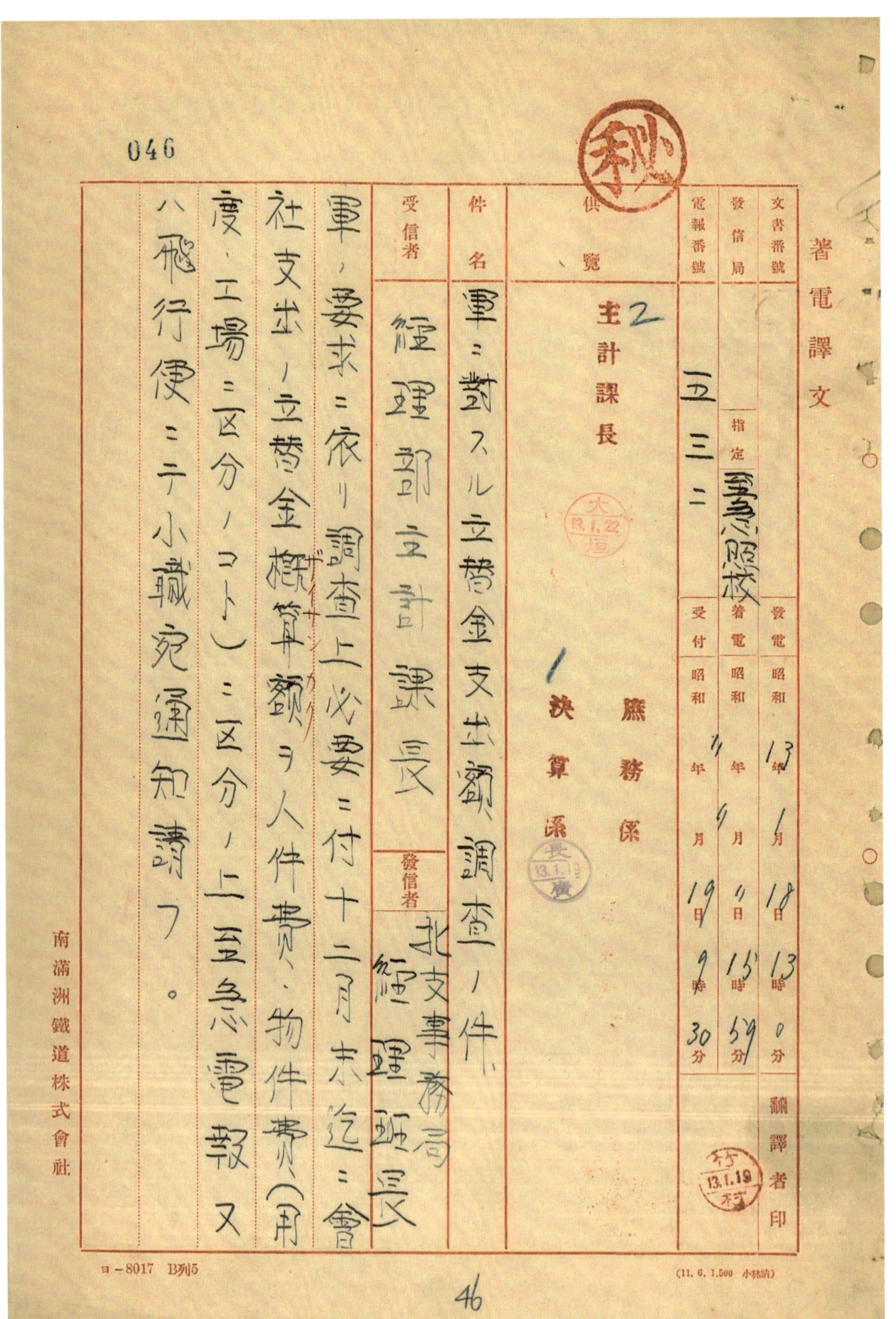

046

著電譯文

文書番號　發信局　電報番號 五三二
指定 至急照校

發電 昭和13年1月18日13時0分
着電 昭和13年1月11日15時59分
受付 昭和13年1月19日9時30分

供覽 主計課長 2　庶務係　1 決算係

件名 軍ニ對スル立替金支出額調查ノ件

受信者 經理部主計課長

發信者 北支事務局經理班長

軍ノ要求ニ依リ調查上必要ニ付十二月末迄ニ會社支出ノ立替金概算額ヲ人件費、物件費（用度、工場ニ区分ノコト）ニ区分ノ上至急電報又ハ飛行便ニテ小職宛通知請フ。

南滿洲鐵道株式會社

ヨ－8017 B列5　(11. 6. 1,500 小林納)

46

财务部长关于向派往华北的宣抚班员支付津贴事致牡丹江铁道局财务课会计系长的电文（一九三八年一月十八日）

217

發電回議箋

文書番號	指定	電報番號
	ウナ・ミカ・ムニ・ヨイ	

起案	決裁	發電
昭和13年1月18日12時分	昭和年月日時分	昭和9年9月9日13時0分

回議者印：經理部長、主計課長

件名：

宛名：牡丹江鉄道局經理課會計係長

發信者：經理部長

打電濟

電見、北支派遣ノ宣撫班員ニ対スル派遣手當支給方ハ一月十六日總裁室人事課長発五號電ニ依リ處理セラレ度

起案箇所：決算係

箇所長　主任者　擔任者　電話

發電取扱者印

南滿洲鐵道株式會社

ヨ-8016 B列5　(12. 5. 3,000冊 南海堂納)

245

财务部长关于整理派往华北方面的宣抚班员以及临时派遣员经费事致各决算分管所长、地方部残务整理委员会委员长的函（一九三八年一月二十二日）

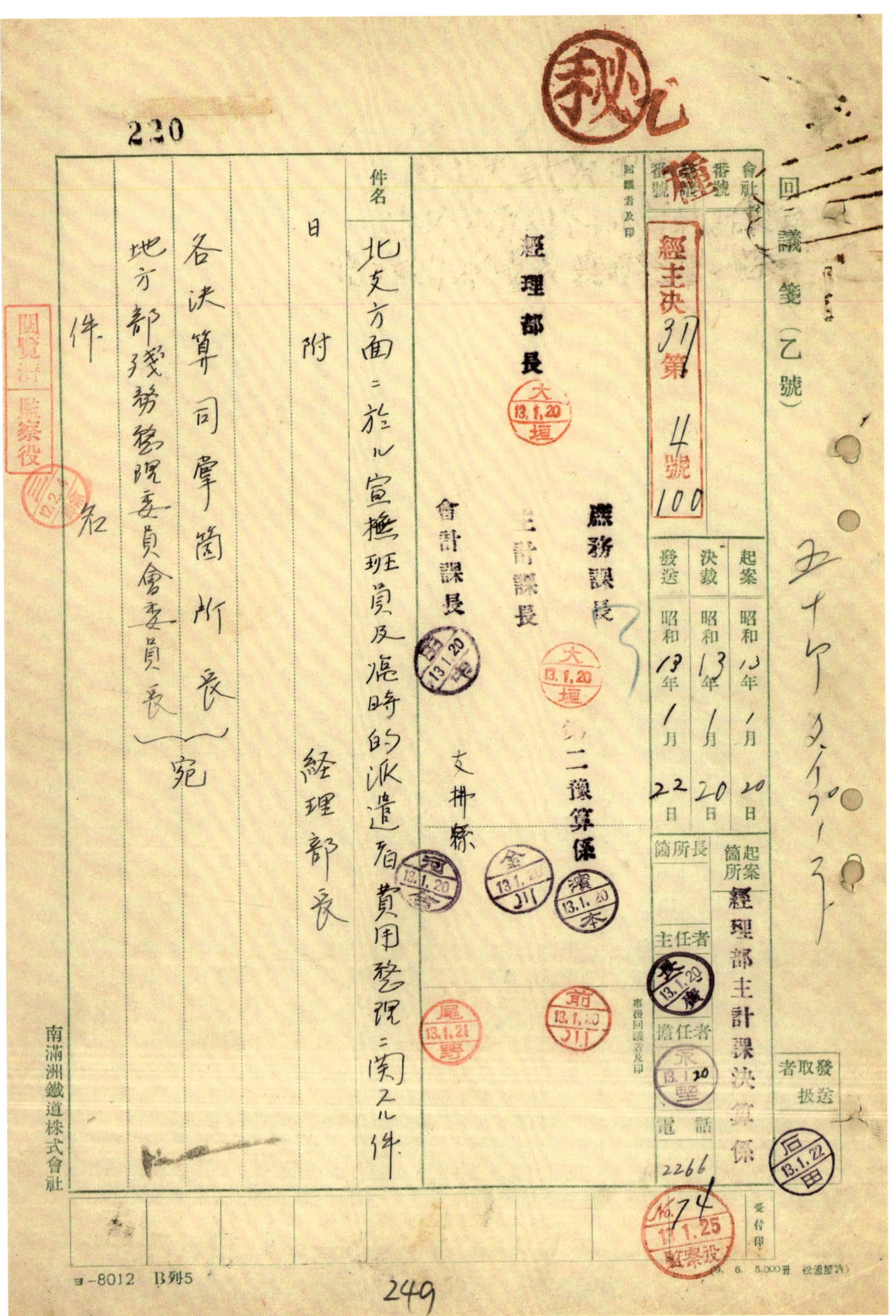
220

秘

回議箋（乙號）

會社番號

番號 經主決37第4號 100

起案 昭和13年1月20日

決裁 昭和13年1月20日

發送 昭和13年1月22日

起案箇所 經理部主計課決算係

箇所長

主任者

擔任者

電話 2266

經理部長

庶務課長

主計課長

會計課長

第二豫算係

支拂係

件名 北支方面ニ於ケル宣撫班員及臨時的派遣者費用整理ニ関スル件

日附

各決算司掌箇所長

地方部殘務整理委員會委員長 宛

經理部長

件名

南滿洲鐵道株式會社

ヨ-8012 B列5

249

221

北支方面ニ於ケル宣撫班員及軍其他ノ依頼ニ依リ産業調査其他ノ用務ノ爲臨時的ニ派遣セル社員（以下臨時派遣社員ト稱ス）ニ對スル諸給與金及派遣手當ハ左記ニ依リ整理セラレ度

記

一、諸給與金整理方

臨時派遣社員ノ派遣期間中ノ俸給、給料、諸手當及別途給與費等ハ各所經費勘定ヲ以テ支出シタル上昭和十三年一月以降分ハ毎月之ヲ取纏メ別紙第一號様式ニ依ル明細書三通ヲ添附シ翌月五日（鐵道總局ニ於テハ翌月十五日）迄ニ北支事務局ヘ振替整理スルコト（振替科目ハ各所收入勘定對北支事務局別途會計當該勘定トス）

南滿洲鐵道株式會社

ヨ-0003　B列5　　(12. 3. 15,000冊 [illegible])

250

222

尚昭和十二年十二月末日迄ノ前項諸給與金ニ對シテハ
別紙第一號様式ニ依ル明細書三通ヲ添附シ一月三十一日
迄ニ振替整理スルコト

二、派遣手當整理方

(A) ~~臨時派遣社員ニ對スル派遣手當~~

臨時派遣社員ノ所屬箇所出發ノトキハ派遣期間
ニ對スル概算額ヲ原所屬箇所ノ仮拂金勘定ヲ以
テ支出スルコト

原所屬箇所ハ右仮拂金ヲ精算ノ上其ノ精算額ヲ
北支事務局別途會計當該勘定ニ振替整理スル
コト

但シ派遣期間一箇月ヲ超ユル場合ハ派遣社員ヨリ
出張旅行日程表ヲ提出セシメ毎月一回必ズ之カ精算ヲ

251

為スコト
尚昭和十二年十二月二十七日附経主決三七第四號九一支那事変費整理ニ関スル件第二號派遣社員ニ對スル派遣手當整理方中(B)派遣社員ニ對スル十二年十二月三十一日迄ノ派遣手當ノ項ヲ左ノ通改ム
(イ)北支事務局派遣社員ニ對スル派遣手當概算仮掛金ニシテ昭和十二年十二月三十一日迄ニ精算未了ノモノニ對シテハ別紙第二號様式ノ前渡金明細書三通ヲ添附シ一月三十一日迄ニ北支事務局別途會計ノ仮掛金、仮掛金、旅費科目ニ付替整理スルコト右振替ニ際シテハ仮掛金ヲ本建ノモノ及金建ノモノニ区分シ夫々別個ノ振替傳票ヲ発行シ本建ノモノニアリテハ傳票摘要

224

欄ニ必ズ弁領及概算率ヲ記載スルコト

(ロ)派遣社員ノ原所属箇所ニ於テハ前項ノ仮払金ニ對シ派遣社員ヨリノ出張日程表ニ依リ十二月三十一日迄ノ旅費精算書(旅費領収證)ヲ作成シ北支事務局ヘ送付スルコト

尚右出張日程表ニシテ一月一日以降ニ跨ル場合ハ該日程表ヲ北支事務局ヘ送付スルコト

(ハ)北支事務局ハ前項ニ依リ送付ヲ受ケタル旅費精算書ニ依リ収支傳票ヲ発行シ派遣手當ノ整理ヲナスコト

以上

南滿洲鐵道株式會社

ヨ-0003 B列5 (12.3.15,000冊 満日印刷)

253

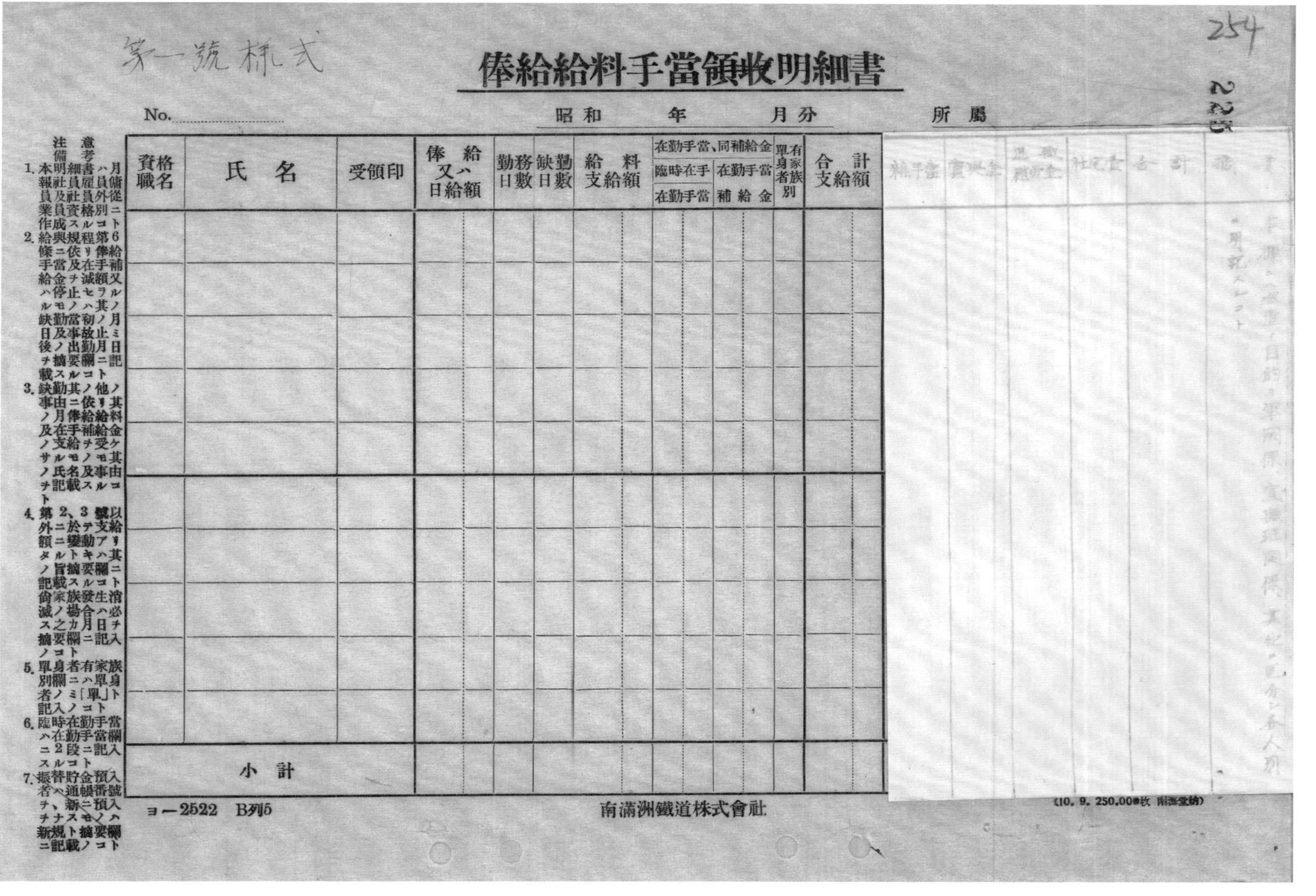

第一號樣式

俸給給料手當領收明細書

No.　　　　昭和　　年　　月分　　　所屬

資格職名	氏名	受領印	俸給又ハ日給額	勤務日數	缺勤日數	給料支給額	在勤手當、同補給金（臨時在手／在勤手當／在勤手當補給金）	單身有家族者別	合計支給額
小計									

注意 備考

1. 本明細書ハ月報社員雇員傭員及社員外従業員資格別ニ作成スルコト
2. 給與規程第6條ニ依リ俸給手當及在手補給金ヲ減額又ハ停止セラルルモノハ其ノ缺勤當初ノ月日及事故止ミ後ノ出勤月日ヲ摘要欄ニ記載スルコト
3. 缺勤其ノ他ノ事由ニ依リ其ノ月俸給給料及在手補給金ノ支給ヲ受ケサルモノハ其ノ氏名及事由ヲ記載スルコト
4. 第2、3號以外ニ於テ支給額ニ變動アリタルトキハ其ノ旨摘要欄ニ記載スルコト尚家族發生消滅ノ場合ハ必ス之カ月日ヲ摘要欄ニ記入ノコト
5. 單身者有家族別欄ニハ單身者ノミ「單」ト記入ノコト
6. 臨時在勤手當ハ在勤手當欄ニ2段ニ記入スルコト
7. 振替貯金預入者ハ通帳番號ヲ、新ニ預入ヲナスモノハ新規ト摘要欄ニ記載ノコト

ヨ－2522　B列5

南滿洲鐵道株式會社

(10. 9. 250,000枚)

254

附二：旅费预付款明细书

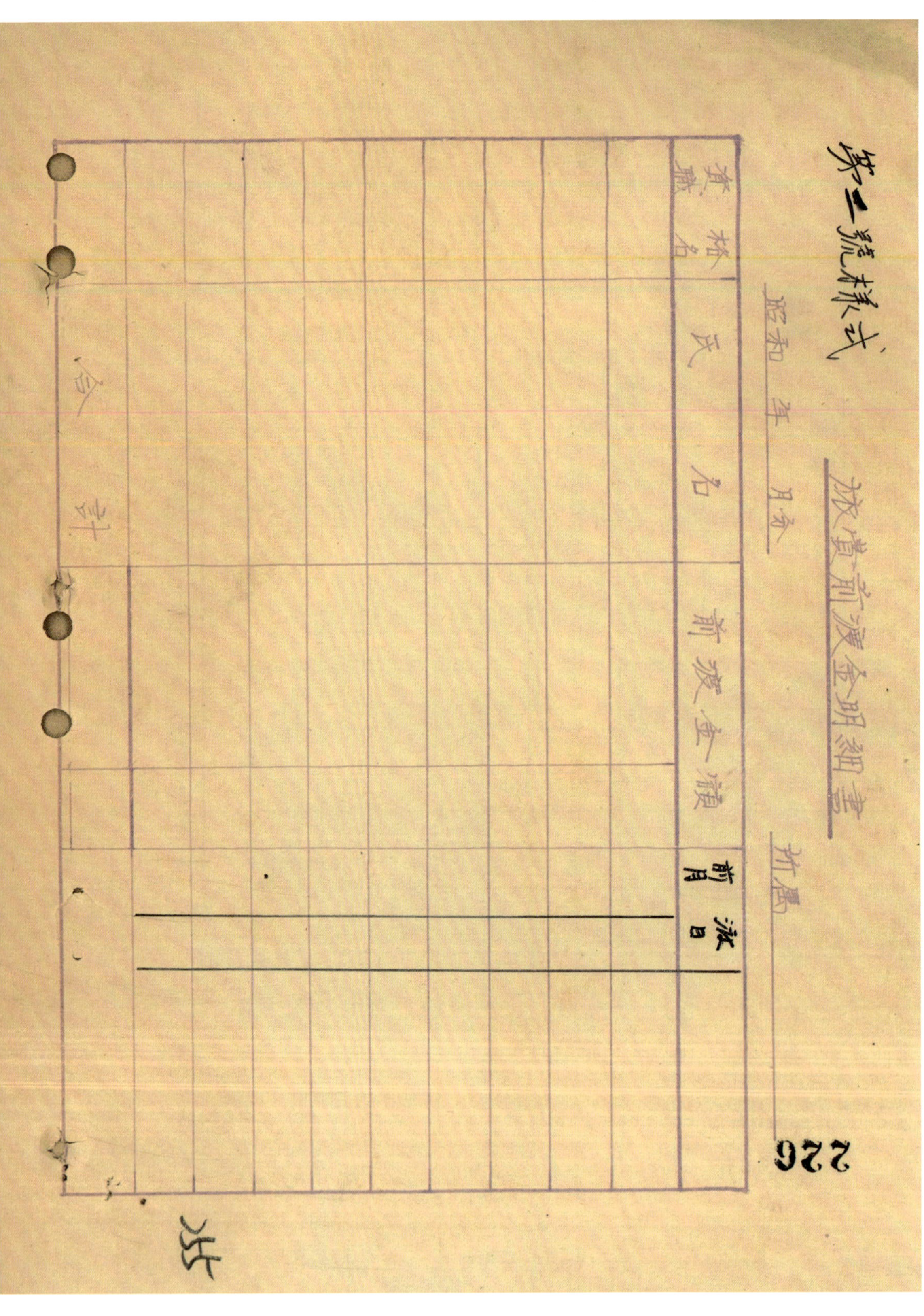

第二號樣式

旅費前渡金明細書

所屬

昭和　年　月分

職名	氏名	前渡金額	前渡月日
合計			

226

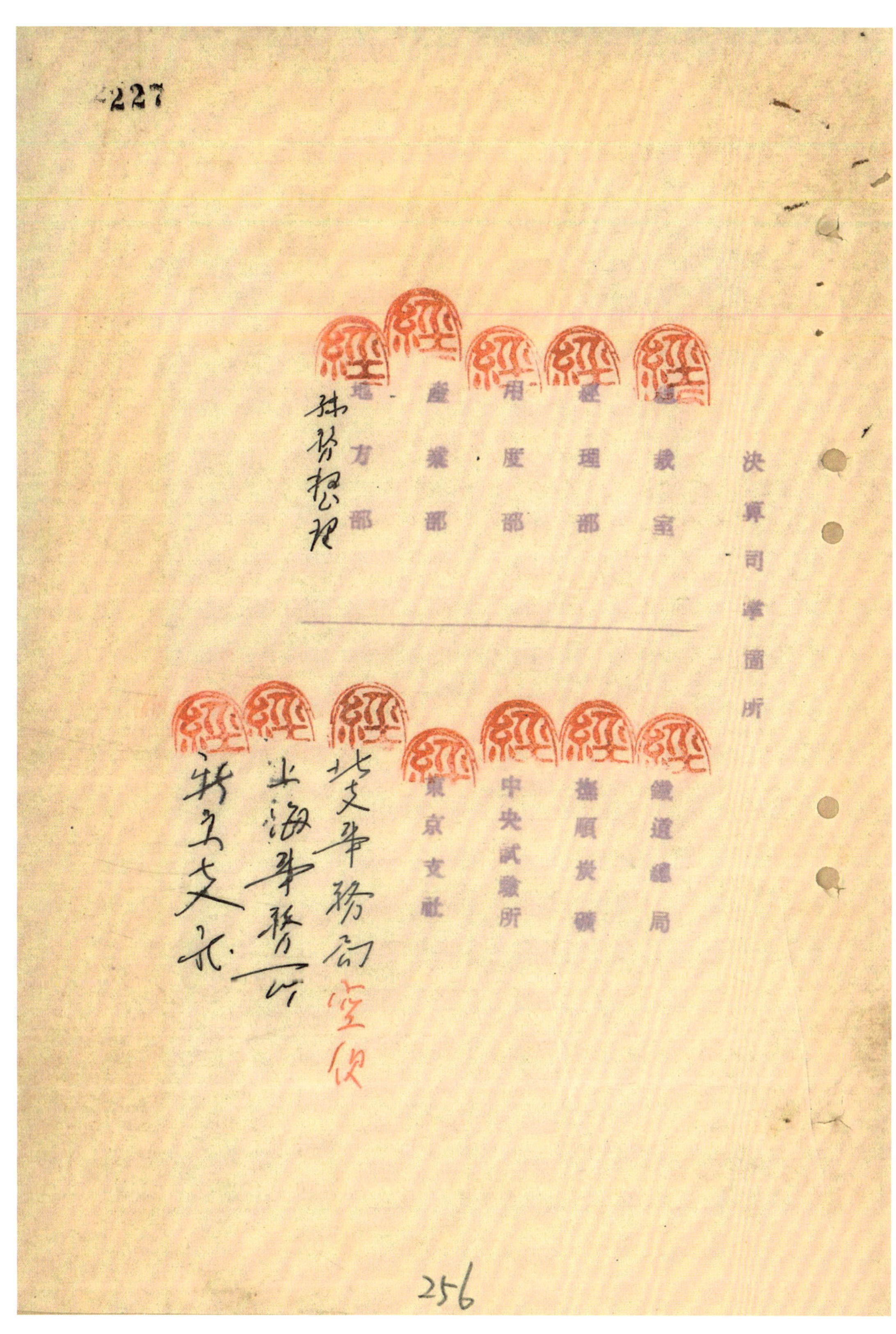
4227

决算司掌箇所

總裁室
經理部
用度部
產業部
地方部

林務總裁（hw）

鐵道總局
撫順炭礦
中央試驗所
東京支社
北支事務局 空便
上海事務所
新京支社

256

财务部主计课长关于报告向军方垫付金额明细事致北支事务局财务班长的电文（一九三八年一月二十二日）

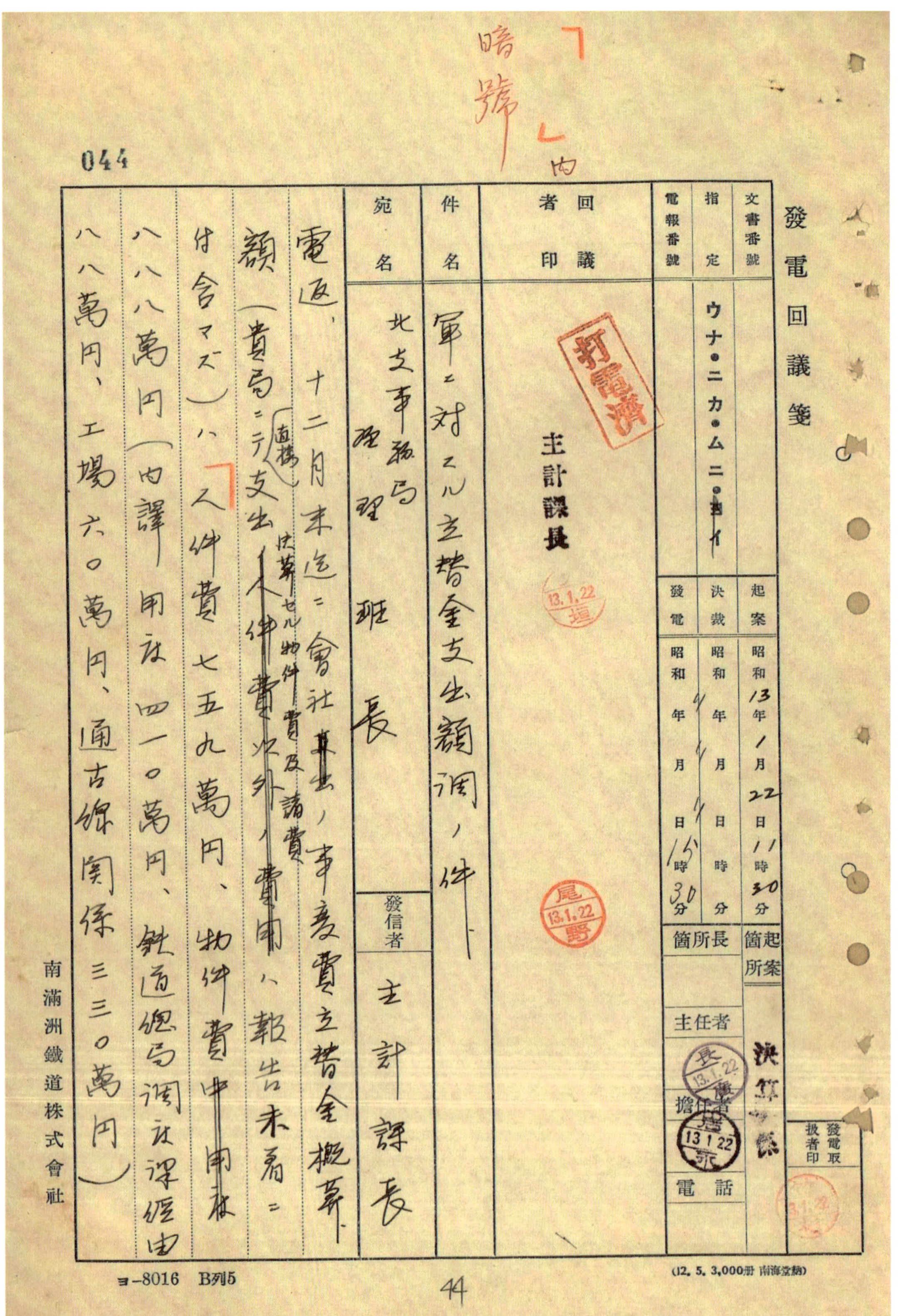
044

暗號

發電回議箋

文書番號 ウナ・ニカ・ムニ・三イ

起案 昭和13年1月22日11時30分

發電 昭和 年 月 日15時30分

宛名 北支事務局 經理班長

件名 軍ニ対スル立替金支出額調ノ件

回議者印 主計課長

發信者 主計課長

電返、十二月末迄ニ會社ノ事変費立替金概算額（貴局ニテ支出決算セル物件費及諸費ハ含マズ）ハ八八八萬円（内譯用度四一〇萬円、鉄道總局調度課經由八八萬円、工場六〇萬円、通古線関係三三〇萬円）

打電濟

南滿洲鐵道株式會社

ヨ-8016 B列5

44

通古線工事費一五〇萬円、中央試驗所特殊生産物代二一萬円、北寧給料立替金一九〇萬円、北寧小麦粉及高粱代立替金二四萬円　合計二、〇三二萬円ナリ。

~~右概算ノ調書ハ本日空ニテ送付ス~~

右ニ対シ十二月三十一日迄ニ軍ヨリ入金額三八六萬円差引未收入額一、六四六萬円ナリ

右概算調書ハ本日空ニテ送付ス

附：华北方面截至一九三七年十二月三十一日七七事变费用概算调查表（一九三八年一月二十二日）

秘

043 北支関係支那事変費概算調（昭和12年12月31日現在 軍ニ請求スヘキモノ）

種別	総額	軍ヨリノ入金額	未収入額	
人件費				
俸給、給料、諸手当及別途給與費	3.578.000			俸給 443.000 給料 1.360.000 在勤手当 512.000 賞與金 464.000 退職慰労金 395.000 社宅費 404.000
旅費	4.016.000			
人件費計	7.594.000			
物件費				
用度部ヨリノ配給品代	4.100.000			
鉄道総局調度課ヨリノ配給品代	884.000			
通古線建設関係物件費	3.300.000			
大連鉄道工場ヨリノ配給品代	400.000			
奉天鉄道工場ヨリノ配給品代	200.000			
物件費計	8.884.000			
諸費	1.711.000			特殊出版物代 207.000 通古線工事費其他 1.504.000
合計	18.189.000			
北寧鉄路従事員給料引当立替金	1.900.000			
北寧鉄路小麦粉及高粱代立替金	240.000			
合計	20.329.000	3.860.000	16.469.000	12月31日迄ノ入金額ニ依ル
通古線建設費11月分ノ入金額		1.000.000		1月8日入金
旅費概算払ノ入金額		1.436.000		1月12日入金
総計	20.329.000	6.296.000	14.033.000	1月12日迄ノ入金額ニ依ル

備考

上記ノ外社内負担トナルヘキ事変関係映画作製費、慰問費、其他ヲ約￥460.000 並上海事務所関係仮払金約￥100.000（軍ニ請求予定）合計約￥560.000ノ支出アリ

本表中ニハ北支事務局ニ於テ直接支出セル物件費及諸費ヲ含マズ

43

财务部主计课长关于报告向军方垫付金额明细事致北支事务局财务班长的函（一九三八年一月二十二日）

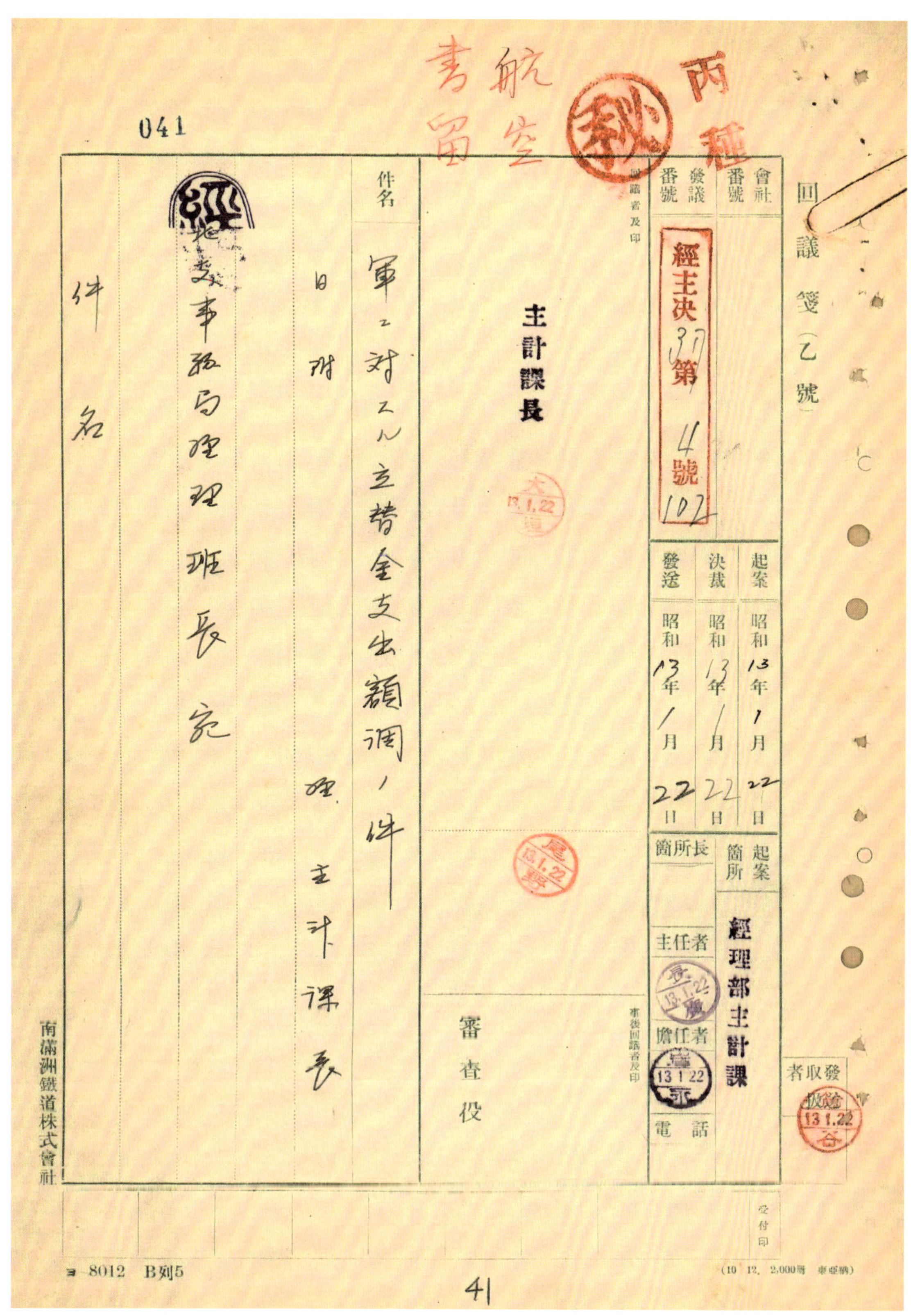
041

回議箋（乙號）

主計課長

件名 軍ニ対スル立替金支出額調ノ件

日附

北支事務局理理班長宛

理主計課長

經主決第4號

起案 昭和13年1月22日
決裁 昭和13年1月22日
發送 昭和13年1月22日

起案箇所 經理部主計課

審查役

南滿洲鐵道株式會社

042

一月十八日付貴電五三二號ヲ以テ照會相成タル
首題立替金概算調表ニ郵送付ス
右調表中ニハ貴局ニ於テ直接支出決算セル物件費及
諸費ハ報告未着ノ為計上サレ居ラザルニ付貴局
ニ於テ調査ノ上追加計上相成度　尚貴局ニ於テ
追加計上ノ右物件費及諸費ニ付キテハ内譯明記ノ上
折返シ航空便ニテ報告相煩度

南滿洲鐵道株式會社

ヨ-0003　B列5　(12. 10. 20,000冊 滿日社納)

42

财务部长关于整理华中方面事变费用事致各决算分管所长、地方部残务整理委员会委员长的函
（一九三八年一月二十二日）

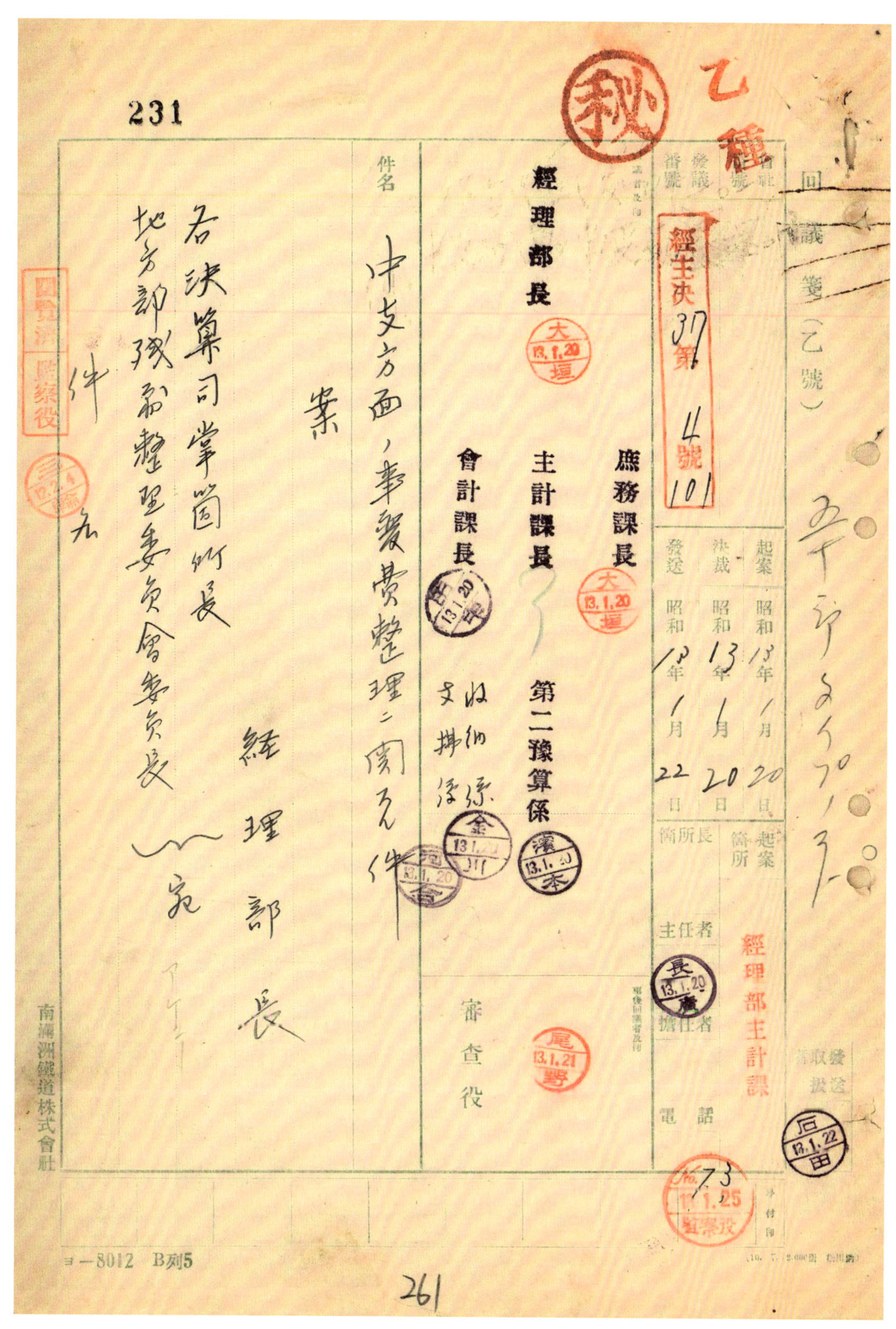
231

乙種

回議箋（乙號）

經主決37第4號101

經理部長　庶務課長　主計課長　會計課長

第二豫算係

起案 昭和13年1月20日
決裁 昭和13年1月20日
發送 昭和13年1月22日

件名 中支方面ノ事變費整理ニ関スル件

案

經理部長

各決算司掌箇所長
地方部殘務整理委員會委員長　宛

經理部主計課

審査役

南滿洲鐵道株式會社

ヨ－8012　B列5

261

232

支那事変ニ伴ヒ

上海事務所ハ依頼ニ係ル派遣セラレタル~~社員~~宣撫員及産業調査其他臨時的ノ派遣員ニ対スル~~出張旅費手当~~諸費用並事変費トシテ支出シタル諸費用ノ整理ニ関シテハ左記ニ依リ処理相成度

追而貴所関係箇所ヘハ貴職ヨリ秘扱ヲ以テ無洩御通知相煩度

記

一、事変費整理科目

派遣社員ノ諸費用並事変関係諸費用ハ「假払金、諸口假払金、雑口、支那事変費（上海事務所）」科目ヲ以テ整理シ上海事務所庶務課ヘ付替整理スルコト　尚右諸費用ニシテ従来各所假払金勘定ヲ以テ支出セルモノアラバ此際前記ノ勘定ニ振替

南満洲鐵道株式會社

ヨ-0003　B列5　(12.8.30,000冊)

262

整理スルコト

上海事務所庶務課ニ於テハ右諸費用ヲ事変関係、宣撫班関係、社内関係、其ノ他ニ区分シ別紙様式ノ支那事変費整理科目ニ依リ夫々整理スルコト

二、派遣社員ニ対スル諸給与金整理方

派遣社員ニ対スル俸給、給料、諸手当及別途給与費等ノ人件費ハ総テ原所属箇所ノ経費勘定ヲ以テ支出シ、昭和十三年一月以降各月分ノ派遣期間ニ相当スル精算額ヲ各所ノ収入勘定「対仮払金、諸口仮払金、雑口、支那事変費（上海事務所）」勘定ニ振替整理スルコト、而シテ右付替伝票ニハ必ズ

234

別紙第一號樣式ニ依ル明細書三通ヲ添付シ翌月五日（鐵道總局ニ於テハ翌月十五日）迄ニ上海事務所ヘ送付ノ手續ヲ為スコト

尚派遣社員ニ對スル昭和十二年十二月末日迄ノ前記諸給與金精算額ニ對シテハ別紙第一號樣式ニ依ル明細書三通ヲ添付シ一月末日迄ニ上海事務所庶務課ヘ振替整理スルコト、別途給與費振替額ハ別紙別途給與費割掛率（昭和九年四月九日總主秩三三第五號ヲ以テ社外ヘ出張シタル社員ノ費用整理方通牒參照）ニ依ル

三、派遣社員ニ對スル派遣手當整理方

派遣社員ニ對スル派遣手當ハ原所屬箇所ニ於テ

南滿洲鐵道株式會社

ヨ-0003　B列5　(12. 8. 30,000冊)

264

一、適宜箇所ノ假拂金勘定ヲ以テ支出シ、派遣員ヨリ出張日程表ヲ提出セシメタル上毎月一回必ス之カ精算ヲ為シ其ノ精算額ヲ直接口假拂金、諸口假拂金、雜口、支那事變費（上海事務所）勘定ヘ振替整理スルコト

四、物件費整理方

事變関係ノ物品ヲ配給シタルトキハ物品送付券ヲ三通ヲ添付シ指定勘定ニ無遅滞振替整理スルコト

五、上海事務所庶務課長ハ本件事變費決算額ニ対シ別紙様式ニ依ル旬報ヲ作成ノ上毎旬無遅滞経理部長宛ニ報告スルコト

以上

附一：另项津贴发放比率清单

236

秘

別途給與費割掛率

一、賞與金

月俸社員

一五〇圓以上者 〃 請求俸給額ノ五割八分額

一五〇圓未滿八〇圓以上者 〃 五割額

八〇圓未滿者 〃 四割二分額

日給社員

雇員 請求給料額ノ二割二分額

傭員 〃 一割六分額

二、社宅費

月俸社員 請求俸給額ノ三割額

雇員 〃 給料額ノ三分ノ二ニ對スル三割額

三、退職慰勞金

月俸社員 請求俸給額ノ五割五分額

雇員 〃 給料額ノ一割六分額

傭員 請求給料額ノ九分額

266

237

決算司掌箇所

總裁室

經理部

用度部

產業部

地方部

鐵道總局

撫順炭礦

中央試驗所

東京支社

北支事務局

北海事務所

新京支社

267

财务部主计课第二预算系关于物资需求报告书可提交至大藏省事致东京支社财务部驻在员室熊本政之的电文（一九三八年一月二十四日）

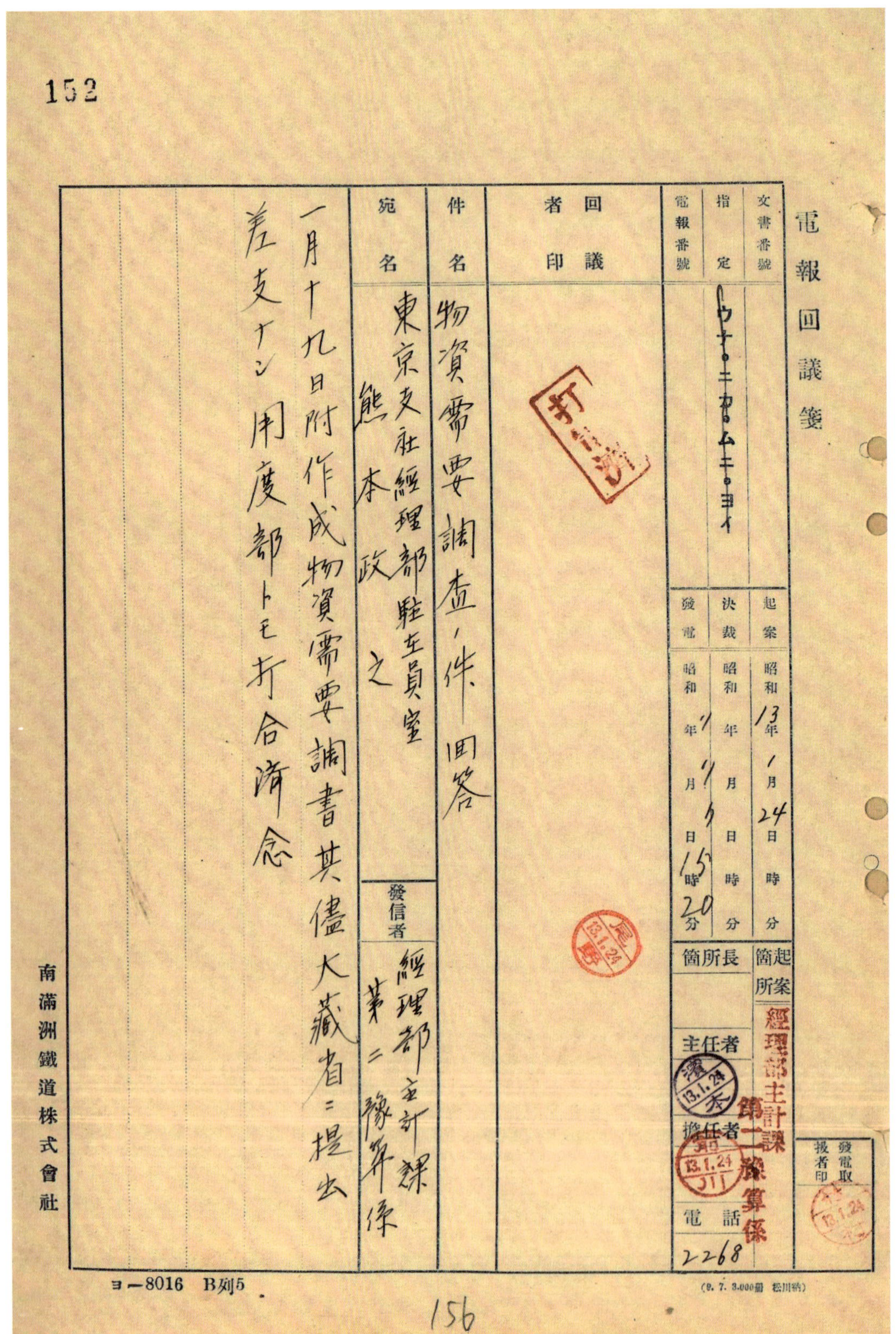

152

電報回議箋

文書番號
指定 ウナ。ニカ。ム。ニ。ヨイ
電報番號

回議者印 打合済

件名 物資需要調査ノ件回答

宛名 東京支社經理部駐在員室 熊本政之

起案 昭和13年1月24日 時 分
決裁 昭和 年 月 日 時 分
發電 昭和11年1月9日15時20分

發信者 經理部主計課 第二豫算係

一月十九日附作成物資需要調書其儘大藏省ニ提出差支ナシ用度部トモ打合済念

箇所長
起案箇所 經理部主計課第二豫算係
主任者
擔任者
電話 2268
發電報取者印

南滿洲鐵道株式會社

ヨ—8016 B列5

156

财务部长关于处理短期派遣员津贴事致北支事务局长的电文（一九三八年二月三日）

242

No.92 13.2.10 監察役

秘　乙種

發電回議箋

文書番號	經主決 37 第 4 號 104
指定	ウナ・ニカ・ムキ・ヨイ
電報番號	二二
起案	昭和13年2月3日9時50分
決裁	昭和　年　月　日　時　分
發電	昭和　年　月　日12時8分
起案箇所	經理部主計課決算係
箇所長	
主任者	
擔任者	
電話	2266

打電済

回議者印	經理部長　主計課長　第二課算係
件名	短期派遣者派遣手當整理方ノ件
宛名	北支事務局長
發信者	經理部長

電見．臨時的派遣者ニ對スル派遣手當整理方ニ付テハ
十三年一月二十一日付経主決三七第四號一〇〇ヲ以テ各決
算司掌箇所長宛牒済ナリ
尚臨時的派遣者ト長期派遣者トノ整理上ノ齟齬ヲ来
サシメザルガ為ニハ臨時的派遣者ノ出発ニ際シテ所属

閲覧済　監察役

南滿洲鐵道株式會社

ヨ-8016　B列5　　(12.5. 3,000冊 南海堂納)

273

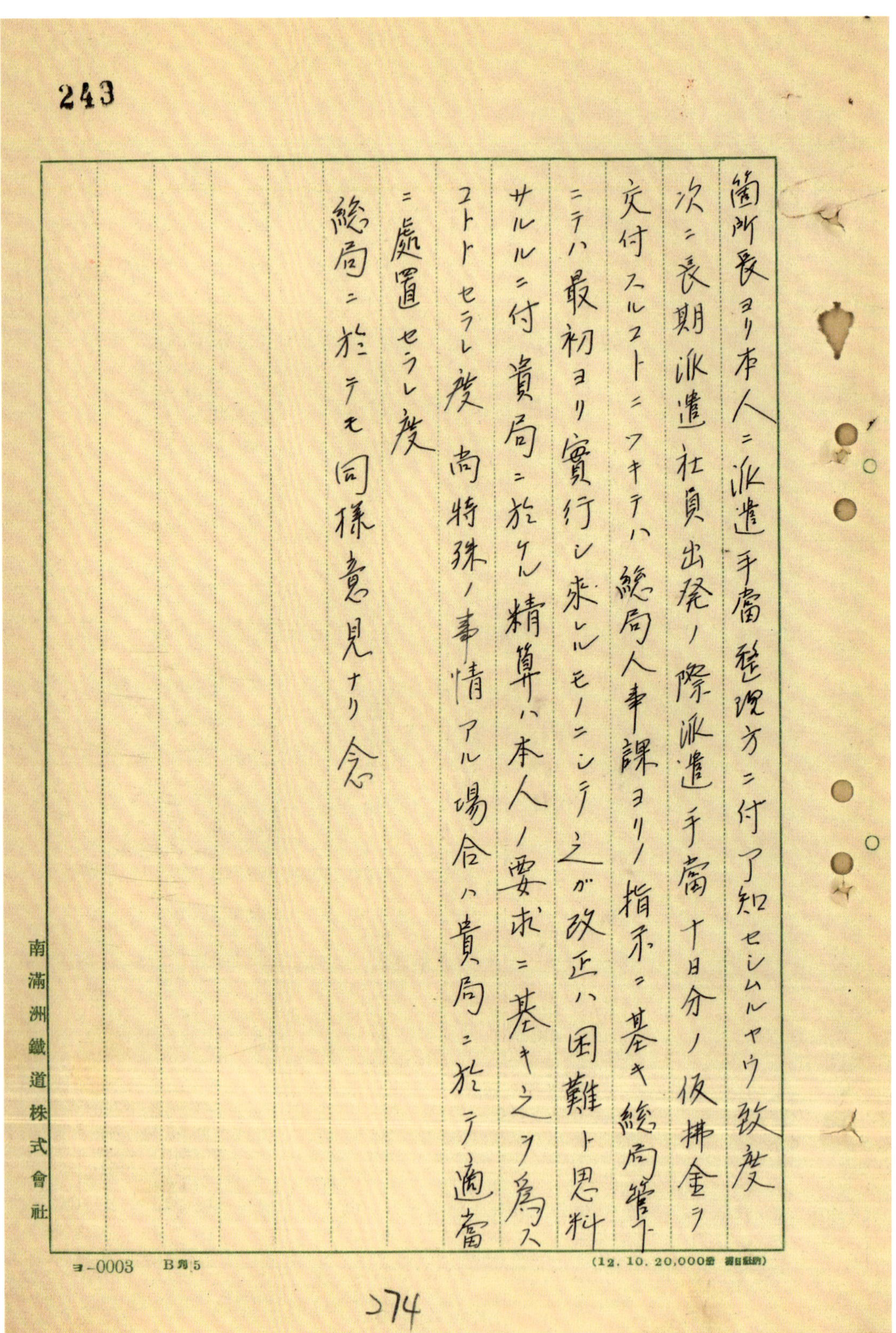
243

箇所長ヨリ本人ニ派遣手當遅延方ニ付了知セシムルヤウ致度

次ニ長期派遣社員出発ノ際派遣手當十日分ノ仮拂金ヲ交付スルコトニツキテハ総局人事課ヨリノ指示ニ基キ総局管下ニテハ最初ヨリ實行シ来レルモノニシテ之ガ改正ハ困難ト思料サルルニ付貴局ニ於ケル精算ハ本人ノ要求ニ基キ之ヲ為スコトトセラレ度　尚特殊ノ事情アル場合ハ貴局ニ於テ適當ニ處置セラレ度

総局ニ於テモ同様意見ナリ念

南滿洲鐵道株式會社

ヨ-0003　B列5　(12. 10. 20,000冊 満日印刷)

274

财务部长关于处理华北方面临时派遣员费用事致各决算分管所长、地方部残务整理委员会委员长的函
（一九三八年二月五日）

回議箋（乙號）

秘

乙

248

經主決第37/4號105

起案 昭和13年2月4日
決裁 昭和13年2月4日
發送 昭和13年2月5日

起案箇所 經理部主計課決算係

經理部長

主計課長

人事課長代

第二決算係

件名 北支方面臨時的派遣者ノ費用整理ニ関スル件

日附

各決算分管箇所長
地方部残務整理委員会委員長 宛

經理部長

件名

南滿洲鐵道株式會社

ヨ-8012 B列5

280

249

首題ノ件ニ関シテハ一月二十一日付経主決三七第四號一〇〇ヲ以テ通牒シタルガ北支事務局ニ於テハ臨時的派遣者ト北支事務局ノ常業ニ服スル長期派遣者トノ區別困難ニシテ之ガ為、派遣手當整理上其他ニ於テ混同ヲ生ズル虞アルニ付、爾今臨時的派遣者出発ニ際シテハ所屬箇所長ヨリ本人ニ臨時派遣ノ旨並ニ之ガ派遣手當整理方ニ関シ了知セシメ置カレ度

南滿洲鐵道株式會社

ヨ-0003 B列5 (12. 10. 20,000冊 [illegible])

281

财务部长关于请求关东军支付满铁垫付七七事变费用事致北支事务局财务班长的电文（一九三八年二月七日）

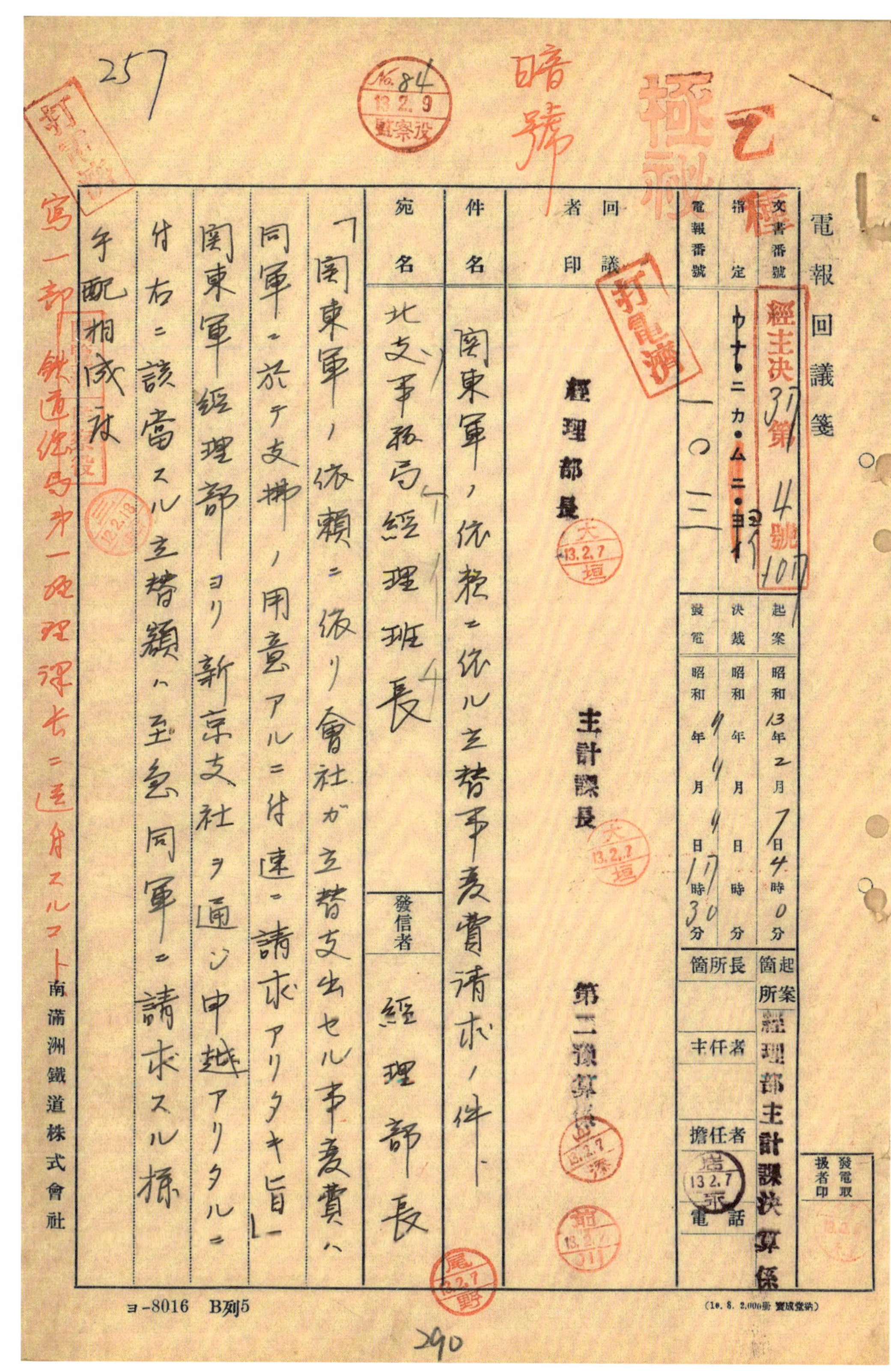
電報回議箋

257

暗號　極秘　乙

文書番號　經主決37第4號
指定　ウナ・ニカ・ム・ニ・ヨ
電報番號　一〇三

回議者印　經理部長　主計課長　第二豫算係

件名　關東軍ノ依頼ニ依ル立替事變費請求ノ件

宛名　北支事務局經理班長

發信者　經理部長

起案　昭和13年2月7日4時0分
決裁　昭和　年　月　日　時　分
發電　昭和　年　月　日17時30分

起案箇所　經理部主計課決算係

「關東軍ノ依頼ニ依リ會社ガ立替支出セル事變費ハ同軍ニ於テ支拂ノ用意アルニ付速ニ請求アリタキ旨」

關東軍經理部ヨリ新京支社ヲ通ジ申越アリタルニ付右ニ該當スル立替額ハ至急同軍ニ請求スル樣手配相成度

寫一部鉄道總局第一經理課長ニ送付スルコト

南滿洲鐵道株式會社

ヨ-8016　B列5

290

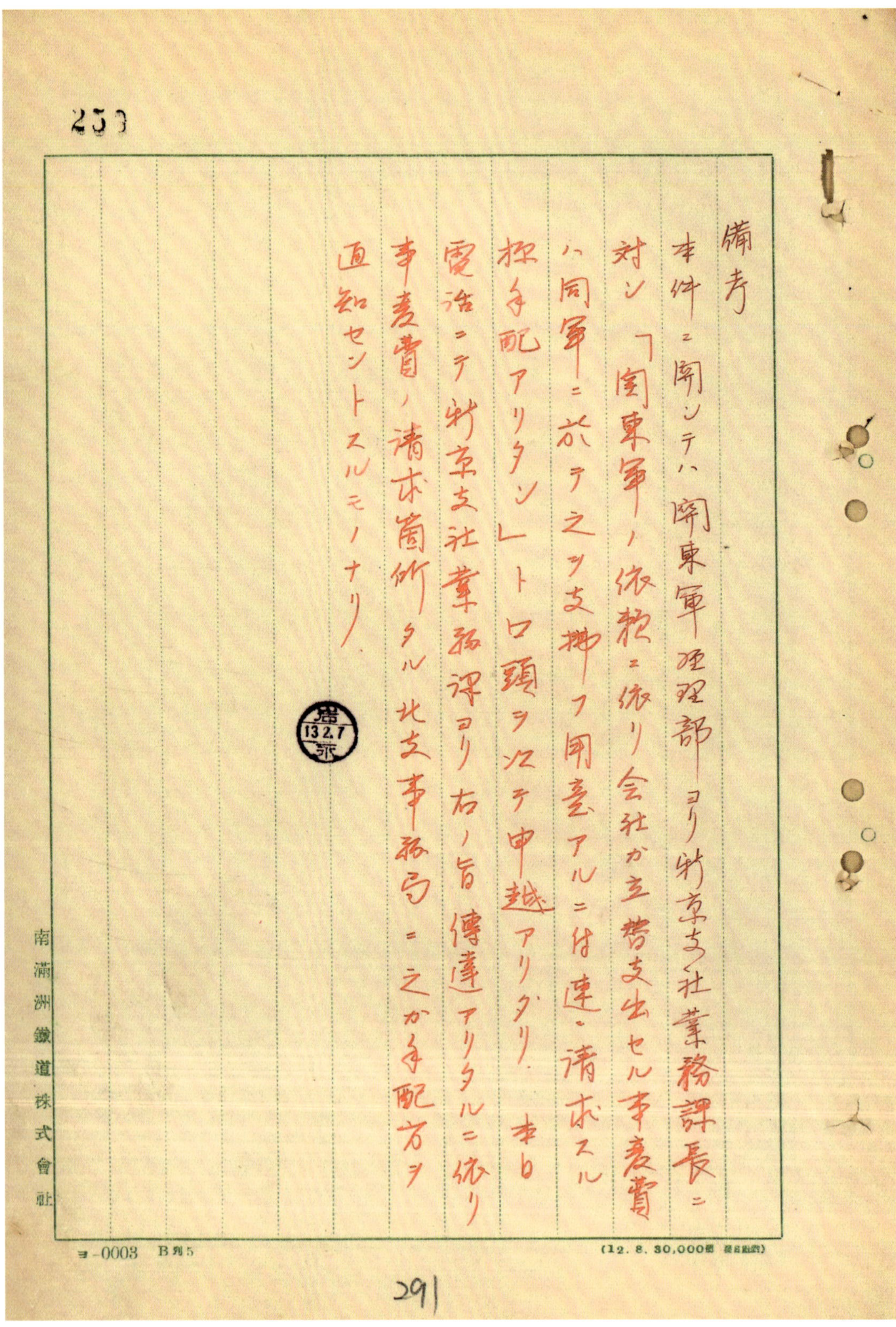
253

備考

本件ニ関シテハ関東軍経理部ヨリ新京支社業務課長ニ対シ「関東軍ノ依頼ニ依リ会社ガ立替支出セル事変費ハ同軍ニ於テ之ヲ支払フ用意アルニ付速ニ請求スル様手配アリタシ」ト口頭ヲ以テ申越アリタリ　本日電話ニテ新京支社業務課ヨリ右ノ旨傳達アリタルニ依リ事変費ノ請求箇所タル北支事務局ニ之ガ手配方ヲ通知セントスルモノナリ

13.2.7

南滿洲鐵道株式會社

ヨ-0003　B列5　(12. 8. 30,000冊)

291

财务部主计课前川原一关于向大藏省提交物资需求报告书事致东京支社财务部驻在员室杉一诚的电文（一九三八年二月二十二日）

163

電報回議箋

文書番號	指定	電報番號
	ウオ・ニカ・ム二・ヨイ	

起案	決裁	發電
昭和13年2月22日　時　分	昭和　年　月　日　時　分	昭和　年　月　日11時10分

起案箇所：經理部主計課第二豫算係

箇所長

主任者

擔任者

電話 2268

發電取扱者印

回議者印

件名：物資需要調査ニ關スル件、回答

宛名：東京支社經理部駐在員室　杉一誠

發信者：經理部主計課　前川原一

二月二十一日附電見當方ヨリ新京ニ提出セシ物資需要調ハ大藏省ニ回附セラルルコトナシ新京諒解濟

南滿洲鐵道株式會社

ヨ-8016　判B5

(10. 9. 2,000冊 實盛堂納)

167

财务部长关于送华北方面七七事变费用概算调查事致东京支社财务课长的函（一九三八年二月二十三日）

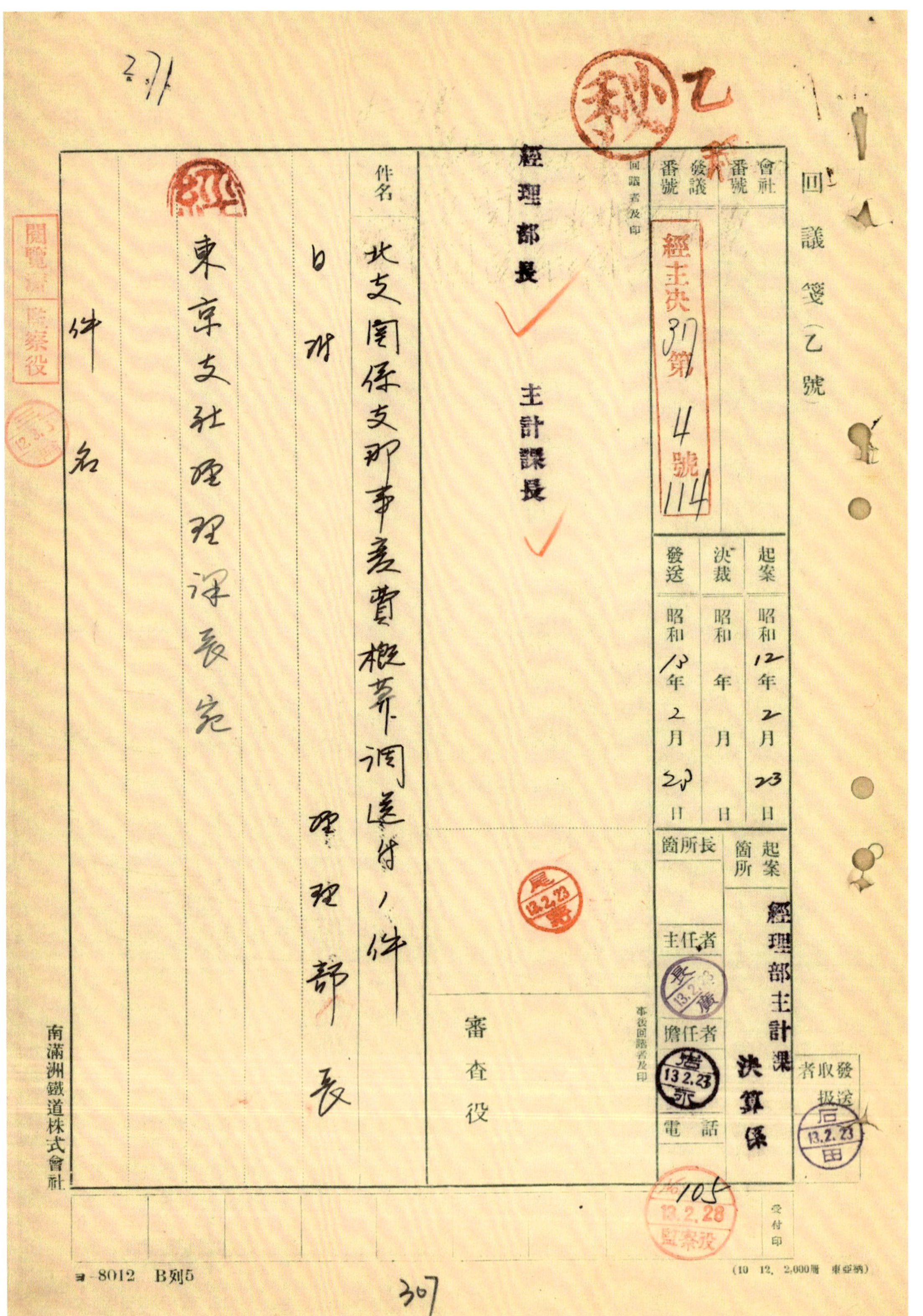

回議箋（乙號）

會社番號　發議番號　經主決第4號 114

起案 昭和12年2月23日
決裁 昭和　年　月　日
發送 昭和13年2月28日

起案箇所 經理部主計課決算係

經理部長

主計課長

件名 北支関係支那事変費概算調送付ノ件

2月　日

經理部長

東京支社經理課長宛

南滿洲鐵道株式會社

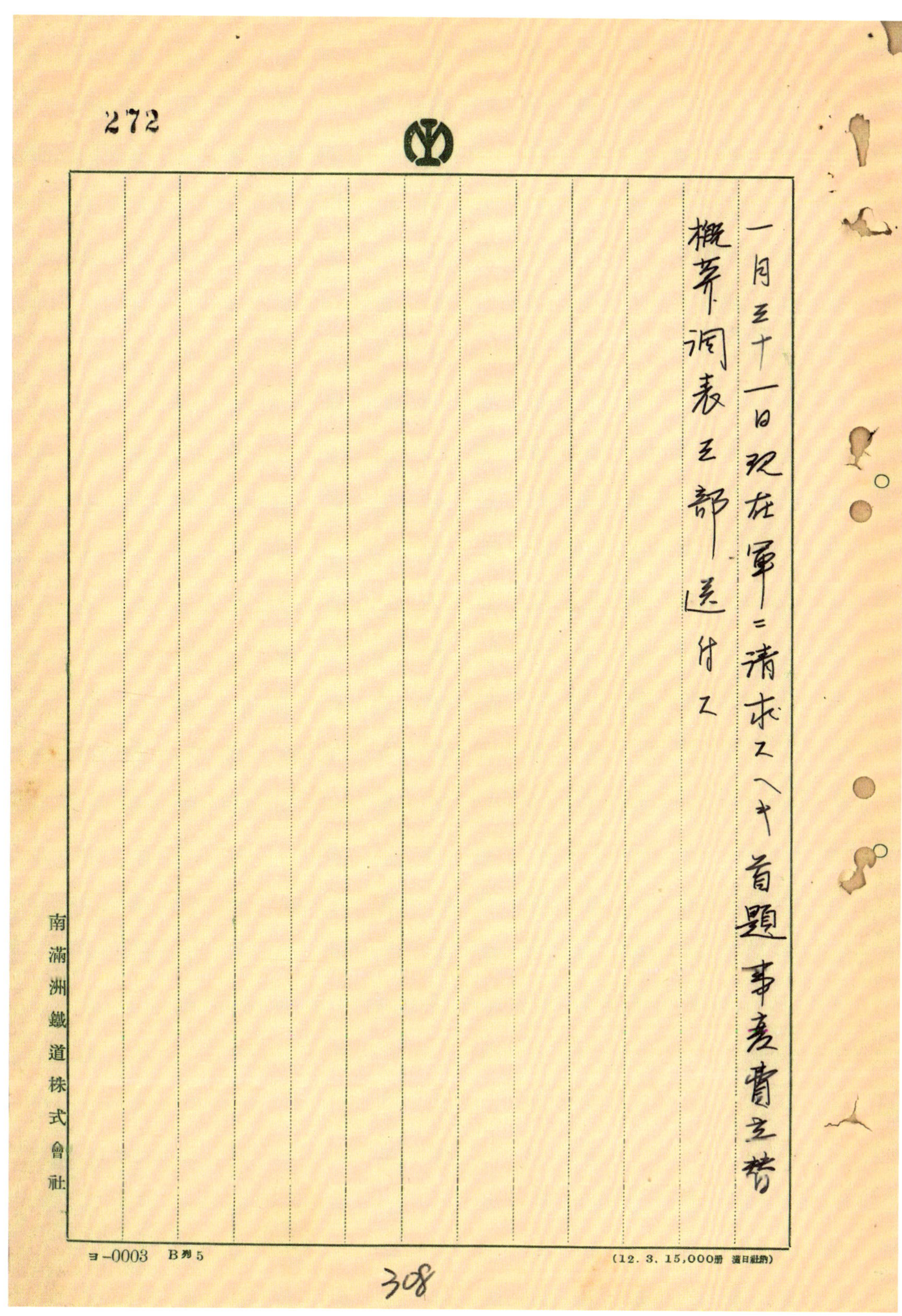

一月三十一日現在軍ニ請求スヘキ首題事変費立替
概算調表三部送付ス

南滿洲鐵道株式會社

ヨ-0003　B列5　(12. 3. 15,000冊　滿日社納)

308

附：华北方面截至一九三八年一月三十一日七七事变费用概算调查表（一九三八年二月二十三日）

秘

北支関係支那事変費概算調（昭和13年1月31日現在軍ニ請求スヘキモノ）

種別	総額	軍ヨリノ入金額	未収入額	
人件費				
俸給、給料諸手当及別途給與費	4.321.000			俸給1.153.000 給料1.700.000 在勤手当458.000 賞與金550.000 退職慰労金494.000 社宅費506.000
旅費	5.339.000			
人件費計	9.660.000			
物件費				
用度部ヨリノ配給品代	4.816.000			
鉄道総局調度課ヨリノ配給品代	884.000			
通古線建設関係物件費	3.500.000			
天津鉄道工場ヨリノ配給品代	400.000			
奉天鉄道工場ヨリノ配給品代	200.000			
物件費計	9.800.100			
諸費	4.876.000			特殊生産物代207.000 通古線工事費其他2.224.000 北支事務局支払ノ 補修費、各種工事費2.445.000 旧従業員給料立替分
合計	24.336.000			
北寧鉄路従事員給料引当立替金	1.900.000			
北寧鉄路小麦粉及高粱代立替金	240.000			
総計	26.476.000	8.152.000	18.324.000	

273

309

财务部长关于华北方面临时派遣社员性质事致各决算分管所长、地方部残务整理委员会委员长的函（一九三八年二月二十四日）

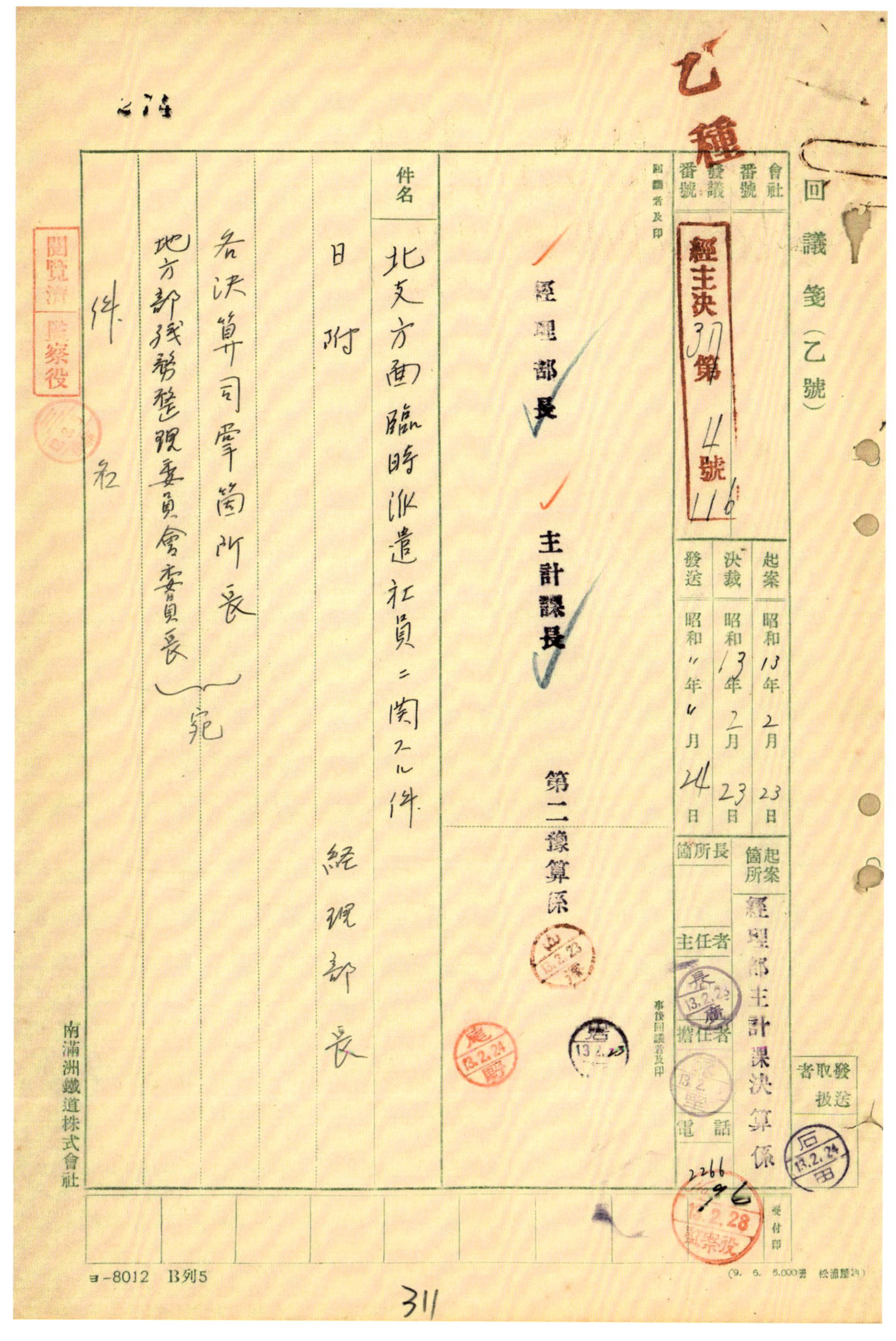
回議箋（乙號）

乙種

經主決 第 號

件名 北支方面臨時派遣社員ニ関スル件

各決算司掌箇所長
地方部残務整理委員會委員長
宛

經理部長

經理部長
主計課長
第二豫算係

起案 昭和13年2月23日
決裁 昭和13年2月23日
發送 昭和13年2月24日

起案箇所 經理部主計課決算係

南滿洲鐵道株式會社

ヨ-8012 B列5

311

昭和十三年一月二十一日付丞主決三七第四號一〇〇ノ通牒ニ依ル臨時派遣社員トハ、~~其ノ業務ノ性質ヨリ判断シテ~~北支事務局及其ノ管下ノ常業ニ服スル者以外ノ各部ヨリノ一時的~~派遣~~出張者ヲ謂フモノナレバ、二月一日付ヲ以テ北支事務局及其ノ管下勤務ノ発令無キ者ト雖モ、其ノ派遣者ノ性質上北支事務局及其ノ管下ノ常業ニ服スル者ハスベテ臨時派遣社員ニ非ザルモノト了知相成度

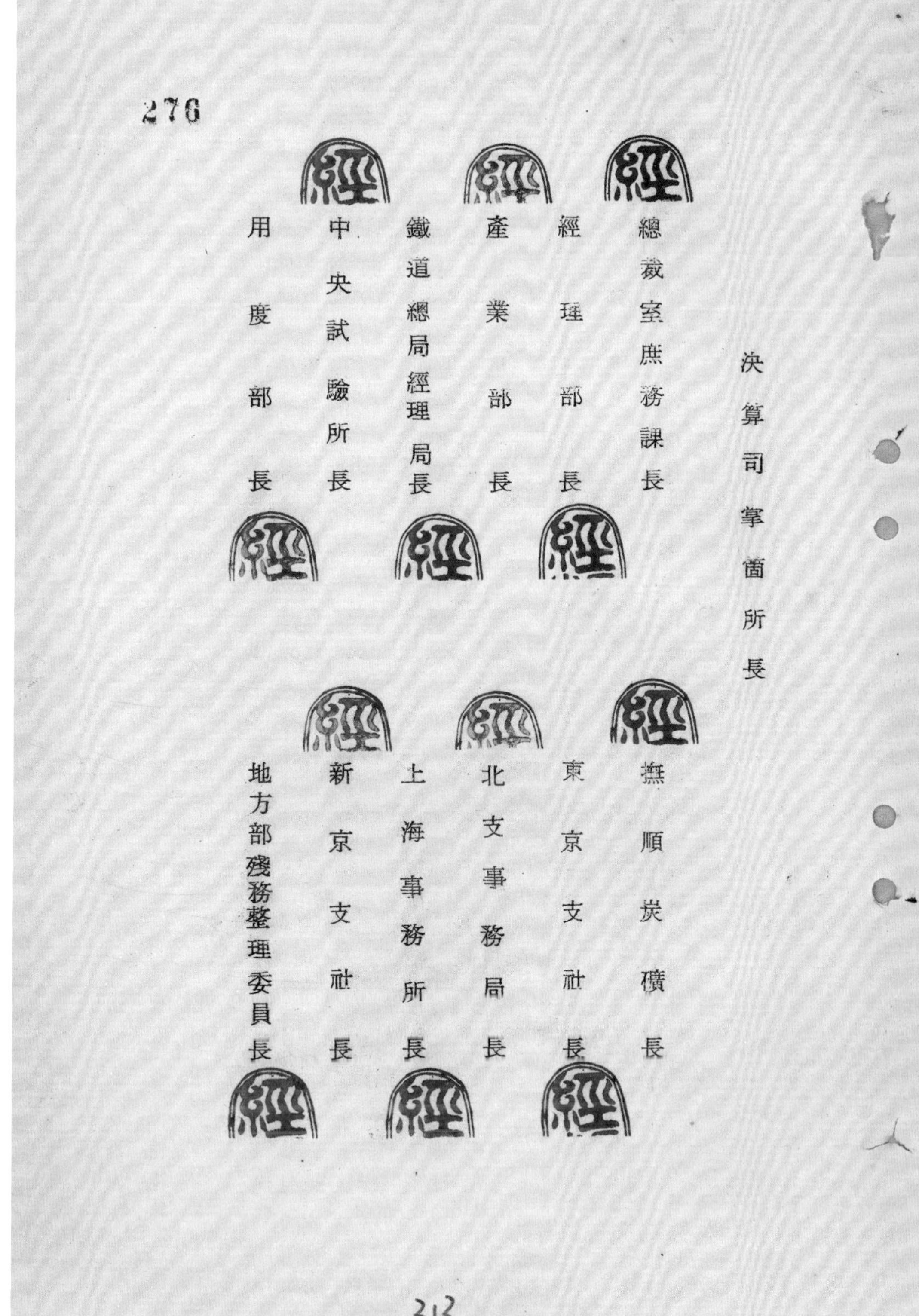

276

決算司掌箇所長

總裁室庶務課長

經理部長

產業部長

鐵道總局經理局長

中央試驗所長

用度部長

撫順炭礦長

東京支社長

北支事務局長

上海事務所長

新京支社長

地方部殘務整理委員長

313

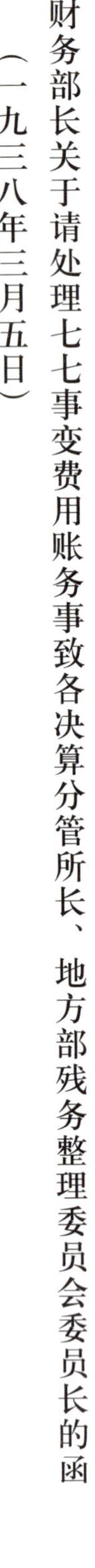

财务部长关于请处理七七事变费用账务事致各决算分管所长、地方部残务整理委员会委员长的函（一九三八年三月五日）

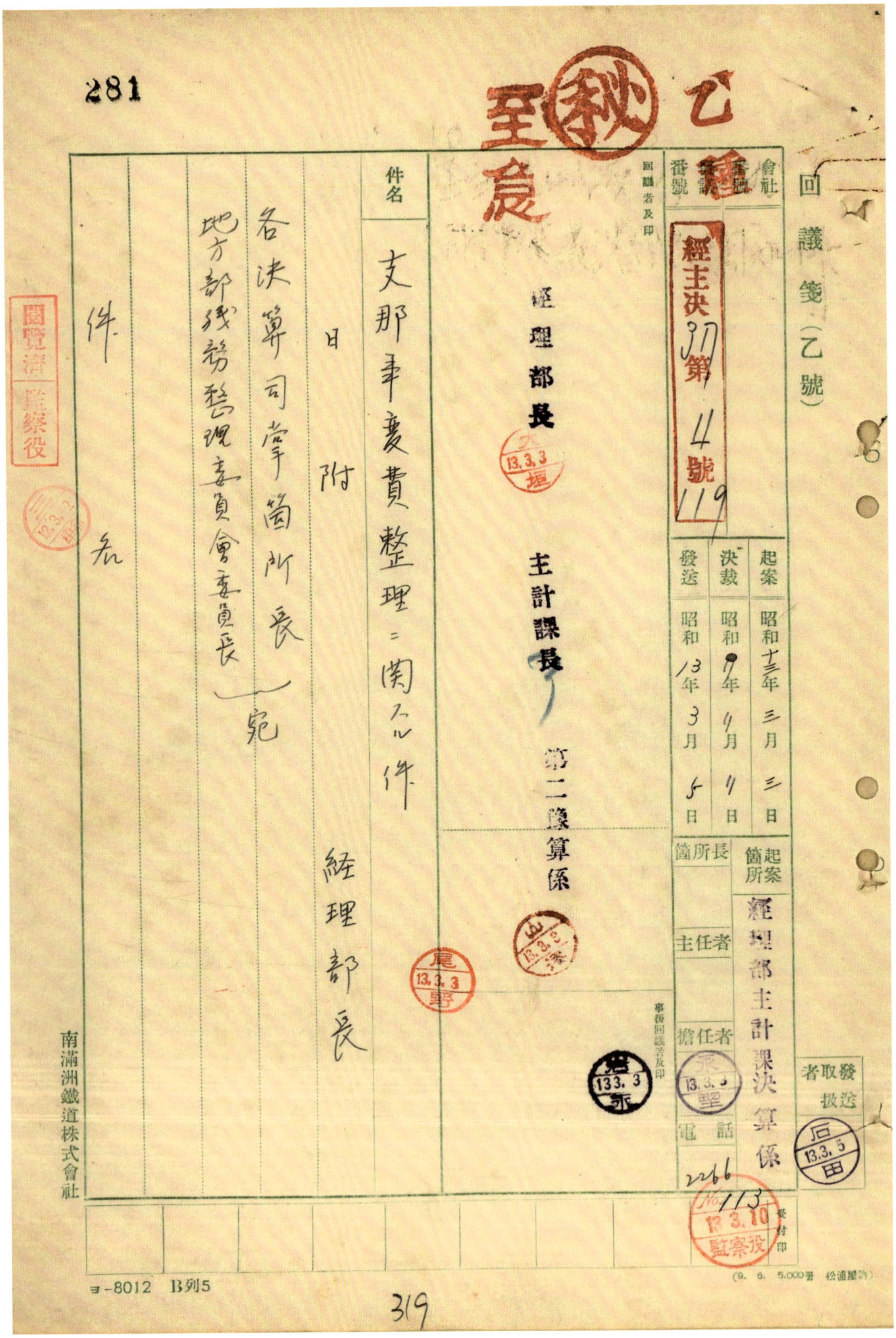

281

至急　秘　乙

回議箋（乙號）

經主決第37/4號　119

起案　昭和十三年三月三日
決裁　昭和　年4月1日
發送　昭和13年3月5日

起案箇所　經理部主計課決算係

經理部長
主計課長
第二決算係

件名　支那事変費整理ニ関スル件

各決算司掌箇所長
地方部残務整理委員會委員長　宛

日附

經理部長

件名

南滿洲鐵道株式會社

ヨ-8012　B列5

319

首題ノ件ニ關シテ九月四日付經主決三七第四號ニ二、同十六日
付經主決三七第四號ニ六及同二十一日付經主決二七第四號
三一、十二月二十七日付經主決三七第四號九一ヲ以テ之カ整理
方並其ノ整理促進方ヲ通牒シタルカ其ノ後ノ實狀ヲ
看ルニ軍ニ對スル立替事變費ノ北支事務局（通古線
建設關係ハ鐵道總局第一經理課）ヘノ付替往々遅延
セル向モアリテ之カ爲軍ニ對スル請求モ遅延シ惹イテハ
會社ノ資金繰上支障ヲ來スコトアルニ付貴所支出ノ
右立替事變費ニシテ付替未濟ノモノアラハ至急無滯
之カ付替整理相成度
尚本年度内ニ於ケル立替事變費ニシテ之カ請求ノ遅
延セル翌年度ニ亘ルモノハ軍ヨリ回收不能トナルコトモ
アルヘキニ付右御含ミノ上年内支出ノモノハ年度末決算

283

締切前ニ付替完了スル様整理促進方ニ付テ一段ノ配慮ヲ煩ス

以上

南滿洲鐵道株式會社

ヨ-0003 B判5 (12. 12. 20,000冊 滿日社納)

321

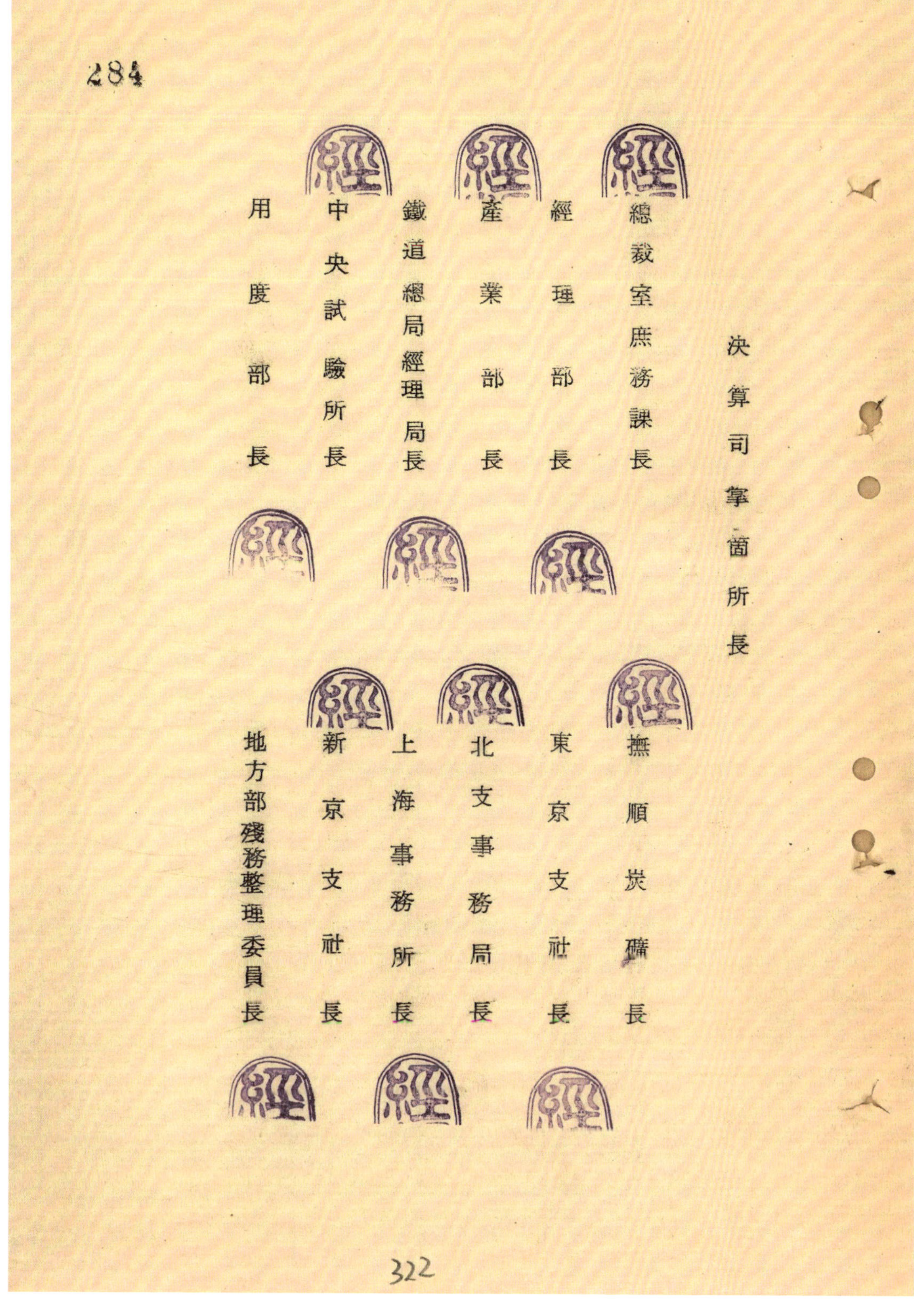

284

決算司掌箇所長

總裁室庶務課長

經理部長

產業部長

鐵道總局經理局長

中央試驗所長

用度部長

撫順炭礦長

東京支社長

北支事務局長

上海事務所長

新京支社長

地方部殘務整理委員長

322

财务部主计课长关于不认同新线改良费用金额并请汇总会社及军方意见事致财务部长的电文（一九三八年三月九日）

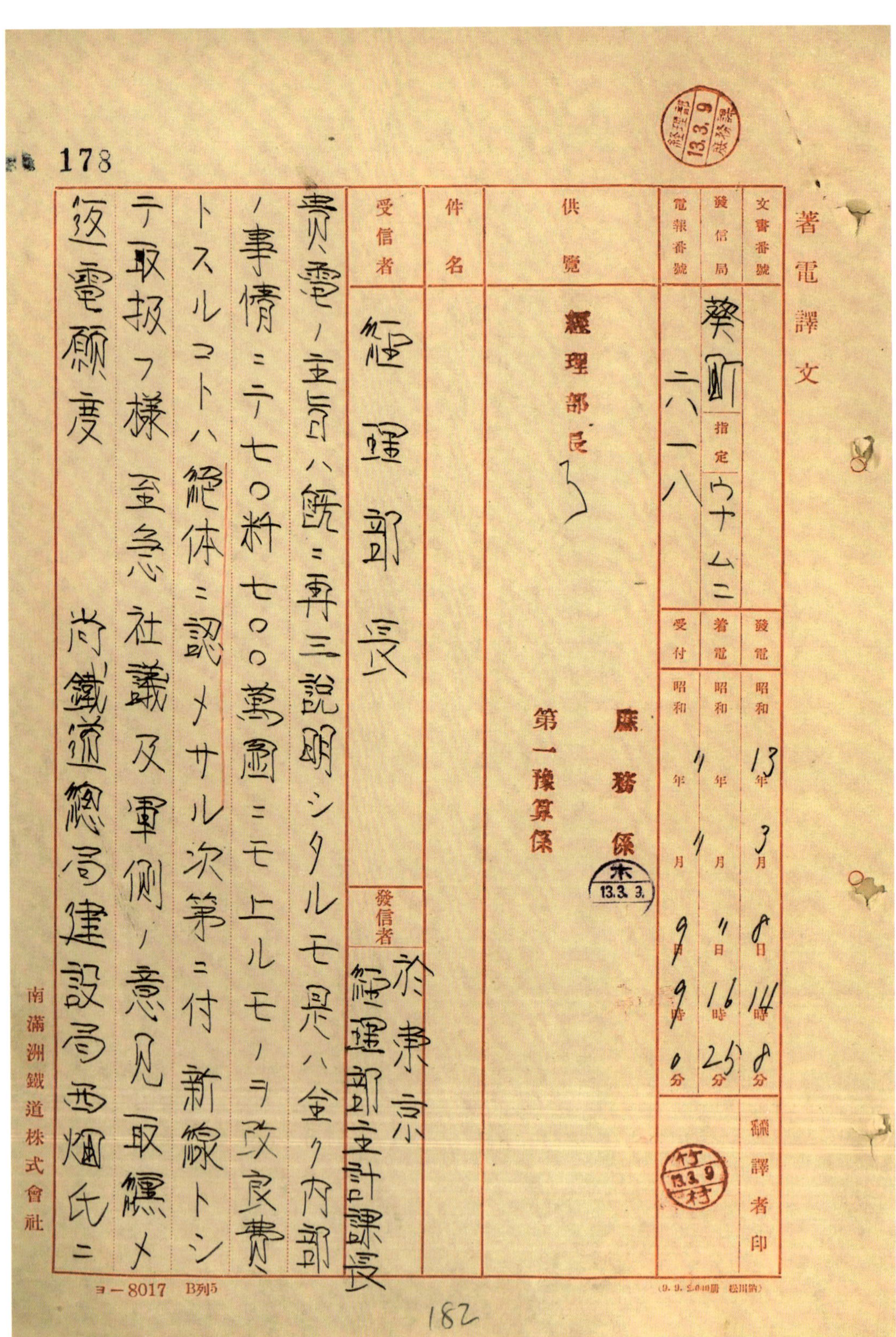

178

著電譯文

文書番號	發信局	電報番號	供覽	件名	受信者
	葵町	六八一八 指定 ウナムニ	經理部長		經理部長

發電 昭和13年3月8日14時8分
着電 昭和〃年〃月〃日16時25分
受付 昭和〃年〃月9日9時0分

庶務係
第一豫算係

發信者 於東京 經理部主計課長

貴電ノ主旨ハ既ニ再三説明シタルモ是ハ全ク内部ノ事情ニテ七〇糾七〇〇萬圓ニモ上ルモノヲ改良費トスルコトハ絶体ニ認メサル次第ニ付新線トシテ取扱フ様至急社議及軍側ノ意見取纏メ返電願度

尚鐵道總局建設局西畑氏ニ

飜譯者印

南滿洲鐵道株式會社

ヨ－8017 B列5

182

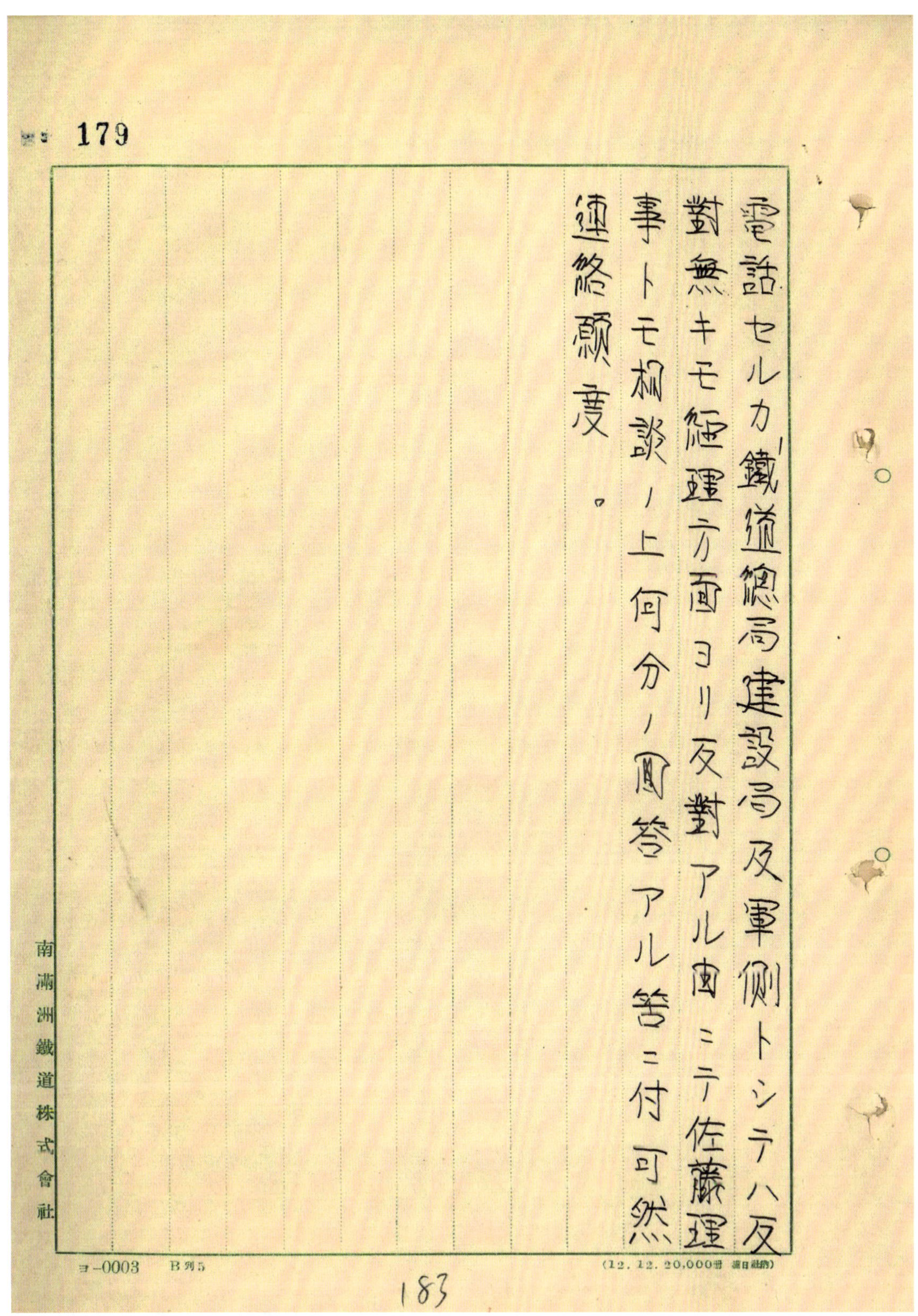
179

電話セルカ鐵道總局建設局及軍側トシテハ反對無キモ經理方面ヨリ反對アル由ニテ佐藤理事トモ相談ノ上何分ノ回答アル筈ニ付可然連絡願度。

南滿洲鐵道株式會社

ヨ-0003　B列5　(12.12.20,000冊 滿日社印)

183

用度部长关于一九三八年度用度部配给物品的配给单价以及其他花费事致财务部庶务课长的函

（一九三八年三月二十八日）

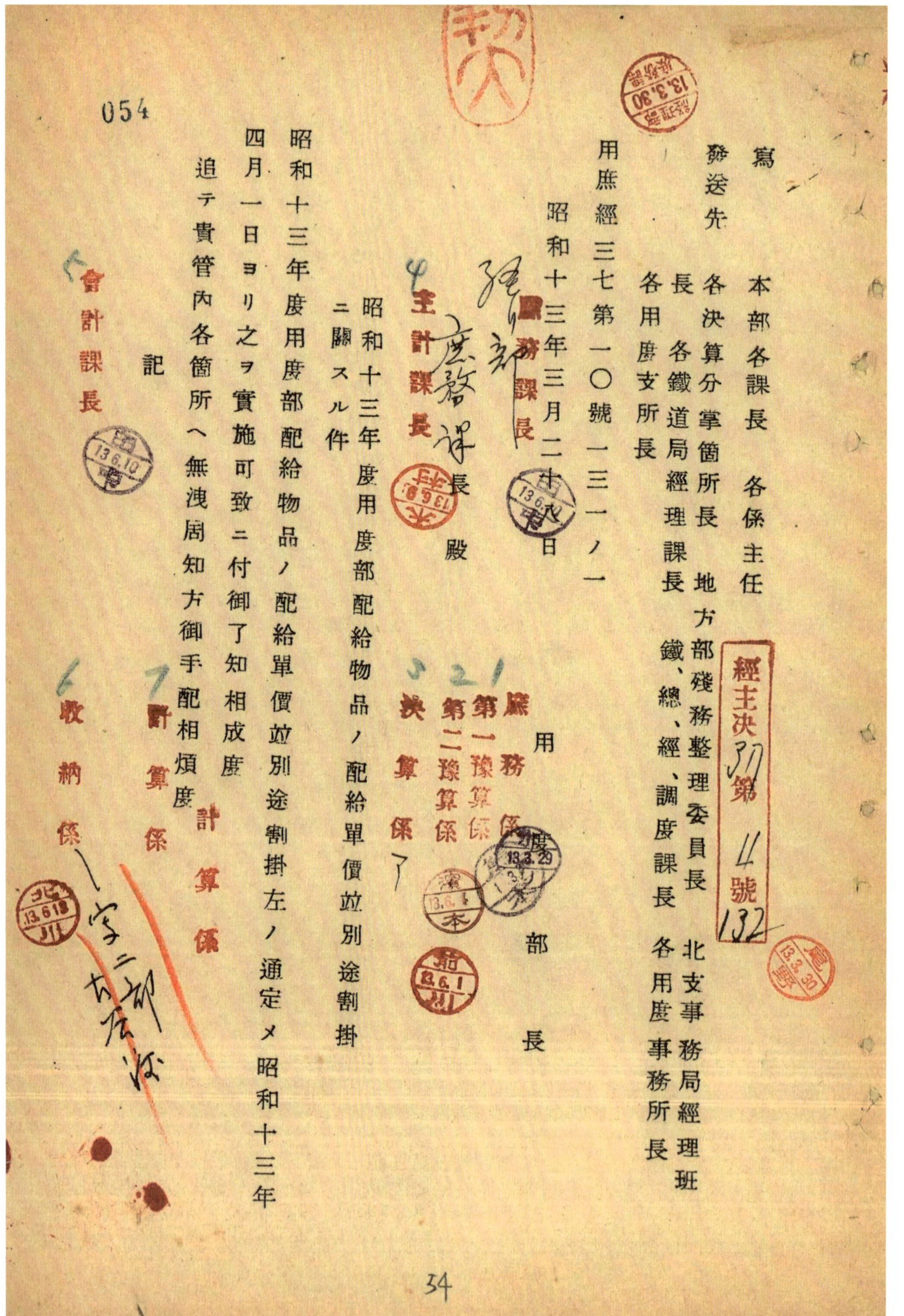

寫

發送先　本部各課長　各係主任

各決算分掌箇所長　地方部殘務整理委員長

各鐵道局經理課長　鐵、總、經、調度課長　北支事務局經理班長

各用度支所長　各用度事務所長

用庶經三七第一〇號ノ一三一ノ一

昭和十三年三月二十八日

用度部長

經理部庶務課長　殿

昭和十三年度用度部配給物品ノ配給單價竝別途割掛ニ關スル件

昭和十三年度用度部配給物品ノ配給單價竝別途割掛左ノ通定メ昭和十三年四月一日ヨリ之ヲ實施可致ニ付御了知相成度追テ貴管内各箇所ヘ無洩周知方御手配相煩度

記

055

一、配給單價

1、手持品

手持品ノ配給單價ハ平均購入見込單價ニ其ノ三%相當額ノ間接費割掛ヲ加算セルモノヲ州內單價又ハ單ニ配給單價、州內單價ニ關稅額ヲ加算セルモノヲ州外單價トシ別册昭和十三年度貯藏品目錄ノ通制定ス但シ再用品及不用品ハ第二號直拔品ニ準ス

前項貯藏品目錄中ノ州內單價、州外單價又ハ配給單價ノ適用方ハ左ノ區分ニ依ルモノトス

(イ)州內單價ハ州內所在箇所ヘノ配給品又ハ州外所在箇所ヘノ配給品中免稅ノ取扱ヲ受クル物品ニ付適用ス

(ロ)州外單價ハ州外所在箇所ヘノ配給品ニ付適用ス但シ免稅ノ取扱ヲ受クル物品ハ前項(イ)ニヨル

(ハ)配給單價(州內單價及州外單價ノ設定ナキ物品ノ單價)ハ州內及州外所在箇所ヘノ配給品ニ付適用ス

2、直拔品

55

056

直扱品ノ配給單價ハ購入單價ニ其ノ三％相當額ノ間接費割掛ヲ加算シタル額トス

二、別途割掛

1、配給品諸掛

免税品ヲ除ク州外配給品ニ對シテハ別ニ定ムル率ニ依リ配給品諸掛（關税支出見込）ヲ賦課ス但シ州外單價ヲ以テ配給セル手持品ニ付テハ別ニ之ヲ賦課セス

2、運賃割掛

(イ)社線運賃割掛

社線材料請求券ニ依リ配給スル物品ニ對シテハ配給單價（手持品ニ在リテハ州內單價又ハ配給單價）ト數量トノ相乘額ノ四％相當額ヲ運賃割掛トシテ賦課ス但シ石材及煉瓦（耐火煉瓦ヲ除ク）ハ之ノ限ニ在ラス

(ロ)國線運賃割掛

委託經營勘定ノ負擔トシテ配給スル物品（國線用品）ニ對シテハ

56

057

配給單價（手持品ニ在リテハ州内單價又ハ配給單價）ト數量トノ相乘額ノ八％相當額ヲ運賃割掛トシテ賦課ス但シ車輛、石材及煉瓦（耐火煉瓦ヲ除ク）ハ之ノ限ニ在ラス

（註）右但書ニ於ケル車輛トハ組立テラレタル機關車、動車、客車及貨車ヲ謂フ

(ハ)北支用品運賃割掛

北支事務局別途會計ノ負擔トシテ配給スル物品ニ對スル運賃割掛ハ別ニ之ヲ定ム

三、配給品ノ受渡場所及配給運賃ノ負擔區分

1、撫順炭礦、建設局及傍系會社ヘノ配給品

撫順炭礦、建設局及傍系會社ヘノ配給品ノ受渡場所ハ用度部倉庫課倉庫渡又ハ同構内貨車乘渡或ハ購入品ノ納地貨車乘渡トシ受渡場所ヨリ當該物品ノ屆先マテニ要セシ運賃其ノ他ノ諸費ハ當該物品請求箇所ノ負擔トス

已ムヲ得サル事由ニ依リ撫順炭礦、建設局及傍系會社ヘノ配給品ヲ

51

用度事務所又ハ同支所倉庫ヨリ配給スルトキハ其ノ倉庫渡又ハ其ノ地貨車乗渡トシ當該物品ノ同倉庫マテニ要セシ運賃實費額ヲ物品代ニ加算ス

2、社線工事材料品

社線工事材料品ノ受渡場所ハ用度部倉庫渡又ハ購入品納地貨車乗渡トシ受渡場所ヨリ届先地マテニ要セシ汽車運賃ハ用度部負擔トス

3、國線用品

委託經營勘定ノ負擔トシテ配給スル物品（國線用品）ノ受渡場所ハ用度部倉庫渡又ハ購入品納地貨車乗渡トシ受渡場所ヨリ届先地マテニ要セシ汽車運賃ハ用度部ノ負擔トス但シ運賃割掛ヲ賦課セサル車輛ニ在リテハ受渡場所ヨリ當該物品ノ届先地マテニ要セシ汽車運賃其ノ他ノ諸費ハ當該物品請求箇所ノ負擔トス

届先地マテ汽車ノ便ナキトキハ最寄用度部倉庫又ハ最寄驛マテニ要セシ汽車運賃ハ用度部ノ負擔トシソレ以後當該物品ノ届先地マテニ要スル自動車運賃、船運賃其ノ他ノ諸費ハ當該物品請求箇所ノ負擔トス

4、北支用品

北支事務局別途會計ノ負擔トシテ配給スル物品（北支用品）ノ受渡場所及運賃ノ負擔區分ハ別ニ之ヲ定ム

5、社線一般配給品

前各號以外ノ物品（社線一般配給品）ノ受渡場所ハ當該物品ヲ手持スル用度部倉庫渡又ハ購入品積地貨車渡トシ受渡場所ヨリ當該物品ノ届先マテニ要セシ汽車運賃其ノ他ノ諸費ハ當該物品請求箇所ノ負擔トス

59

财务部主计课长、总裁室庶务课长关于特别运输相关的预付款预收款以及派遣医疗班相关的预付款事致北支事务局财务班长的电文（一九三八年三月二十九日）

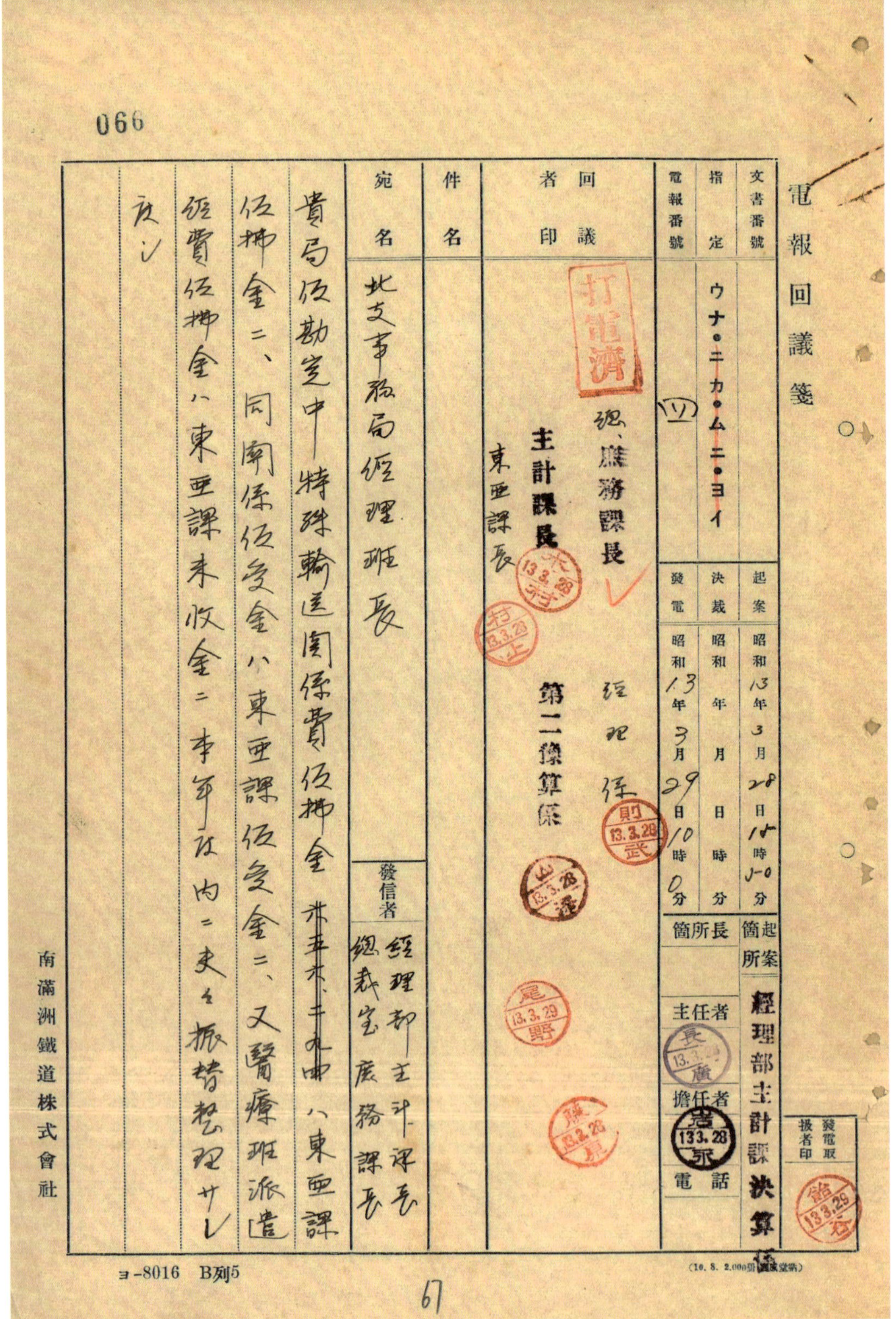

066

電報回議箋

文書番號	指定	電報番號
	ウナ・ニカ・ム・ニ・ヨイ	(ツ)

起案	決裁	發電
昭和13年3月28日15時50分	昭和　年　月　日　時　分	昭和13年3月29日10時0分

起案箇所：經理部主計課決算係

回議者印：總、庶務課長　主計課長　東亞課長　經理係　第一豫算係

宛名：北支事務局經理班長

發信者：經理部主計課長　總裁室庶務課長

貴局仮勘定中特殊輸送関係費仮払金（外五十、二十九日ハ東亞課仮払金ニ、同関係仮受金ハ東亞課仮受金ニ、又醫療班派遣経費仮払金ハ東亞課未収金ニ本年度内ニ夫々振替整理サレ度シ

南滿洲鐵道株式會社

ヨ-8016　B列5

67

财务部主计课长关于特别运输相关的预付款事致北支事务局财务班长的函（一九三八年三月三十一日）

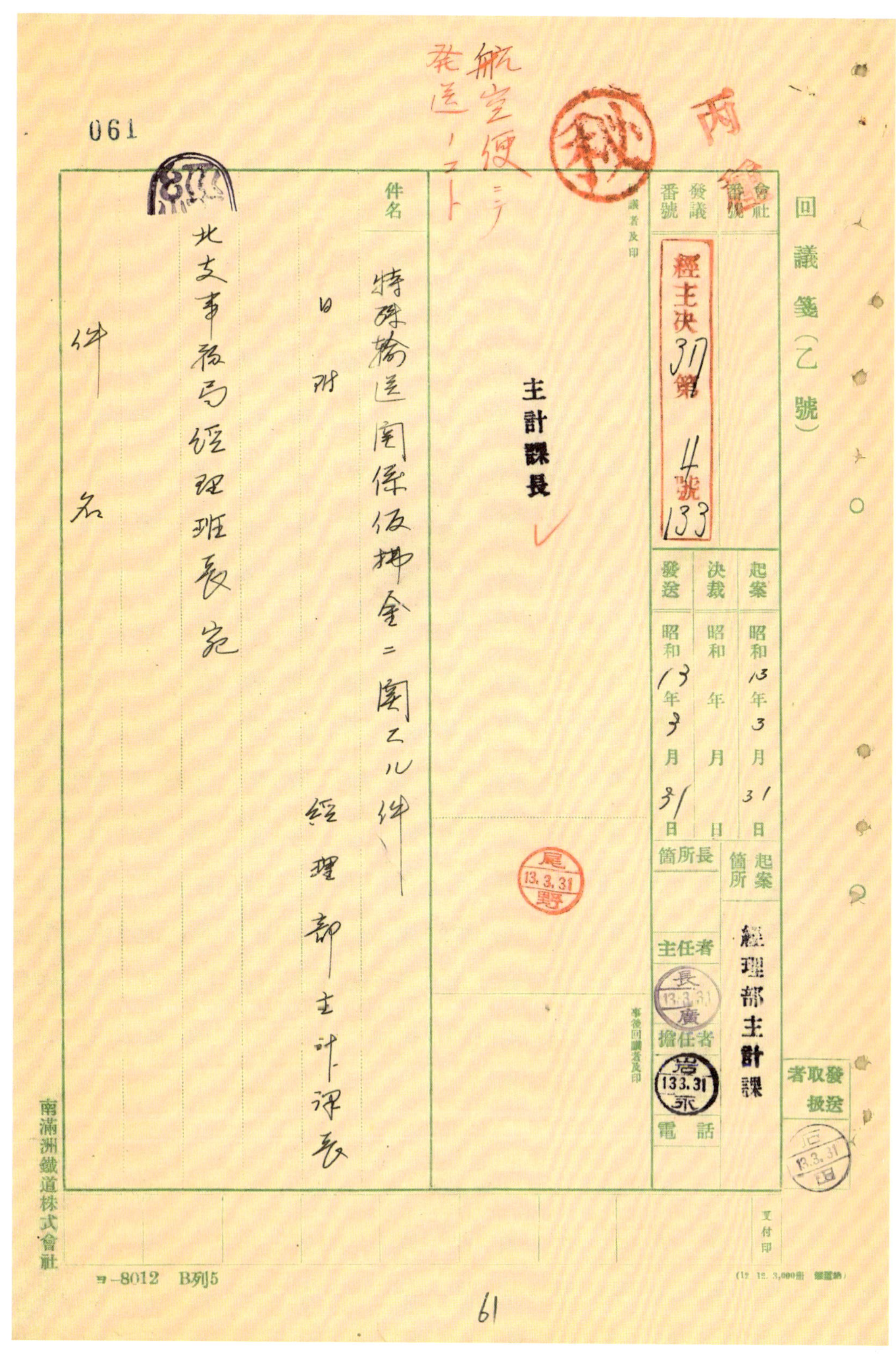

航空便ニテ発送ノコト

秘

丙

061

回議箋（乙號）

經主決37第4號133

主計課長

件名

特殊輸送関係仮払金ニ関スル件

日附

經理部主計課長

北支事務局經理班長宛

件名

起案 昭和13年3月31日

決裁 昭和 年 月 日

發送 昭和13年3月31日

經理部主計課

南滿洲鐵道株式會社

ヲ-8012 B列5

61

062

三月二十九日発總裁室庶務課長ト連名ノ貴職宛四號電報ハ意味不明ノ由返電アリタルモ右電報ハ二月二十六日貴職発五〇二號電ヲ以テ申請相成タル首題ノ件ニ関スル東亜課へノ付替ヲ承認シ、貴局仮勘定中ノ特殊輸送関係仮払金ハ東亜課仮払金ニ、特殊輸送関係仮受金ハ東亜課仮受金ニ、又醫療班派遣費仮払金ハ東亜課未収金ニ十二年度内ニ於テ夫々振替整理相成様通牒セルモノナルニ付了知相成度

右ニ基キ左記振替傳票ヲ三月三十一日附ヲ以テ発行ノ上処理相成度為念

記

一、特殊輸送関係仮払金ノ振替

（借方）仮払金、諸口仮払金、總、庶務課（東亜課）六五六、二九四円〇九銭

（貸方）仮払金、諸口仮払金、北支事務局 六五六、二九四円〇九銭

南滿洲鐵道株式會社

ヨ-0003 B列5 (12. 10. 20,000部)

62

二、特殊輸送関係仮受金ノ振替

（借方）仮受金、諸口仮受金、　北支事務局　五三八二円〇一銭

（貸方）仮受金、諸口仮受金、　總、庶務課（東亜課）　五三八二円〇一銭

三、醫療班派遣費仮払金ノ振替

（借方）未収金、諸口未収金、　總、庶務課（東亜課）　一三、七二四円三一銭

（貸方）仮払金、諸口仮払金、　北支事務局　一三、七二四円三一銭

十七、地方部

地方部卫生课长关于送交社员体检报告书事致总裁室东亚课长的函（一九三七年七月七日）

35

昭和十二年七月七日

地方部衛生課長

總裁室東亜課長

社員健康診斷成績報告書送付ノ件

義ニ施行セル健康診斷ノ成績報告書一通送付ス

50

附：社员体检报告书

社員健康診斷成績報告書

所屬 總。東亞課　　昭和12年6月　　檢查醫 森勇雄

番號	資格	職名	氏名	年齡	一般成績	視器成績	聽器成績	視力 裸眼 左	視力 裸眼 右	視力 矯正 左	視力 矯正 右	辨色力	聽力	要治療疾患	其ノ他ノ疾患	備考
1	參事	課長	宮本通治	39	/											支那方面出張中
2	副參事	主任	伊藤省象	38	乙											
3	職員	〃	山本勝平	30	甲											
4	〃		濱正雄	32	甲											
5	〃		外山勝一	43	甲											
6	〃		藤原快遠	40	乙											
7	〃		村上國平	31	丙											(既往症 肺尖カタル)
8	〃		濱口常勝	33	甲											
9	〃		土井淳	31	乙											
10	〃		那須義門	26	乙											
11	〃		野路武敏	24	丙									氣管	氣管枝周囲淋巴腺腫脹	
12	〃		田中太郎	28	甲											
13	〃		西島孝	27	甲											
14	雇員	事務手	德永信武	25	甲											
15	〃	〃	溝口初芳	23	甲											

36

ヨチ—5412 B列5　　(11. 9. 20,000枚 西川發)

所屬 總。東亞課

社員健康診斷成績報告書

昭和12年5月

檢查醫

番號	資格	職名	氏名	年齢	一般成績	視器成績	聽器成績	視力 裸眼 左	視力 裸眼 右	視力 矯正 左	視力 矯正 右	辨色力	聽力	要治療疾患	其ノ他ノ疾患	備考
16	傭員	飜訳	二迫田貞秀	20	乙											
17	准傭		廿北滿	18	乙											
18	〃		森田文夫	17	乙											
19	〃		碓山秀雄	21	乙											

37

ヨチ—5412 B列5 (11. 9. 20,000枚 西川刷)

62

地方部卫生课长关于请派遣医师二名、护士九名事致总裁室庶务课长的电文（一九三七年七月十七日）

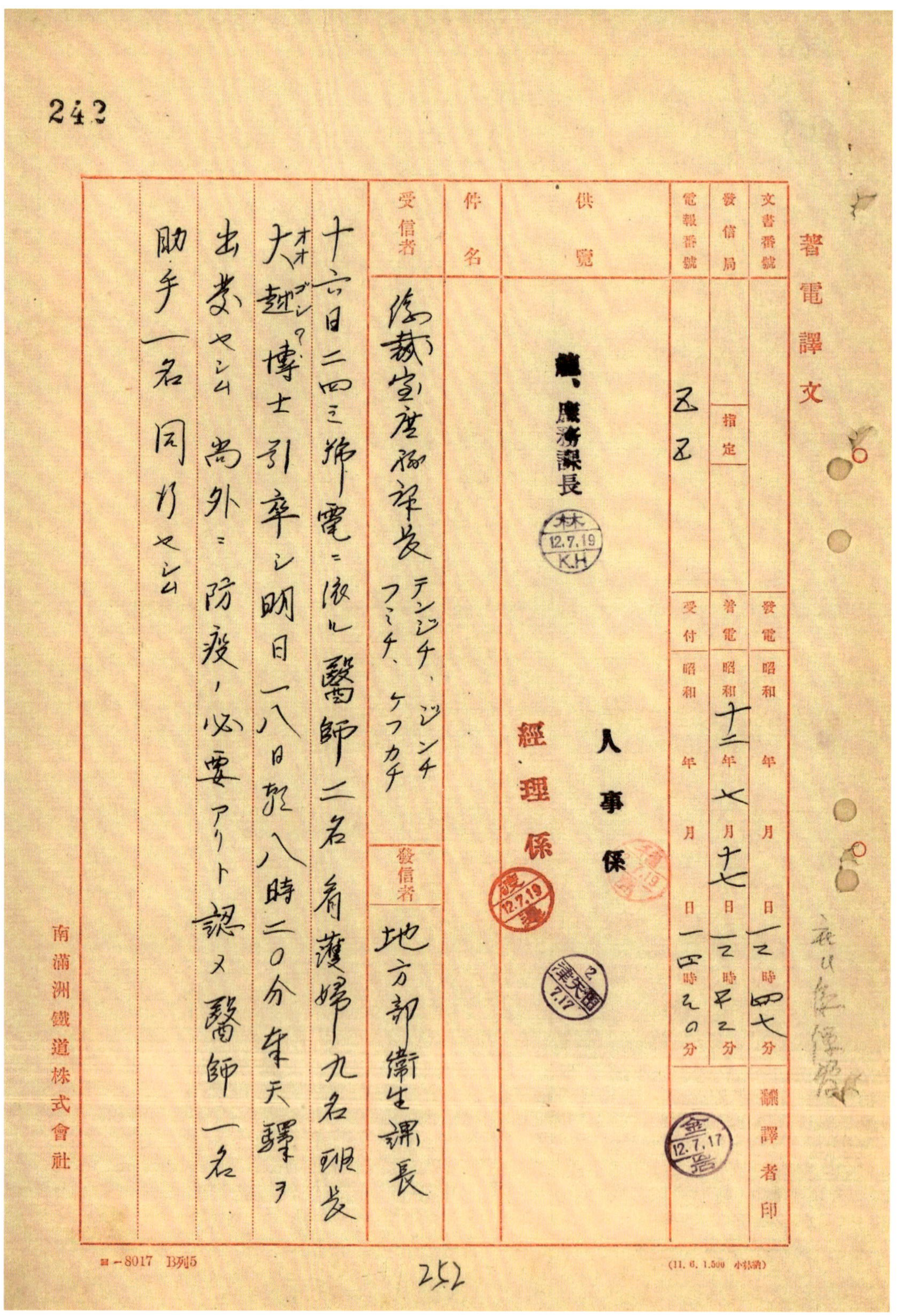
242

著電譯文

文書番號
發信局
電報番號 五五
指定

發電 昭和 年 月 日 一〇時四七分
着電 昭和十二年七月十七日 一二時五二分
受付 昭和 年 月 日 一四時二〇分
飜譯者印

供覽 總、庶務課長 人事係 經理係

件名

受信者 總裁室庶務課長 テンジンチ、ジンシチ フミチ、ケフカチ

發信者 地方部衛生課長

十六日二四三號電ニ依ル醫師二名看護婦九名頭長大越（オオゴシ？）博士引率シ明日一八日朝八時二〇分奉天驛ヲ出發セシム 尚外ニ防疫ノ必要アリト認メ醫師一名助手一名同行セシム

南滿洲鐵道株式會社

日-8017 B列5 (11. 6. 1.500 小林活版)

252

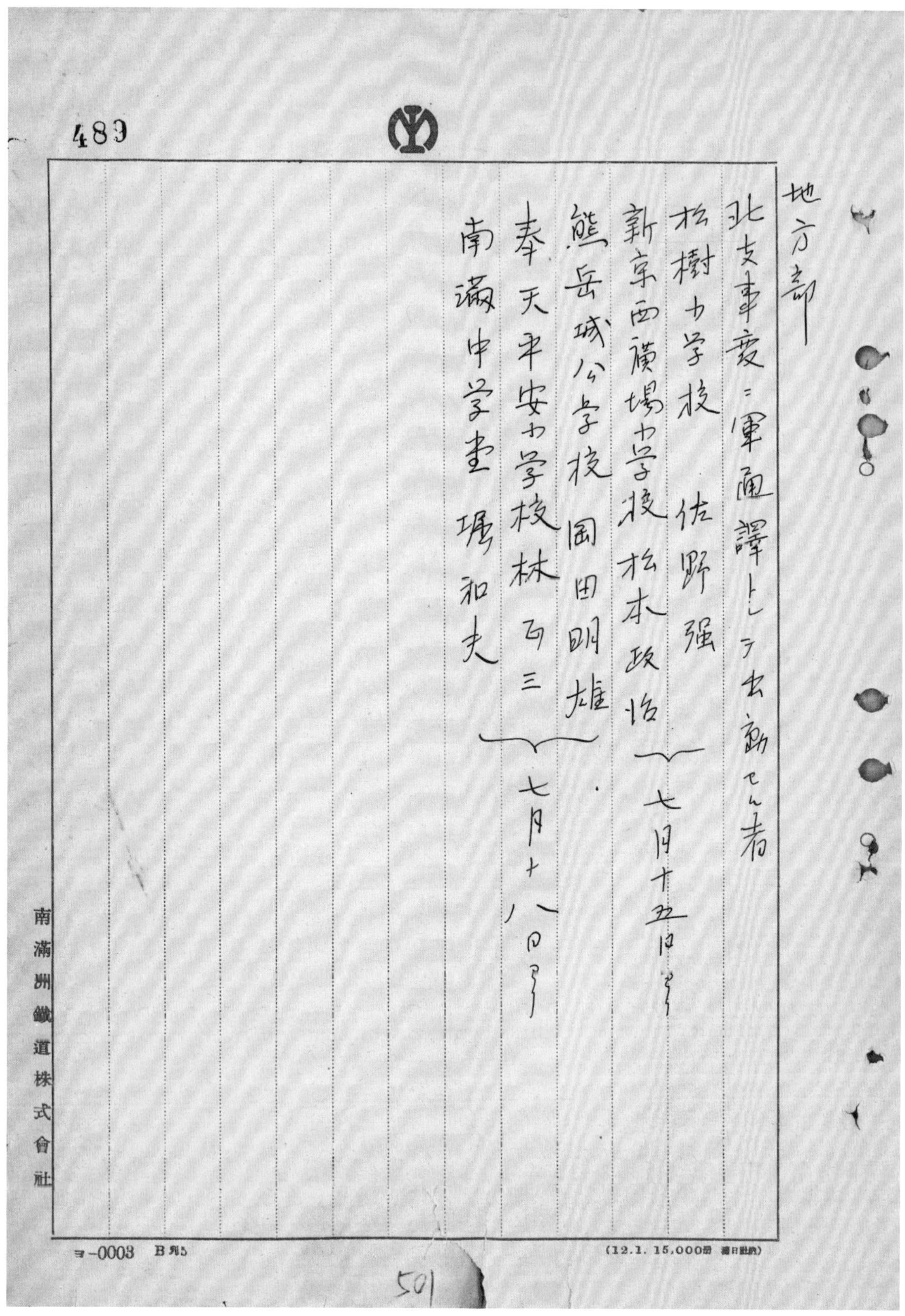
489

地方部

北支事変ニ軍通譯トシテ出動セル者

松樹小学校　佐野強

新京西廣場小学校　松本政治　｝七月十五日発

熊岳城公学校　岡田明雄

奉天平安小学校　林　正三

南満中学堂　堀　和夫　｝七月十八日発

南満洲鐵道株式會社

ヨ-0003　B列5　（12.1. 15,000冊　満日印刷）

501

兴城医院院长关于事变相关事项报告事致地方部长、卫生课长的函（一九三七年八月三日）

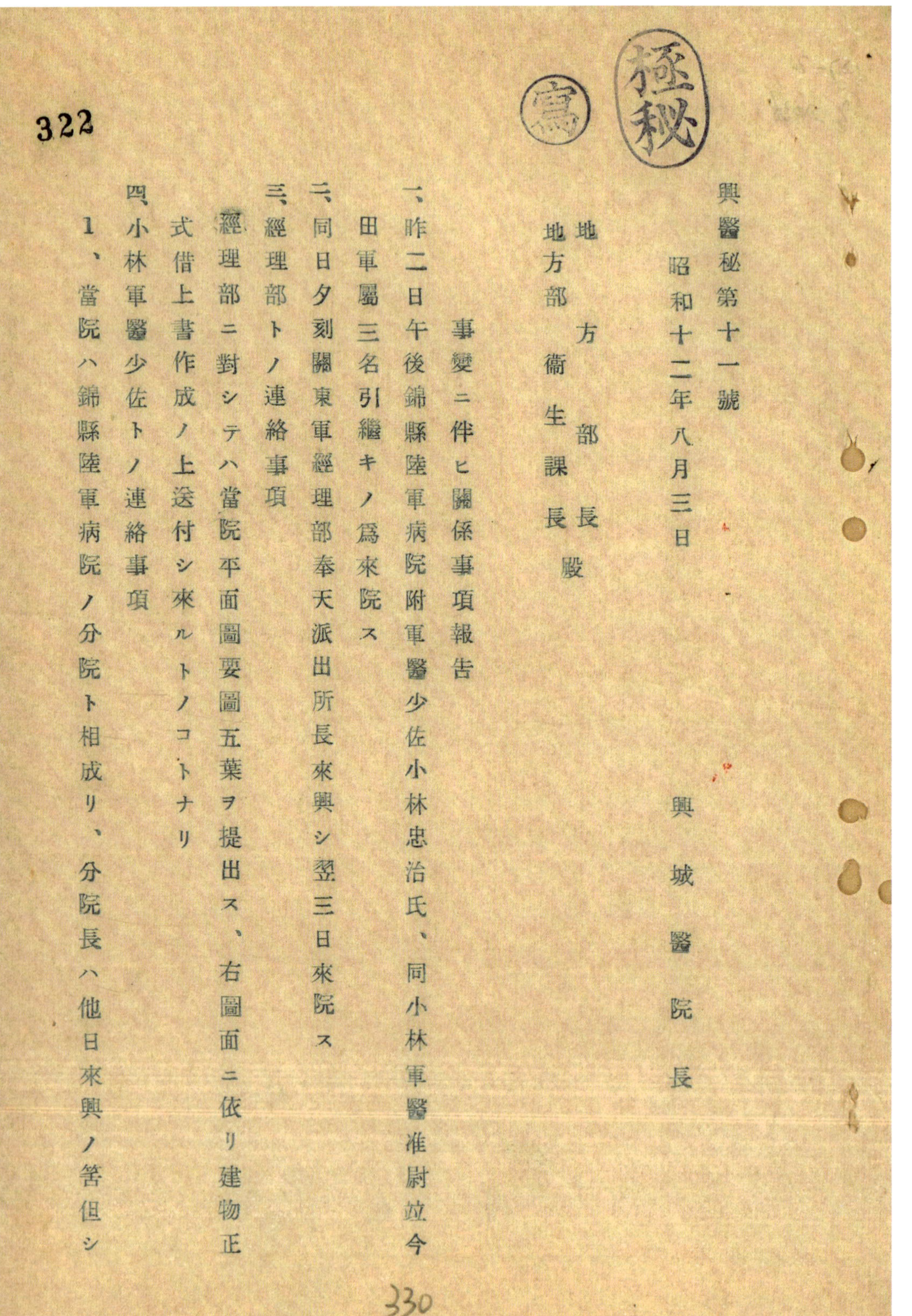

322

極秘

寫

興醫秘第十一號

昭和十二年八月三日

興城醫院長

地方部長

地方部衛生課長 殿

事變ニ件ヒ關係事項報告

一、昨二日午後錦縣陸軍病院附軍醫少佐小林忠治氏、同小林軍醫准尉竝今田軍屬三名引繼キノ爲來院ス

二、同日夕刻關東軍經理部奉天派出所長來興シ翌三日來院ス

三、經理部トノ連絡事項

經理部ニ對シテハ當院平面圖要圖五葉ヲ提出ス、右圖面ニ依リ建物正式借上書作成ノ上送付シ來ルトノコトナリ

四、小林軍醫少佐トノ連絡事項

1、當院ハ錦縣陸軍病院ノ分院ト相成リ、分院長ハ他日來興ノ筈但シ

330

323

錦縣陸軍病院多忙ノ爲當分ノ間錦縣ニ駐在シ必要ノ都度來與ス

2、事務長トシテハ小林准尉常駐シホテルニ居住ス

3、引繼要項

(イ)原則トシテ必要品ハ全部軍ニ賄フニ付不必要品ハ全部格納ノコト

但シ軍ニテ間ニ合ハサルトキハ醫院備付品ハ能フ限リ供用ス

4、右引繼要項ニ依リ當院ニ於ケル實施事項

(イ)病棟ハ寢臺、藁布團、床頭臺、痰壺(各室一箇)屑籠(各室一箇)以外ハ全部格納ス

(ロ)休憩室備品モ全部格納ス

(ハ)外科並院長室ハ病室ニ充ツル爲夫々備品ハ格納

(ニ)各室ノ使用豫定ハ

病棟全部、院長室、外科外來、待合室、食堂、休憩室、運動器具室ヲ全部病室ニ充テ大體七十名收容ノ豫定

(ホ)當院入院患者ニ對シテハ大體當院看護婦ヲ以テ充テホテル(約五十名ノ豫定)ニ收容シタルトキハ看護兵數名來與ノ豫定、從テ看

331

324

護婦宿舍ハ其ノ儘

(ヘ)内科ノ外來ハ其ノ儘トシ内科診療ニ從事ス

5、現在從事員ハ右準備ニ從事シツツアリ

6、當事者ノ話ニ依レハ大體當院東方高地ニ軍療養所カ出來ル迄使用豫定トノ事ナリ（事變ノ情況トハ關係スルモ大體本年度一パイナラムカ）

7、當院收容豫定ハ輕症患者ナリ

8、ホテルハ事務員一名管理人トシ殘リ及料理人日本人一名殘留、他ハ全部他箇所ニ助勤トノコトナリ

大體右現況ヲ報告ス尚收容豫定ハ本週末トノコトナリ

追伸

當地ハ北支行軍用列車輻輳ノ爲一部隊ノ如キ一晝夜半驛ニ滯留シタルコトアリ本日ノ如キハ急ニ六百人分ノ食糧炊出シ等アリテ當院ノ炊事場、賄用品等提供、從事員一同握飯ノ作成ニ大童ナリ

以上

332

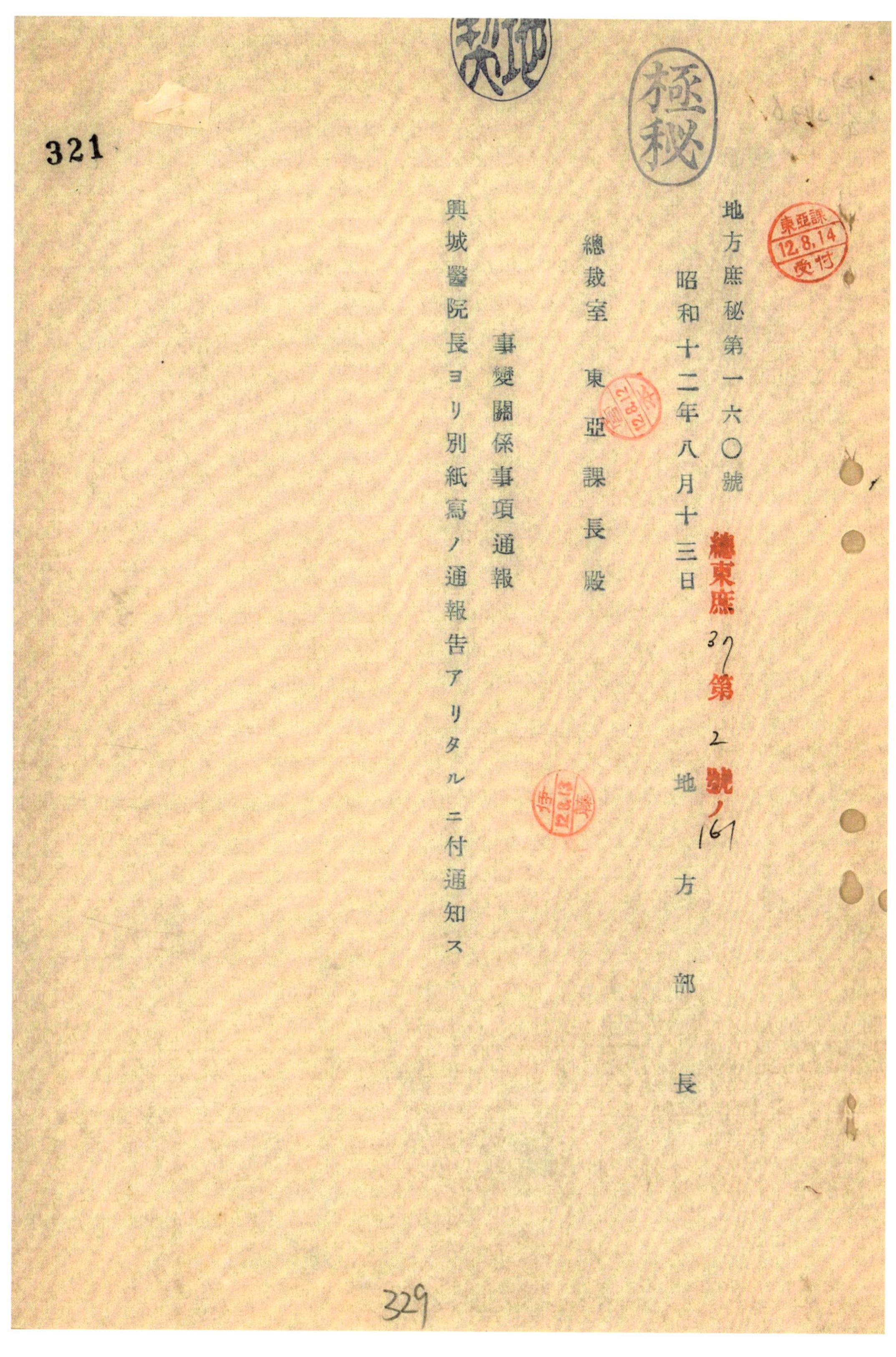

321

極秘

地方庶秘第一六〇號

昭和十二年八月十三日

總東庶37第2號ノ161

地方部長

總裁室東亞課長殿

事變關係事項通報

興城醫院長ヨリ別紙寫ノ通報告アリタルニ付通知ス

329

附：兴城医院关于事变相关事项报告（二）

興醫秘第十三號

昭和十二年八月十一日

興城醫院長

地方部衞生課長殿

事變ニ件フ關係事項報告（二）

一、九日 石岡衞生曹長兵五名ヲ伴ヒ商人一名ト共ニ開設ノ爲來院ス

二、十日 興城分院長トシテ軍醫少佐北條和達氏竝小林准尉、傷病兵十七名午後五時入院ス

傷病兵ハ一、二ヲ除キ凡テ自用ヲ辨シ得ル輕症者ナリ

三、分院長ハ現在錦縣多忙ノ故ヲ以テ當分常駐セス

小林准尉カ責任者トシテ常駐ス

四、賄業務ハ本十一日ヨリ全部軍ノ賄トシ從事員ハ之ニ依リ賄ハレルコトトシ醫院ノ賄業務ハ全然停止ス

五、外來ハ分院長ト打合セノ上當地住民ノ外來ハ從來通取扱フコト

441

トセリ

六　入院ハ受付ケス

以上

450

兴城医院长关于报告兴城医院一九三七年八月十三日现状事致地方部卫生课长的电文（一九三七年八月十六日）

442

著電譯文

文書番號	發信局	電報番號
	指定	四九（暗號）

發電	着電	受付
昭和12年8月16日14時分	昭和12年8月16日15時7分	昭和12年8月17日8時分

飜譯者印

供覽

件名 興城醫院現況報告ノ件

受信者 衛生課長

發信者 興城醫院長

十三日患者十二名入院ス

南滿洲鐵道株式會社

ヨ—8017 B列5

(8. 3. 3,000冊 國川印)

451

兴城医院长关于报告兴城医院一九三七年八月十六日现状事致地方部卫生课长的电文（一九三七年八月十七日）

443

著電譯文

文書番號

發信局

電報番號 五八

指定 地、暗號

發電 昭和12年8月17日12時分

着電 昭和〃年〃月〃日17時16分

受付 昭和〃年〃月18日8時分

飜譯者印

供覽

件名 興城醫院現況報告

受信者 衞生課長

發信者 興城醫院長

十六日患者三三名入院ス現在六二名（内將校九名）

南滿洲鐵道株式會社

ヨ—8017 B列5

(9.3.3,000冊 畫川納)

452

地方部长向总裁室东亚课长通报兴城医院事变相关事项（一九三七年八月二十日）

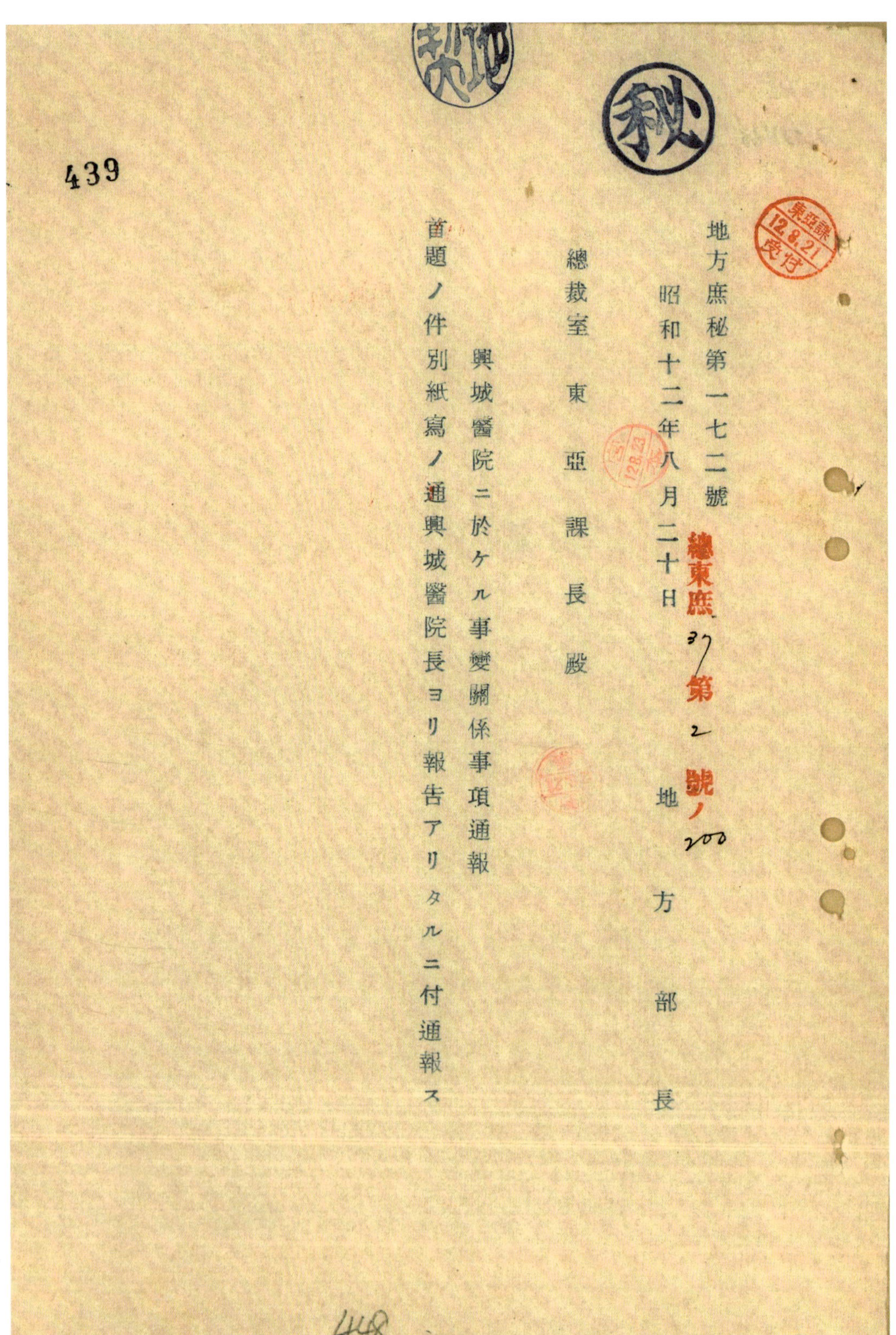

439

秘

東亞課 12.8.21 受付

地方庶秘第一七二號

昭和十二年八月二十日

總東庶37第2號ノ200

地方部長

總裁室東亞課長殿

興城醫院ニ於ケル事變關係事項通報

首題ノ件別紙寫ノ通興城醫院長ヨリ報告アリタルニ付通報ス

448

興醫秘第十四號

昭和十二年八月十七日

興城醫院長

地方部衞生課長殿

事變ニ伴フ關係事項報告（三）

一、八月十三日　患者十一名入院ス、打合セノ爲橋本藥劑大尉同伴來院ス

二、八月十六日　患者三十三名入院ス

現在入院患者數　六十一名

三、現在ノ室割ハ既定病室以外、休憩室、運動器具室、外科外來、待合室院長室ヲ病室ニ充テ、食堂ハ從來通トシ内科ノ外來ヲ院長室兼應接室ニ充テ、外來ノ診療ハ内科試驗室ヲ使用シ繃帶交換ハ手術室ヲ使用シ居レリ

當院ニ收容豫定ハ七十名

552

561

553

當院ニ收容スヘキ患者ノ軍ヨリ指示セラレタルモノ次ノ如シ

1、現在關東軍陸軍病院ニ入院中ノ北支事變患者

2、支那駐屯軍陸軍病院ニ入院中ノ北支事變患者

3、關東軍陸軍病院入院中ノモノニシテ湯崗子療養所ニ入所セシムヘキモノニシテ同所ニ餘力ナキ場合

備考

1、現在奉山線旅客列車ハ上リ下リ共各一本ノミニシテ然モ一時間乃至四時間延着ヲ常態トス

2、當院從事員ハ凡テ健康ナリ

3、軍ノ糧秣、醫療器械其ノ他ハ漸次整備シツツアリ

以上

562

兴城医院长关于报告兴城医院一九三七年八月十八日现状事致卫生课长的电文（一九三七年八月二十日）

554

著電譯文

文書番號	發信局	電報番號	供覽	件名	受信者
	指定			興城醫院現況報告	衛生課長

發電	着電	受付
昭和12年8月20日14時分	昭和〃年〃月〃日16時18分	昭和〃年〃月21日8時分

發信者：興城醫院長

飜譯者印

十八日四名退院現在五七名

南滿洲鐵道株式會社

▣-8017 B列5 (11. 1. 1.5万番 小林活)

563

地方部长关于关东军请求向共立医院申请空床事致奉天地方事务所长的函（一九三七年八月）

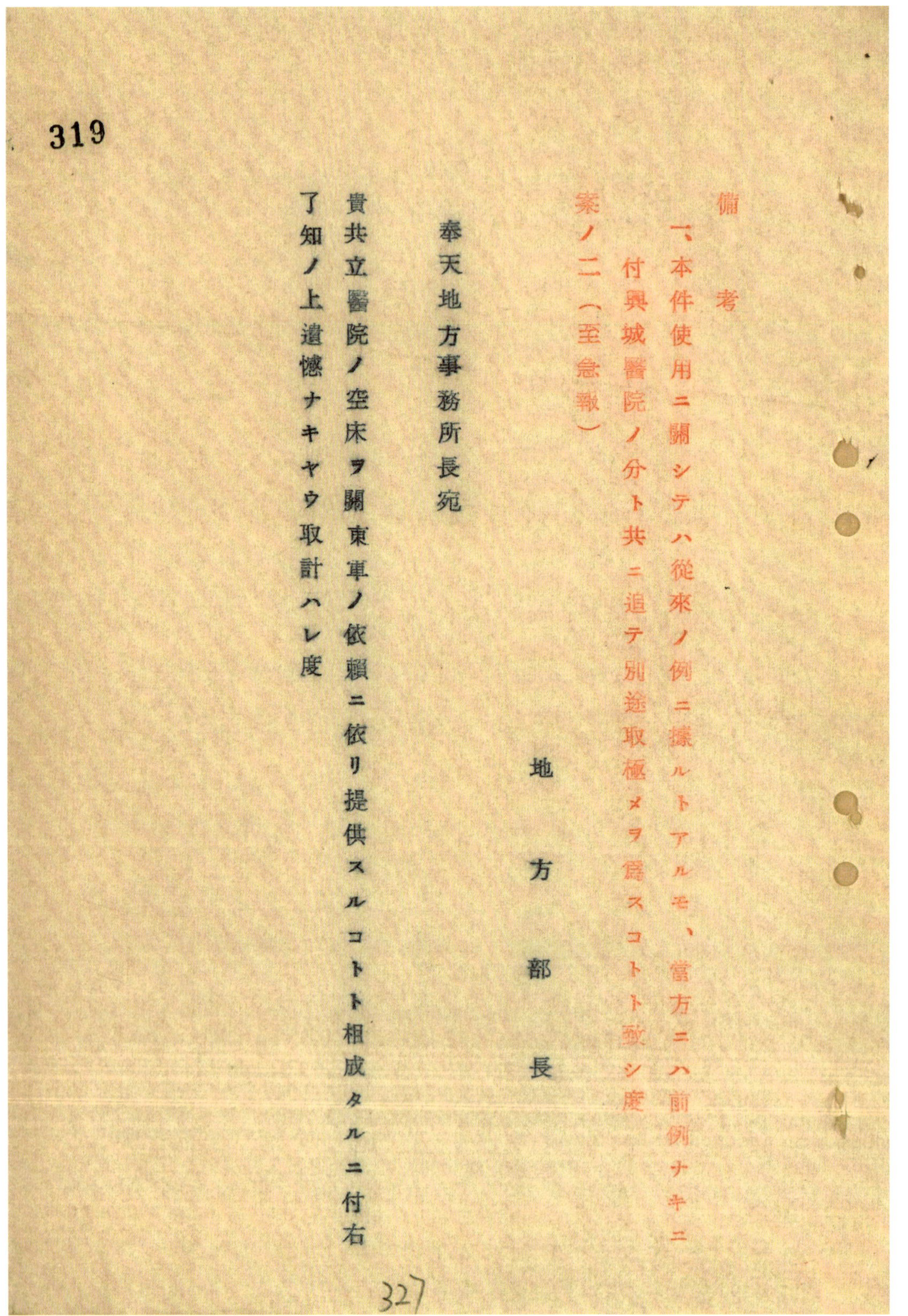

319

備考

一、本件使用ニ關シテハ從來ノ例ニ據ルトアルモ、當方ニハ前例ナキニ付興城醫院ノ分ト共ニ追テ別途取極メヲ為スコトト致シ度

案ノ二（至急報）

地方部長

奉天地方事務所長宛

貴共立醫院ノ空床ヲ關東軍ノ依頼ニ依リ提供スルコトト相成タルニ付右了知ノ上遺憾ナキヤウ取計ハレ度

327

总裁室人事课长、地方部卫生课长关于华北派遣社员接种牛痘并注射伤寒疫苗事致总裁室庶务课长的函
（一九三七年九月二日）

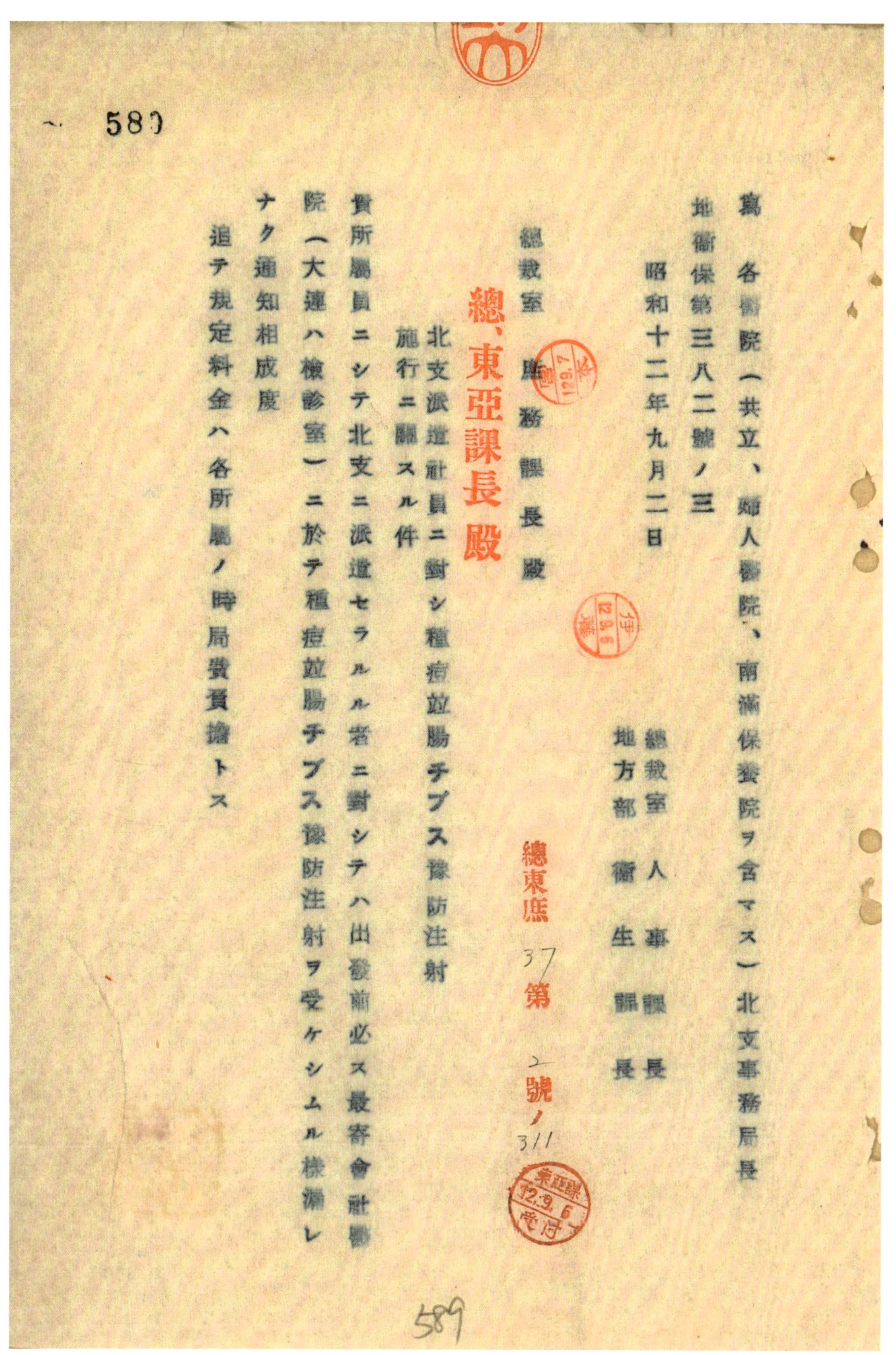

589

寫　各衛院（共立、婦人醫院、南滿保養院ヲ含マス）北支事務局長

地衛保第三八二號ノ三

昭和十二年九月二日

總裁室人事課長
地方部衛生課長

總東庶37第2號ノ311

總裁室庶務課長殿

總、東亞課長殿

北支派遣社員ニ對シ種痘竝腸チブス豫防注射施行ニ關スル件

貴所屬員ニシテ北支ニ派遣セラルル者ニ對シテハ出發前必ス最寄會社醫院（大連ハ檢診室）ニ於テ種痘竝腸チブス豫防注射ヲ受ケシムル様漏レナク通知相成度

追テ規定料金ハ各所屬ノ時局費負擔トス

589

地方部长关于向张北方面派遣人员事致总裁室东亚课长的函（一九三七年九月二日）

573

極秘

地方庶秘第一九二號

昭和十二年九月二日

地方部長

總裁室東亞課長殿

張北方面ニ派遣者ニ關スル件

首題ニ關シ別紙電報寫ノ通處理シタルニ付通知ス

總東庶第37/1號

582

附一：抚顺医院长关于向张北派遣护士事致总裁室人事课长、地方部卫生课长的电文（一九三七年八月二十七日）

574

著電譯文

文書番號	發信局	電報番號
		四

指定　ウナヨイ

	昭和	年	月	日	時	分
發電	昭和	12	8	27	10	57
着電	昭和				11	20
受付	昭和					

飜譯者印

供覽

件名　張北派遣看護手ノ件

受信者　人事課長　衛生課長

發信者　撫順醫院長

二六日一一一號電報返事、張北派遣看護手四名ノ氏名下記ノ通、福島義雄、坂本修三、邊見弘爾、柄本千代次

南滿洲鐵道株式會社

冊-8017　B列5　(11. 1. 1.500冊 小林號)

583

附二：医科大学校长关于借用十名医生事致地方部长的电文（一九三七年八月二十日）

579

著電譯文

文書番號	發信局	電報番號	供覽	件名	受信者
	指定 ウニ	二六五號		醫師十名借用ノ件	地方部長

發電	着電	受付
昭和12年8月20日 時 分	昭和 年 月 日 時 分	昭和 年 月 日 時 分

飜譯者印

發信者 醫科大學校長

（奉天特務機關ヨリ醫師十名借用方）內交渉アリタルニ付（目下ノ處可能）ノ旨回答シタリ御承知乞フ

備考

（ ）內暗號

南滿洲鐵道株式會社

≡-8017 B列5　（11. 1. 1.5⁰⁰冊 小林納）

588

地方部学务课长关于因七七事变不能参加考试的人员安排特别考试事致总裁室东亚课长、北支事务局的电文（一九三七年九月九日）

18

著電譯文

文書番號：B三四九
發信局：
電報番號：二九
指定：至急連名
發電：昭和12年9月9日12時25分
着電：昭和12年9月9日12時30分
受付：昭和12年9月9日1時0分
飜譯者印：立石

供覽：東亞課長

件名：

受信者：東亜課長　北支事務局長

發信者：地、學務課長

北支事務局長発　電見タ、事変業務ニ従事シ所定期日ニ語学試験受験不能ノ者アリタル場合ニツキテハ八月四日天津事務所長宛電報ニテ通報ノ如ク、試験方法ハ未定ナルモ別途考慮ノ予定ニツキ承知乞フ

南滿洲鐵道株式會社

（12.8.500冊　満日印刷）

20

总裁室人事课长、地方部卫生课长关于华北派遣社员接种牛痘并注射牛痘、霍乱及伤寒疫苗事致总裁室庶务课长的函（一九三七年九月二十八日）

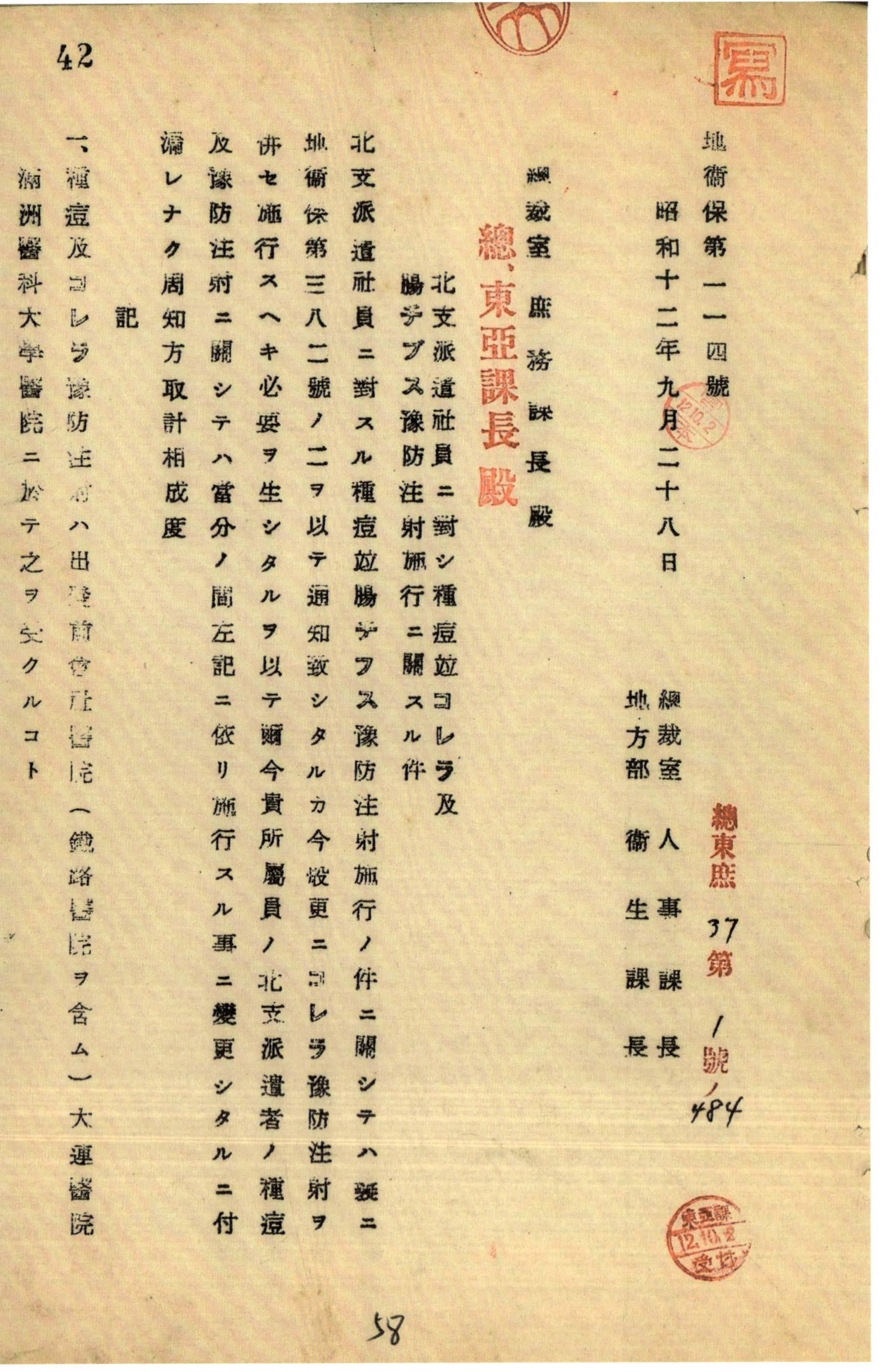

42

地衛保第一一四號

昭和十二年九月二十八日

總東庶37第1號
484

總裁室人事課長
地方部衛生課長

總裁室庶務課長殿
總、東亞課長殿

北支派遣社員ニ對シ種痘並コレラ及腸チブス豫防注射施行ニ關スル件

北支派遣社員ニ對スル種痘並腸チブス豫防注射施行ノ件ニ關シテハ曩ニ地衛保第三八二號ノ二ヲ以テ通知致シタルカ今般更ニコレラ豫防注射ヲ併セ施行スヘキ必要ヲ生シタルヲ以テ爾今貴所屬員ノ北支派遣者ノ種痘及豫防注射ニ關シテハ當分ノ間左記ニ依リ施行スル事ニ變更シタルニ付漏レナク周知方取計相成度

記

一、種痘及コレラ豫防注射ハ出發前會社醫院（鐵路醫院ヲ含ム）大連醫院滿洲醫科大學醫院ニ於テ之ヲ受クルコト

58

一、腸チフス豫防注射ハ北支到着後天津救護班ニテ之ヲ受クルコト

一、コレラ豫防注射及種痘ノ爲前記醫院ニ赴ク際ハ所屬長發行ノ證明書（別紙樣式）ヲ係員ニ提出ノコト

一、本件ニ依ルコレラ豫防注射及種痘料金ハ醫院規程ニ依リ之ヲ徵收シ當該派遣社員所屬經費負擔トス

一、右コレラ豫防注射施行完了者ニ對シテハ醫院ニテ完了證明書ヲ發給ス

44

証明書

一、資格

一、氏名

一、負擔科目

一、種別　種痘、コレラ豫防注射

（地衛保第　號ニ依ル）

右證明ス

昭和　年　月　日

所屬長　印

○○醫院御中

60

十八、产业部

产业部商工课长关于报告重要特产物检查费相关协商概要事致产业部长的函（一九三七年六月二十六日）

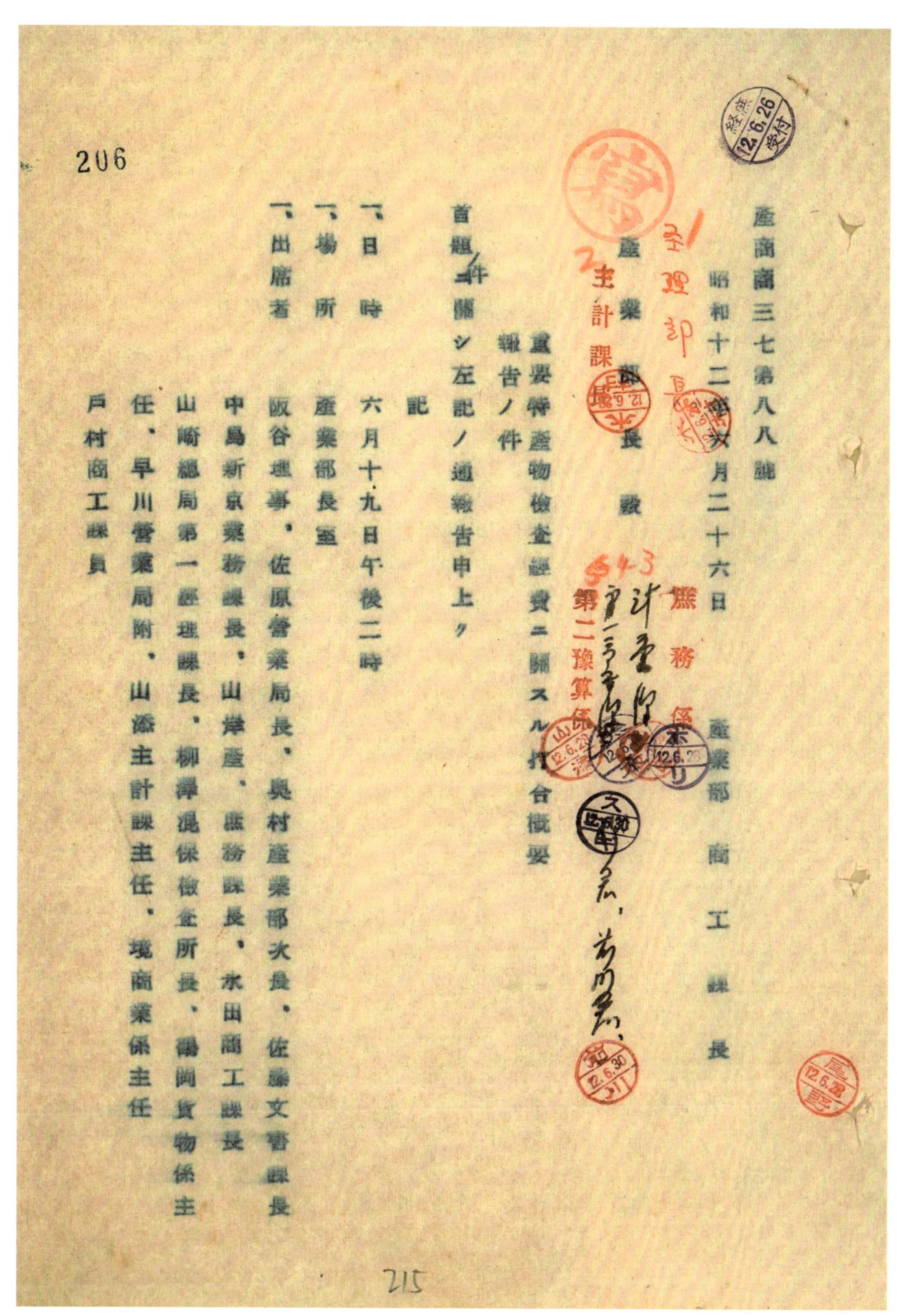

206

産商商三七第八八號

昭和十二年六月二十六日

産業部長殿

産業部商工課長

重要特産物檢査經費ニ關スル打合概要報告ノ件

首題ノ件ニ關シ左記ノ通報告申上ク

記

一、日時　六月十九日午後二時

一、場所　産業部長室

一、出席者　阪谷理事、佐原營業局長、奥村産業部次長、佐藤文書課長

中島新京業務課長、山岸産、庶務課長、水田商工課長

山崎總局第一經理課長、柳澤混保檢査所長、福岡貨物係主任、早川營業局附、山添主計課主任、境商業係主任

戸村商工課員

215

207

概要

一、全面的移管ノ時期

全面的移管ノ時期ニ關シテハ實施要綱案中ニ滿鐵ニ於ケル事務ノ支障ヲ來サザル限リ「可急的速ニ」之ヲ滿洲特産中央會檢査所ノ專屬ト爲ストアリタルカ之ニ對シ四月十二日關東軍司令部第三會議室ニ於ケル特産物檢査實施要綱案審議ノ席上「可急的速ニ」ナル字句ニ對シ軍トシテハ斯ル曖昧ナル字句ヲ使用セス一定期限ヲ附スルコトノ申出アリ結局本件ハ留保トナリ其ノ後板倉關東軍囑託ト宇佐美理事トノ間ニ「右ノ職員ハ滿鐵ニ於ケル事務ノ支障ヲ來サザル限リ概ネ二年間ニ之ヲ滿洲特産中央會檢査所ノ專屬ト爲スコトヲ目途トスルモ實施ノ成績ニ徵シ之ヲ變更スルコトアルヘシ」トスル事ニ諒解成立シ國分參謀モ之ヲ異議ナシトシタル報告ニ接シタルカ右ヲ要綱中ニ記入セス諒解事項トシテ處理スルコトニ決定ス

（註）本件ニ關シ二十一日來連中ノ板倉關東軍囑託ノ談ニ依レハ要綱訂正ノ事ニ宇佐美理事ノ諒解ヲ得タルモノナリト念（六月二十

216

208

（二日附產商商三七第八六號參照）

二、全面的移管後ノ經費

本件ニ關シテハ松出企畫處長ト椎名調查部長トノ間ニ意見ノ對立アリ依テ國分參謀ヨリ滿洲國トシテ部內ノ思想ヲ統制スヘキ旨ノ意見アリ將來實業部ト企畫處トノ間ニ折衝協議ノ結果移管後ニ於ケル赤字年約二十萬圓ヲ滿洲國滿鐵折半負擔ノコトトシテ問題ヲ解決スルコトニ內部的ニ意見ヲ取纏メタルカ之ニ對スル滿鐵側ノ同意ヲ得タキ旨申出アリ

之ニ對シ社內關係機關ノ意見ヲ徵シタル處左記ノ通意見ノ開陳アリ結局阪谷理事カ新京ニ赴キ國分參謀及滿洲國側ト折衝スルコトトナリタリ

記

（一）總局側ノ意見

（イ）國營檢查ノ經費ヲ國家カ負擔出來ナイト謂フ事ハ全面的ニ引繼ク資格カ無イト謂フコト

217

209

(ロ)國家ノ證面上カラ謂フモ國家カ負擔スルノカ當然ナルコト
(ハ)全面的引繼ノ時期カ事實上不明ナルコト
(ニ)全面的ニ引繼得ル時期ニ至ッテ相談スルモ遲クハナイコト
(ホ)滿鐵カ從來實施シテ來タ國家的事業ヲ滿洲國ニ移讓スルニ際シ經費ノ一部ヲ負擔スルコトハ路警問題等相當類似ノ問題ノ先例トナルカラ國費ノ一部負擔トナルコトハ避クヘキコト
(ヘ)現場檢査員ノ全面的引繼ニ依リ從來ノ經費ヲ節減シ得ルカラ其ノ範圍ニ於テ鐵道經營ヲ通シテ滿洲國ニ協力シタキコト
(ト)從ッテ今回ノ申出ニ對シテハ此ノ際斷テシマッタ方カ良イト考ヘラレルコト

(二)產業部側ノ意見

(イ)檢査手數料ノ引上ニ依リ收支相償ヒ得ルモ斯クテハ商取引ヲ阻害スル虞アルコト
(ロ)從ッテ產業助成ト謂フ大乘的意味ニ於テ即チ輸出稅竝諸稅低減ヲ條件トシテ此ノ際考慮スル必要ノアルコト

218

210

(ハ)滿鐵ハ國會檢査ノ結果ヲ援用シテ擔保ヲ為スト謂フ事ニナルダロウカラ受益者負擔ノ意味モ加味シテ好意的ニ考ヘテヤルコト

(ニ)徒ラニ滿洲國ノ感情ヲ刺戟スル様ナコトハ避ケ度キコト

以上

219

产业部长关于军方行动计划需保密事致地质调查所长的函（一九三七年七月二十日）

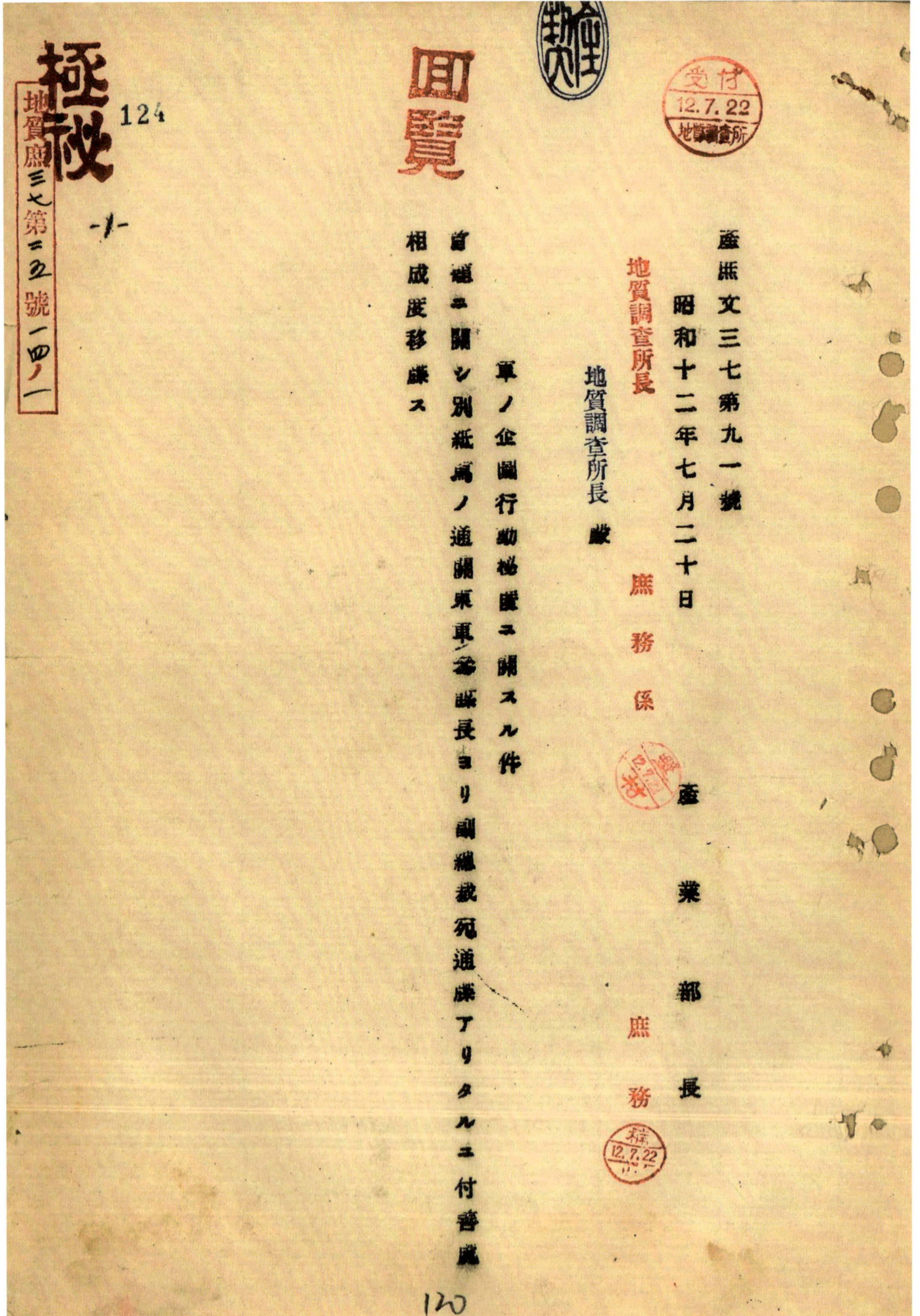

極秘

地質庶三七第二五號 一四ノ一

124

回覧

受付 12.7.22 地質調査所

産庶文三七第九一號

昭和十二年七月二十日

産業部長

地質調査所長 殿

軍ノ企圖行動秘匿ニ關スル件

首題ニ關シ別紙寫ノ通關東軍參謀長ヨリ副總裁宛通牒アリタルニ付含置相成度移牒ス

120

126

-3-

關參謀第一五九號

軍ノ企圖行動秘匿ニ關シ注意アリ度件

昭和十二年七月二日　關東軍參謀長　東條英機

滿鐵副總裁　大村卓一殿

今次紛爭ニ際シ滿洲國官憲其ノ他軍部外ノ諸機關ニ於テ諸情報ヲ蒐集報告スル等ノ場合日滿軍隊ノ行動ニ關レ或ハ我方ノ企圖ヲ推知シ得ルカ如キ字句ヲ用フルコトハ假令暗號ヲ使用シ又ハ秘文書トスルモ對者ニ利用セラルル虞レ大ナリ爲之前記ノ如キ事項ヲ取扱フコトハ一切軍機漏洩ト看做サレアル次第ナルヲ以テ將來日滿軍ノ企圖・行動等ニ關スル事項ハ理由ノ如何ヲ問ハス片言隻語ト雖使用セシメサル樣至急出先機關ニ注意シテ戒心ヲ加ヘシメラレ度

關係方面ニ至急徹底方御配慮相成度

172

产业部长关于更改时局相关业务联络方式事致总裁室庶务、人事、文书、东亚课长的函

（一九三七年七月二十二日）

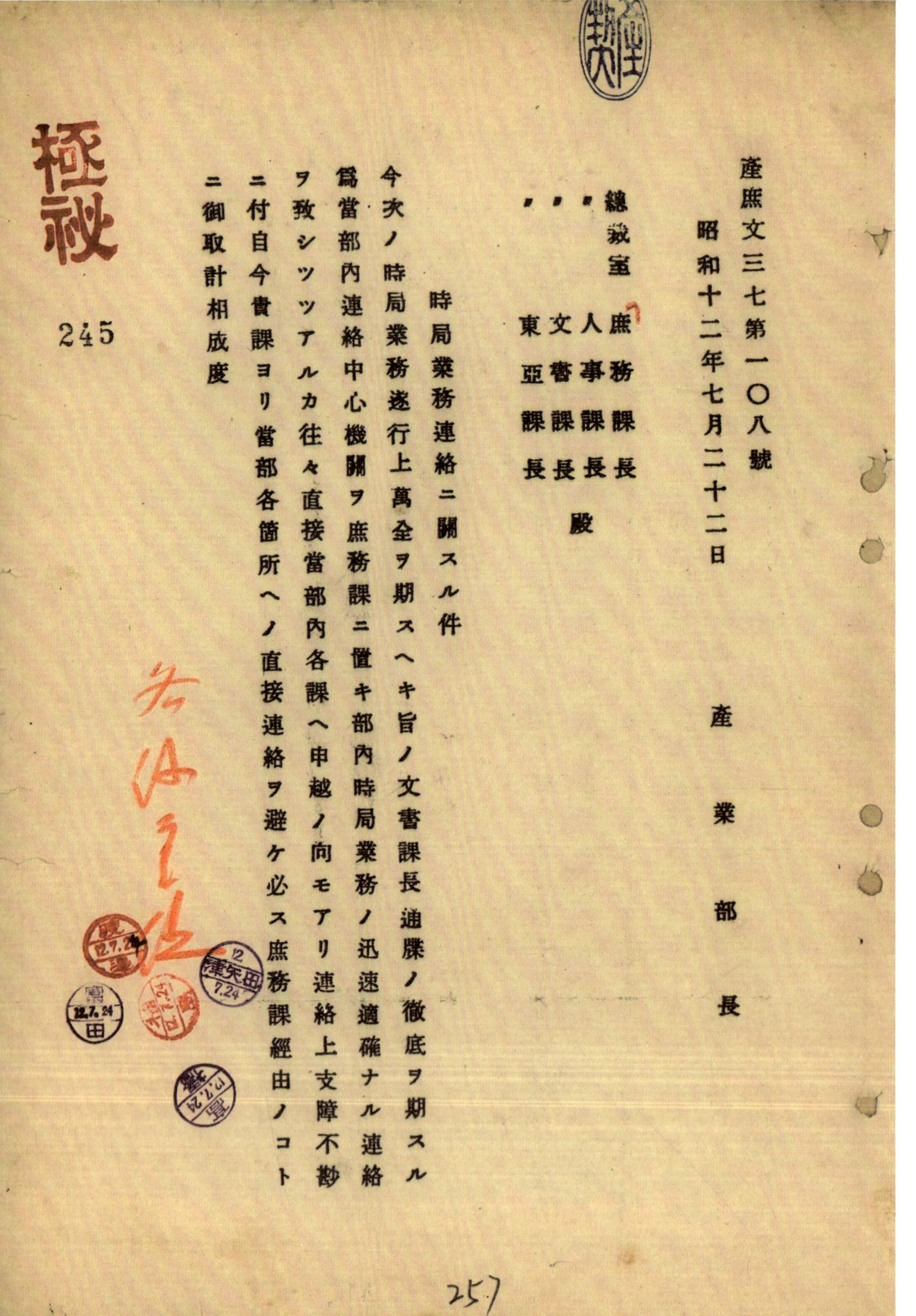

産庶文三七第一〇八號

昭和十二年七月二十二日

産業部長

總裁室 庶務課長
〃 人事課長
〃 文書課長 殿
〃 東亞課長

時局業務連絡ニ關スル件

今次ノ時局業務遂行上萬全ヲ期スヘキ旨ノ文書課長通牒ノ徹底ヲ期スル爲當部內連絡中心機關ヲ庶務課ニ置キ部內時局業務ノ迅速適確ナル連絡ヲ致シツツアルカ往々直接當部內各課ヘ申越ノ向モアリ連絡上支障不尠ニ付自今貴課ヨリ當部各箇所ヘノ直接連絡ヲ避ケ必ス庶務課經由ノコトニ御取計相成度

極秘

245

257

产业部庶务课长关于保护供水、供电系统事致天津事务所长的函（一九三七年七月二十四日）

極秘

産調電三七第一〇號

昭和十二年七月二十四日　産業部庶務課長

天津事務所長殿

水道、電氣保全ニ關スル件

七月二十日附天事變三七第二四號ヲ以テ總、東亞課長宛照會アリタル首題ノ件ニ關シ左記(イ)及(ロ)ノ場合ニ就キ別紙ノ如ク人員配置ヲ計畫致シタルヲ以テ駐屯軍ニ可然御取次被下度

記

(イ)北平及天津ヲ兵力ニ依リ占領セル場合

(1)支那軍撤退ニ際シ相當破壞手段ヲ取ル

(2)從業員ノ大部逃亡ス

(ロ)比較的平穩裡ニ兩市ヲ接收セル場合

(1)破壞セラレス、或ハ破壞セラルルモ其ノ程度尠シ

(2)從業員ノ大部殘存ス

附：计划书

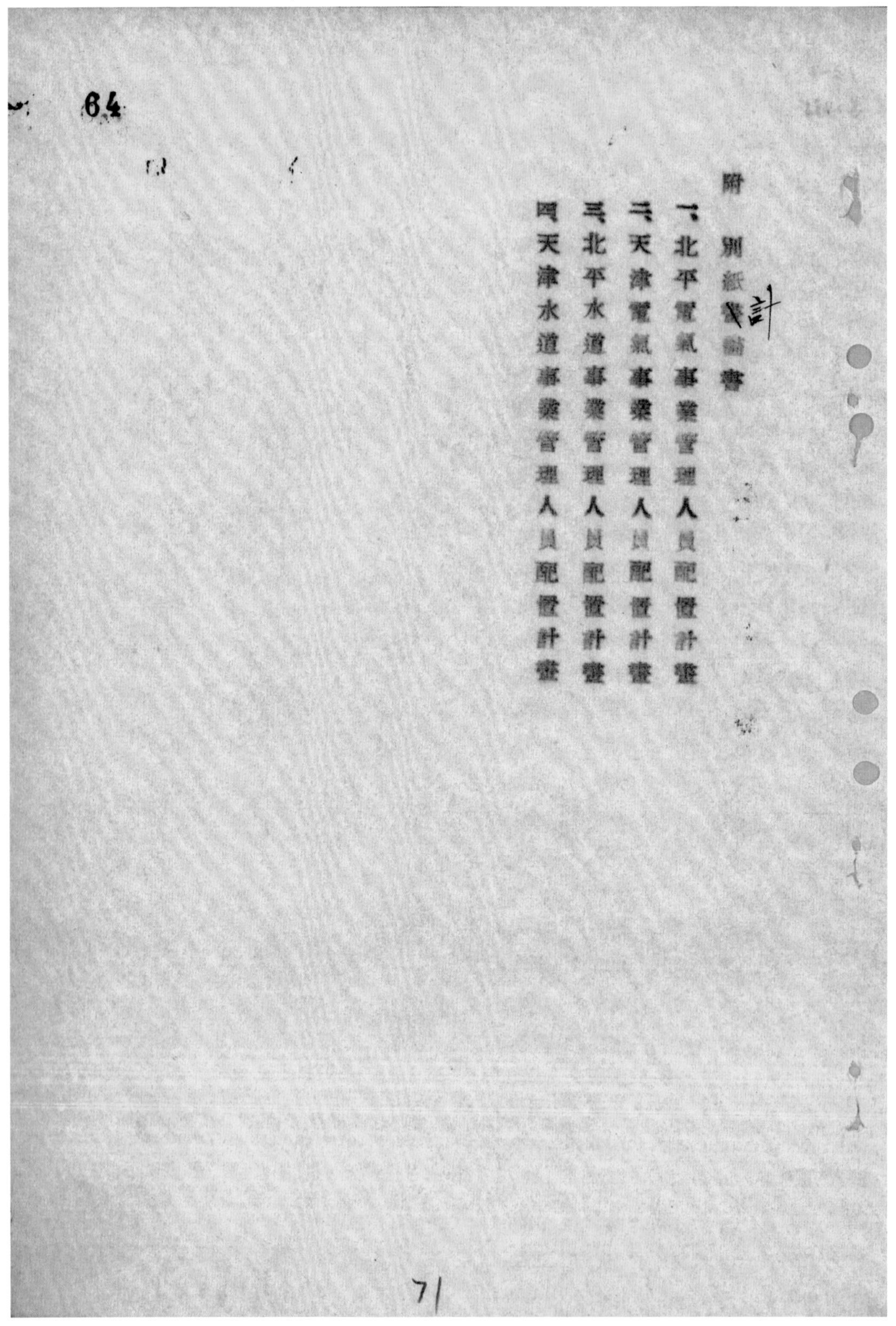

64

附　別紙計畫書

一、北平電氣事業管理人員配置計畫

二、天津電氣事業管理人員配置計畫

三、北平水道事業管理人員配置計畫

四、天津水道事業管理人員配置計畫

71

一、北平電氣事業管理人員配置計畫

合計所要人員

(イ)ノ場合　一〇七名

(ロ)ノ場合　四三名

(1)石景山發電所

		(イ)ノ場合 計三一名	(ロ)ノ場合 計一〇名
主任		一	一
運轉直長		二	二
汽鑪係	汽鑪運轉	六	二
	喞筒運轉	二	
汽機係	汽機運轉	四	二
	補機運轉	四	
電氣係		四	二
作業班	電氣	二	
	機械	四	

66

(2) 通縣發電所　計 二四名　計 一六名

庶務（内一名ハ通譯）		二	一
主任		一	一
運轉直長		二	
汽罐係		四	
汽機係	汽機運轉	四	二
	補機運轉	四	
電氣係		四	二
作業班	電氣	二	
	機械	二	

(3) 變電所（營業關係ヲ含ム）　計 二五名　計 一三名

庶所（内一名ハ通譯）	二	一
主任	一	一
營業（内一名ハ通譯）	五	二
内線	六	四

73

外線	四	二
西城根變電所	三	二
北城變電所	三	二
崇文門變電所	三	二
計	二七名	計 一四名

(4)電車關係

主任	一	一
營業(内一名ハ通譯)	五	二
運轉	一〇	五
車庫	五	二
南變流所	三	二
北變流所	三	二

74

68

二、天津電氣事業管理人員配置計畫

合計所要人員

(イ)ノ場合 一七名

(ロ)ノ場合 八〃

(1)比商電車電灯公司發電所

	(イ)ノ場合	(ロ)ノ場合
主任	一	一
運轉直長	二	
汽罐係	二	一
汽機係	二	一
電氣係	二	一
庶務（通譯兼務）	一	一
	計一〇名	計五名

(2)電車關係

主任	一	
營業	二	一
運轉	二	一
車庫	二	一
	計七名	計三名

75

三、北平水道事業管理人員配置計畫

合計所要人員

(イ)ノ場合　二一名

(ロ)ノ場合　五名

北平自來水股份有限公司

	(イ)ノ場合	(ロ)ノ場合
主任	一	一
運轉班長	一	一
喞筒所	四	一
濾水所	四	一
作業班長	一	
土木	五	一
給水	五	一

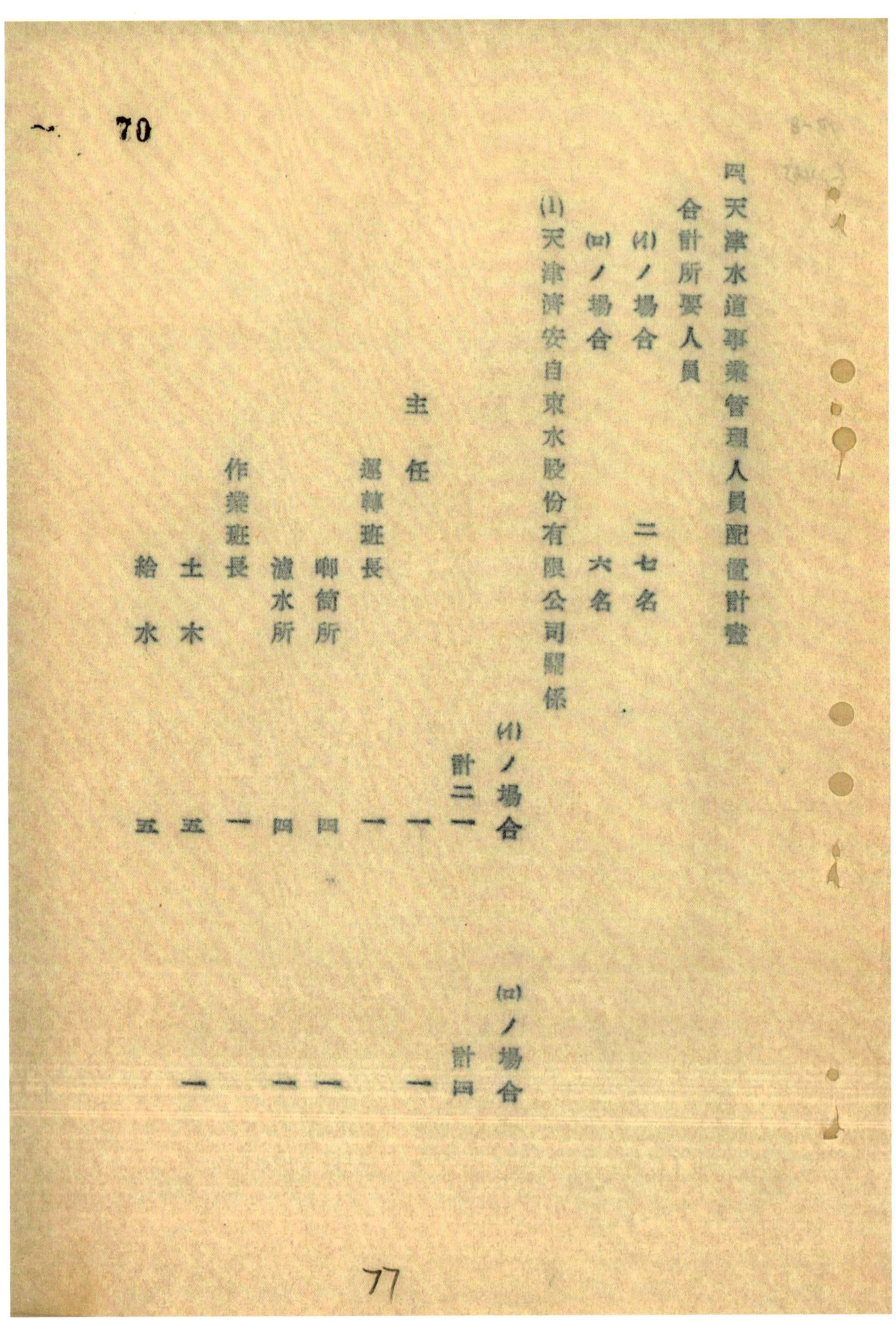

70

四、天津水道事業管理人員配置計畫

合計所要人員

(イ)ノ場合　二七名

(ロ)ノ場合　六名

(1)天津濟安自來水股份有限公司關係

	(イ)ノ場合	(ロ)ノ場合
計	二一	四
主任	一	一
運轉班長	一	
喞筒所	四	一
濾水所	四	一
作業班長	一	
土木	五	一
給水	五	

77

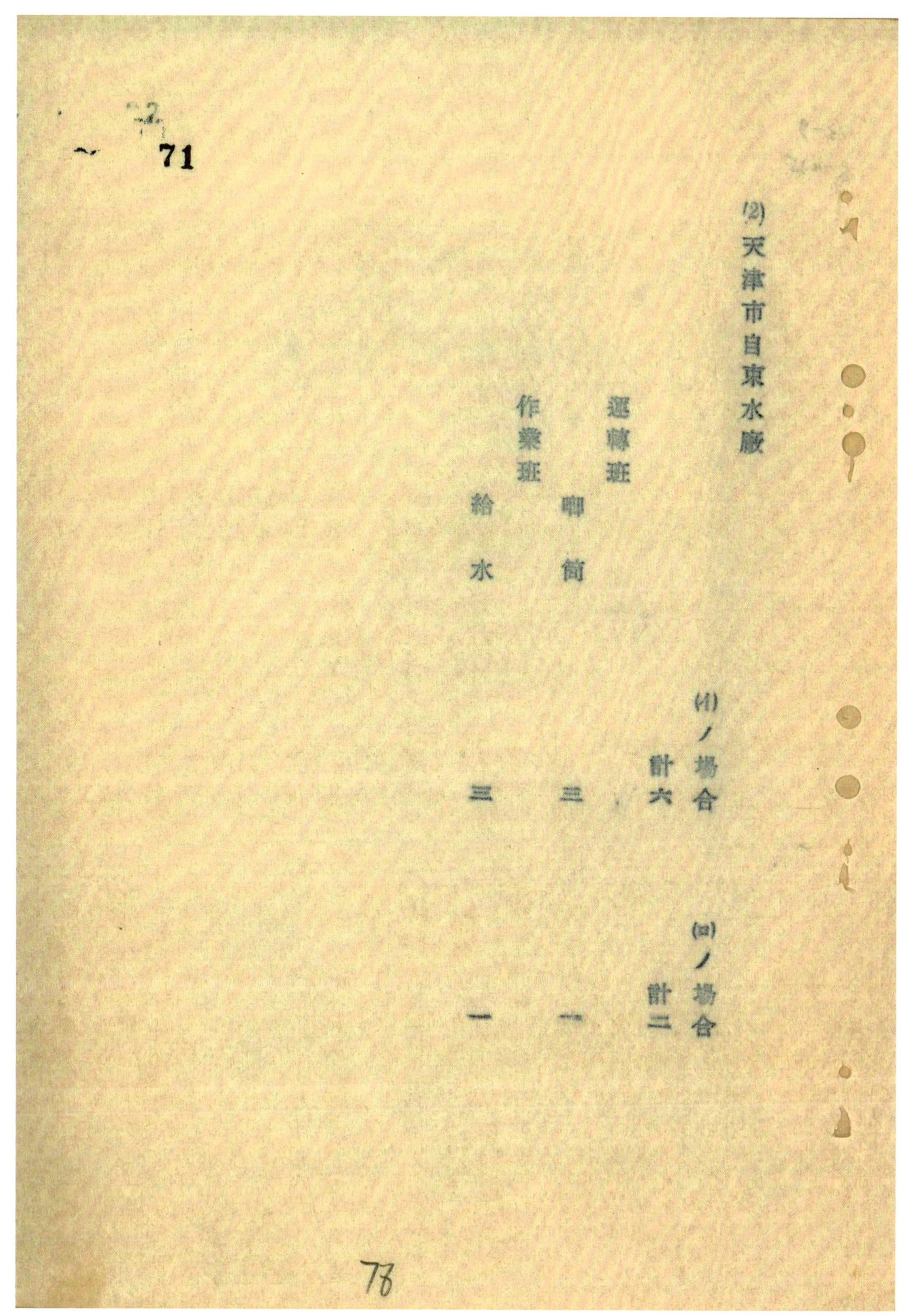

(2) 天津市自東水廠

	(イ)ノ場合	(ロ)ノ場合
	計六	計二
運輸班　唧筒	三	一
作業班　給水	三	一

78

~ 72

水道、電氣事業管理人員配置計畫合計表

區別	所要人員 (イ)ノ場合	所要人員 (ロ)ノ場合
北平電氣事業	一〇七名	四三名
天津電氣事業	一七名	八名
北平水道事業	二一名	五名
天津水道事業	二七名	六名
計	一七二名	六二名

79

产业部庶务课长关于处理有关七七事变往返文书事致地质调查所长的函（一九三七年八月二十七日）

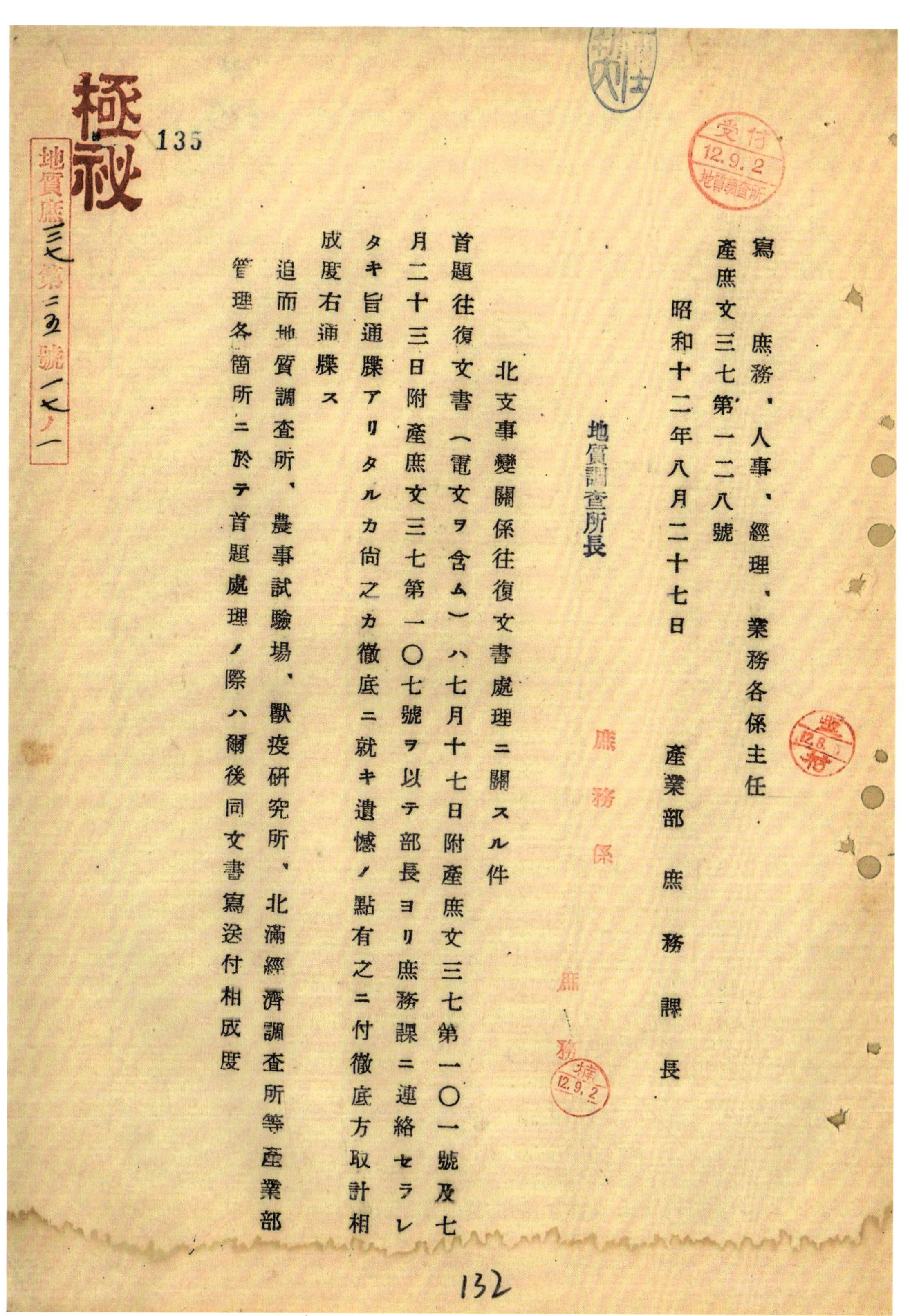
極秘

地質庶三七第二五號ノ一

135

寫

庶務、人事、經理、業務各係主任

產庶文三七第一二八號

昭和十二年八月二十七日

產業部庶務課長

地質調查所長

北支事變關係往復文書處理ニ關スル件

首題往復文書（電文ヲ含ム）ハ七月十七日附產庶文三七第一〇一號及七月二十三日附產庶文三七第一〇七號ヲ以テ部長ヨリ庶務課ニ連絡セラレタキ旨通牒アリタルカ尚之カ徹底ニ就キ遺憾ノ點有之ニ付徹底方取計相成度右通牒ス

追而地質調查所、農事試驗場、獸疫研究所、北滿經濟調查所等產業部管理各箇所ニ於テ首題處理ノ際ハ爾後同文書寫送付相成度

132

产业部长关于提交七七事变调查表事致地质调查所长的函（一九三七年十一月一日）

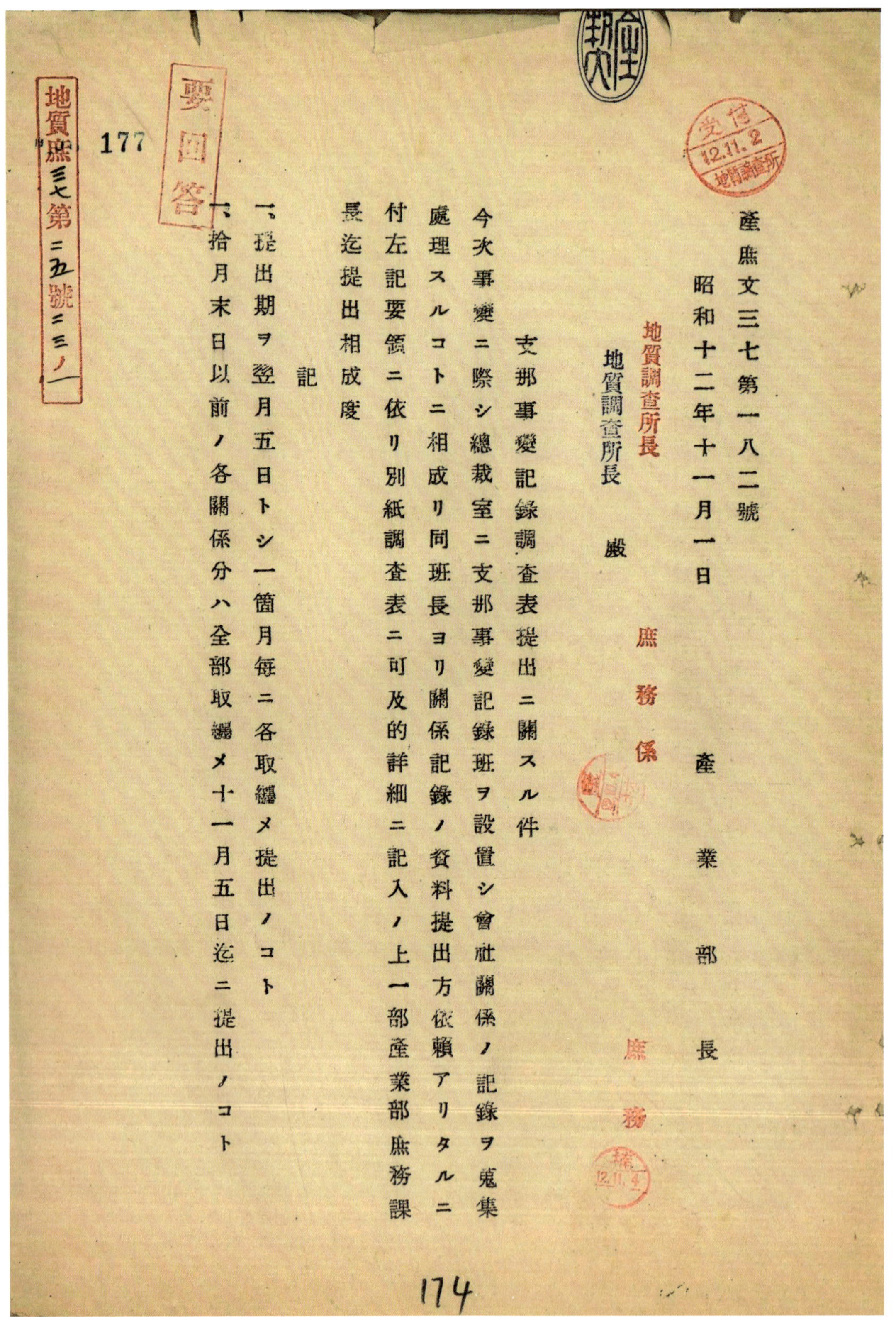
地質庶三七第二五號ニ三ノ一

177

要回答

受付 12.11.2 地質調査所

產庶文三七第一八二號
昭和十二年十一月一日

產業部長

地質調査所長 殿

支那事變記錄調查表提出ニ關スル件

今次事變ニ際シ總裁室ニ支那事變記錄班ヲ設置シ會社關係ノ記錄ヲ蒐集處理スルコトニ相成リ同班長ヨリ關係記錄ノ資料提出方依賴アリタルニ付左記要領ニ依リ別紙調查表ニ可及的詳細ニ記入ノ上一部產業部庶務課長迄提出相成度

記

一、提出期ヲ翌月五日トシ一箇月毎ニ各取纏メ提出ノコト
一、拾月末日以前ノ各關係分ハ全部取纏メ十一月五日迄ニ提出ノコト

174

产业部庶务课人事系关于请提交分居家族调查书事致地质调查所的函（一九三八年二月二十六日）

受付 13.2.28 地質調査所

昭和十三年二月二十六日

産業部庶務課人事係

地質調査所 御中

庶務係

別居家族關係調書提出ノ件

首題ノ件別紙調書ニ依リ元貴課關係者ノ分來ル三月五日迄ニ當係宛御提出願ヒマス

追而本件ハ二月二十四日社報第九二二六號參照ノ上轉勤者ニシテ殘留家族アル場合ハ赴任ノ際調書提出セシメ其ノ都度報告相成度又家族引揚ノ場合モ同樣報告願度

要回答

地質庶三七第二五號

282

279

附：村田熊雄之分居家族调查书

283

寫

殘留別居家族關係調書

産業部庶務課

發令年月日	十二年十二月二十五日 北支宣撫班員トシテ出張
資格	傭員
職名	庶務員
舊所屬	—
新所屬	地質調查所
氏名	村田熊雄
給額	一八八
共濟番號	A六二一七
生年月日	明治四一年九月二日

別居家族内容

續柄	氏名	生年月日
妻	村田久江	大正三、八、一七
長女	〃 綾子	昭和八、三、一五
二女	〃 明美	〃 一二、八、三

家族現住所	大連市大谷町五一番地ノ三
電話	自宅 — 呼出 —
社宅 散宿 別	社宅外

280

产业部长关于移交总裁室文书课关于防范间谍之通知事致地质调查所长的函（一九三八年三月二十三日）

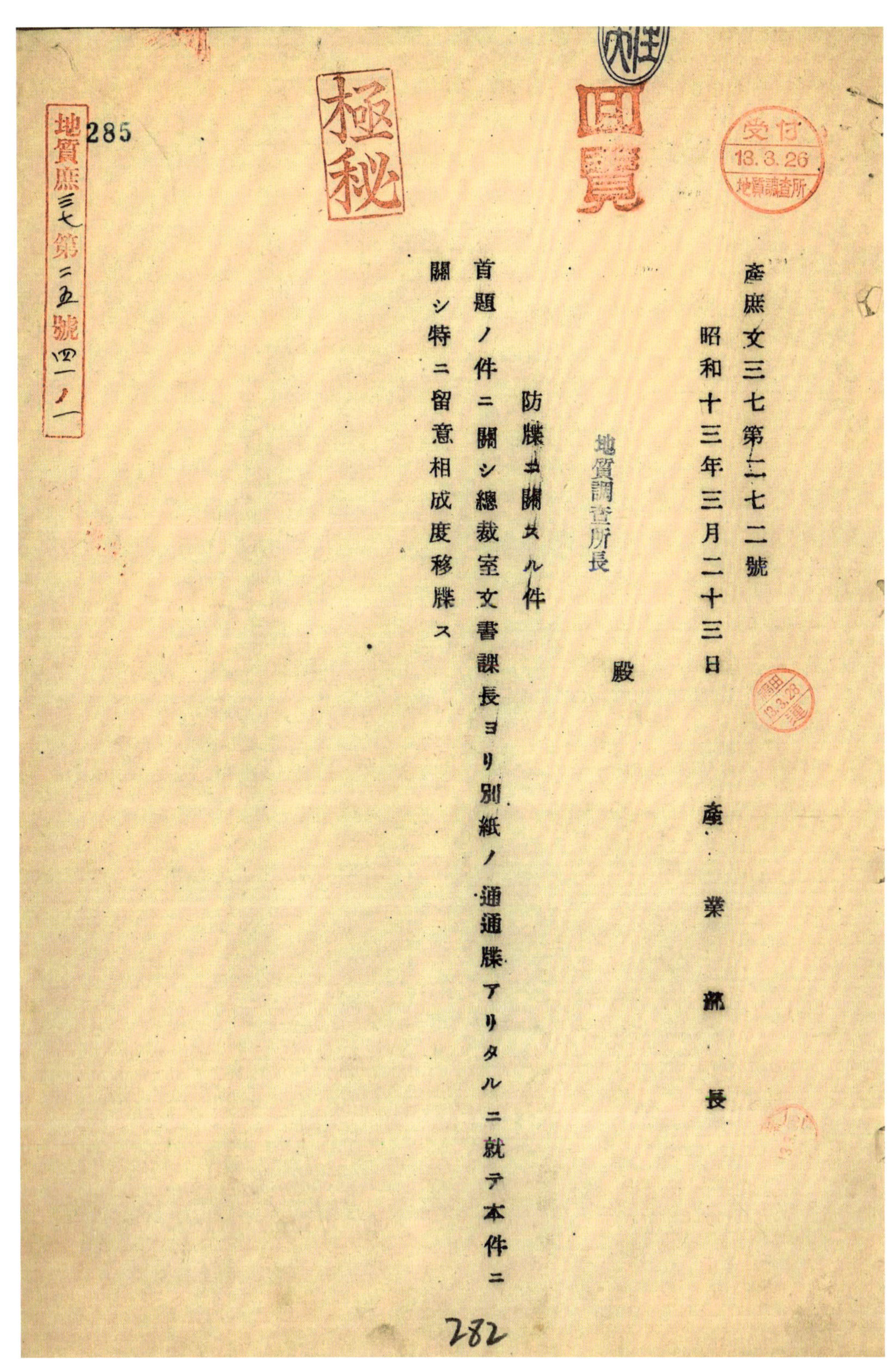
極秘

回覧

受付 13.3.26 地質調査所

地質庶三七第二五號 四一ノ一

285

産庶文三七第二七二號

昭和十三年三月二十三日

産業部長

地質調査所長 殿

防諜ニ關スル件

首題ノ件ニ關シ總裁室文書課長ヨリ別紙ノ通通牒アリタルニ就テ本件ニ關シ特ニ留意相成度移牒ス

282

附：总裁室文书课关于防范间谍之通知

286

寫

發送先　各部所長　參與　技術委員會委員長　經濟調査委員會委員長

監察役　總裁室各課長（含監査役、地殘）

總文書三七第五號三ノ六

昭和十三年三月十八日　　　總裁室　文書課長

產業部長　殿

防諜ニ關スル件

戰局ノ持久ニ件ヒ一般ニ防諜觀念弛緩ノ傾向アルニ反シ滿支ニ於ケル各國ノスパイハ各層ニ潛入シ事態眞ニ憂慮ニ耐ヘサルモノアリ國策機關トシテ各般ニ亘リ重大ナル軍機ニ參與スル當社ニ於テハ各機關各員擔當業務ノ軍事的重要性ヲ認識シ機密保持ノ萬全ヲ期スル要アルニ就テハ左記事項ノ徹底方取計相成度

記

一、文書取扱制規ノ嚴守勵行ヲ圖ルコト

283

287

（參照）1、昭和六年七月達甲第三八號會社文書取扱規程
2、昭和十二年六月達甲第二二號（內達）軍事關係機秘密書類取扱內規

二、暗號ノ取扱保管ニ付一層嚴格ヲ期スルコト
三、隔地間機密事項ノ連絡ハ文書又ハ暗號電報ニ依リ電話連絡ヲ避クルコト
四、防諜觀念ノ徹底ヲ期スルコト
1、所屬員ノ動向ニ注意シ軍機保護ニ遺憾ナカラシムルコト
2、防諜觀念ノ涵養ニ努ムルコト
五、重要施設（鐵道工場、機關庫、鐵橋、重要驛等）ノ防護ニ付一層周密ニ檢討シ適當ノ措置ヲ講スルコト

284

十九、地质调查所

地质调查所长关于规定汇编分发办法事致总裁室文书课长的函（一九三七年八月三日）

132

地質調査所長

庶務係

庶務

地質庶三七第二五號（一ノ一）

昭和十二年八月三日

地質調査所長

総裁室文書課長殿

規定類纂頒布方申込ノ件

首題ノ件左記ノ通リ申込致シマス

記

一、第一編通規第一類庶務　一部

一、第一編通規第二類庶務　一部

一、経費負擔科目　勸業経費・地質調査所費・刊行物費

南滿洲鐵道株式會社

ヨ-0003　B列5　（12.5.20,000冊　満日納）

129

附：购读相关文件费用通知书

乙

規定類纂購讀料金通知書

社用No. 207 昭和12年8月5日

拂込者 地質調査所

總裁室文書課
總務部文書課

昭和12年8月3日申込書第3725.16.1號ノ購讀料金下記ノ通可振替ニ付承知アリタシ

勸業經費 地質調査所費 刊行物費

編種	部數	單價	金額
第1編第1類原本	1	円	円 176
第1編第2類原本	1		180
第　編第　類原本			
第　編第　類原本			
第　編第　類原本			
第　編第　類原本			
計			356

上記ノ通送付ス

(9.7.100冊 滿日社納)

127

地质调查所长关于申请安装长途电话事致产业部庶务课长的函（一九三七年九月二十一日）

140

地質庶三七第二五號 一九ノ一

昭和十二年九月二十一日

産業部庶務課長殿

地質調査所長

特別長距離電話加入申請ノ件

当所業務上必要ニツキ左記ニ依リ社内電話特別長距離電話ニ加入シタク可然御取計願度

記

一、加入者名　地質調査所

一、電話ノ種類　社内電話

一、電話番号　社内五三九

一、必要ノ事由

当所ハ産業開発五ケ年計画ニ基ク国防鉱物資源ノ調査ハ各種重工業ノ伸展ト相

南滿洲鐵道株式會社

ヨ-0003　B列5　(12.8.30,000册 満日印刷)

137

地質調査所長　庶務係　庶務

俟ッテ一日モ忽諸ニ附スヘカラサル緊急事業ニシテ当所ハ各地調査機関ト協力シテ地下埋蔵資源ノ開発ニ尽シツツアリ

而シテ此ノ新情勢ニ見ル地質鉱産資源ノ調査探究ハ最近益々繁激ヲ加ヘ業務ノ円滑ナル遂行ニハ社内諸機関、満洲国調査関係当局所、軍需部トノ緊密ナル連絡ヲ執ル必要アリ殊ニ新京支社トノ応答ハ極メテ頻繁ニシテ関東軍、駐満海軍部、満洲国トノ調査計画、設備等ノ打合セ等ニ際シ現在ノ社内電話ハ利用出来ズ一旦産業部ノ新京出張所電話ヲ使用シテ通知ヲ受クル有様ニテ其ノ用ヲ達スル能ハズ

南滿洲鐵道株式會社

ヨ-0003 B列5 (12.8.30,000冊 滿日納)

142

非常ナル不便ヲ感シツツアリ
其他調査方面出張ノ際鉄道線、吉鉄
路局ト沿線地質鉱産地調査打合セ、満洲国
警備機関トノ警備手配ニ際シ調査地
不穏ノ為メ調査遂行不能ノ場合或ハ鉄道
事故ニ依ル停機ノ場合ハ速ニ所長ノ指示ヲ
受クル必要アルモ屡々ナリシノ際特別長距離
電話料多ク業務上支障ヲ生スルコト勘ナカラ
ザルヲ以テ特ニ右電話加入方申請致度

一、要費及科目
事業費 調査研究費、其内通信費

南滿洲鐵道株式會社

ヨ-0003 B列5 (12.8.30,000冊 滿日社納)

139

地质调查所长关于提交专任指导委员牛丸周太郎对新入社员小贯义男吉田善亮实习报告的审查书事致产业部长的函（一九三七年九月二十一日）

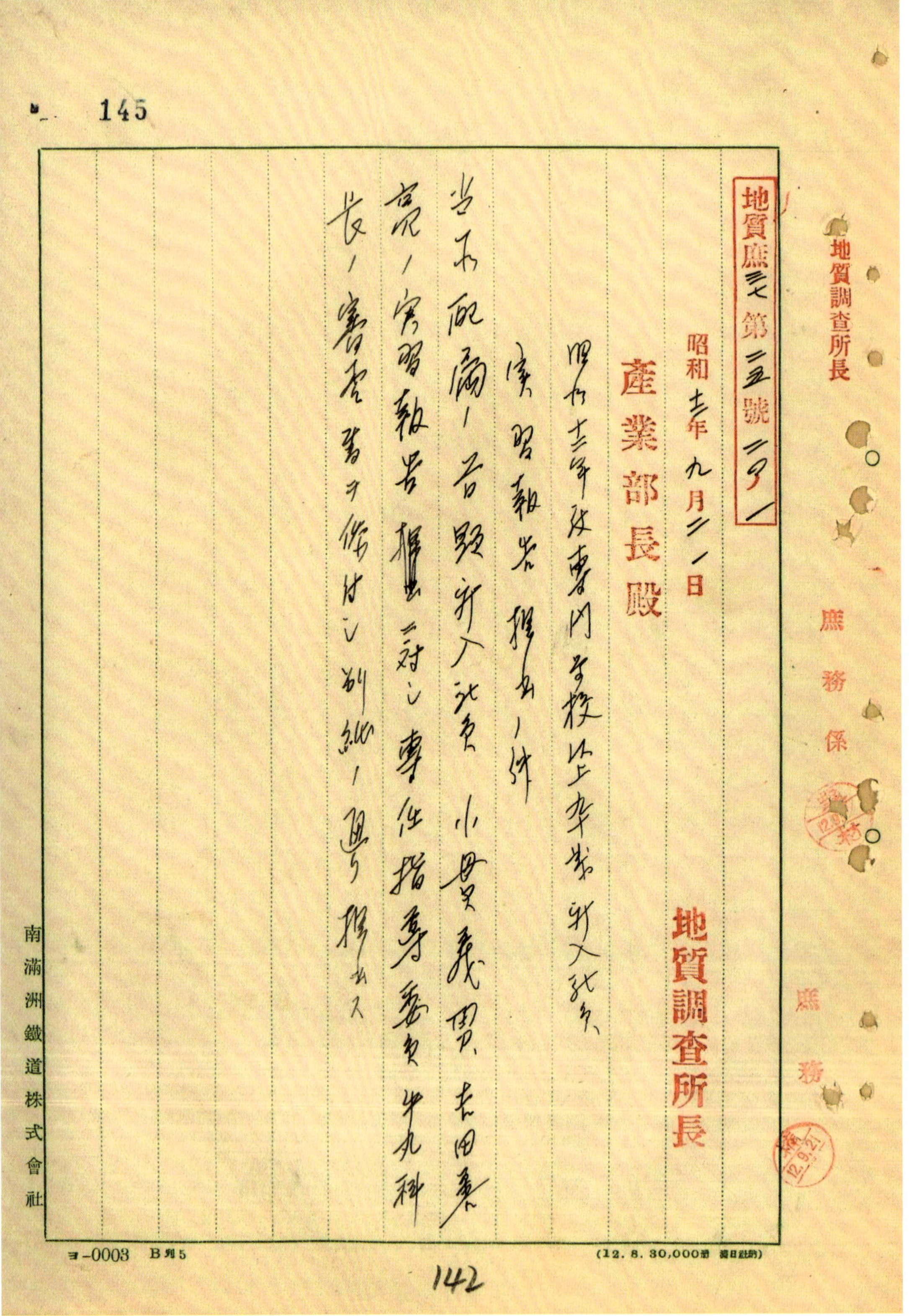
145

地質調查所長

地質庶三七第二五號ノ一

昭和十二年九月二一日

產業部長殿

地質調查所長

昭和十二年度専門学校以上卒業新入社員
実習報告提出ノ件
当所配属ノ首題新入社員小貫義男吉田善
亮ノ実習報告提出ニ対シ専任指導委員牛丸科
長ノ審査書ヲ添付シ別紙ノ通提出ス

庶務係

庶務

南滿洲鐵道株式會社

ヨ-0003　B列5　(12. 8. 30,000冊 滿日印刷)

142

147

地質調査所職員　小貫義男　提出

ノ昭和12年度新入社員實習報告

應用地質（二十里堡区域）調査報告ニ関

スル審査書

專任指導委員　牛丸周太郎

本報告ハ関東州内2万5千分ノ1地形図二十里堡区域ヲ構成スル岩石ノ種類、層序、排列ノ状態並ニ其地体構造ヲ明カニシ次テ有用岩石タル石灰岩、苦灰岩、珪岩中ノ鐵鑛及石材ノ分布、賦存状態、品質並ニ利用ノ状況等ヲ記述論及シ、更又地下水ノ調査ハ給水上重要ナル資料ヲ提供セルモノニシテ将来本地域ノ鑿井ニ寄与スル所多シ。實習報告トシテ價値アルモノト思考ス。

評点　85点

南満洲鐵道株式会社

144

149

地質調査所職員　　吉田善亮　提出

ノ昭和12年度新入社員実習報告「応用地質

（東老灘、碧流河、小花山屯区域）調査報告」

ニ関スル審査書

専任指導委員　牛丸周太郎

本報告ハ関東州内2万5千分ノ1地形図東老灘、碧流河及小花山屯区域ヲ構成スル岩石ノ種類、分布排列ノ状態並ニ其地体構造ヲ明カニシ次テ有用岩石タル磁鉄片岩、及石材ノ分布、賦存状態、品質並ニ利用ノ状況等ヲ記述論及シ、又地上水、地下水ノ調査ハ地質ニ関スル調査ト相俟ッテ治水、利水、給水上重要ナル資料ヲ提供セルモノナリ。実習報告トシテ価値アルモノト思考ス。

評点　85

南満洲鉄道株式会社

146

地质调查所长关于第七十三次日本国议会说明材料事致产业部庶务课长的函（一九三七年十一月二日）

秘

169

地質庶三七第二五號二ノ一

昭和十二年十一月二日

産業部庶務課長殿

地質調査所長

第七三回帝国議会説明資料ニ関スル件

十月二七日産鉱文三七第一七〇号ヲ以テ御移牒ノ首題ノ件別紙通リ回答ス

地質調査所長

庶務係

庶務

南滿洲鐵道株式會社

ヨ 0003 B列5

(12. 8. 30,000冊)

166

地質調査所業務説明資料

地質調査所ハ明治四十年会社創立ト同時ニ鉱業部内ニ地質課ナル名称ノ下ニ設置セラレ最初ハ専ラ撫順炭田ノ地質調査ヲ担当セシガ同炭田ノ調査終了後ハ広ク満蒙各地ノミナラス臨機日本内地、朝鮮、西比利亜、支那ノ各地ニ亘リテ地質鉱産並ニ応用地質ニ関スル調査研究ヲ行ヒ以テ経済的価値ヲ収メタリシ又、此ノ間会社職制ノ変更ニ伴ヒ所属部所並ニ名称ノ変遷ヲ重ネタガ其ノ遂行セル業務ハ終始一貫満洲ノ地質鉱産ニ関スル調査研究ニシテ既ニ多数ノ鉱産地ノ発見並調査研究ヲ遂ゲ又之等ノ基礎調査トシテ全満洲及関東州ノ系統的地質調査ヲ行ヒ斯界ニ貢献シツツアリ

今次会社創立以来ノ主要ナル調査事業ヲ列挙スレバ撫順

本渓湖、田師付溝、牛心台、西安、鞍山、弓長嶺等五十余箇所

金鉱並砂金地トシテハ北塔及熱河等實ニ九百餘箇處ノ踏査ヲ施行シ鉄鉱並硫化鉱ニツイテハ明治以前ニ於テ鞍山及弓張嶺一帶ノ鉄鉱ヲ発見セル外廟児溝、歪頭山其他約八百箇處ノ鉄鉱床及ビ硫化鉱ノ踏査ヲ施行セリ

燃料鉱物並窯業原料鉱物トシテハ撫順炭田ヲ始メ煙台、本渓湖、田師付溝、西安、密山、安峰附近等八百餘箇處ノ外撫順其他ノ油頁岩、復州、煙台ノ[illegible]ノ耐火粘土ノ踏査ヲ行ヒ更ニ其他窯業原料鉱物ノ踏査又ハ発見ニ係ル鉱産地数ハ八百餘箇處ニ達シソノ主ナルモノヲ擧ゲレバ大石橋附近ノ菱苦土鉱、甘井子ノ石灰岩、煙台、本渓湖、田師付溝、牛心台、大[illegible]其他ニ於ケル粘土頁岩、安奉線及関東州内ノ石板印刷石等ノ発見踏査等アリ

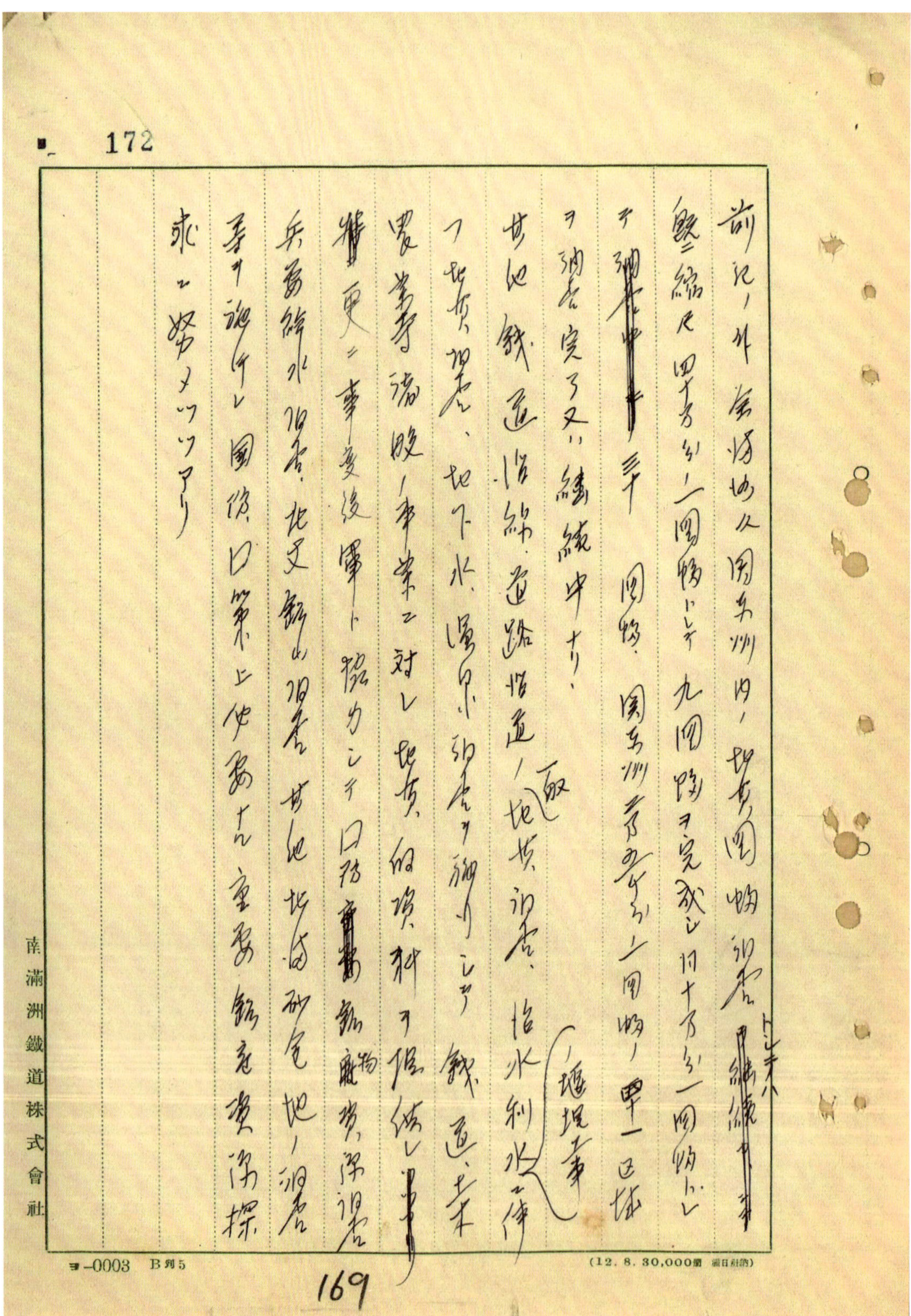

172

前記ノ外 全満地ハ関東州内ノ地質図幅調査ト継続中ナリ

縮尺四十万分一図幅トシテ九図幅ヲ完成シ二十万分一図幅トシテ

ハ四図幅 関東州ハ五万分一図幅ノ第一区域

ヲ調査完了シ又ハ継続中ナリ

其他鉄道沿線、道路沿道ノ地質調査、治水利水ニ伴フ堰堤等ノ

ノ地質調査、地下水、温泉ノ調査ヲ行ヒ鉄道、土木

農業等諸般ノ事業ニ対シ地質的資料ヲ提供シ且ツ

特ニ事変後軍ト協力シテ国防鉱物資源調査

兵要給水調査、北支鉱山調査其他北支砂金地ノ調査

等ヲ施行シ国防ノ第一線上緊要ナル重要鉱産資源探

求ニ努メツツアリ

南滿洲鐵道株式會社

ヨ-0003 B列5 (12. 8. 30,000冊 滿日納)

169

地质调查所长关于送交所长事务接管书事致产业部长的函（一九三七年十一月二十二日）

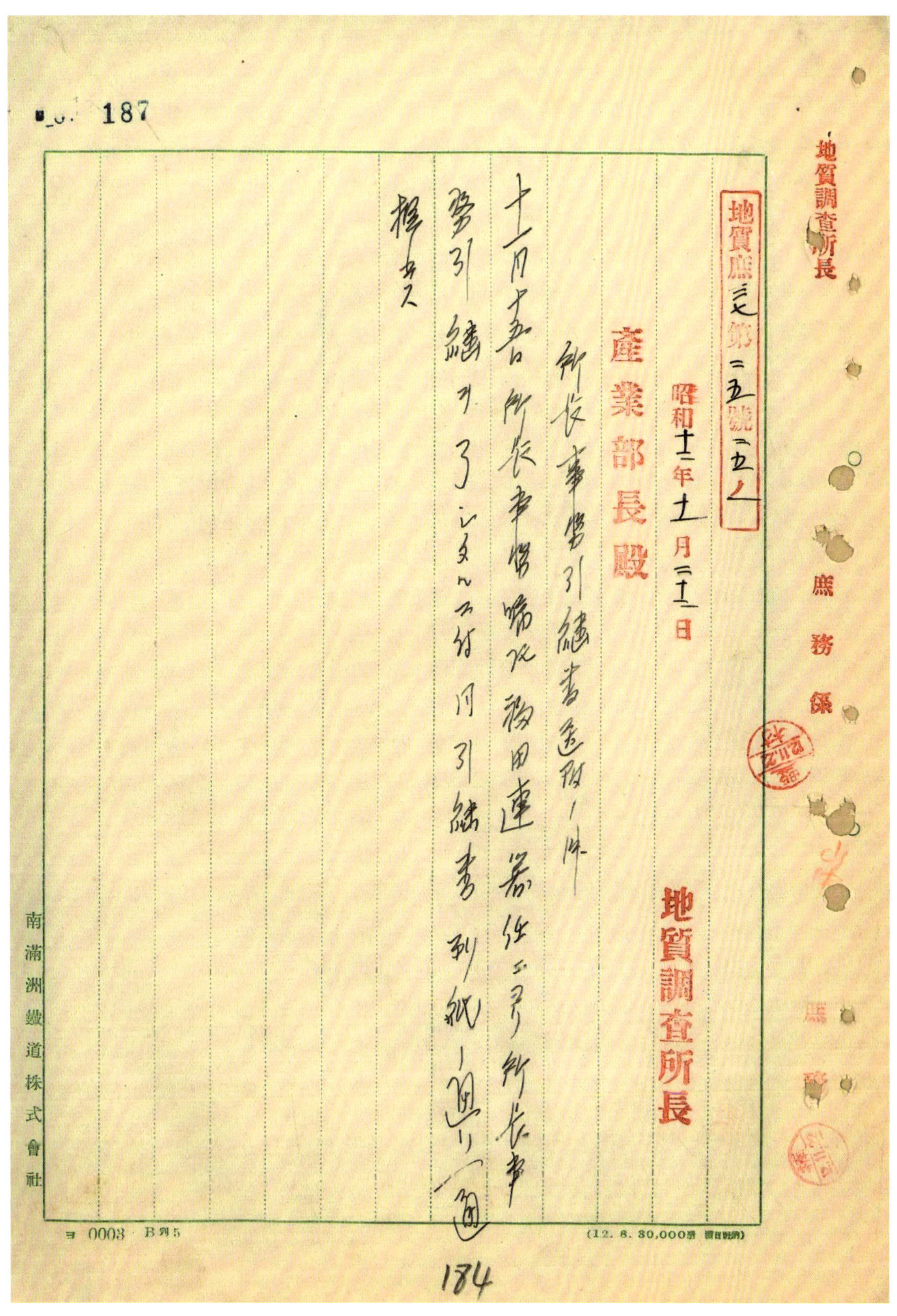

187

地質調查所長

地質庶三七第二五號ノ五ノ

昭和十二年十一月二十二日

地質調查所長

產業部長殿

所長事務引繼書送付ノ件

十一月十五日所長事務端次務田達ヨリ所長事務引繼ヲ了シ又ルニ付同引繼書別紙ノ通リ一通提出ス

南滿洲鐵道株式會社

ヨ 0003 B列5　(12. 8. 30,000冊)

184

庶務係

附：事务接管书

202

事務引継書

前任者　産業部次長（元地質調査所長事務取扱）世良正一

後任者　地質調査所長事務嘱託　福田連

右記ノ通リ事務引継シ了ス

昭和十二年十一月　日

記

南滿洲鐵道株式會社

ヲ 0003 B列5　(12. 8. 30,000冊 ■■■■)

199

引継事項

一、職印

所長印及所印各十箇

二、権利義務ニ関スル重要ナル契約書及之ニ准スヘキ事項

当該事項ナシ

三、定員及現在員

種別＼資格	参事副参事	職員	雇員	傭員	准傭員	臨傭	嘱託	計
定員	一	一	二一	七	一四 △三				四二 △三
臨時定員			五	二	四				一一
現在員	一	二	一八	四	二二 △三	四 △二	三	一	五五 △四

外ニ兼務者一名アリ

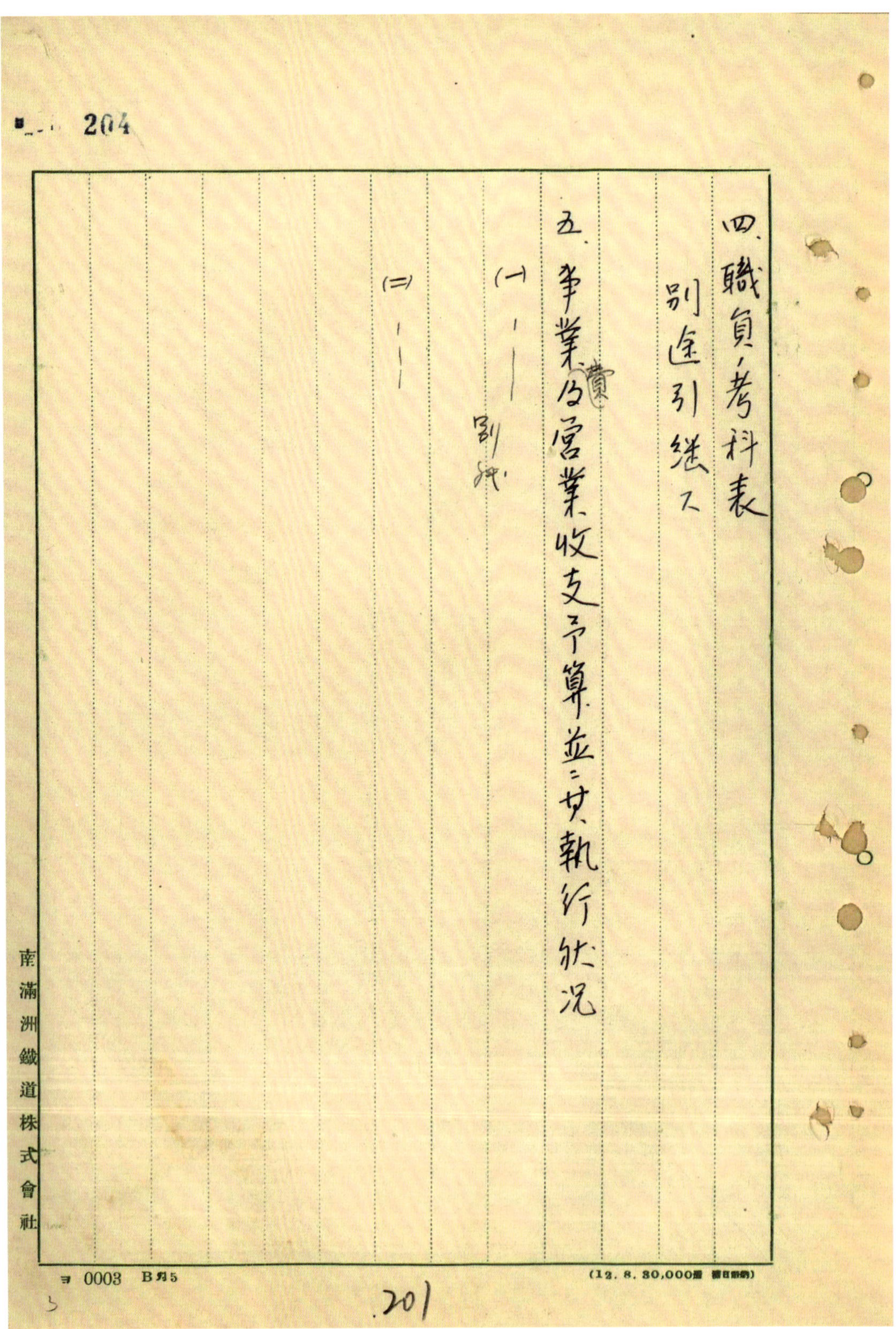

204

四、職員ノ考科表

別途引継ス

五、事業ノ営業収支予算並ニ其ノ執行状況

(一) ——

別紙

(二) ——

南滿洲鐵道株式會社

ヨ 0003 B列5 (12.8.30,000冊 ……)

201

(一)昭和十三年度事業費 令達予算 金四四、七三〇円

イ 建物 金二二、五〇六円

地質調査所増改築工事

ロ、機器 金二二、六八〇円

A A. 地質調査所ノ定性分析ニ伴フ機器増備

令達予算額 金一八、一八〇円

右ハ物品購入契約済

B B. 雑機器増備

令達予算額 金四、五〇〇円

決算額 金四、五〇〇円

南滿洲鐵道株式會社

ヨ-0003 B列5 (12. 8. 30,000冊 須日出版)

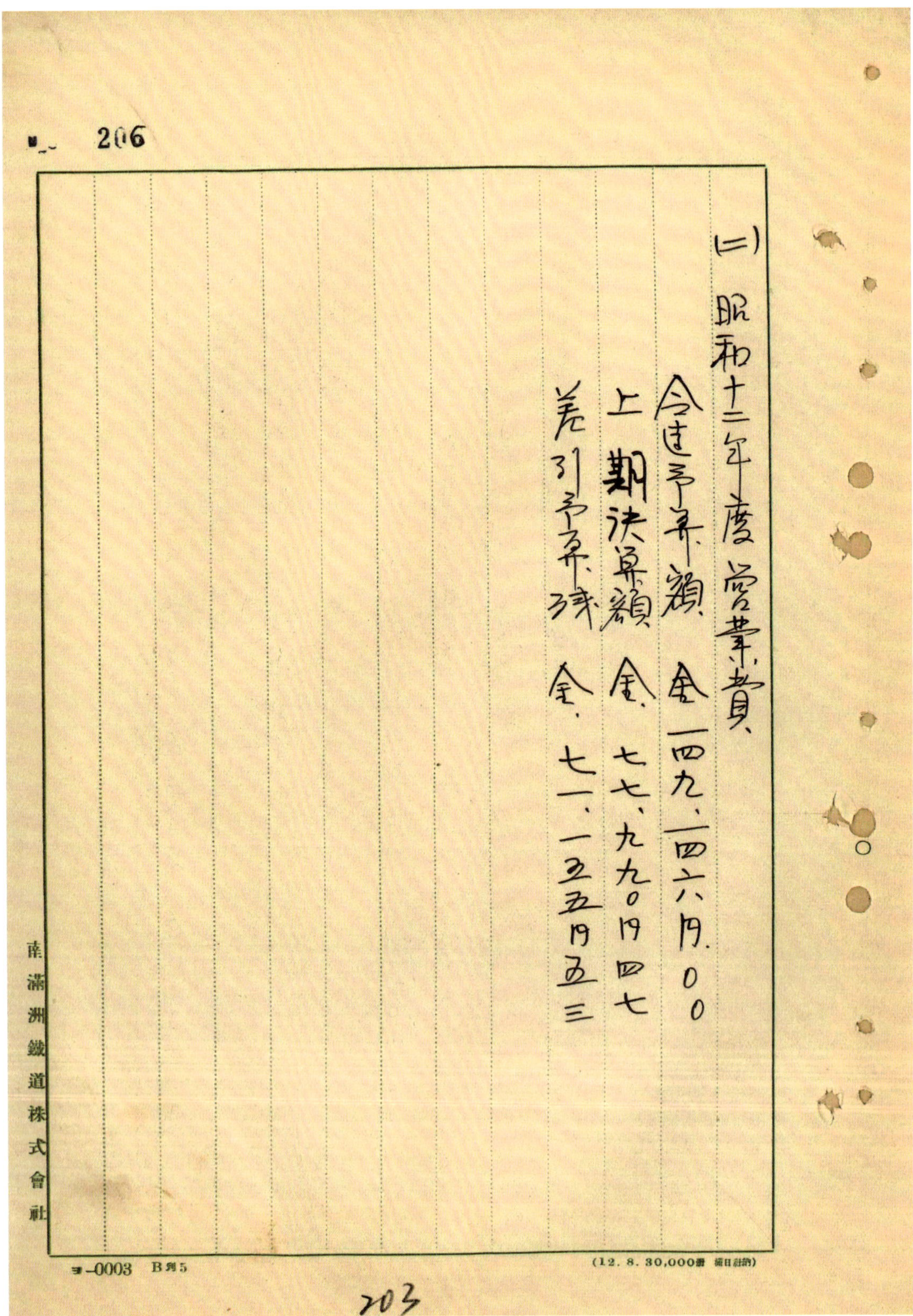
206

(二)

昭和十二年度営業費

今迄予算額　金一四九、一四六円〇〇

上期決算額　金七七、九九〇円四七

差引予算残　金七一、一五五円五三

南満洲鐵道株式會社

ヨ-0003 B列5

(12. 8. 30,000冊 [illegible])

203

四）昭和十三年度営業費

未タ会計無キモ経理部査定額　金一六四八、二〇一円〇〇

(六)(三)

物品

昭和十二年度九月末引継ケル物品ノ状況

建物　金一七五、九〇〇円三二

内訳

児玉町建物　金一二三、七四〇円六三

東公園町建物　金五二、一五九円六九

児玉町建物ハ東公園町ニ事務所移転ニ依リ撤去

資料館ニ移管スヘキモノ

機器　一〇八点　金六七、〇六二円九七

備品　一、五二三点　金一四、八八七円〇〇

208

六、鉱管事務ノ概要

地質調査所ハ明治四十年会社創立ト同時ニ鉱業部内ニ設置セラレ最初ハ専ラ撫順炭田ノ調査ヲ施行シ同調査終了後ハ広ク満州各地ニ亘リ地質鉱物並ニ応用地質ニ関スル調査研究ニ従事シ今日迄ニ多数ノ重要鉱産地ノ発見、地質、鉱床ノ調査研究ヲ遂行シ其経済的価値ヲ明ニセリ此ノ間会社職制ノ変更ニヨリ屡所属部所ノ変遷ヲ経テ昭和十一年十月産業部ノ管理トナリ現在一係三科ヲ設ケ業務ヲ分掌シ調査方針トシテハ

(イ)鉱産資源ノ基礎調査トシテノ一般地質図幅ノ調査及諸般ノ土木事業ニ対シ地質的資料ヲ提供スル為メ鉄道沿線地質及地下水、基盤ノ調査(一般地質科)

(ロ)鉱産地附近及鉱産予想地帯ノ地質精査(鉱産地質科)

南滿洲鐵道株式會社

ヨ 0003 B列5 (12.8.30,000冊)

205

(ハ)前記調査ノ完璧ヲ期スル為メ岩石鉱物、鉱床並ニ古生物地質方面ノ研究調査及分析ノ鑑定試験（研究科）ヲ施行スルモノニシテ上記三科ノ外庶務係ハ所内ノ人事文書経理及資料ノ整理保管、編輯其他一般庶務事項ヲ掌理シ居アリ

七、未決並ニ懸案事項

特記事項無シ

210

八、研究並ニ計画事項

(一)縮尺十万分ノ一地質予察調査

陸地測量部発行ノ縮尺十万分ノ一地図ヲ単位区域トシ区域内ノ一般地質鉱物ヲ系統的ニ調査スルモノニシテ既ニ野外調査ヲ終ヘ資料整理中ノモノ十八区域本年度調査ヲ終ヘタルモノ七区域目下野業中ノモノ六区域合計三一区域ナリ（牛丸、村越、大木、杉山、西田、小貫、吉田）

(二)関東州応用地質調査

縮尺二万五千分ノ一地図ヲ一区域トシ関東州内ニ於ケル一般地質及有用鉱物ノ賦存状態、品質、埋蔵量ヲ明ニスルヲ目的トシ既ニ調査完了セルモノ三十七区域、本年度調査セルモノ四区域計四十一区域ナリ（小貫、吉田）

南滿洲鐵道株式會社

ヲ 0003 B列5 (12.8.30,000冊)

207

(三)奉天省北台溝鉄鉱調査（矢部）
本年三月末ヲ以テ探鉱作業ヲ終了シ調査結果ニ就テハ
逐次報告シ右精査ニ附随シ縞状鉄鉱ノ選鉱試験ヲ終
（結果ニツキ本報告ヲ作成中ナリ

(四)安奉線歪頭山鉄鉱調査（内野）
歪頭山彼蔭寺山鉄鉱ヲ東大地震研究所ノ高橋博士
ニ依嘱シ磁力探鉱ヲ施行シ併セテ同鉄山ノ賦存状態、品位、
埋蔵量等ヲ精査シ目下報告書作成中ナリ

(五)熱河省葉柏寿－赤峰沿線金鉱調査（矢部）
首題鉄道沿線ニハ總局関係鉱区多数アルヲ以テ金鉱床
ノ分布状況、品位、埋蔵量ニ付調査中ナリ

(六)間島省開山屯及奉天省蒼石金鉱調査（内野）
日本学術振興会学術部依嘱ノ満州ニ於ケル金鉱床ノ

212

調査ニ関シ代表的金鉱産地トシテ首題金鉱床ヲ調査シ目下資料ノ整理中ナリ

(七)大石橋附近菱苦土鉱調査(寄贈)

南満鉱業会社ノ依頼ニヨリ青山杯、大山峪、聖水寺鉱区ノ地質調査ヲ終ヘ目下報告書作成中ナリ

(八)大石橋附近マグネサイト及ドロマイトノ研究(寄贈)

大石橋官馬山ノマグネサイト及ドロマイトノ品位及埋蔵量決定及地質図幅作成ノ為メ二回ニ亘リ野外調査ヲ終ヘ目下報告書作成中ナリ

(九)普蘭店附近鉄、鉱床ヲ含ム震旦系ノ層序ノ研究(寄贈)

普蘭店附近鉄及金銀鉱ヲ含ム震旦系ノ層序ヲ調査研究シ北支南満朝鮮ニ於ケル震旦系並該系中ニ含マルル層状鉄、鉱床ノ対比研究ニ関シ報告書作成中ナリ

南滿洲鐵道株式會社

ヨ-0003 B判5 (12.8.30,000册 滿日印刷)

209

9

(ロ)錦州省錦西縣東青石嶺、藍家溝附近硫化鉱床調査(浅野)

硫化鉄鉱床ノ疑ヒアル首題褐鉄鉱床ノ調査ヲ終ヘ(目下報告書作成中ナリ

(二)奉天省西豊縣古竜村鉄鉱調査(浅野)

首題鉄鉱ノ賦存状態、品位、埋蔵量調査中ナリ

(三)安東縣銅鉱嶺附近鉄鉱調査(浅野)

同上報告書作成中ナリ

(三)東辺道未踏査区域地質鉱産地調査(村越、西田)

満鉄及満州国共同ニテ二調査班ヲ編成シ通化省ノ有望鉱産予想地域ヲ踏査シ十万分ノ一地質図幅ノ作成並ニ各種重要鉱産資源ノ分布状況ヲ調査シ目下報告書ヲ作成中ナリ

214

(四)青森縣荒川硫化鉄鉱山地形測量(中川)
満洲化学工業会社ノ依頼ニヨリ首題鉱区ノ地形測量ノ為メ目下派遣中ナリ

(五)鏡泊湖堰堤予定地地質調査(新帯)
満洲国産業部ノ依頼ニヨリ鏡泊湖水力発電用ダム予定地地質調査ヲ終了シ目下資料整理中ナリ

(六)三十里堡及金州附近水源予定地地質調査(大西)
大連上水道水源予定地地質調査ヲ終了シ目下資料整理中ナリ

(七)熊岳城温泉調査(新帯)
関東軍病院専用泉源調査ニ付キ現地ニ立会方依頼アリ立会日ハ未定ナリ

(八)牡丹江―佳木斯間鉄道沿線地質調査(大西)

南滿洲鐵道株式會社

ヨ-0003 B列5 (12. 8. 30,000冊 儀日社納)

211

首題沿線ニ於ケル線路ト地形、地質、給水、道床其他石材調査ヲ施行シ目下報告書作成中ナリ

(九)牡丹江－圖們間鉄道沿線地質調査（内田）

前同

(十)北黒沿線孫呉－北安間地質調査（内田）

前同

216

九、其他後任者ノ参考トナルヘキ重要事項

(一)定員ノ定員変更申請ノ件

現在定員定員十四名臨時定員四名ニテハ調査業務遂行上支障アルキヲ以テ更ニ定員九名増員方申請中ナリ

(二)旅順工大小倉勉教授ヲ事務嘱託ニ委嘱ノ件

満洲ノ地質考察調査及鉱物岩石ノ研究ニ関シ工大小倉教授ヲ当所事務嘱託トシテ採用申請シ三月十三日付産業部長ヨリ工大学長宛嘱託依頼中ナリ

(三)縮尺百万分ノ一満洲地質及鉱産分布図ノ作製

首題地図ハ軍秘地図トシテ作製承認アリ目下東京支社ヲ通シ仙葉ノ印刷所ニテ製版中ニシテ校正ニ関シテハ商工省地質調査所ニ依頼シ近ク素図完成ノ上ハ一部軍秘扱トシ一部秘図区域ノ地質ヲ省キ普通図ノ取

南満洲鐵道株式會社

ヨ-0003 B列5 (12.8.30,000冊 滿日社印)

213

13

扱ヲ受クルコトニ承認ヲ得ル予定ナリ

(四)満洲十万分ノ一地質図調製ニ関スル件

縮尺十万分ノ一地質図幅調査報告発行ニ当リ陸地測量部ニ対シ地形図ノ複製許可方願出タルモ著作権ノ関係上素図ノミ測量部ニテ調製交附ヲ受ケ当社ニテ地質着色スルコトニ回答アリタルヲ以テ目下内地出張中ノ中川職員ヲ更ニ素図ノ製版モ当社ニテナシ得ル様交渉中ナリ

(五)軍機保護法令発布ニ関シ特種報告書図版写真取扱ニ関スル件

本年十月十日発布ノ軍機保護法ニ関シ既調査ノ秘図区域ノ報告書図版、写真ノ検閲ヲ受クル為メ目下文書課、鉱業部庶務課ニテ取扱ノ方法考究中ナリ

(六)陸軍秘図借覧ニ関スル件

218

地質調査所ニテ文書課ヨリ借覧中ノ陸軍秘密地図枚数左記ノ通リナリ

十万分ノ一秘図　三六、一一枚

五十万分ノ一秘図　九七枚

五万分ノ一秘図　一九枚

一覧図　二枚

計　三、七二九枚

52

(一)図書雑誌其他刊行物 現在当所ニテ保存中ノ図書雑誌其他刊行物左ノ如シ

種別	和文	華文	欧文	計
図書	一六、七〇	一九四	一六、九四八	三五、二一二
小冊子	一一二〇	八三七		一九五七
雑誌	四三	三	一五	六一
社内刊行物	七八〇			七八〇
新聞	一二			一二

南満洲鐵道株式會社

ヨ-0003　B列5　(12. 8. 30,000冊)

215

(九) 調査報告書類現在調

1. 一般報告書類　一八三三冊

内譯

満州　一三二冊

関東州　一五一冊

日本　一二四冊

中華民國　二二五冊

諸外國　五九冊

雑　四二冊

2. 兵要給水調査報告書類　一一一冊

3. 一般調査資料類　一八九冊

総計　二一三三冊

地质调查所长福田连关于回复地质调查所实验研究机关调查报告事致大陆科学院长的函（一九三八年一月十日）

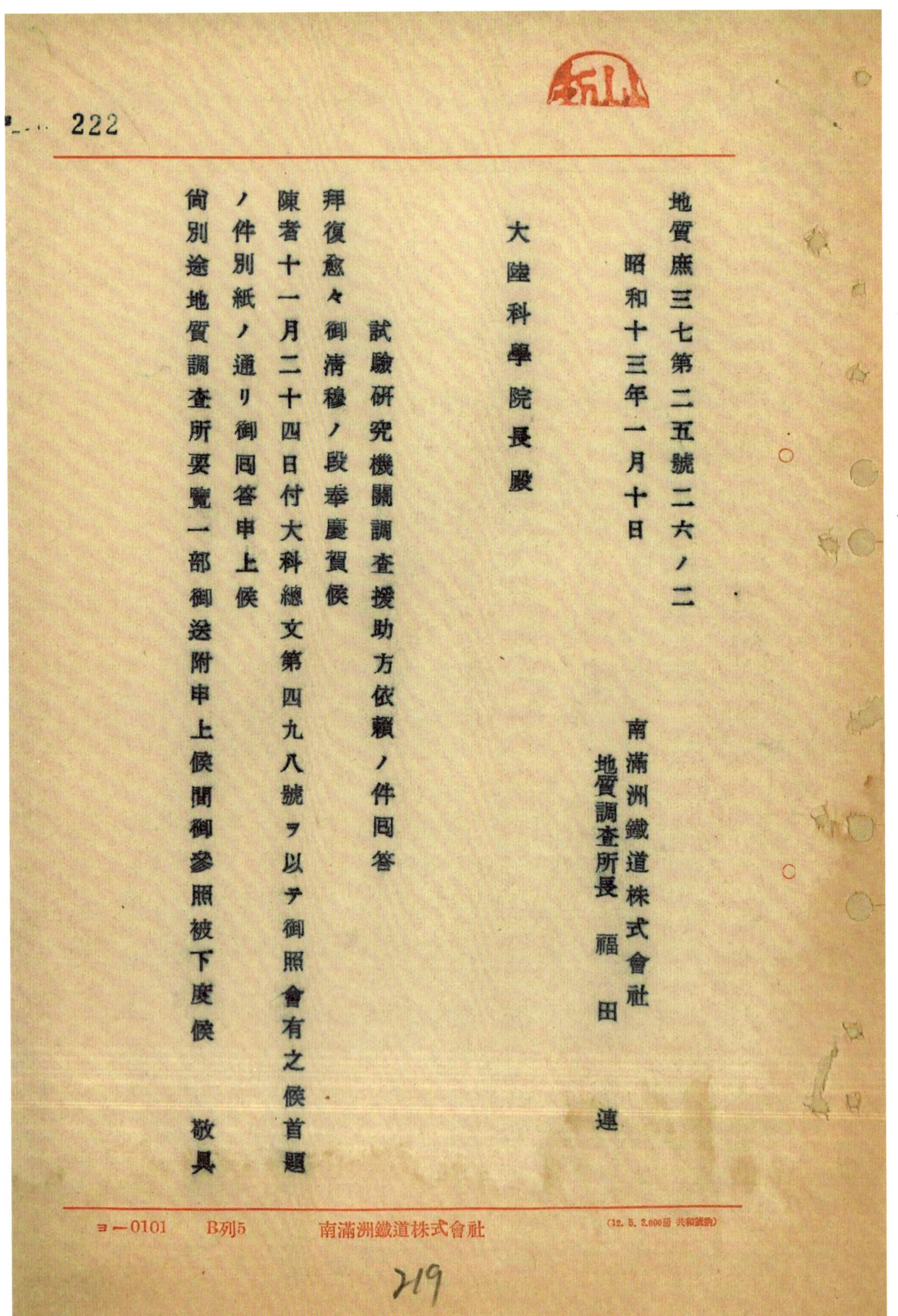
222

地質庶三七第二五號二六ノ二
昭和十三年一月十日

南満洲鐵道株式會社
地質調查所長　福田連

大陸科學院長殿

試驗研究機關調查援助方依賴ノ件回答

拜復愈々御清穆ノ段奉慶賀候
陳者十一月二十四日付大科總文第四九八號ヲ以テ御照會有之候首題ノ件別紙ノ通リ御回答申上候
尚別途地質調查所要覽一部御送附申上候間御參照被下度候
敬具

ヨー0101　B列5　南滿洲鐵道株式會社　(12.5.2,000冊 共和號)

219

一、機關名　南滿洲鐵道株式會社　地質調查所

一、所在　大連市東公園町五七番地

一、主體　南滿洲鐵道株式會社

一、組織

(1) 分科組織

A 庶務係
1、庶務、人事及經理
2、他科ノ主管ニ屬セサル事項

B 一般地質科
1、地質豫察調查
2、地質圖幅ノ調製
3、土木地質ノ調查

C 鑛產地質科
1、鑛床及地質層序ノ調查
2、鑛產地附近ノ地質精查
3、鑛產豫想地帶ノ地質精查

D　研究科　1、岩石、鑛物、鑛床及化石、地質層序ノ研究

2、鑛物、岩石ノ分析鑑定及試驗

一、沿　革

地質調査所ハ明治四十年會社創立ト同時ニ鑛業部内ニ地質課ヲ置キ最初ハ專ラ撫順炭田ノ地質調査ヲ施行セルカ同炭田ノ調査終了後ハ廣ク滿洲各地ノ地質鑛產調査ヲ施行シ爾來年ヲ閲スルコト三十有餘年ソノ間會社職制ノ變更ニヨリ屢々所屬部所ノ變遷ヲ經テ大正八年地質調査所ト改稱シテ今日ニ至リ現在產業部ノ所管トナレリ

一、目　的

滿洲ニ於ケル地質、鑛產其ノ他應用地質ノ調査及研究並ニ其ノ附帶業務

一、事　業

當所ハ廣ク滿蒙各地ニ亘リ各種有用鑛物資源ノ探究調査並ニ鐵道沿線、沿道ノ地質調査、地下水、溫泉、基盤等ノ調査研究其ノ他應用地質上ノ事項ニ亘リテ研究スルト同時ニ全滿洲及關東州ノ系統的地質豫察調査ヲ行ヒ既ニ今日ニ至ルマテ多數ノ重要鑛產地ノ發見鑛床ノ調査研究、鑛業經營ノ基礎調査ヲ遂ケ進ンテ臨機支那西伯利亞等接壤地域ノ地質鑛產地調査ヲ施行ス

一、資金關係

昭和十三年度豫算　營業費十六萬圓

一、出　版　物

定期刊行物「地質調査所報告」ノ外隨時必要ニヨリ出版ス

地质调查所庶务系长野村稔人关于送地质调查所要览事致大陆科学院小笠隆夫的函（一九三八年一月十一日）

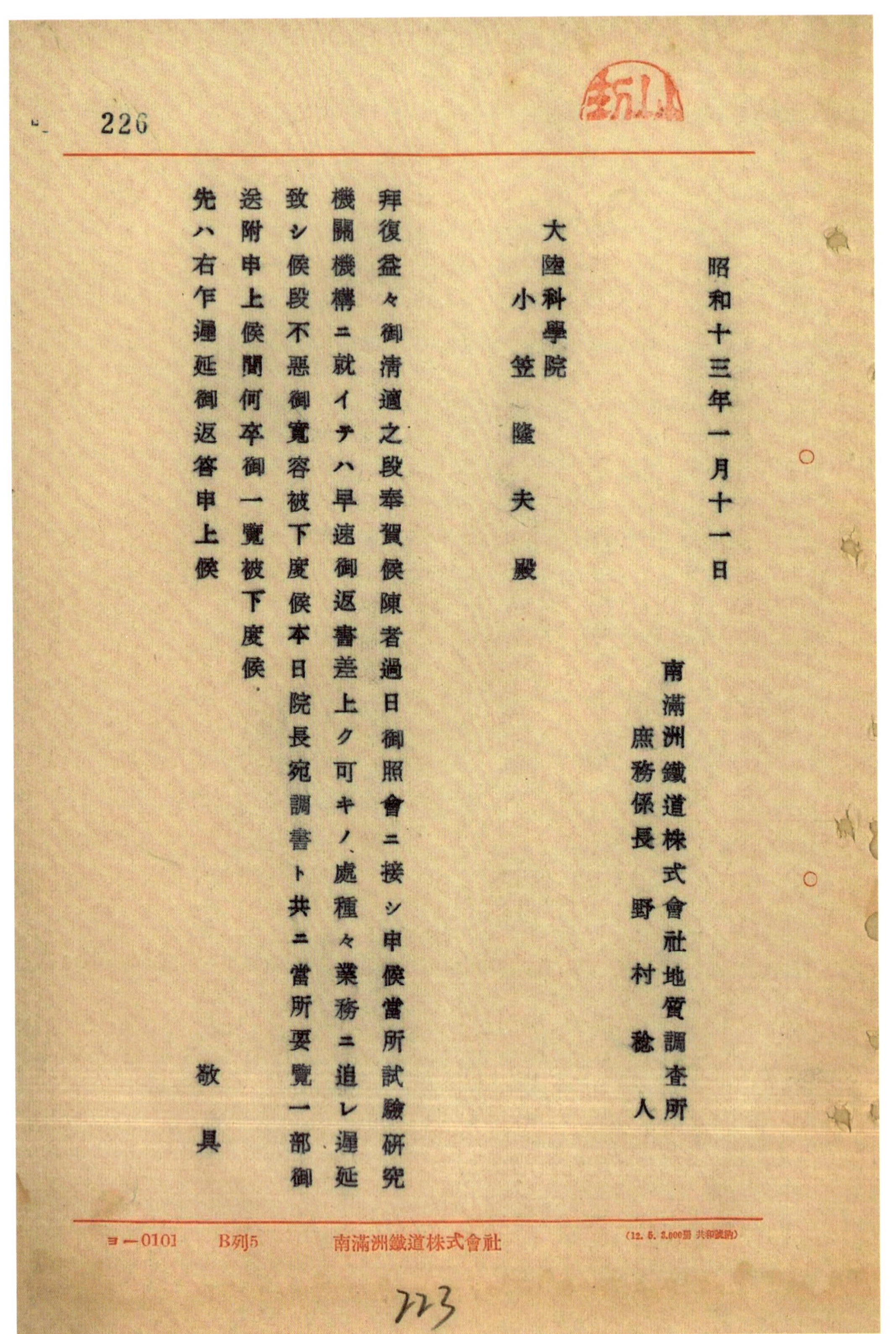
226

昭和十三年一月十一日

南满洲鐵道株式會社地質調查所
庶務係長　野村稔人

大陸科學院
小笠隆夫殿

拜復益々御清適之段奉賀候陳者過日御照會ニ接シ申候當所試驗研究機關機構ニ就イテハ早速御返書差上ク可キノ、處種々業務ニ追レ遲延致シ候段不悪御寬容被下度候本日院長宛調書ト共ニ當所要覽一部御送附申上候間何卒御一覽被下度候

先ハ右乍遲延御返答申上候

敬具

ヨ—0101　B列5　南滿洲鐵道株式會社　(12. 5. 3,000冊 共和號納)

223

二十、其他机关

082

自昭和十二年七月
至昭和十四年二月

满鐵派遣員給養額調書

北支派遣多田部隊經理部

91

083

滿鐵派遣員給養額調書

北支那方面軍經理部

給養年月	延人員	延食數	一食單價	小計	摘要
昭和十二年七月	四八	一四四	円 二〇〇	二八 円 八〇〇	
〃 八月	一、四〇五	四、二一五	二〇〇	八四三 〇〇〇	
〃 九月	二、二七六	六、八二八	二〇〇	一、三六五 六〇〇	
〃 十月	六、四五三	一九、三五九	二〇〇	三、八七一 八〇〇	
〃 十一月	一一、七六九	三五、三〇七	二〇〇	七、〇六一 四〇〇	
〃 十二月	二八、二四六	八四、七三八	二〇〇	一六、九四七 六〇〇	
昭和十三年一月	四二、五八二	一二七、七四六	二〇〇	二五、五四九 二〇〇	
〃 二月	二〇、九〇六	六二、七一八	二〇〇	一二五四三 六〇〇	
〃 三月	一五、一一四	四五、三四二	二〇〇	九、〇六八 四〇〇	
〃 四月	九、八五九	二九、五七七	二〇〇	五、九一五 四〇〇	
〃 五月	八、七一三	二六、一三六	二〇〇	五、二二七 二〇〇	
〃 六月	一一、二一〇	三三、六三〇	二〇〇	六、七二六 〇〇〇	

92

月				
七月	一一、二九五	三三、八八五	.二〇〇	六、七七七.〇〇〇
八月	一〇、二二一	三〇、六三三	.二〇〇	六、一二六.六〇〇
九月	九、八〇五	二九、四一五	.二〇〇	五、八八三.〇〇〇
十月	一二、三七六	三七、一二八	.二〇〇	七、四二五.六〇〇
十一月	一六、九一三	五〇、七三九	.二〇〇	一〇、一四七.八〇〇
十二月	一五、六七七	四六、九七一	.二〇〇	九、三九四.二〇〇
昭和十四年一月	一五、三三三	四五、九六九	.二〇〇	九、一九三.八〇〇
〃二月	七、一三九	二一、三八七	.二〇〇	四、二七七.四〇〇
合計	二五七、二八九	七七一、八六七	.二〇〇	一五四、三七三.四〇〇

備考

一、本調ハ自昭和十二年七月至昭和十四年二月間北支内ニ於テ満鉄派遣員ニ對シ部隊炊事ニ属スル食事ヲ給養セシモノトス

二、給養人員ハ給養実施部隊ヨリノ報告ニ依リ調査ス

三、一食単價ハ北支那方面軍經理部指定價格ニ依ル

华北派遣多田部队财务部关于满铁派遣员粮秣交付额的调查书（一九三七年七月）

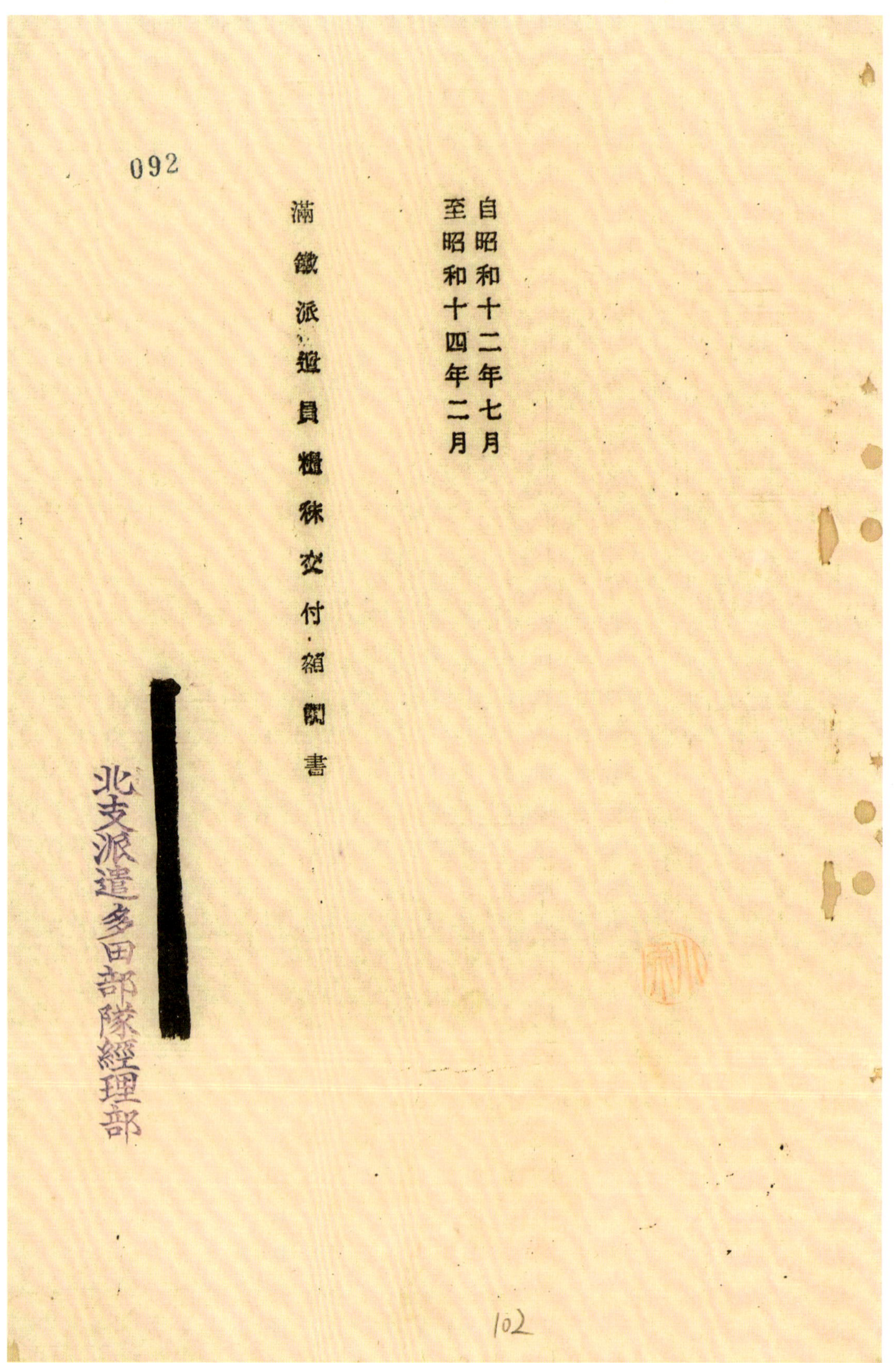
092

自昭和十二年七月
至昭和十四年二月

滿鐵派遣員糧秣交付額調書

北支派遣多田部隊經理部

102

滿鐵派遣員糧秣交付額調書

北支那方面軍經理部

期日	金額	摘要
自昭和十二年七月 至昭和十三年十二月	一六三、六三二・九八〇	補給品交付額（別紙調書ノ通）
自昭和十四年一月 至昭和十四年二月	四九四六・九一〇	同
自昭和十二年七月 至昭和十四年二月	一、一七九・七五〇	部隊調辦品交付額（同）
計	一六九、七五九・六四〇	

備考

一、本調書ハ自昭和十二年七月至昭和十四年二月間北支內ニ於テ滿鐵派遣員ニ對シ糧秣現品交付セシモノトス

二、交付品目、數量ハ交付實施部隊ヨリノ報告ニ依リ調查ス

三、補給品單價ハ北支那方面軍經理部指定價格ニ依ル

四、部隊調辦品單價ハ購入原價ニヨル

满鐵派遣員糧秣交付額調書 （自昭和12年7月 至昭和13年12月） 北支那方面軍經理部

品目	数量	單位	單價	小計	摘要
	kg		円		
精米	248.854 966	100kg	24 000	59.725 191	
精麥	28.410 308	〃	19 000	5.397 958	
支那米	5.791 000	〃	24 000	1.389 840	
粟	18.775 000	〃	11 000	2.065 250	
小麦粉	27.307 625	〃	23 000	6.280 753	
味噌	17.698 705	〃	22 000	3.893 715	
醤油	19.618 570	100l	22 000	4.316 085	
醤油エキス	199 440	100kg	80 000	159 552	
酢	3 660	100l	13 000	475	
砂糖	4.357 865	100kg	15 000	653 679	
食塩	3.016 935	〃	2 150	64 864	
鰹節	40 000	〃	100 000	40 000	
味の素	71 600	〃	540 000	386 640	
煎子	66 500	〃	65 000	43 225	
煮干	149 000	〃	65 000	96 850	
実質カレー	280 000	〃	85 000	238 000	
茶	831 709	〃	75 000	623 781	
牛肉	1.895 150	〃	60 000	1.137 090	
鑵肉	4.007 132	〃	190 000	7.616 550	
燻製ニワトリ	5羽	1羽	800	4 000	
卵	28 640	100kg	80 000	22 912	
魚缶	1.530 220	〃	70 000	1.071 154	
鰛缶	1.420 420	〃	50 000	710 210	
鯖缶	1.308 500	〃	60 000	785 100	
鮏缶	586 860	〃	70 000	410 802	
貝缶	144 360	〃	85 000	122 706	
鰺缶	346 200	〃	70 000	242 340	
鯨缶	165 800	〃	70 000	116 060	
鮪クレーク缶	12 720	〃	90 000	11 448	
携帯缶	1.601 600	〃	190 000	3.043 040	
尋缶	2.024 950	〃	190 000	3.847 405	

104

品目	数量	単位	単価	小計	摘要
代用[illegible]	82.963 kg	100 kg	480.000	[illegible]	
[illegible]	100.000	〃	80.000	[illegible]	
コ[illegible]	41 個	100 個	20.500	[illegible]	
牛[illegible]	824.840 kg	100 kg	190.000	1,567.196	
昆布[illegible]	14.400	〃	55.000	7.920	
[illegible]	7.200	〃	75.000	7.644	
[illegible]ミカン[illegible]	1[illegible]0.000	〃	45.000	45.[illegible]	
パイ[illegible]	423 個	1 個	.240	101.520	
野菜煮[illegible]	168.840 kg	100 kg	50.000	84.420	
[illegible]煮[illegible]	12.000	〃	50.000	6.000	
[illegible]水煮[illegible]	1,055.100	〃	45.000	474.795	
[illegible]煮[illegible]	630.000	〃	45.000	283.500	
[illegible]佃煮	72.000	〃	65.000	46.800	
[illegible]子佃煮	187.230	〃	65.000	12[illegible].699	
昆布佃煮	87.000	〃	60.000	52.200	
コナゴ佃煮	12.000	〃	325.000	39.000	
牛肉大和煮	1,040.860	〃	154.000	1,602.924	
烏賊野菜煮	100.800	100 kg	77.500	78.120	
[illegible]煮	125.160	〃	98.000	122.656	
松山煮	7.200	〃	[illegible]4.000	8.[illegible]	
関東煮	17.000	〃	81.500	13.855	
牛山海煮	95.400	〃	154.000	146.916	
鯉大和煮	688.800	〃	70.000	482.160	
漬物	4,312.679	〃	36.000	1,552.564	
福神漬	937.675	〃	43.000	403.200	
[illegible]京漬	332.000	〃	36.000	119.520	
シライ糠漬	60.000	〃	36.000	21.[illegible]00	
奈良漬	1,645.000	〃	49.000	806.050	
大根粕漬	408.000	〃	36.000	146.880	
[illegible]粕漬	1[illegible].000	〃	62.000	112.[illegible]	
鮭[illegible]煮	[illegible]6.000	〃	45.000	38.[illegible]	
鮭目[illegible]煮	49.200	〃	100.000	49.200	
鮭[illegible]煮	89.040	〃	110.000	97.944	

鯉野菜煮	4.800 Kg	100Kg	50.000 円	2.400 円
鰹粕漬	144.400	〃	63.000	90.920
紅生姜	110.400	〃	31.000	34.224
生魚	12,430.750	〃	98.000	12,182.135
冷凍魚	1,051.550	〃	70.000	736.085
塩魚	1,058.180	〃	55.000	581.999
乾物	866.970	〃	100.000	866.970
干魚	607.100	〃	55.000	333.905
スルメ	60.755	〃	250.000	151.887
海草類	57.000	〃	55.000	31.350
昆布	80.000	〃	25.000	20.000
出昆布	152.000	〃	46.000	69.920
切昆布	104.000	〃	66.000	68.640
若布	364.000	〃	55.000	200.200
荒布	16.000	〃	39.000	6.200
干若布	78.000	〃	55.000	42.900
数子田作	.180	〃	142.000	.255

096

3

品目	数量	單位	単價	小計
鉄火味噌	84.000 Kg	100Kg	68.000 円	57.120 円
櫻[illegible]	2,244.010	〃	60.300	1,346.406
干ゼンマイ	370.000	〃	170.000	629.000
干切大根	1,405.000	〃	45.000	632.250
干瓢	651.600	〃	80.000	520.400
切麩	120.000	〃	100.000	120.000
焼麩	16.000	〃	62.000	9.920
椎茸	102.200	〃	250.000	255.720
乾野菜	903.700	〃	66.000	596.442
干牛蒡	590.420	〃	115.000	678.983
干里芋	207.000	〃	102.000	211.140
干蓮根	234.000	〃	160.000	374.400
湯葉	21.000	〃	223.000	46.830
梅干	1,296.240	〃	41.000	531.458
野(生)菜	6,677.140	〃	11.000	734.485
甘藷	239.000	〃	5.000	11.950

106

馬鈴薯	1.089 000 kg	100 kg	4 000 円	43 560 円	
人参	403 500	〃	12 000	48 420	
大根	43 400	〃	5 000	2 170	
白菜	903 000	〃	7 000	63 210	
山芋	20 000	〃	16 000	3 200	
玉葱	1.286 000	〃	11 000	141 460	
葱	390 500	〃	11 000	42 955	
蓬蓮草	125 000	〃	22 000	27 500	
豆類	62 000	〃	20 000	12 400	
豆腐	10 000	1 kg	120	1 200	
凍豆腐	566 100	100 kg	100 000	566 100	
油揚	127 050	〃	120 000	154 860	
乾素麺	51 900	〃	33 000	17 127	
乾ソバ	257 500	〃	30 000	77 250	
乾ウドン	324 000	〃	30 000	97 200	
カレーウドン	750 食	1 食	150	112 500	
4. 豆麺	16 000 kg	100 kg	62 900	10 064	

品目	数量	單位	單價	小計	摘要
桜海老野菜煮	34 280 kg	100 kg	66 000 円	22 624 円	
栗	231 240	〃	10 000	23 124	
林檎	68 000 532 個	10K 100 個	4 250 4 000	28 900 21 280	
密柑	75 〃	〃	2 800	2 100	
サイダー	1.496 本	1 本	120	179 520	
ビール	988 〃	〃	180	177 840	
酒	6.000 400 ℓ	100 ℓ	70 000	4200 280	
菓子	154 袋	1 袋	080	12 320	
甘味品	2.086 325 kg	100 kg	60 000	1251 795	
ミルクパン	14 400	〃	64 000	9 216	
乾パン	573 845	〃	65 000	372 999	
饅頭	43 200 220 個 12 袋	〃 1 個 1 袋	60 000 120 120	25 920 5 400 1 440	
羊羹	73 680 k 4777 本	100 kg 1 本	65 000 170	47 892 [illegible] 090	
金平糖	500 000 kg	100 kg	68 000	340 000	
餅	340 個	1 個	020	6 800	
ビスケット	15 000 kg	100 kg	60 000	9 000	

アラレ	14.000 Kg	100 Kg	82.000 円	11.480 円	
ゼリービンズ	28.800 〃	〃	72.500	20.880	
カリント	30.120 〃	〃	56.000	16.867	
ドロップス	125.760 〃	〃	76.000	95.577	
キャラメル	110.000 〃 3,937 個	〃 1 個	90.000 .070	99.000 275.590	
桜ダンゴ	24.000 K 1,056 ケ	100 K 1 ケ	53.000 .100	12.720 105.600	
ハッカ菓子	14.400 K	100 K	70.000	10.080	
黒砂糖菓子	880 袋	1 袋	.100	88.000	
一文字菓子	120 〃	〃	.100	12.000	
昆布豆	680 K	100 K	85.000	578	
木炭	10,626.680 〃	〃	10.000	1,062.668	
石炭	3,500.000 〃	1 ton	4.000	14.000	
薪	3,320.000 〃	〃	1.500	4.980	
石油	288.000 立	18ℓ入	3.500	56.000	
豆油	1,482.400 〃	100ℓ	56.000	830.144	
落花生豆粕	213.500 Kg	100 K	30.000	64.050	
マッチ	14 包	1 包	.100	1.400	

品目	数量	單位	單價	小計	摘要
ローソク	630 束	1 束	.040 円	25.200 円	
ハイトリ液	18.000 ℓ	1 ℓ	.450	8.100	
分配皿	34 個	1 ケ	.300	10.200	
煙草	440,106 束	1 束	.003	1,320.318	
文旦	120.000 K	100 K	72.000	86.400	
澤庵	1,455.640 〃	〃	24.000	349.353	
鯖味付缶	813.700 〃	〃	60.000	488.220	
鯖水煮缶	403.200 〃	〃	85.000	342.720	
鰹味付缶	311.830 〃	〃	70.000	218.281	
牛肉特用缶	307.200 〃	〃	190.000	583.680	
ウバ貝缶	322.920 〃	〃	85.000	274.482	
ムロ鯵	51.000 〃	〃	50.000	25.500	
貝ヒモ	94.660 〃	〃	85.000	80.461	
干甘藷	172.870 〃	〃	102.000	176.429	
朝鮮飴	390.832 〃	〃	60.000	234.499	
パラダイス	14.400 〃	〃	60.000	8.640	

牛肉味噌漬	9 220 kg	100 kg	80 000 円	7 376	
白麺	8.471 952	〃	62 900	~~5.328 875~~ 5.328 857	
削節	300 128	〃	65 000	195 083	
生獣肉	1.799 000	〃	60 000	1.079 400	
晒若布	17 000	〃	55 000	9 350	
大根味噌漬	168 000	〃	37 000	62 160	
小麦粉	478 980	〃	23 000	110 165	
サザエ漬	95 440	〃	142 000	135 524	
ヒジキ	68 000	〃	40 000	27 200	
素麺	159 000	〃	33 000	52 470	
小貝ボイル	70 800	〃	85 000	60 180	
芋	222 000	〃	16 000	35 520	
味付佃煮	35 000	〃	65 000	22 750	
干白菜	88 128	〃	250 000	220 320	
鮭漬	118 300	〃	60 000	70 980	
金時豆	32 000	〃	13 000	4 160	
6. 干馬鈴薯	336 500	〃	88 100	296 456	

660

品目	数量	単位	単価	小計	摘要
鰹ノ花	3 000 kg	100 kg	65 000 円	1 950 円	
干里芋	50 000	〃	102 000	51 000	
干茄子	1 000	〃	100 000	1 000	
豚肉	476 200	〃	60 000	285 720	
黒豆勝栗	1 020	〃	60 000	612	
小豆	41 020	〃	13 000	5 332	
キントン漬	34 個	1 個	200	6 800	
牛肉昆布煮	9 600 kg	100 kg	120 000	11 520	
牛(生)蒡	332 000	〃	16 000	53 120	
ニラ漬	88 000	〃	30 000	26 400	
ソース	1 310 立	100 立	33 000	432	
トマトケチャップ	1 本	1 本	570	570	
高菜漬	2.532 143 kg	100 kg	36 000	911 571	
岩塩	1.561 000	〃	2 150	33 561	
干南瓜	84 800	〃	102 000	86 496	
浅草海苔	10 000	〃	260 000	26 000	

109

鯛 缶	58 000 kg	100kg	70 000 円	40 600 円	
干甘藍	17 240	〃	250 000	43 100	
昆布巻	151 000	〃	55 000	83 050	
生瓜	15 000	〃	7 000	1 050	
石鹸	43 個	1個	070	3 010	
蚊取線香	5 函	1函	150	750	
鯖照焼缶	24 000 K	100kg	60 000	14 400	
鯛昆布巻缶	14 400	〃	55 000	7 920	
小鯛野菜缶	28 800	〃	50 000	14 400	
切干大根	36 400	〃	45 000	16 380	
芋殻	33 000	〃	60 000	19 800	
乾削節	16 000	〃	88 700	14 192	
鰯味付缶	7 000	〃	65 000	4 550	
粉味噌	318 264	〃	80 000	254 611	
粉醤油	93 500	〃	110 000	102 850	
開鱈	75 200	〃	60 000	45 120	
鱒缶	12 000	〃	60 000	7 200	

100

7.

品目	数量	單位	單價	小計	摘要
雑缶詰	1677 000 K	100kg	70 000 円	1173 900 円	
压搾味噌	45 000	〃	45 000	20 250	
新巻鮭	30 000	〃	60 000	18 000	
鰹ノ花	20 000	〃	140 000	28 000	
塩漬豚肉	12 000	〃	60 000	7 200	
鰮トマト缶	436 400	〃	50 000	218 200	
手拭	13 本	1本	096	1 248	
ハミガキ	13 ケ	1個	056	728	
ハブラシ	13 本	1本	055	715	
鉛筆	13 〃	1本	015	195	
炭貫豆	13 袋	1袋	100	1 300	
粟オコシ	13 ケ	1個	100	1 300	
日用品	11 袋	1袋	480	5 280	
糯米	79 200 K	100kg	30 000	23 760	
結合祝賀品	7 個	1個	200	1 400	
田作	7 〃	1〃	100	700	

110

101

落雁	7ヶ	1個	円 100	円 700	
結合野菜	K 10.000	100kg	70.000	7.000	
ミンチビーフ缶	24.000	〃	200.000	48.000	
茄子辛子漬	16.000	〃	34.000	5.440	
トロロ昆布	18.000	〃	56.000	10.080	
軍需飴	20ヶ	1個	100	2.000	
蜜柑缶	2.400	100kg	45.000	1.080	
タフピー	45.000	〃	60.000	27.000	
圧搾切麩	102.000	〃	91.000	92.820	
干ムロ	40.000	〃	82.500	33.000	
栄養食	14.400	〃	394.000	56.736	
切干甘藷	16.000	〃	100.000	16.000	
煮豆	20.000	〃	30.000	6.000	
冷凍メヌキ	20.000	〃	50.000	10.000	
桜海老	15.000	〃	50.000	7.500	
鯖野菜缶	28.000	〃	50.000	14.000	
ウドン	32.000	〃	30.000	9.600	

品目	数量	單位	單價	小計	摘要
牛肉野菜煮	K 692.100	100kg	円 120.000	円 830.520	
玉菜	7.000	〃	250.000	17.500	
計				163.632.980	

111

102

滿鐵派遣員糧秣交付額調書

（自昭和14年1月 至昭和14年2月）

北支那方面軍經理部

品目	数量	單位	單價	小計	摘要
精米	3,106 400 K	100 kg	26 000 円	807 664 円	
精麦	1,210 800	〃	20 000	242 160	
味噌	445 000	〃	22 000	97 900	
醬油	308 500 ℓ	100 立	22 000	67 870	
甘味品	16 000 K	100 kg	60 000	9 600	
砂糖	48 000	〃	15 000	7 200	
食塩	9 000	〃	2 500	225	
梅干	33 000	〃	41 000	13 530	
澤庵	24 000	〃	24 000	5 760	
茶	10 115	〃	75 000	7 586	
煙草	5,580 束	1 束	005 030	167 400	
酒	74 600 ℓ	100 立	60 000	44 760	
漬物	18 000 K	100 kg	36 000	6 480	
1. 生肉類	227 000	〃	60 000	136 200	

品目	数量	單位	單價	小計	摘要
糯米	21 000 K	100 kg	30 000 円	6 300 円	
支那米	7,830 000	〃	24 000	1,879 200	
小麦粉	1,923 500	〃	23 000	442 405	
缶詰	288 000	〃	70 000	201 600	
乾野菜	260 000	〃	66 000	171 600	
粉味噌	93 000	〃	80 000	74 400	
鰮缶	31 400	〃	50 000	15 700	
牛肉野菜煮	57 600	〃	120 000	69 120	
粉醬油	27 000	〃	150 000	40 500	
鰤缶	14 400	〃	80 000	11 520	
岩塩	129 000	〃	2 150	2 773	
野(生)菜	1,020 000	〃	11 000	112 200	
昆布巻	81 000	〃	70 000	56 700	
削節	1 000	〃	73 000	730	
味噌漬	9 000	〃	37 000	3 330	
福神漬	27 000	〃	43 000	11 610	

112

品目	数量	単位	単價	小計	摘要
新巻鮭	15 000 K	100 Kg	60 000 円	9 000 円	
干瓢	40 000	〃	80 000	32 000	
干馬鈴薯	51 000	〃	88 100	44 931	
干牛蒡	34 000	〃	115 000	39 100	
若布	15 000	〃	55 000	8 250	
鮪缶	17 000	〃	90 000	15 300	
乾魚肉	10 000	〃	55 000	5 500	
桜干	14 000	〃	60 000	8 400	
カレー汁缶	5 000	〃	60 000	3 000	
乾パン	13 500	〃	65 000	8 775	
干水菜	24 000	〃	40 000	9 600	
豆腐	27 000	1K	120	3 240	
煎子佃煮	24 000	100K	65 000	15 600	
緋野菜漬	13 000	〃	36 000	4 680	
マツケ	5 箱	1箱	100	500	
乾魚	10 000 K	〃	55 000	5 500	
鰹缶	24 160	〃	70 000	16 912	

103

2

品目	数量	単位	單價	小計	摘要
煎子	4 000 K	100 Kg	65 000 円	2 600 円	
計				4946 910	

113

満鐵派遣員糧秣(現地購入品)交付額調書 (自昭和13年2月 至昭和13年3月) 北支那方面軍經理部

品目	数量	單價	小計	摘要
無煙炭大塊	560 000 K	円 020	円 11 200	
砂糖	60 000	300	18 000	
人參	571 000	080	45 680	
大根	791 000	090	71 235	
馬鈴薯	698 000	100	67 800	
豚肉	54 000	900	48 600	
チウドン	80 把	100	8 000	
荒布佃煮	13 000 K	1.000	13 000	
白菜	2.857 000	120	342 840	
山芋	193 000	180	34 740	
卵	1100 個	040	44 000	
豆腐	845	030	25 350	
蛸	30 000 K	1.150	34 500	
蒲鉾	30 000	850	25 500	

107

品目	数量	單價	小計	摘要
卵	600 個	円 035	円 21 000	
葱	1.260 000 K	100	126 000	
葱	450 000	070	40 500	
蓬蓮草	372 000	180	66 960	
蓬蓮草	45 000	150	6 750	
薪	1.810 000	040	72 400	
薪	1.190 000	030	35 700	
薪	900 000	020	18 000	
計			1.179 755	

114

天津特务机关目前的业务（一九三七年八月三日）

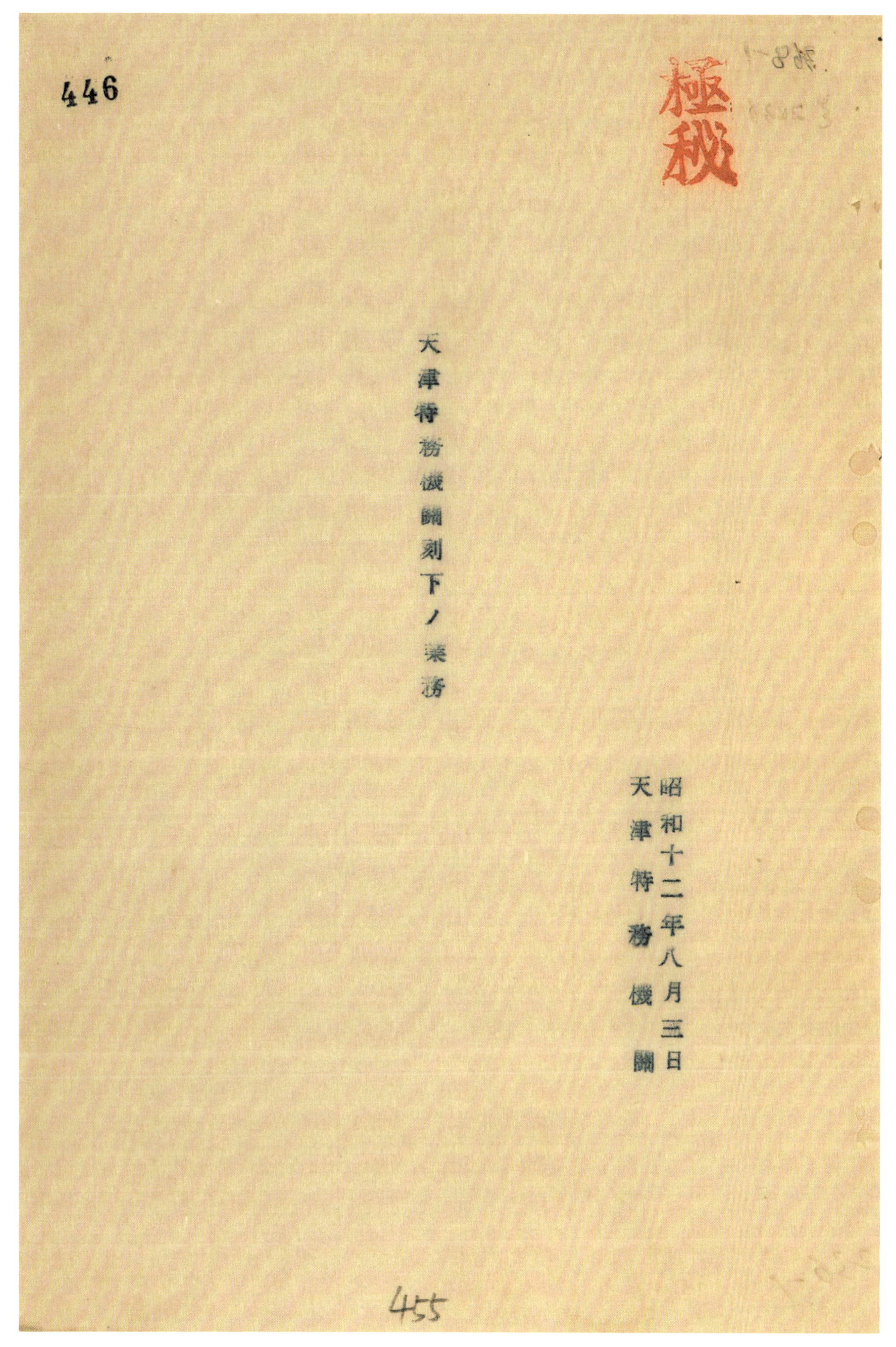

446

極秘

天津特務機關刻下ノ業務

昭和十二年八月三日

天津特務機關

455

秘

天津特務機關刻下ノ業務

方針

治安維持會ヲ強化シ速ニ治安ヲ回復シ以テ軍ノ繋累ヲ除キテ作戰ヲ容易ナラシム

大綱

一、治安維持會ノ強化
二、警察機能ノ回復
三、難民ノ救恤ト宣撫
四、金融ノ安定ト食糧ノ調節

實施要領

一、治安維持會ノ強化
維持會強化ノ爲差當リ實施スル事項左ノ如シ
(1)維持會ノ各局課以下ノ實行機關ヲ整備シ速ニ責務ヲ開始シ得ル如クス
各局課ノ編成ハ必要ノ最少限トシ冗員ヲ省ク

448

(2)維持會ハ當分市社會局ニ開設シ各局課ハ殘存セル官公衙建物中使用シ得ルモノヲ充當シ初度設備ノ爲所要ノ備品ヲ支給ス

(3)維持會活動ノ政費ハ左記要領ニ依リ至急調達ス

イ、各主要工場ノ統稅

ロ、印花稅

ハ、鹽稅、冀察協款中月額十萬圓ヲ天津市ノ財源トス

ニ、以上財源ヲ以テスル銀行ヨリノ借入金

ホ、市金庫殘預金

ヘ、維持會ニテ研究シ特務機關長ノ認メタル收入（例ヘハ彩票ノ如シ）

二、警察機能ノ回復

治安回復ノ根本タル警察機能ヲ迅速ニ回復シ其ノ本來ノ業務ヲ實施セシムルハ刻下ニ於ケル急務中ノ急務ナリ、之カ爲實施スヘキ事項ノ概要ヲ左ノ如ク豫定ス

(1)警察局ノ復活

457

449

イ、李文田局長逃亡シ警察局内ハ荒廢甚シク警察局トシテノ機能ハ目下皆無ナリ、新局長（前前局長、劉玉書ノ豫定目下北平ニアリ）ノ到着迄ハ警察局長ノ業務ハ特務機關治安部（池上憲兵少佐）ニ於テ直接各分局長ヲ指導シテ實施シ劉玉書到着セハ舊公安局廳舍ヲ整理シ警察局ノ業務ヲ開始セシメムトス

ロ、各警察分局ハ特務機關治安部ニ於テ概ネ警分局長ヲ掌握シ之ヲシテ各分局内ノ警察官ヲ整理再編成ノ上目下逐次警戒配置ニ就キツツアリ、特ニ特第二區及第一分局（三不管方面）ハ既ニ概ネ事變前ノ狀態ニ復歸セリ、然レトモ日本租界ヨリ遠隔シアル第五分局（總站附近）竝特別第一區ノ如キハ未タ十分ナラサルヲ以テ速ニ之カ治安囘復ヲ期セムトス

ハ、警察官ノ宣撫

警察官ノ身分ヲ保障シ安心シテ其ノ本務ニ服セシムル爲左ノ如ク處置ス

1、最モ渇望シアル食糧（麥粉）ヲ分與ス、之カ爲明四日各分局

458

4500

長ヲ通シ小麥粉約七百五十袋ヲ給與ス

2、保安隊等ト誤認セラレ日本軍ノ攻撃ヲ受クルコトヲ豫防スル爲保安隊類似ノ茶褐服ヲ停止シ黑服ヲ著セシメ更ニ認印アル白布（腕章）ヲ纏ハシムルコトトセルカ黑服ハ大體徹底セルモ白布ハ未タ十分徹底シアラス目下其ノ徹底ニ努力中

三、難民ノ救恤ト宣撫

難民ハ成ルヘク速ニ各自ノ家ニ歸還セシムルヲ主旨トス

難民タ救恤ハ支那側慈善團體ヲシテ實施セシメ治安維持會ヲシテ之ヲ支援セシム、但シ治安維持會カ實際ノ活動ヲ開始スルニ至ル迄ハ天津特務機關宣傳部ニテ直接慈善團體ヲ指導ス

特務機關ノ慈善團體ニ對スル指導左ノ如シ

(1) 各慈善團體ノ統制

(2) 食料ノ斡旋

(3) 資金ノ斡旋

(4) 通行證ノ交付及身分ノ保障

459

451

宣撫

宣撫工作ハ人心ノ安定ニ重點ヲ置キ左記事項ヲ實施ス

(1)支那新聞及ラヂヲノ統制利用

(2)ビラノ貼附並撒布

(3)宣傳部ニテ街頭宣撫班ヲ編成シ巡回宣撫ヲ行フ

四 金融安定

(1)金融對策委員會ノ設置

(2)日滿物資ノ輸入ニ依ル銀爲替資金ノ節約

(3)支那側銀行及錢舖ノ開業促進

(4)現銀ノ流出防止

(5)爲替投機ノ禁止ト流言蜚語ノ取締

五 食糧ノ調節

(1)物資對策委員會ノ設置

(2)業者ノ食糧輸入ニ對スル共同工作

(3)輸送ノ圓滑

(4)市場ノ開設ト暴利取締

460

天津居留民团长关于感谢给天津居留民配发粮食及其他副食品事致总裁室东亚课长的感谢信
（一九三七年八月九日）

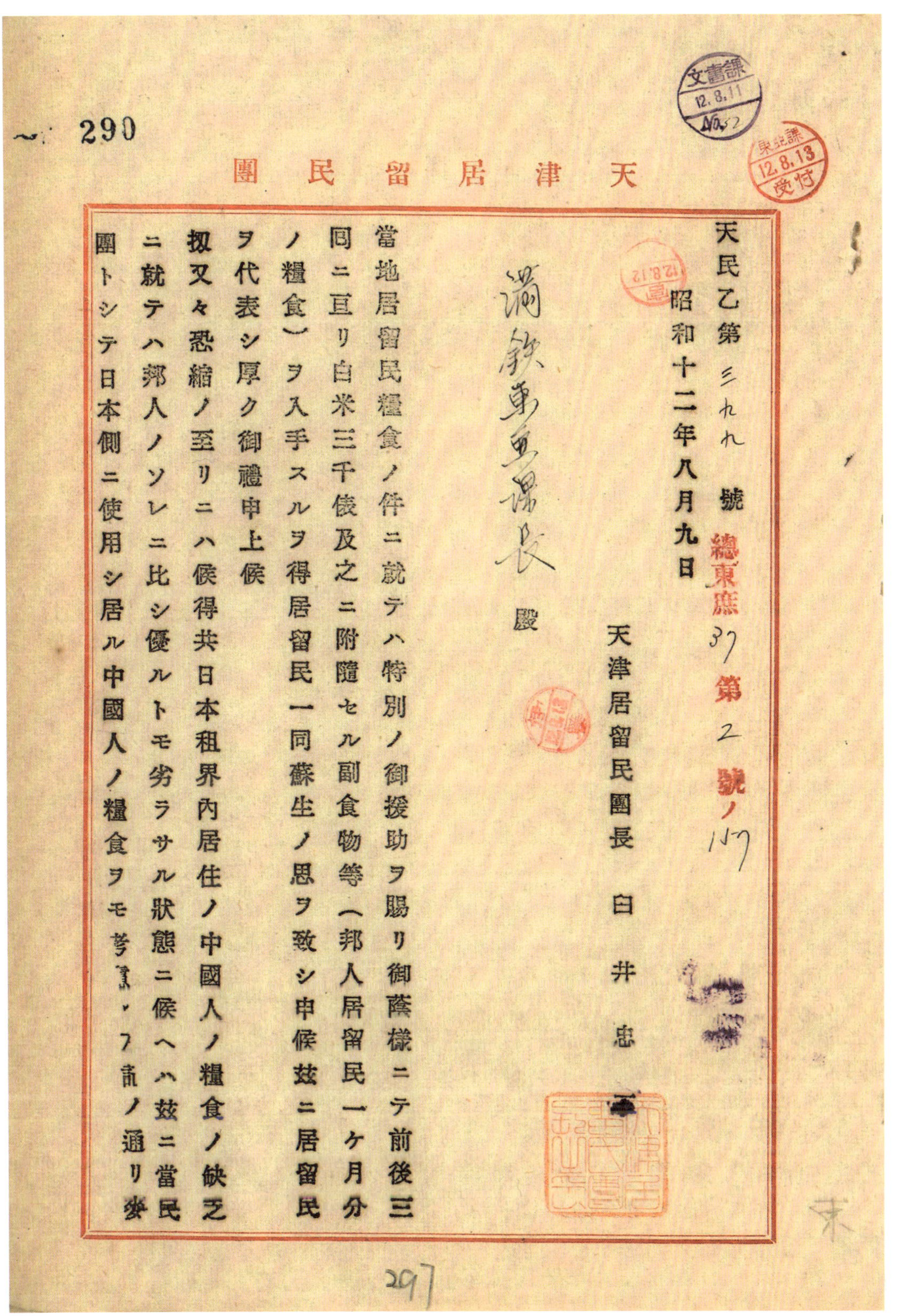

290

天津居留民團

天民乙第三九九號
昭和十二年八月九日
總東庶37第2號ノ117

天津居留民團長　臼井忠三

滿鉄東亜課長　殿

當地居留民糧食ノ件ニ就テハ特別ノ御援助ヲ賜リ御蔭様ニテ前後三回ニ亘リ白米三千俵及之ニ附隨セル副食物等（邦人居留民一ヶ月分ノ糧食）ヲ入手スルヲ得居留民一同蘇生ノ思ヲ致シ申候茲ニ居留民ヲ代表シ厚ク御禮申上候

扨又々恐縮ノ至リニハ候得共日本租界内居住ノ中國人ノ糧食ノ缺乏ニ就テハ邦人ノソレニ比シ優ルトモ劣ラサル狀態ニ候ヘハ茲ニ當民團トシテ日本側ニ使用シ居ル中國人ノ糧食ヲモ考慮シ左記ノ通リ麥

297

291

天津居留民團

粉四萬四百七拾五袋ヲ大連ヨリ輸入致シ善處致シ度就而可成今月十四日頃マテニ塘沽ニ陸揚ケノ上輸送致シ若シ萬已ムヲ得サル場合ハ塘沽ヨリ天津マテハ「ライター」若クハ天津ヘノ直航船ニ[illegible]リ輸送致シ度候ニ付御許可相願度尚特別ノ御詮議ヲ以テ何分ノ御援助方懇願申上候

追而本品モ前同同樣軍需品扱（免稅）ニ願度尚左記記載ノ通リ大倉商事株式會社ト國際運輸株式會社（滿鐵斡旋ノ分）ノ兩者ニ別別ニ註文致シ居ル爲船便其他ノ手續等ニモ御手數相掛ケルコト、拜察仕候得共何分宜敷御願申上候

左記

一、麥粉　貳萬袋　國際運輸會社ニ註文ノ分（滿鐵斡旋）

一、仝　貳萬四百七拾五袋　大倉商事株式會社ニ註文ノ分

（右兩者共大體八月十一日乃至十三日大連積出ノ豫定）

298

陆军运输部大连办事处与满铁会社大连铁道事务所之雇佣船只契约书（一九三七年八月十一日）

契約書

汽船福島丸、鐵島丸ノ傭船ニ關シ陸軍運輸部大連出張所長坂本末雄（以下單ニ甲ト稱ス）ト南滿洲鐵道株式會社大連鐵道事務所長下津春五郎（以下單ニ乙ト稱ス）トノ間ニ契約スルコト左ノ如シ

第一條　傭船ノ期間ハ約一個月トシ福島丸、鐵島丸カ大連港ヲ發シタル時ヲ以テ始期トシ大連港ニ歸着返還シタル時ヲ以テ終期トス

第二條　傭船料ハ左ノ如シ

一、傭上船福島丸（船價參萬圓）總噸數貳貳四噸六六乘組員日本人八名滿洲人四名計拾貳名

壹日ニ付金壹百四拾貳圓

二、傭上船鐵島丸（船價貳萬圓）總噸數壹〇貳噸八乘組員日本人七名滿洲人二名計九名

壹日ニ付金九拾九圓

前記ノ計算ニ於テ始期及終期ノ日ハ各壹日ト看做ス

540

第三條　前條傭船料ノ外運航ニ伴フ左記經費ハ甲ノ負擔トシ其ノ他一切ノ經費ハ乙ノ負擔トス

一、運航ニ要スル燃料炭、清水代及消耗品費

傭船ノ始期ニ於ケル現有石炭ハ無煙粉炭壹噸ニ付金八圓九拾五錢清水ハ壹噸ニ付金貳拾九錢ノ割ヲ以テ甲之ヲ引取リ終期ニ於ケル現有石炭及清水ハ積込迄ノ購入價格ニテ乙之ヲ引取ルモノトス

二、港費（繫船料、水先案内料、噸稅、入出港料、航路標識使用料）ノ實費

三、甲ノ指定スル乘組員竝便乘者ニ對シ本船ヨリ供給シタル食料

第四條　甲ハ傭上船内ニ自己ノ設備ヲ以テ軍事上必要ナル艤装ヲ施スコトアルヘシ

但シ返還ニ當リテハ甲ハ之ヲ原形ニ復スヘキモノトス

第五條　本傭船中船体、属具竝器具等ニ生シタル損害及往復航海期間中ノ船舶保險料ハ甲ノ負擔トス但シ乙又ハ其ノ從業員ノ故意又ハ重

ヨ—0101　B列5　南滿洲鐵道株式會社　（10.6.1,000冊共和號納）

549

大ナル過失ニ基ク損害ニ對シテハ此ノ限リニ在ラス

第六條　第二條及第三條ノ運賃ハ傭船終期ヲ以テ締切リ乙ヨリ甲ニ請求シ之カ支拂ヲ受クルモノトス

第七條　傭上船ハ傭船中甲ノ指示スル處ニ從ヒ服務スルモノトス

右契約ノ證トシテ本書貳通ヲ作成シ記名捺印ノ上各其ノ壹通ヲ保持スルモノトス

昭和拾貳年八月拾壹日

陸軍運輸部大連出張所長
阪本末雄

南滿洲鐵道株式會社
大連鐵道事務所長
下室春五郎

542

契約書

艀船廣丸、早丸、國丸ノ傭船ニ關シ陸軍運輸部大連出張所長阪本末雄(以下單ニ甲ト稱ス)ト南滿洲鐵道株式會社大連鐵道事務所長下津春五郎(以下單ニ乙ト稱ス)トノ間ニ契約スルコト左ノ如シ

第一條 傭船ノ期間ハ約壹箇月トシ艀船カ大連港ヲ發シタル時ヲ以テ始期トシ大連港ニ歸着返還シタル時ヲ以テ終期トス

第二條 傭船料ハ左ノ如シ

一、鋼製艀船廣丸第壹號(積載噸數約貳五〇噸)
乘組員 日本人 一名 滿洲人 二名

一、〃 〃 第貳號(積載噸數約貳五〇噸)
乘組員 日本人 一名 滿洲人 二名

一、〃 〃 第參號(積載噸數約貳五〇噸)
乘組員 日本人 一名 滿洲人 二名

ヨ—0101 B列5 南滿洲鐵道株式會社 (10.6.1.000冊)

551

一、鋼製艀船早丸第參號（積載噸數約貳五〇噸）

乘組員　日本人　一名　滿洲人　二名

一、〃　〃　第拾號（積載噸數約貳五〇噸）

乘組員　日本人　一名　滿洲人　二名

壹日ニ付金拾八圓

一、鋼製艀船國丸第八號（積載噸數約壹〇〇噸）

乘組員　日本人　一名　滿洲人　一名

壹日ニ付金拾四圓

前記ノ計算ニ於テ始期及終期ノ日ハ各壹日ト看做ス

第三條　前條傭船料ノ外運航ニ伴ヒ要シタル諸經費ハ甲ノ負擔トス

第四條　甲ハ傭上船內ニ自己ノ負擔ヲ以テ軍事上必要ナル艤裝ヲ施スコトアルヘシ

但シ返還ニ當リテハ之ヲ原形ニ復スヘキモノトス

第五條　本傭船中船体、屬具並器具等ニ生シタル損害及往復航海期間

544

中ノ船体保險料ハ甲ノ負擔トス

但シ乙又ハ其ノ從事員ノ故意又ハ重大ナル過失ニ基ク損害ニ對シテハ此ノ限リニ在ラス

第六條 第二條及第三條ノ經費ハ傭船終期ヲ以テ締切リ乙ヨリ甲ニ請求シ之カ支拂ヲ受クルモノトス

第七條 傭上船ハ傭船中甲ノ指示スル處ニ從ヒ服務スルモノトス

右契約ノ證トシテ本書(別紙各浮船艤具備品目錄添付)貳通ヲ作成シ記名捺印ノ上各其ノ壹通ヲ保持スルモノトス

昭和拾貳年八月拾壹日

陸軍運輸部
大連出張所長
阪本末雄

南滿洲鐵道株式會社
大連鐵道事務所長
下津春五郎

ヲ—0101 B列5 南滿洲鐵道株式會社 (10.6.1.000冊 大和印刷)

553

中央试验所长关于申请制定特殊产品制造相关整理科目事致财务部长的函（一九三七年八月十四日）

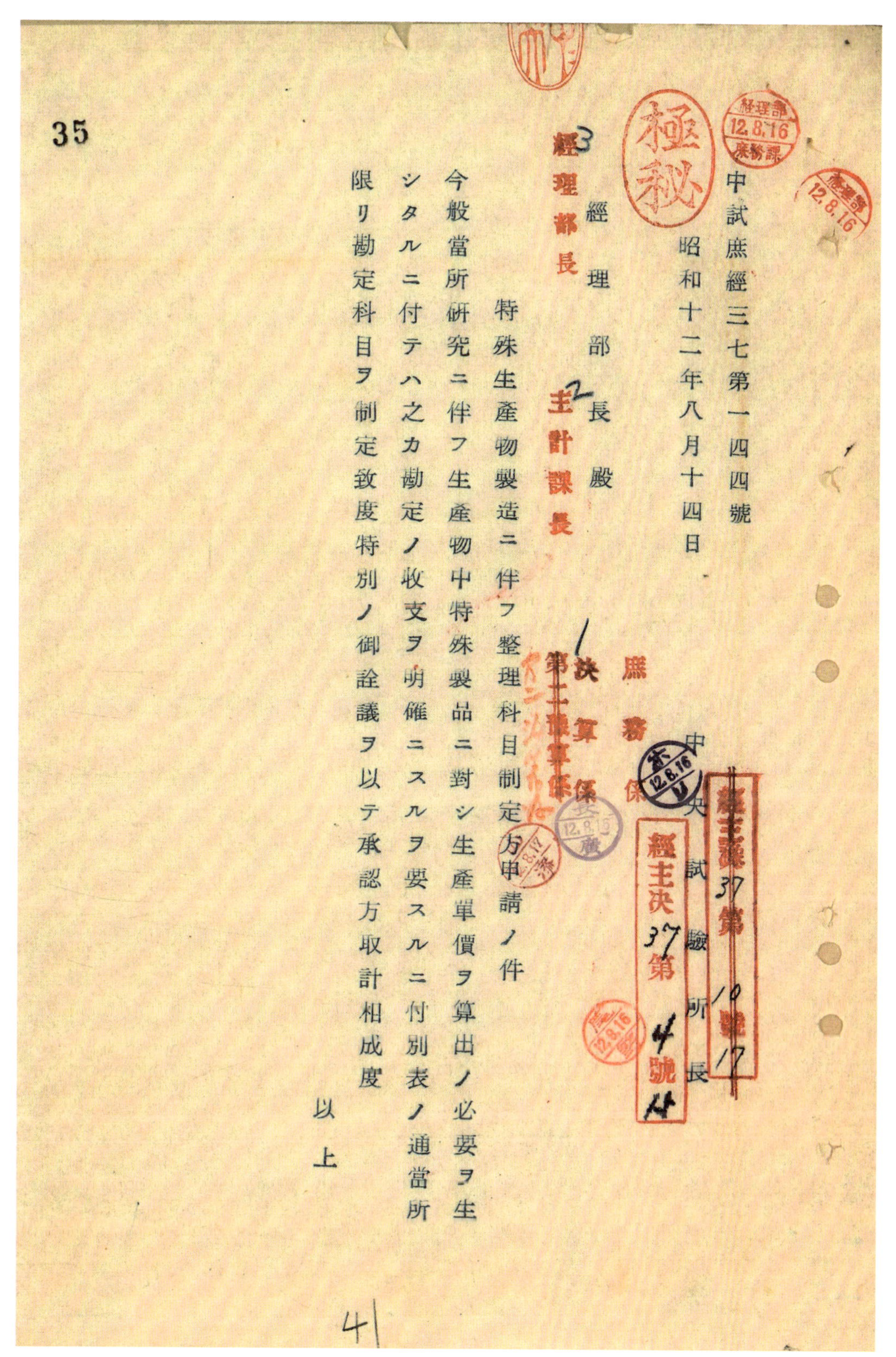

35

極秘

中試庶經三七第一四四號

昭和十二年八月十四日

中央試驗所長

經理部長殿

特殊生產物製造ニ伴フ整理科目制定方申請ノ件

今般當所研究ニ伴フ生產物中特殊製品ニ對シ生產單價ヲ算出ノ必要ヲ生シタルニ付テハ之カ勘定ノ收支ヲ明確ニスルヲ要スルニ付別表ノ通當所限リ勘定科目ヲ制定致度特別ノ御詮議ヲ以テ承認方取計相成度

以上

41

附：特殊产品整理科目表

特殊生産物整理科目

(極秘)

款	項	目	節	解説
仮受金	諸掛仮受金勘定	中央試験所	製品収入	製品試売ニ対スル収入
			雑収入	上記以外ノ雑収入
			差額整理高	製品ノ収支差額ヲ勘定収支勘定、中央試験所収入、雑収入ニ振替高
仮払金	諸掛仮払金勘定	中央試験所	俸給	製品製造ニ付直接従事セル職員ノ俸給
			給料	同上　日満傭員給料
			臨時給	〃　傭員、常役夫給料
			在勤手当	〃　社員ニ対スル在勤手当及補給金
			雑手当	〃　時間外手当、公傷手当、公傷入院料、治療費等
			旅費	〃　助勤並出張旅費等
			用品費	〃　備品、工具、文具、刊行物及一般消耗品代
			材料費	〃　製品材料代
			作業用品費	〃　動力料、燃料、水料、瓦斯料、油脂、薬品代
			通信費	〃　郵便料、電信料、電話料、通話料等
			修繕費	〃　機器、備品類ノ修理代及修理材料代
			雑費	〃　交通費、運搬費其他
			~~別途積立費~~	〃　~~賞与、退職慰労金、社宅費割当額分担~~
			賞与金	〃　賞与金ノ割当分担額
			退職慰労金	〃　退職慰労金ノ割当分担額
			社宅費	〃　社宅費ノ割当分担額

36

42

总裁室弘报课关于决定派松井石根大将出任上海派遣军司令官的电话记录（一九三七年八月十七日）

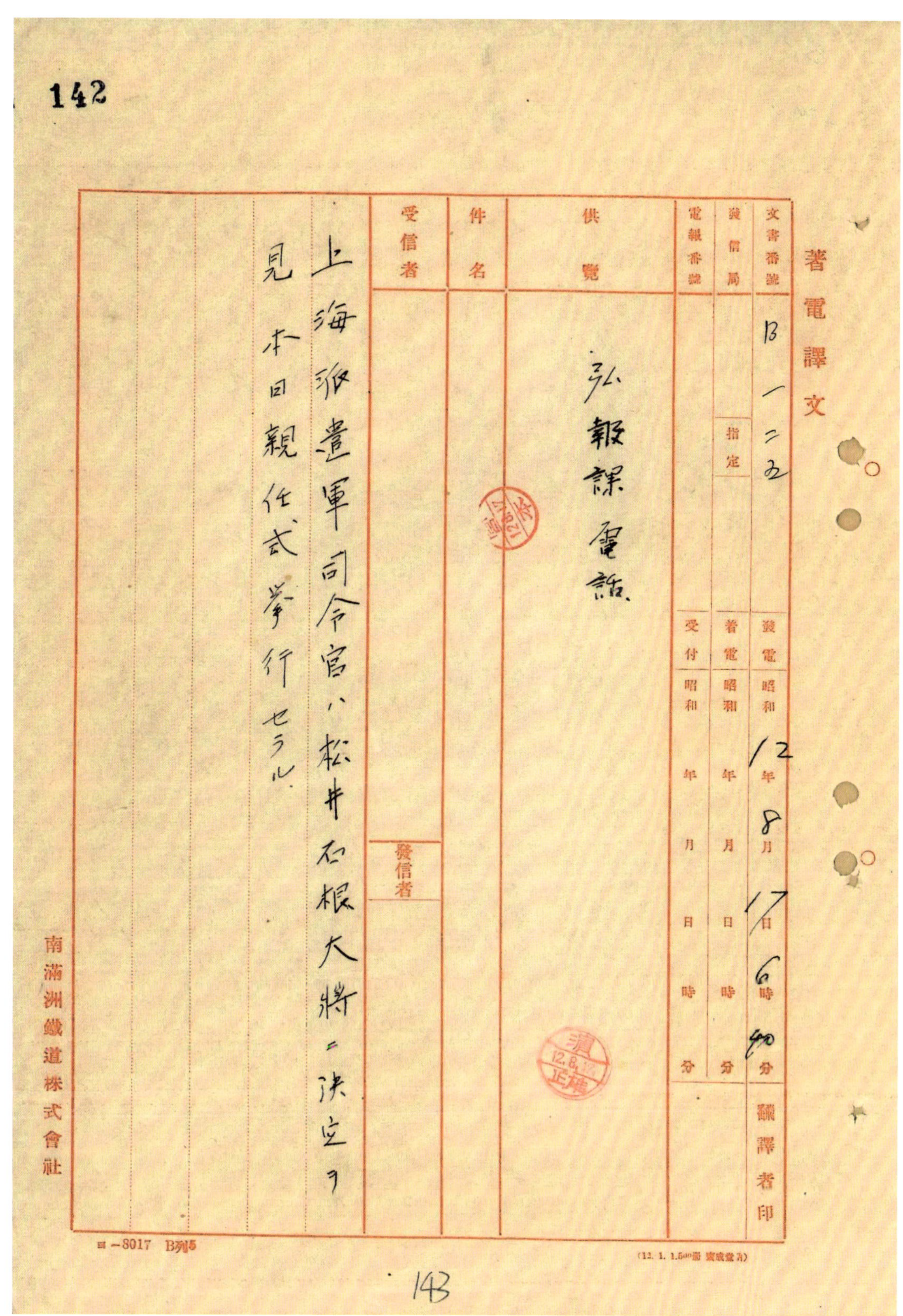
142

著電譯文

文書番號 B一二五
發電 昭和12年8月17日6時40分

供覽 弘報課電話

上海派遣軍司令官ハ松井石根大將ニ決定ヲ見本日親任式擧行セラル

南滿洲鐵道株式會社

143

天津联合会关于送交登载《协和》原稿事致社员会编辑部的函（一九三七年八月十九日）

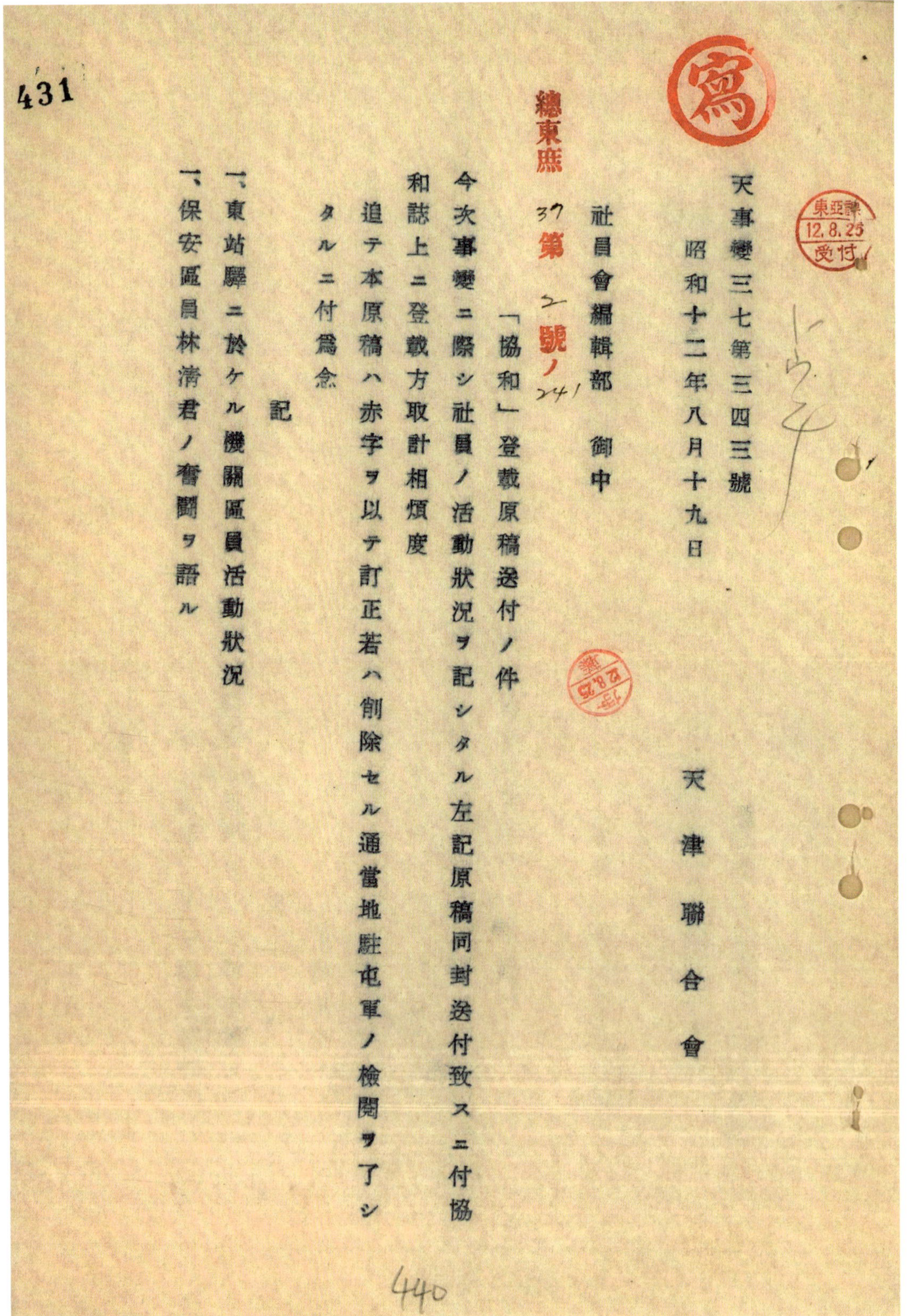

431

寫

天事變三七第三四三號

昭和十二年八月十九日

天津聯合會

社員會編輯部 御中

總東庶 37 第 2 號ノ241

東亜課 12.8.25 受付

「協和」登載原稿送付ノ件

今次事變ニ際シ社員ノ活動狀況ヲ記シタル左記原稿同封送付致スニ付協和誌上ニ登載方取計相煩度

追テ本原稿ハ赤字ヲ以テ訂正若ハ削除セル通當地駐屯軍ノ檢閲ヲ了シタルニ付爲念

記

一、東站驛ニ於ケル機關區員活動狀況

一、保安區員林淸君ノ奮鬪ヲ語ル

440

天津特务机关业务分担表（一九三七年八月二十日）

社外發表嚴禁

極秘

444

天津特務機關業務分擔表

	業務	機關員	機關附
機關長	一、業務全般ノ統轄 二、支那側機關ノ一般的指導 三、使用經費ニ關スル事項 四、人事ニ關スル事項	長嶺中佐	三村雇員
	一、機關長業務輔佐	小林囑託	
總務部	一、使用經費ニ關スル庶務的事項 二、人事ニ關スル庶務的事項 三、治安維持會ノ政治指導ニ關スル事項 四、政治情報蒐集整理ニ關スル事項 五、文書ニ關スル事項 六、陣中日誌ノ記載 七、庶務	茂川少佐 諏訪部囑託 管野囑託	三谷囑託 拓植囑託 毛利囑託 大野囑託 出田囑託 仲谷囑託

453

445

治安部	財政部	宣撫部
一、公安局指導ニ關スル事項 二、治安維持ニ關スル情報ノ蒐集 三、外國人ノ取締ニ關スル事項 四、日本軍ト公安局トノ交渉事項	一、治安維持會ノ經費ニ關スル事項 二、金融ノ安定ニ關スル事項 三、食糧品ノ需給ニ關スル事項	一、宣傳ニ關スル事項 二、宣撫ニ關スル事項 三、新聞指導ニ關スル事項
池上少佐 (兼)多喜少佐	井土垣少佐 毛利(里)顧問 伊藤顧問	多喜少佐 太宰囑託 ~~[illegible]上~~(渕暢)囑託
田中軍曹 後藤　定	大城戸囑託 安田囑託 殿生囑託 吉田囑託	久永囑託 横尾 若井 木村

石橋東條雄カ代ル筈

454

满铁理事中西敏宪关于请批准枪炮火药类携带许可申请事致大连警察署长久下沼英的函（一九三七年八月二十日）

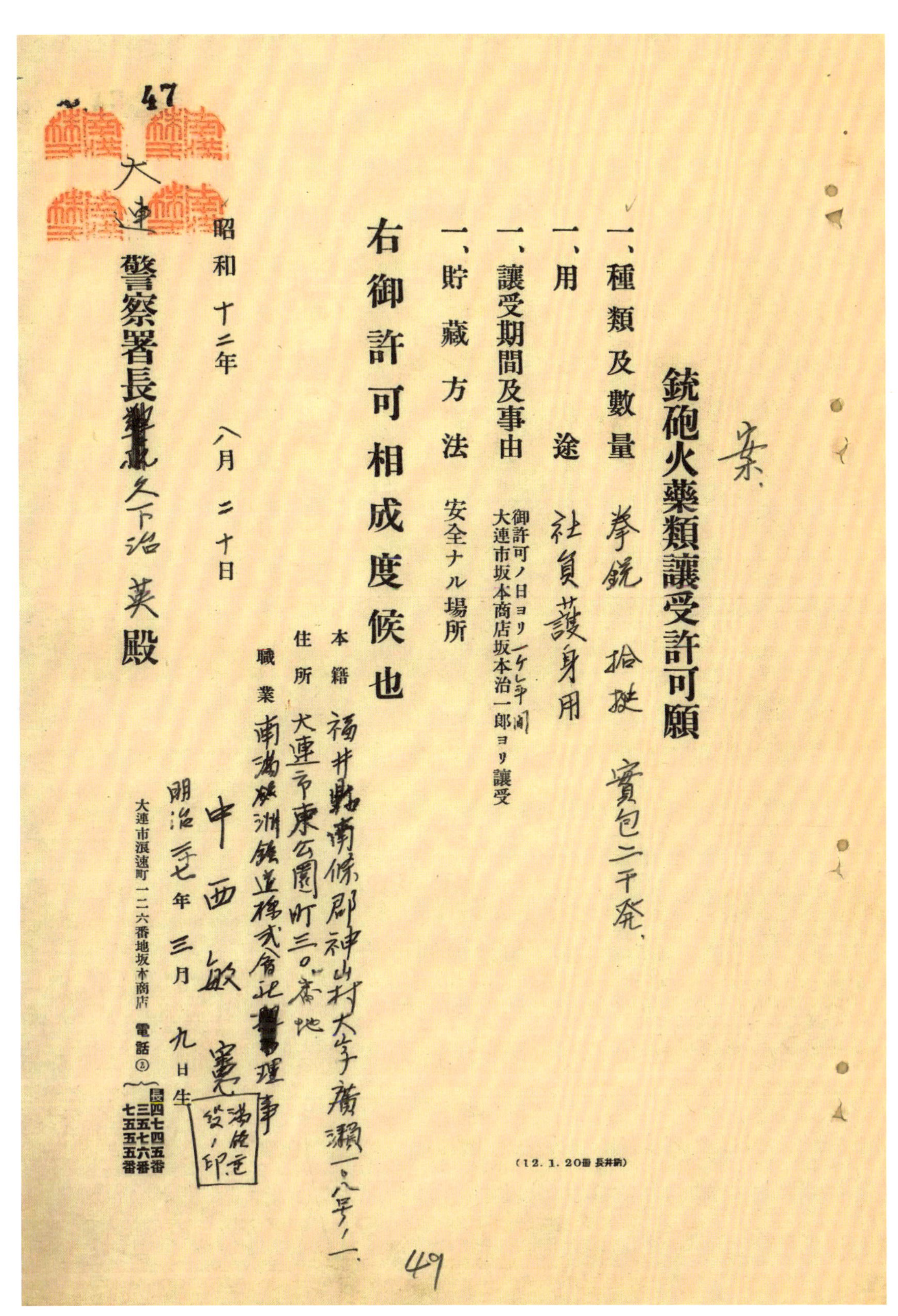
47

案

銃砲火藥類讓受許可願

一、種類及數量　拳銃　拾挺　實包二千發

一、用途　社員護身用

一、讓受期間及事由　御許可ノ日ヨリ一ケ年間
大連市坂本商店坂本治一郎ヨリ讓受

一、貯藏方法　安全ナル場所

右御許可相成度候也

本籍　福井縣南條郡神山村大字廣瀬一〇八号ノ一

住所　大連市東公園町三〇番地

職業　南滿洲鐵道株式會社理事

中西敏憲

明治二十七年三月九日生

昭和十二年八月二十日

大連警察署長久下治英殿

（12. 1. 20冊 長井新）

大連市濱速町一二六番地坂本商店　電話②〔長〕四七四五番　三五七六番　七五五五番

49

上海无线电关于修改天津事务所庶务课长发二十七号电事致总裁室东亚课长、用度部长的电文

（一九三七年八月二十三日）

235

著電譯文

文書番號	發信局	電報番號
B、二〇〇		三

指定 特、至

	發電	着電	受付
昭和	12年8月23日8時0分	年 月 日 8時5分	年 月 日 8時50分

供覽 總、庶務課長

8月23日 別途寫送付濟ミ

受信者 東亜課長 用度部長

發信者 上海電

件名

咋、天津、庶務課長二七電下記ノ通訂正承知セラレ度 無電用蓄電池至急發送方手配ヲ請求シアルモ尚發信箇所ハ（天津無電）ナリ

飜譯者印

南滿洲鐵道株式會社

（12. 8. 500冊 盛日社印）

237

联络员多伦关于已收到慰问品并表示感谢事致总裁、铁道总局长的电文（一九二七年八月二十四日）

36

寫

著電譯文

文書番號	B二三〇
發信局	
指定	ウナ
電報番號	社二九
發電	昭和12年8月24日11時　分
着電	昭和　年　月　日19時21分
受付	昭和　年　月　日　時　分
翻譯者印	Mitsuta
供覽	總庶務課長 寫配付濟 文書課長 寫配付濟 總裁室東亞課長 總裁室福祉課長 寫配付濟
件名	
受信者	總裁、鉄道總局長
發信者	多倫連絡員

慰問品ヲ受ケ厚意ヲ謝ス　茲ニ總局使命ノ完遂ヲ期シ奮闘努力ス　一同健康安心乞フ

南滿洲鐵道株式會社

（12. 8. 500冊 滿日印刷）

38

用度部计划课关于代理发行粮食及手枪申请券事致上海事务所的函（一九三七年八月二十八日）

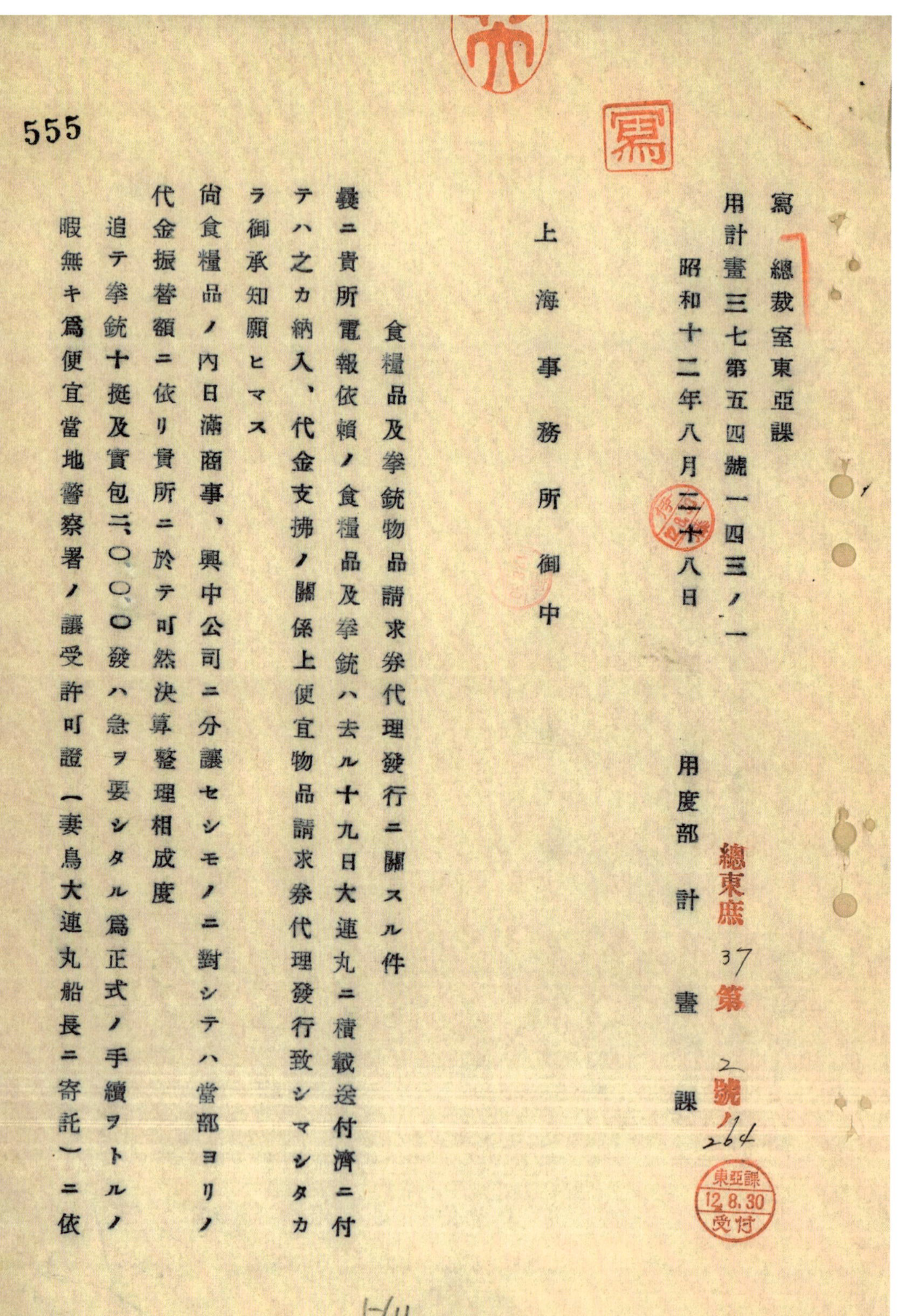

555

寫

総裁室東亞課

用計畫三七第五四號一四三ノ一

昭和十二年八月二十八日

用度部計畫課

總東庶37第2號ノ264

東亞課 12.8.30 受付

上海事務所御中

食糧品及拳銃物品請求券代理發行ニ關スル件

曩ニ貴所電報依頼ノ食糧品及拳銃ハ去ル十九日大連丸ニ積載送付濟ニ付テハ之カ納入、代金支拂ノ關係上便宜物品請求券代理發行致シマシタカラ御承知願ヒマス

尚食糧品ノ内日滿商事、興中公司ニ分讓セシモノニ對シテハ當部ヨリノ代金振替額ニ依リ貴所ニ於テ可然決算整理相成度

追テ拳銃十挺及實包二、〇〇〇發ハ急ヲ要シタル爲正式ノ手續ヲトルノ暇無キ爲便宜當地警察署ノ讓受許可證（妻鳥大連丸船長ニ寄託）ニ依

564

556

リ送付致シマシタカ至急上海領事館警察署ヨリ輸入許可證ノ下附ヲ受ケ
タル上當部ヨリ送付ノ讓受許可證ト共ニ送付願度

同封書類　物品請求券寫　自代一號至代三三號
　　　　　同　　　　　自代二〇一號至代二〇三號
　　　　　計　　　　　三六枚

565

鲁大公司秀村务关于报告行程事致总裁室东亚课长宫本的电文（一九三七年八月二十九日）

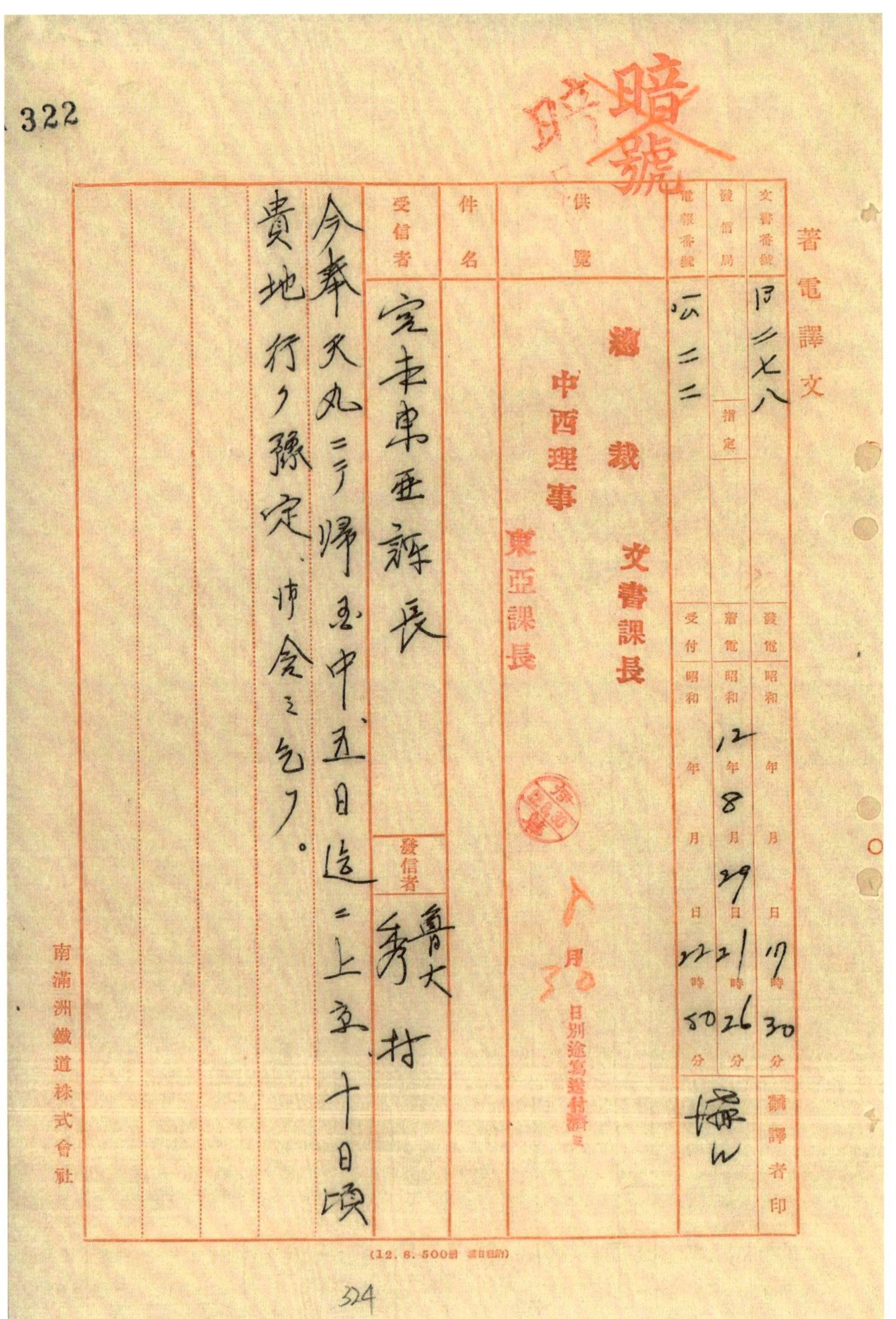

322

暗號

著電譯文

文書番號	發信局	電報番號
13二七八		公二二

供覽：總裁　中西理事　文書課長　東亞課長

發電 昭和　年　月　日 17時30分
着電 昭和12年8月29日21時26分
受付 昭和　年　月　日22時50分

月 日別途寫送付濟ミ

受信者：宮本東亞課長

發信者：魯大 秀村

今奉天丸ニテ帰国中、五日迄ニ上京、十日頃貴地行ク豫定、帰舎ニ乞フ。

南滿洲鐵道株式會社

(12. 8. 500冊)

324

青岛特务机关长关于暂时返还满铁所派从事宣传、谍报工作之社员事致总裁室东亚课长的函
（一九三七年八月三十日）

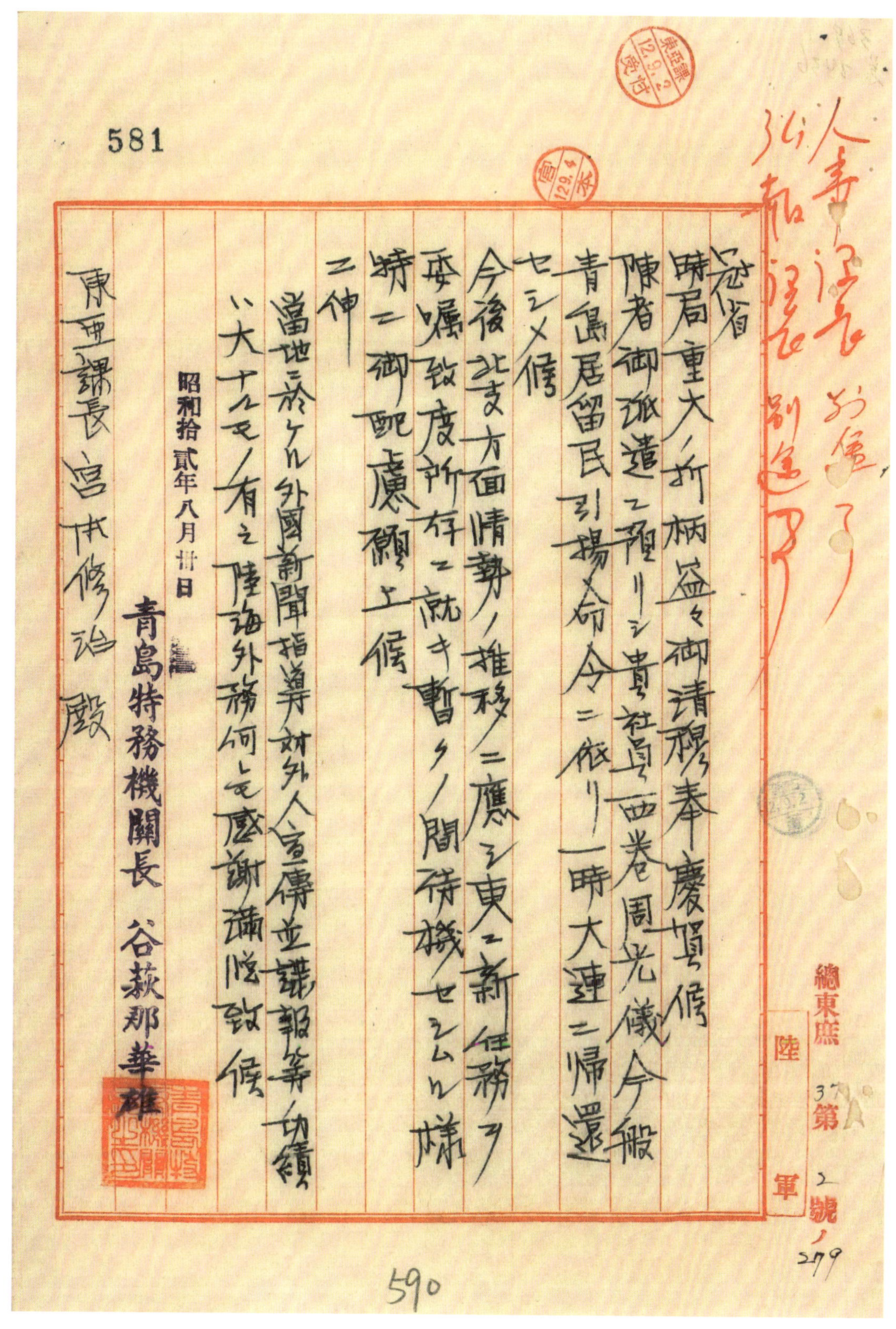
581

冠省
時局重大ノ折柄益々御清穆奉慶賀候
陳者御派遣ニ預リシ貴社員西巻周光儀今般青島居留民引揚命令ニ依リ一時大連ニ帰還セシメ候
今後北支方面情勢ノ推移ニ應シ更ニ新任務ヲ委嘱致度所存ニ就キ暫クノ間待機セシムル様特ニ御配慮願上候
二伸
當地ニ於ケル外國新聞指導并対外人宣傳並諜報等ノ功績ハ大ナルモノ有之陸海外務何レモ感謝満足致候

昭和拾貳年八月卅日

青島特務機關長　谷萩那華雄

東亜課長　宮本修治殿

総東庶 第 号

满铁理事中西敏宪关于运送手枪子弹申报单事致大连警察署长久下沼英的函（一九三七年九月十六日）

25

輸出済ノ件届

一、種類及数量　拳銃　壱挺
　　　　　　　　全実包　弐十ケ

一、許可年月日　昭和十二年九月十五日

一、全番號　第三七七號

一、輸出先　上海満鉄上海事務所長

一、期間　右許可ノ日ヨリ昭和十二年十月末日迄

右ハ適法ニ許可ヲ受ケ輸出完了仕候間及御届候也

昭和十二年九月十六日

大連市東公園町三番地

満鉄理事　中西敏憲

大連警察署長　久下沼英殿

27

大连铁道事务所长关于送交租用大连丸合约事致总裁室东亚课长、铁道总局财务局会计课大连在勤员、大连埠头长的函（一九三七年九月十六日）

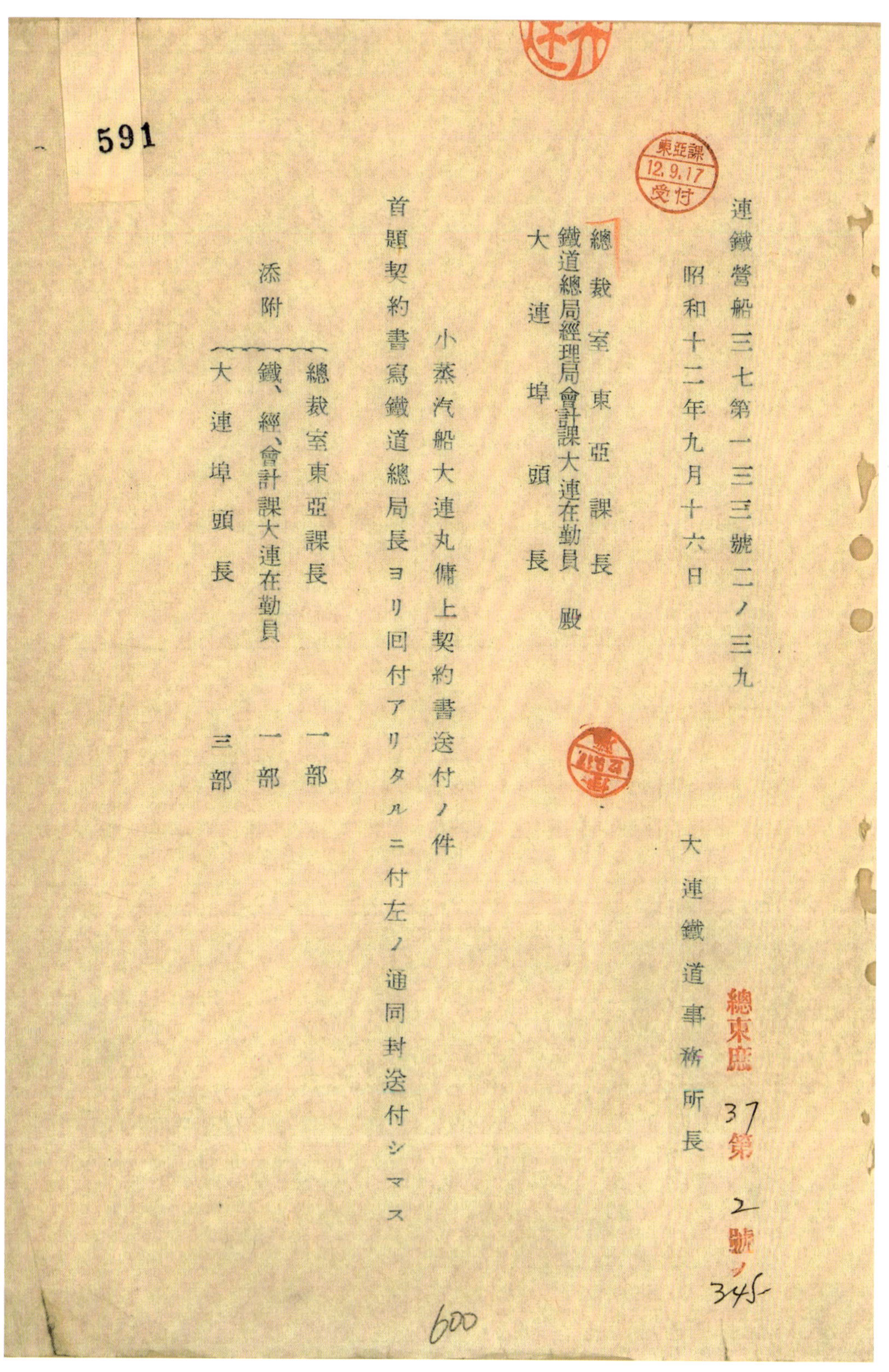

591

連鐵營船三七第一三三號ニノ三九
昭和十二年九月十六日

大連鐵道事務所長

總裁室東亞課長
鐵道總局經理局會計課大連在勤員 殿
大連埠頭長

小蒸汽船大連丸傭上契約書送付ノ件

首題契約書寫鐵道總局長ヨリ回付アリタルニ付左ノ通同封送付シマス

添附

總裁室東亞課長	一部
鐵、經、會計課大連在勤員	一部
大連埠頭長	三部

附：租用合约

契約書

上海駐在武官海軍主計大佐加藤信夫（以下甲ト稱ス）ハ汽船大連丸傭船ニ關シ南滿洲鐵道株式會社鐵道總局長大村卓一（以下乙ト稱ス）ト契約スルコト左ノ如シ

第一條　乙ハ南滿鐵道株式會社所屬汽船大連丸ヲ交通兼曳船用トシテ甲ニ賃貸スルコトヲ約ス

第二條　乙ハ汽船大連丸カ交通兼曳船トシテ必要ナル船員及要具ヲ附屬セシムルモノトス

第三條　汽船大連丸カ上海港ニ向ケ大連港出港ノ時ヲ以テ傭船ノ始期トシ返還ノ爲大連港ニ歸著ノ時ヲ以テ終期トス

但シ右返還カ昭和十三年三月三十一日以後ニ及フ場合ハ昭和十三年三月三十一日ヲ終期トス

第四條　甲ハ乙ニ對シ傭船料トシテ壹日ニ付金貳百圓ヲ支拂フモノトス

前項ノ計算ニ於テ傭船ノ始期及終期ノ日ハ之ヲ各壹日ト見做ス

第五條　前條傭船料ノ外左記費用ハ甲ノ負擔トシ其ノ他一切ノ費用ハ乙ノ負擔トス

一、傭船期間中要スル炭水、消耗品及往復航海期間ノ船舶保險料
二、繫船料、水先案内料航路標識使用料等ノ港費
傭船ノ始期ニ於ケル現有石炭撫順粉炭壹噸ニ付金八圓九拾五錢撫順塊炭金拾貳圓五拾錢淸水ハ壹噸ニ付金貳拾九錢ノ割ヲ以テ甲之ヲ引取リ終期ニ於ケル現有石炭及淸水ハ積込地ノ購入價格ニテ乙之ヲ引取ルモノトス

第六條　海軍ノ指定スル乘組員又ハ便乘者ニ對シ乙カ糧食ヲ給與シタル場合之カ費用ハ當該乘組員又ハ便乘者ノ負擔トス

第七條　甲ハ大連丸船內ニ自己ノ負擔ヲ以テ軍事上必要ナル艤裝ヲナスコトアルヘシ此ノ場合甲ハ返還ノ際原狀ニ復スヘキモノトス

第八條　本傭船期間中發生シタル船体又ハ屬具竝器具等ノ損害ハ甲ノ負擔トス

但シ乙又ハ其ノ從業員ノ故意又ハ重大ナル過失ニ因ル場合及第五條第一號ニ揭ケタル船舶保險ニ附シタル事項ニ就テハ此ノ限ニアラス

第九條　第四條及第五條ノ經費ハ傭船終期ヲ以テ締切リ明細書ヲ添附シ乙ヨリ甲ニ請求シ甲ハ請求書受理後十日以內ニ支拂ヲ完了スルモノトス

602

594

第十條　汽船大連丸傭船期間中ノ服務ニ關シテハ海軍官憲ノ指示ニ遵フモノトス

第十一條　前各條ニ明記セサル事項ハ海軍契約規程竝海軍契約規程施行手續ニ據ルモノトス

本契約ノ證トシテ本書貳通ヲ作リ各自記名捺印シ各其ノ壹通ヲ保有ス

昭和十二年八月十八日

契約擔任官　上海駐在武官海軍主計大佐　加藤信夫

契約者　南滿洲鐵道株式會社
鐵道總局長　大村卓一

603

佐佐木理事关于申请办理奉山线及滨绥线各线路加筑工程正式预算手续事致财务部长的电文（一九三七年九月二十五日）

93

照
校

著電譯文

文書番號	發信局	電報番號
	葵町	六一一六
	指定	ム二

發電	着電	受付
昭和12年9月25日2時 分	昭和 年 月 日3時28分	昭和 年 月 日8時40分

受信者：經理部長

發信者：佐々木理事

件名：

供覽：1 經理部長　2 主計課長　庶務課長　3 第一豫算係　庶務係

奉山方面及ビ濱綏方面各線ノ線路増強ヲ至急完成スベキ軍ノ要求アリ總司經理司長其着手文ナミ正式豫算手續ヲ迫中ニ成ス様至急ニ措置ケリ

南滿洲鐵道株式會社

ヨ－3017 B列5

97

青岛居留民团参事会长关于感谢帮助青岛居留民撤退事致松冈洋右的感谢信（一九三七年十月六日）

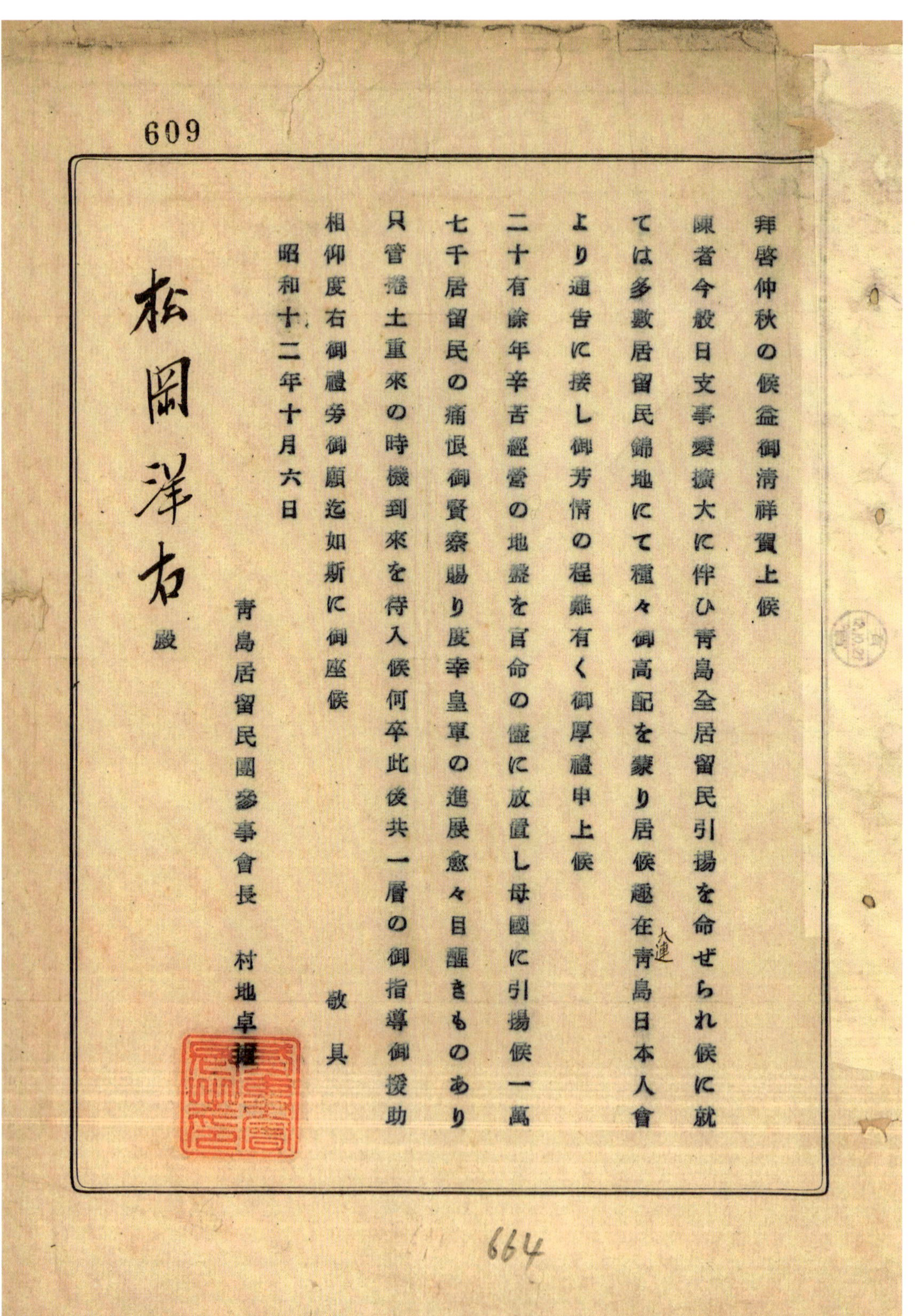

609

拜啓仲秋の候益御清祥賀上候

陳者今般日支事變擴大に伴ひ青島全居留民引揚を命ぜられ候に就ては多數居留民歸地にて種々御高配を蒙り居候趣在青島日本人會より通告に接し御芳情の程難有く御厚禮申上候

二十有餘年辛苦經營の地盤を官命の儘に放置し母國に引揚候一萬七千居留民の痛恨御賢察賜り度幸皇軍の進展愈々目醒きものあり只管郷土重來の時機到來を待入候何卒此後共一層の御指導御援助相仰度右御禮旁御願迄如斯に御座候

敬具

昭和十二年十月六日

青島居留民團參事會長　村地卓爾

松岡洋右殿

664

大连市长关于传达外务大臣感谢帮助在华日本人归国事致满铁总裁的函（一九三七年十月二十日）

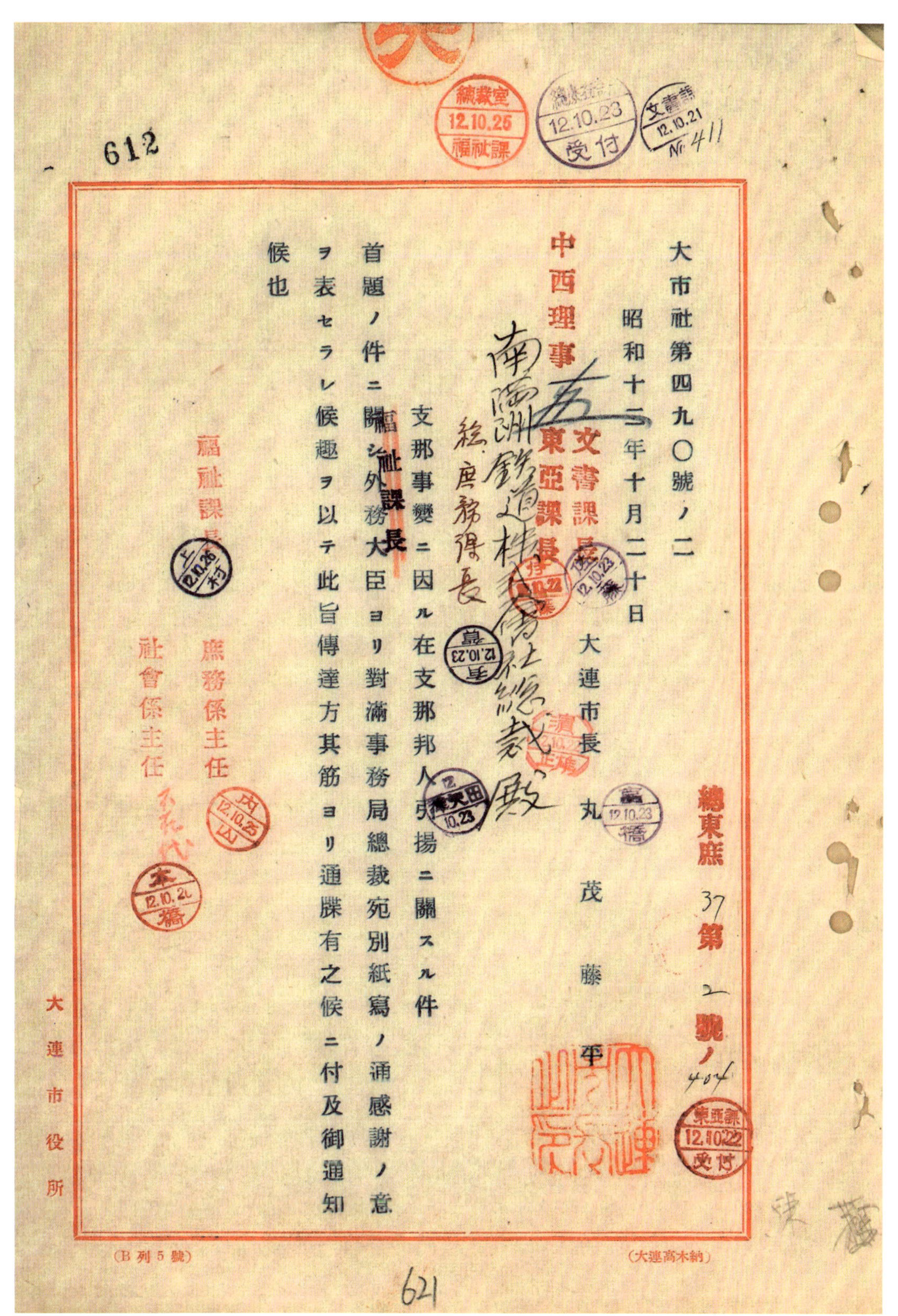

大市社第四九〇號ノ二

昭和十二年十月二十日

大連市長　丸茂藤平

南満洲鉄道株式会社総裁殿

支那事變ニ因ル在支那邦人引揚ニ關スル件

首題ノ件ニ關シ外務大臣ヨリ對滿事務局總裁宛別紙寫ノ涌感謝ノ意ヲ表セラレ候趣ヲ以テ此旨傳達方其筋ヨリ通牒有之候ニ付及御通知候也

大連市役所

附：外务大臣致对满事务局总裁的感谢信

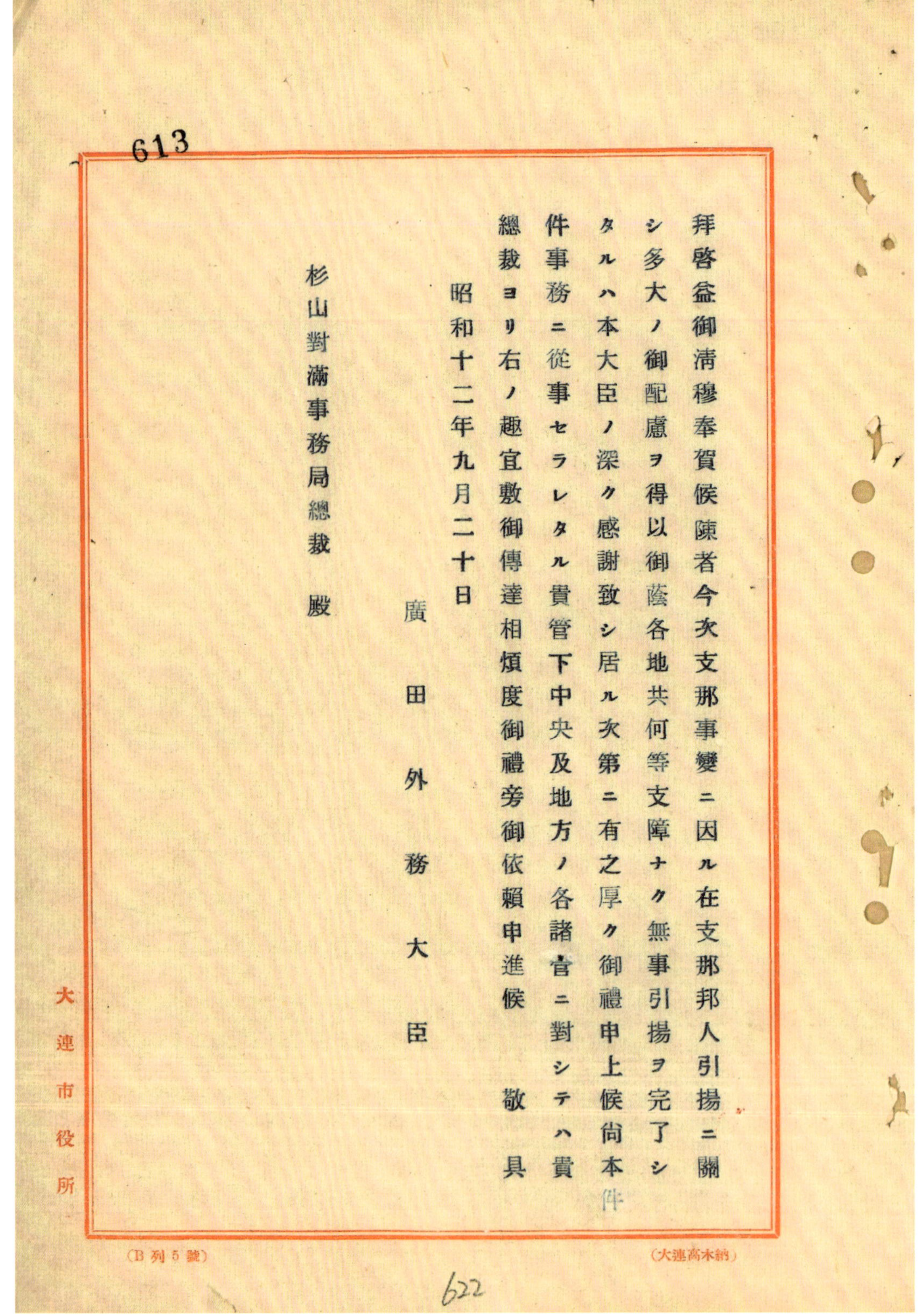
613

拜啓益御清穆奉賀候陳者今次支那事變ニ因ル在支那邦人引揚ニ關シ多大ノ御配慮ヲ得以御蔭各地共何等支障ナク無事引揚ヲ完了シタルハ本大臣ノ深ク感謝致シ居ル次第ニ有之厚ク御禮申上候尚本件事務ニ從事セラレタル貴管下中央及地方ノ各諸官ニ對シテハ貴總裁ヨリ右ノ趣宜敷御傳達相煩度御禮旁御依賴申進候　敬具

昭和十二年九月二十日

廣田外務大臣

杉山對滿事務局總裁　殿

大連市役所

(B列5號)　(大連高木納)

622

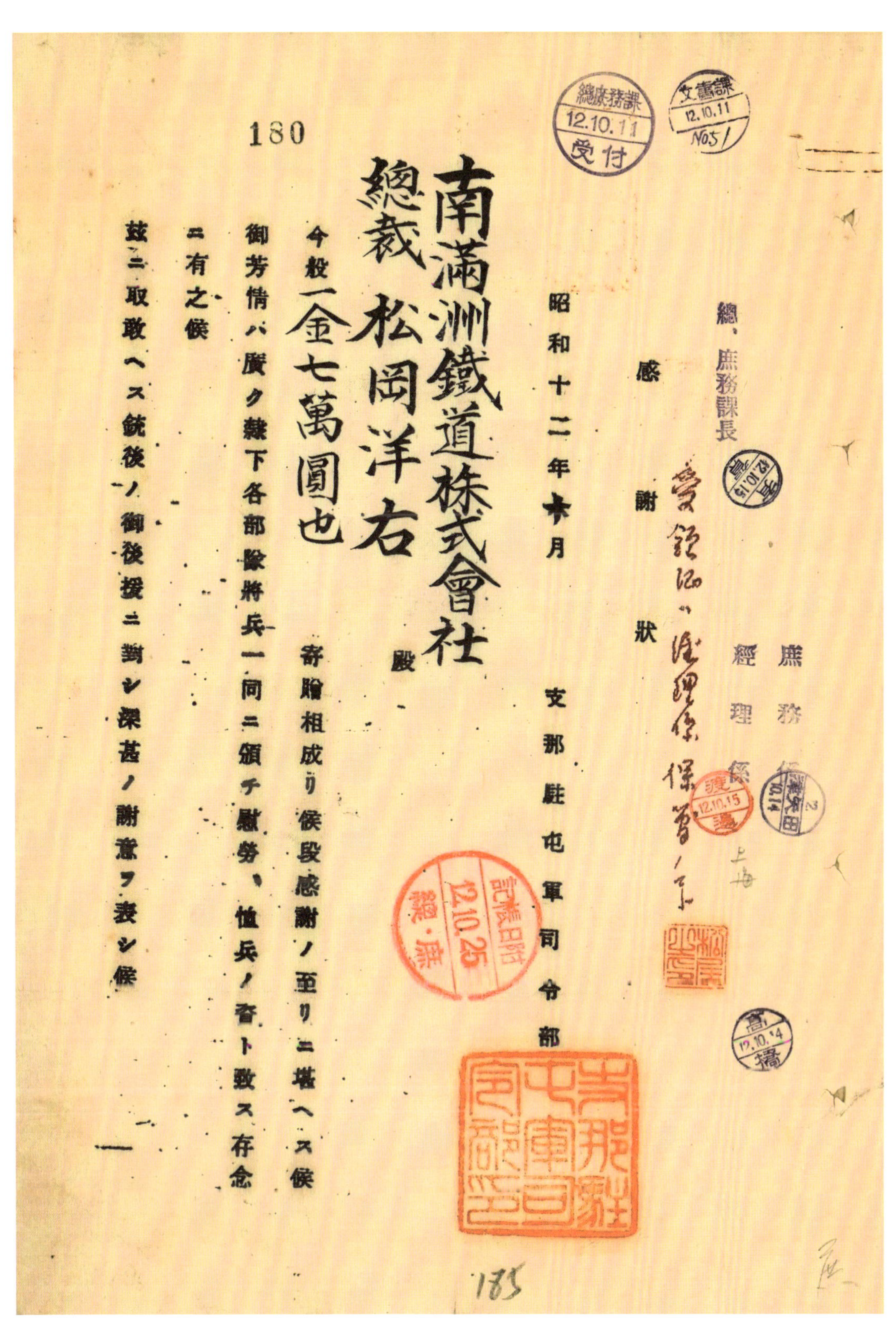
180

感謝狀

昭和十二年十月　支那駐屯軍司令部

南滿洲鐵道株式會社
總裁 松岡洋右 殿

今般一金七萬圓也　寄贈相成リ候段感謝ノ至リニ堪ヘス候
御芳情ハ廣ク隷下各部隊將兵一同ニ頒チ慰勞、恤兵ノ資ト致ス存念ニ有之候
茲ニ取敢ヘス銃後ノ御後援ニ對シ深甚ノ謝意ヲ表シ候

关东州厅长官官房庶务课长关于感谢七七事变协助撤离在华居留民众事致总裁室庶务课长的函

（一九三七年十一月二十九日）

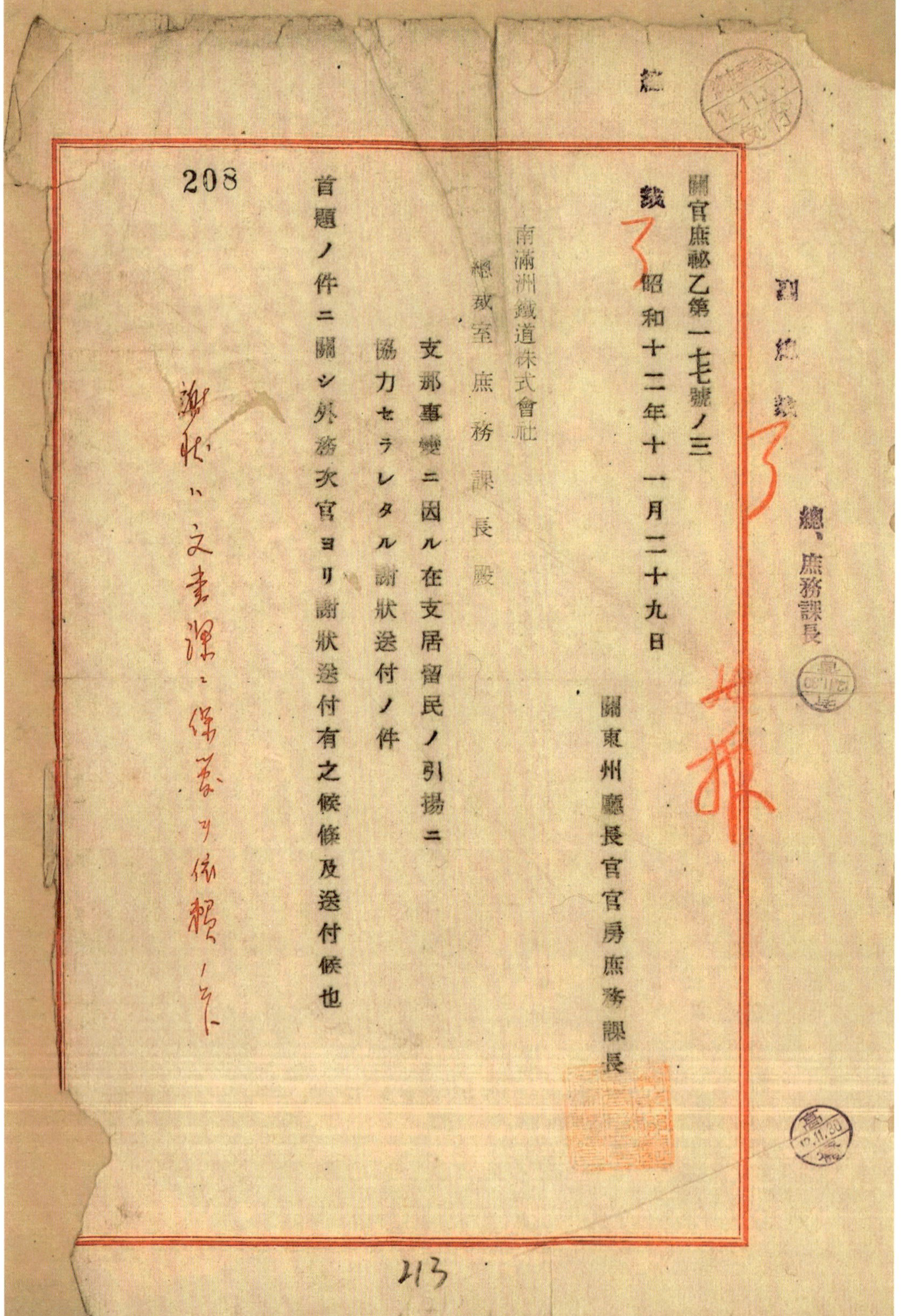

總、庶務課長

關官庶秘乙第一七七號ノ三

昭和十二年十一月二十九日

關東州廳長官官房庶務課長

南滿洲鐵道株式會社

總裁室庶務課長殿

支那事變ニ因ル在支居留民ノ引揚ニ協力セラレタル謝狀送付ノ件

首題ノ件ニ關シ外務次官ヨリ謝狀送付有之候條及送付候也

謝状ハ文書課ニ保管ヲ依頼ノ事

208

213

弘报委员会关于一九三七年十二月三日在日满军人会馆召开弘报委员会会议事致满铁的函
（一九三七年十一月二十九日）

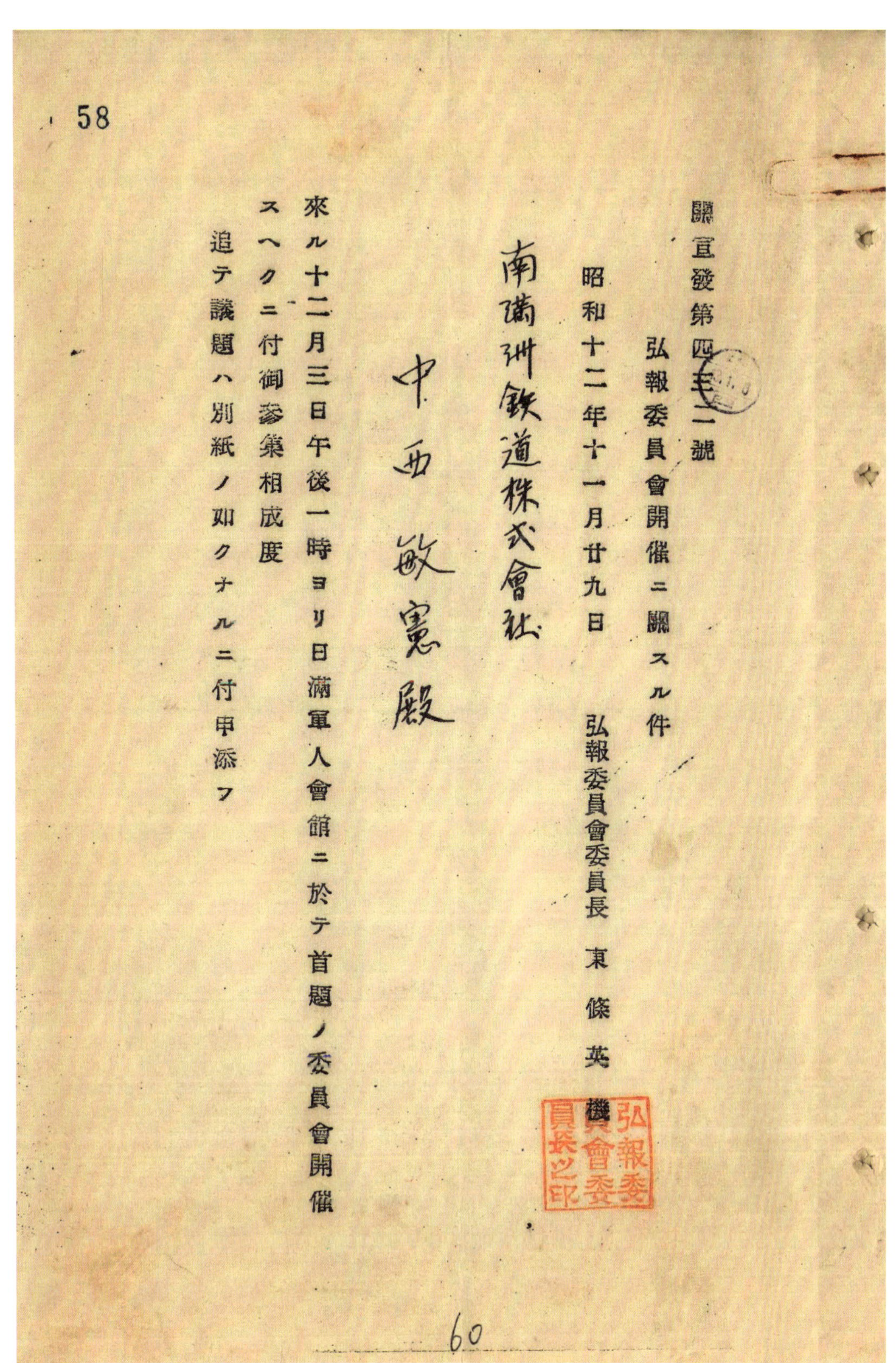

58

關宣發第四三二號

弘報委員會開催ニ關スル件

昭和十二年十一月廿九日

弘報委員會委員長　東條英機

南滿洲鉄道株式會社

中西敏憲殿

來ル十二月三日午後一時ヨリ日滿軍人會館ニ於テ首題ノ委員會開催スヘクニ付御參集相成度

追テ議題ハ別紙ノ如クナルニ付申添フ

60

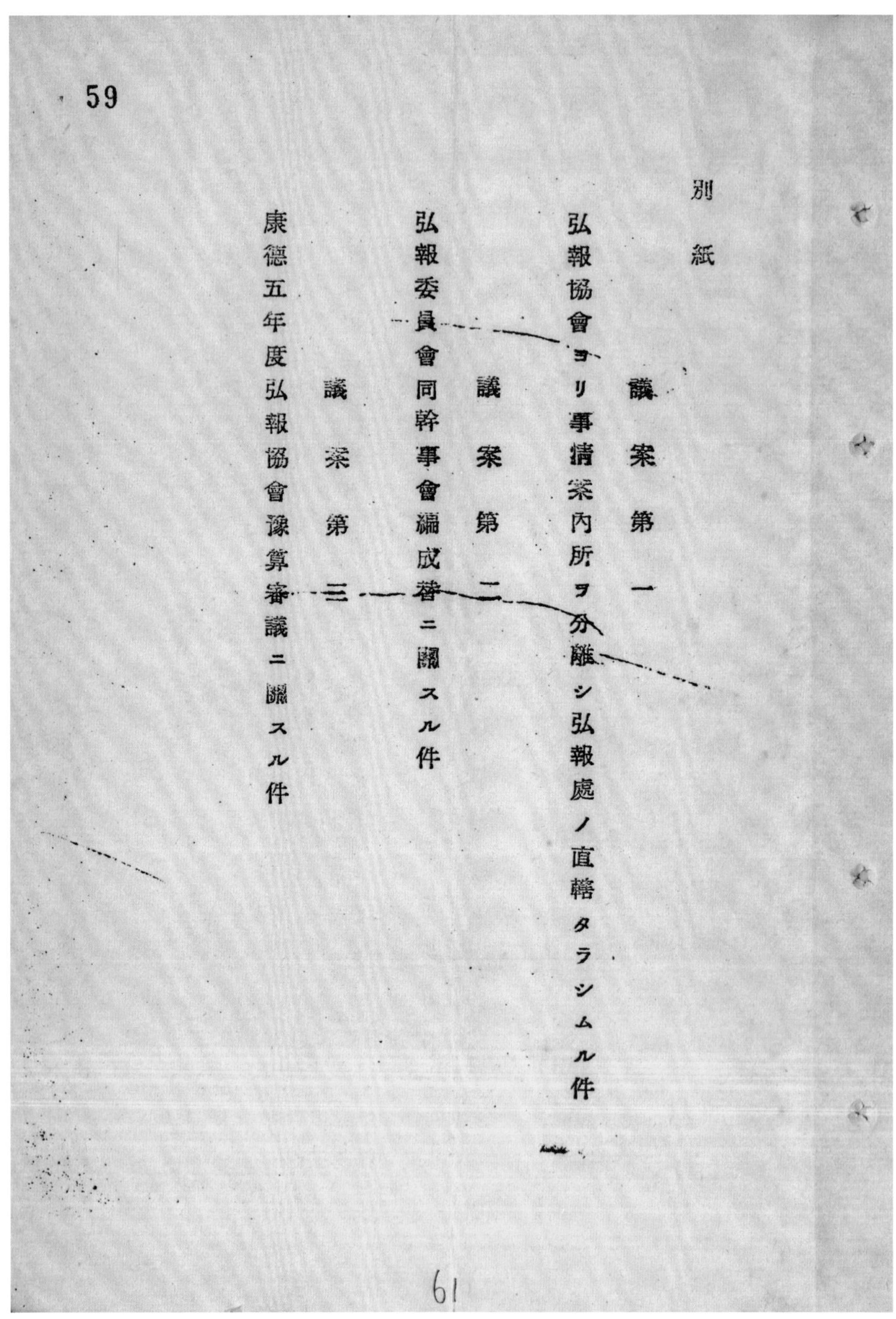

59

別紙

議案第一

弘報協會ヨリ事情案內所ヲ分離シ弘報處ノ直轄タラシムル件

議案第二

弘報委員會同幹事會編成替ニ關スル件

議案第三

康德五年度弘報協會豫算審議ニ關スル件

61

弘報委員會幹事會編成表

幹事長	關東軍參謀部新聞班長	稻村豐二郎	一名
幹事			
關東軍司令部	新聞班將校	柴野爲亥知	三名
	同	中島鉛三	
	交通監督部將校	横山靜雄	
駐滿海軍部	副官	林孝晉	一名
關東軍憲兵隊司令部	部員	齋藤美夫	一名
駐滿日本帝國大使館	書記官	伊藤裕次郎	一名
關東州廳	關東州廳警察部高等警察課長	青木重臣	一名
滿洲國政府	總務廳弘報處長	堀內一雄	八名
	總務廳主計處特別會計課長	飯澤重一	
	外務局政務處長	筒井潔	
	內務局管理處長	竹內啓夫	
	治安部警察司特務科長	秋吉威郎	
	郵政總局電政科長	山田龜一	
	民生部社會司輔導科長	副島種	
	軍事顧問	田中久	
南滿洲鐵道株式會社	總裁室庶務課長	有賀庫吉	四名
	總裁室弘報課長	松本豐三	
	鐵道總局資料課長	加藤新吉	
	新京支社庶務課長	村田稔	
滿洲電信電話株式會社	放送課長	[illegible]淵	一名
滿洲帝國協和會中央本部	指導部長	古海忠之	一名
滿洲弘報協會	調査部長	瀨沼三郎	一名
			二三名

62

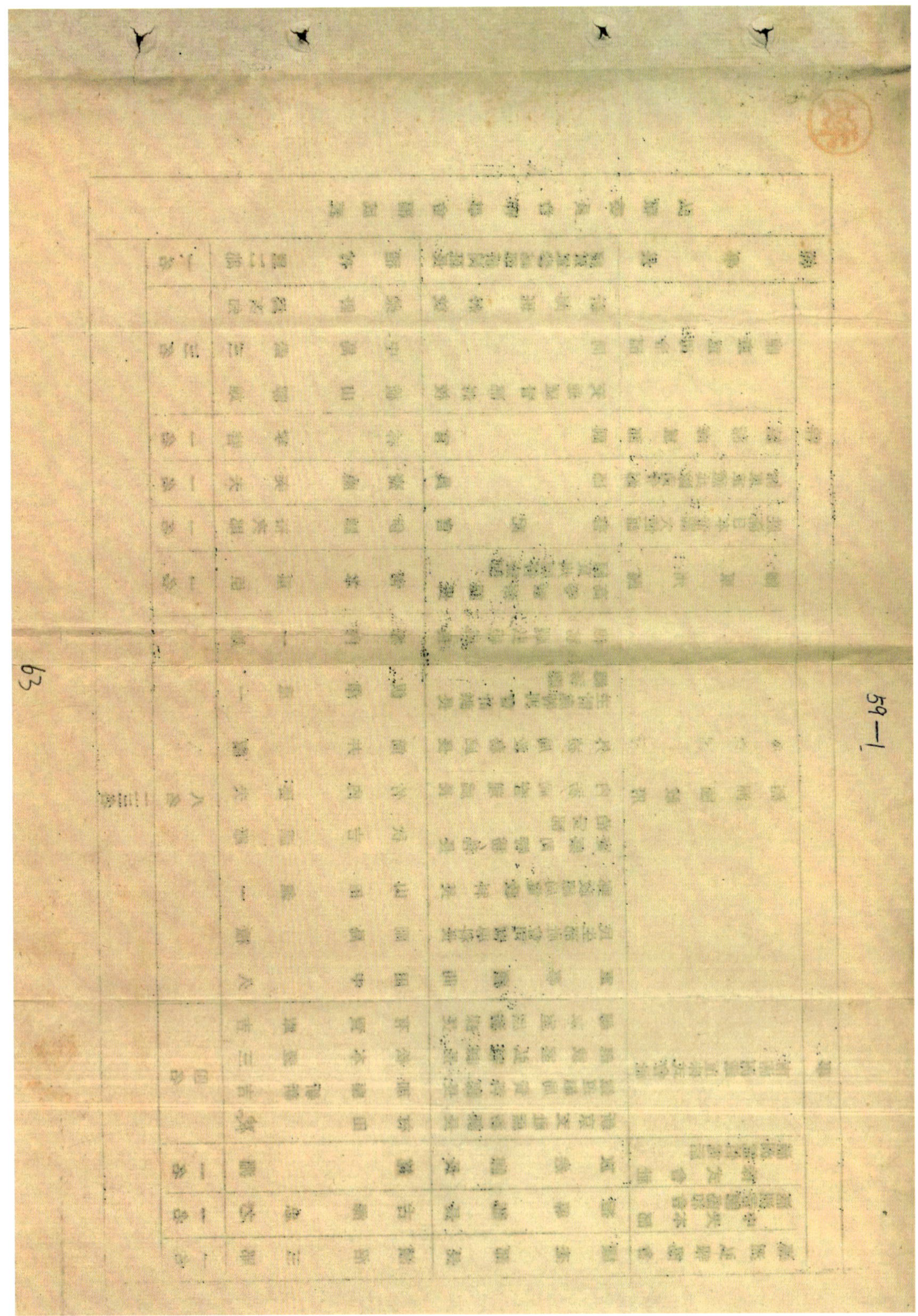

弘報委員會委員編成表

區分	所屬	職名	氏名	人數
委員長		關東軍參謀長	東條英機	一名
委員	關東軍司令部	第二課高級參謀	富永恭次	二名
		交通監督部總務課長	橫山靜雄	
	駐滿海軍部	參謀長	鈴木義尾（代 岩清志）	一名
	憲兵隊司令部	司令官	田中靜壹	一名
	駐滿日本帝國大使館	參事官	澤田廉三	一名
	關東州廳	警察部長	大和田彌一	二名
		司政部長	三浦直彥	
	滿洲國政府	總務廳次長	神吉正一	五名
		外務局長官	大橋忠一	
		內務局長官	大津敏男	
		交通部次長	平井出貞三	
		軍事最高顧問	平林盛人	
	南滿洲鐵道株式會社	理事	中西敏憲	二名
		新京支社長	山口十助	
	滿洲電信電話株式會社	總務部長	井上乙彥	一名
	滿洲帝國協和會中央本部	中央本部長	于靜遠	一名
	滿洲弘報協會	理事長	高柳保太郎	一名
				一八名

64

附二：一九三八年预算相关文件

滿洲弘報協會

（頁）

一、豫算大綱

三、滿人記者素質向上計畫書　（協會）

四、專用電話使用計畫書　（國通）

五、支局六ヶ所增設計畫書　（國通）

六、無線通信特定料金ノ說明　（國通）

豫算大綱

經常豫算

○豫算方針

全般的ニ自立ノ實ヲ擧クルヲ以テ目標トナシ、收入ニ在リテハ協會ハ滿日社ノ利益配當金ヲ計上シ、國通ハ送信料ノ値上或ハ擴張其他增收ヲ企圖セシメ更ニ加盟新聞社ハ幾ノ協會增資ニ依ル新聞整理ノ實施ト相俟チテ販賣及廣告ノ擴張ニ一段ト積極的活躍ヲ促シ、又支出ニ在リテハ協會ハ機構ヲ能フ限リ縮小シテ一ツニ堅實ヲ旨トセルモ國通ハ機能ノ強化ニ重點ヲ置ク必要アリ、各種ノ計畫及施設ニ關スル費用ノ計上ヲ見タルモ、一般經費ニ付テハ各新聞社ト一段積極力合理的抑制ヲ行ハシメ以テ補助金ノ增加ヲ阻止スルニ努メタリ

○主ナル新規計畫ノ要領

一、滿洲事情案內所ノ分離（協會關係）

弘報協會ノ使命ハ言論機關ノ指導助成ト宣傳弘報ノ聯絡統制ヲ圖ルヲ以テ第一義トス

NO.1

案內所ノ事業ハコノ意味ニ於テ傍系的ニ屬スルカ故ニ他ノ方面ニ於テ之レヲ分離經營スルヲ得バ相互ノ爲メニ効率的ナリト思考スルニ付之レカ實現ヲ期シ度ク依テ同所豫算ハ協會豫算ヨリ一應之レヲ除外セリ

二、宣傳費及記者獎勵費ノ新設（協會關係）

協會調査費ニ宣傳費及獎勵費ヲ新設計上セリ（豫算書第三頁）

前者ハ之レニ依リテ新聞社カ國策的宣傳費用ヲ負擔スル不合理ヲ除去シ、後者ハ之レニ依リテ滿人記者ノ素質ヲ向上セシメントスルモノニシテ其ノ計畫書別紙（本書第3頁）ノ如シ

三、社員ノ給與改善（協會及國通關係）

協會及國通社員ノ給與ハ極メテ低率ニシテ經營上諸種ノ支障ヲ痛感スルトコロナルニ依リ一般的ニ本俸ヲ五分引上ケ同時ニ在勤手當一割方增給ヲ行ハントスルモノナリ

四國通ノ機能強化（國通關係）

同盟ト協調ヲ保持スル爲メ國通ノ機能強化ハ極メテ急務ト信スルヲ以テ專用電話ノ使用、支局ノ增設並通信囑託員ノ增置等相當費額ノ計上ヲ認メタルモ各新聞社ノ負擔スル送信料ノ合理的値上斷行、取次廣告ノ擴張並「ラヂオ」ニ供給スル送信料ノ協定ヲ企圖スル等一面大イニ增收ヲ圖ルト共ニ一般經費ノ節約ニ努力セシム而シテ專用電話使用計畫書及支局增設計畫書別紙（本書第四頁及第五頁）ノ如シ

事業費豫算

2

新聞社ノ新規事業計畫ニ付テハ極メテ緊急、已ムヲ不得ノ範圍ニ限リ之レヲ承認シ度、之レカ資金捻出ニ關シテハ更ニ當該社ト協議ヲ重ネ適當ノ方策ヲ考究セントスルモノニシテ玆ニ豫算ヲ省略セリ

滿人記者素質向上計畫案

滿人記者ノ素質向上方策ニ關シテハ㈠既成記者ノ素質向上㈡新聞記者志望者ノ養成ノ二ツノ方途ガ考慮サレル、而シテ滿洲國ニ於ル新聞記者ノ現狀ヨリ見テ前者ヨリモ後者ニヨリ大ナル力ヲ注グベキデアルト思惟サレル、左ニ既成記者ノ素質向上並ニ新聞記者志望者養成ノ二者ニ對スル計畫案ヲ記ス

一、既成記者ノ素質向上ニ關スル方策

第一　短期講習

全國滿人記者中前途有望ナルモノ各一社一名ノ割ニテ毎年二回、短期講習ヲ新京ニ於テ開催、新聞記者ノ使命ヲ認識セシメル外必要ナル講習ヲ行ヒ以テ素質ノ向上ニ資ス

第二　優秀記者ノ內地見學派遣

特ニ優秀ナル記者ヲ毎年春秋二回ニ二名宛選拔日本ニ派遣シ、約一ケ月ノ豫定ニテ大阪及東京ノ新聞事業ヲ見學セシム

NO. 3

第三　優良記者表彰

新聞記者ノ一般的素質向上ヲ促進スルタメ特ニ優秀ナル記者ヲ選拔シ之ヲ表彰シ以テ一般記者ノ自覺ト向上ニ資ス

一、滿人記者養成

第一　實習生

日本留學ノ滿人學生ニシテ明春卒業スルモノヨリ新聞記者志望者五名ヲ選拔採用、六ケ月間同盟ニ委任シ實務ヲ實習セシメタル後滿洲國ニ於テ活動セシム

第二　給費生

日本在學中ノ滿人學生中新聞記者志望者五名ヲ選拔シ、各卒業期前一ケ年ヲ限リ一名ニ對シ一ケ月貳拾五圓宛ノ補助學費ヲ支給シ在學中ヨリ新聞記者トシテ必要ナル學術ヲ特ニ勉學セシメ以テ其素質ヲ考慮シ他日ノ活動ニ資セシム

右明春新學期ヨリ實施ス

專用電話使用計畫案

日滿兩國不可分關係ノ增進ニ伴レ同盟、國通兩通信社間ノ關係モ益々緊密化シ、コレガタメ兩社間ニ文換スルニユース量ハ日ニ月ニ增加シ、コレガ敏速ナル處理方法トシテ日本及滿洲ニ於ケル各主要都市ヲ結ブ專用電話使用ノ必要ガ夙ニ認メラレテヰタノデアルガ、今次支那事變ノ發生以來コノ必要ハ一層痛感セラル、ニ至ツタノデアル、即チ從來支那各地ヨリノニユースハ主トシテ上海經由日本ニ送ラレテヰタノデアルガ、事變發生後ハ大連ニ集中セラレ滿洲經由ニテ日本ニ送ラル、一方日本ヨリノニユースモ亦滿洲經由ニテ支那各地ニ送ラル、コト、ナツタ爲メデアル、依ツテ國通ハ新京・安東間

69

及奉天・大連間ヲ結ブ專用電話ノ使用ニ依リ通信ノ敏速處理ヲ企圖セントスルモノデアル、而シテ之ガ爲メニハ使用料ノ年額約十二萬圓ヲ要スル、卽チ電々會社デハ現在專用電話料金ガ確定シテヰナイガ大体普通料金ノ百二十通話ヲ以テ一日ノ專用料金ト定ムル意向ノ如クデアルカラ右十二萬圓ノ算定ハ左ノ如クデアル

(一)新京・安東間ノ一通話料金ハ一圓五十五錢デアルカラ百二十通話分ハ百八十六圓デ、コレガ一年三百六十五日分ハ六萬七千八百九十圓デアル

(二)奉天・大連間ノ一通話料金ハ一圓二十錢デ、百二十通話分ハ百四十四圓、コレガ一年分ハ五萬二千五百六十圓ニシテ

コレガ總計ハ十二萬四百五十圓デアル

新支局設置及通信委囑員增置計畫

全滿通信網ノ擴充整備ハ刻下ノ急務ニシテ特ニ國境方面ニ其必要ヲ痛感スルニ付康德五年度第一期計畫トシテ左記要項ニ六支局五通信員ヲ設置配備シテ報道通信ノ完備ヲ期セントス

一、支局設置地點（六ケ所）

ソ滿國境ノ重要地點（滿州里、黑河、綏芬河）滿支接壤ノ要地（山海關）又ハ移民地ニ密接ナル關係ニ立ツ地點（佳木斯）或ハ政治上ノ要衝東邊道ノ中樞地點（通化）トス（尚張家口ニモ其必要アリ若シ設置スル場合前述ノ內一ケ所ヲ次期ニ繰延ブ）

二、通信員配備地點（五ケ所）

人口ノ關係及現支局トノ距離ノ關係上支局設置ニ代エ配備スル地點ナリ卽チ

70

密山、鶴井、朝陽、東寧、撫順

三、支局新設及通信員委囑ニ要スル經費

1 支局（六ケ所） 四四、〇七六・〇〇

內譯

初度費（臨時費）	三、〇〇〇・〇〇
經常費 俸給々料	一六、九二〇・〇〇
雜手當	四、三二〇・〇〇
旅費	一、〇八〇・〇〇
図書・文具・備品費	一、二九六・〇〇
消耗品費	三、六〇〇・〇〇
交通費	一、八〇〇・〇〇
通信費	一、八〇〇・〇〇
交際費	七二〇・〇〇
補修費雜費	七二〇・〇〇
家賃	七、二〇〇・〇〇
賞與金	一、六二〇・〇〇
計	四四、〇七六・〇〇

備考 從事員ハ一支局ニ付職員一名傭人一名ナリ

2、通信員（五ケ所） 三、〇〇〇・〇〇

囑託費 三、〇〇〇・〇〇

總計 四七、〇七六・〇〇

NQ.5

無線通信特定料金ノ説明

國通ノ無線電信施設ヲ電々ニ無償讓渡シタルニ依リ日本、支那及國内ニユース放送ノ送受ニ要スル料金ハ普通料金ニ依ラズ特定料金ヲ設定セラル而シテ之ヲ普通料金ト對比スレバ次ノ如シ

◎單價

放送地	普通	特定
日本、支那	一語 四錢	一語二錢五厘
國内	一語二十二錢（十一ケ所宛）	一語 二錢（十一ケ所宛）

◎料金

一、普通料金

71

東京放送受信費（月額）
二四、二〇〇語（十二ケ所分）　單價四錢　九、六八〇圓〇〇
國内放送費（月額）
九五〇〇〇語（受信地十一ケ所）單價二十二錢　二〇、九〇〇・〇〇
計　三〇、五八〇・〇〇

一、特定料金
東京放送受信費（月額）
二四二〇〇語（十二ケ所分）　單價二錢五厘　六〇五〇・〇〇
國内放送費（月額）
九五〇〇〇語（受信地十一ケ所）單價二錢　一、九〇〇・〇〇
計　七九五〇・〇〇

從ツテ特定料金ハ普通料金ノ約四分ノ一ニ過ギズ

NO.6

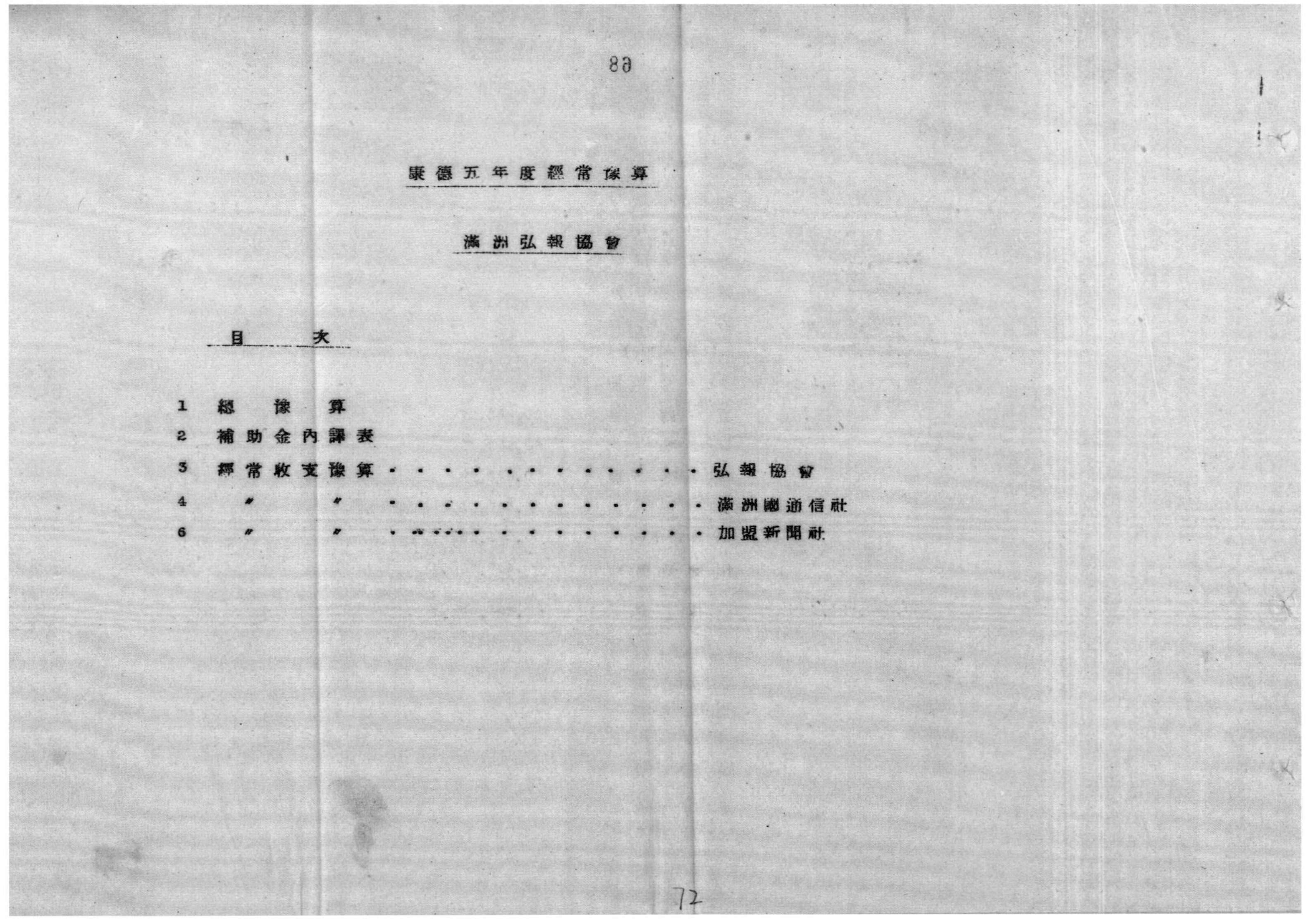

68

康德五年度經常豫算

滿洲弘報協會

目　次

72

69

NO. 1

康德五年度豫算

滿洲弘報協會

豫算額	科目	豫算額
	配當金收入	45,000.00
	利息收入	9,000.00
	雜收入	1,500.00
	（收入計）	55,500.00
	補助金收入	1,105,403.00
70,664.00	役員費	
21,602.00	總務費	
27,643.00	監理費	
32,283.00	調查費	
152,192.00	（支出計）	
1,008,711.00	助成金支出	
1,160,903.00	合計	1,160,903.00

73

70

NO.2

補助金内譯表

康德五年度

社名	五年度 要求額	五年度 査定額	四年度 豫定額	四年度 追加又更生額	四年度 計	増減	備考
弘報協會	96,692.00	96,692.00	708,068.00	(-) 228.00	707,840.00	(+) 162,363.00	第3頁参照
滿洲國通信社	773,511.00	773,511.00					第4頁参照
計	870,203.00	870,203.00	708,068.00	(-) 228.00	707,840.00	(+) 162,363.00	
大新京日報社	100,000.00	65,000.00	120,000.00		120,000.00	(-) 55,000.00	第6頁参照
大同報社	36,000.00	31,200.00	36,000.00		36,000.00	(-) 4,800.00	第6頁参照
滿蒙日報社	86,508.00	65,000.00	61,100.00	7,200.00 (-) 9,340.00	58,960.00	(+) 6,040.00	第6頁参照
英文滿報社	97,000.00	68,000.00	68,000.00		68,000.00	0	第7頁参照
哈爾濱日日社	3,242.00	0	0	3,200.00	3,200.00	(-) 3,200.00	第8頁参照
盛京時報社	6,000.00	0	6,832.00	(-) 832.00	6,000.00	(-) 6,000.00	第8頁参照
延邊晨報社		6,000.00				(+) 6,000.00	弘報處四年度補助豫定額月300圓ノ處月額500圓ヲ要スル見込
計	328,750.00	235,200.00	291,932.00	(+) 228.00	292,160.00	(-) 56,960.00	
合計	1,198,953.00	1,105,403.00	1,000,000.00		1,000,000.00	(+) 105,403.00	

（備考） 五年度査定額合計ハ補助金收入ニシテ内弘報協會分査定額ヲ減ジタル殘額ハ助成金支出ナリ

74

康德五年度經常收支豫算

滿洲弘報協會

NO.

（收入之部）

科目	金額	説明
配當金收入	45,000.00	滿日社四年度利益配當年六分
利息收入	9,000.00	預金利子
雜收入	1,500.00	
計	55,500.00	

（支出之部）

科目	重役費	總務費	監理費	調查費	計
報酬	40,000.00				40,000.00
俸給給料		3,175.00	17,301.00	4,091.00	24,567.00
囑託費		4,200.00		6,840.00	11,040.00
雜手當		120.00	600.00	240.00	960.00
旅費	12,000.00	600.00	1,440.00	600.00	14,640.00
圖書費		600.00	36.00	120.00	756.00
文具費		480.00	240.00	240.00	960.00
備品費		100.00	100.00	50.00	250.00
消耗品費		360.00	240.00	240.00	840.00
交通費		600.00	120.00	120.00	840.00
通信費		420.00	300.00	120.00	840.00
補修費		300.00	180.00	120.00	600.00
交際費	4,200.00	600.00	360.00	240.00	5,400.00
廣告費		450.00			450.00
諸税公課金		540.00			540.00
宣傳費				10,778.00	10,778.00
記者獎勵費				6,625.00	6,625.00
償却除去費		1,500.00			1,500.00
臨時費		840.00			840.00
雜費		540.00	240.00	240.00	1,020.00
社宅費		572.00	3,418.00	823.00	4,813.00
賞與金		416.00	2,266.00	547.00	3,229.00
退職慰勞金	14,464.00	189.00	802.00	249.00	15,704.00
豫備費		5,000.00			5,000.00
計	70,664.00	21,602.00	27,643.00	32,283.00	152,192.00

◎收支差損金96.692.00ハ補助金ニヨリ補塡ヲ要ス

75

康德五年度經常收支豫算

滿洲國通信社

摘要	收入	支出
通信收入	242,000.00	
事業收入	404,060.00	
商通收入	126,816.00	
雜收入	6,552.00	
補助金收入	773,511.00	
編輯經費		867,590.00
事業經費		474,305.00
商通經費		113,918.00
總務經費		97,126.00
計	1,552,939.00	1,552,939.00

康德五年度收入豫算內譯

滿洲國通信社

科目	通信收入	事業收入	商通收入	雜收入	計
通信購讀料	134,000.00				134,000.00
經濟通信料			23,268.00		23,268.00
ラヂオニュース料	18,000.00				18,000.00
送信料	90,000.00				90,000.00
雜誌購讀料		40,000.00			40,000.00
寫眞通信料		6,120.00			6,120.00
普通寫眞料		11,700.00			11,700.00
製版料		24,000.00			24,000.00
圖案料		840.00			840.00
ラヂオ廣告料		82,000.00			82,000.00
廣告料		5,000.00			5,000.00
取次廣告料		205,800.00			205,800.00
圖書販賣收入		3,600.00			3,600.00
現勞收入		25,000.00			25,000.00
商業通信料			90,852.00		90,852.00
利息收入				300.00	300.00
雜收				6,252.00	6,252.00
入札通信料			12,696.00		12,696.00
計	242,000.00	404,060.00	126,816.00	6,552.00	779,428.00

NO. 4

76

康德五年度經費豫算內譯表

滿洲國通信社

科目	編輯經費	營業經費	商通經費	總務經費	計
俸給々料	285,572.00	74,928.00	46,655.00	40,061.00	447,216.00
囑託費	6,000.00				6,000.00
雜手當	23,940.00	5,520.00	1,416.00	2,460.00	33,336.00
旅費	9,876.00	3,600.00	900.00	4,220.00	18,596.00
圖書費	5,184.00	612.00	240.00	1,164.00	7,200.00
文具費	3,216.00	2,460.00	372.00	2,400.00	8,448.00
備品費	3,480.00	840.00	216.00	480.00	5,016.00
消耗品費	20,196.00	2,880.00	2,100.00	2,040.00	27,21[illegible].00
交通費	18,660.00	4,860.00	2,220.00	1,620.00	27,360.00
通信費	26,940.00	3.072.00	27,828.00	2,004.00	59,844.00
補修費	3,540.00	660.00	156.00	1,800.00	6,156.00
交際費	4,860.00	6,480.00	324.00	4,200.00	15,864.00
受信費	56,580.00		5,760.00		62,340.00
無線通信費	120,000.00				120,000.00
印刷費	57,060.00	76,000.00	6,792.00		139,852.00
發送費	1,968.00	1,956.00	114.00	480.00	4,518.00
原稿費	720.00	8,640.00			9,360.00
寫眞材料費		12,180.00			12,180.00
製版材料費		5,400.00			5,400.00
ラヂオ廣告費		67,200.00			67,200.00
取次廣告費		166,140.00			166,140.00
廣告費		2,280.00		660.00	2,940.00
諸稅公課金	456.00	60.00	36.00	192.00	744.00
圖案費		720.00			720.00
償却除去費	7,056.00	720.00	2,130.00	1,020.00	10,926.00
臨時費	10,020.00	840.00	240.00	1,200.00	12,300.00
雜費	4,260.00	2,100.00	744.00	1,644.00	8,748.00
雜損		1,080.00			1,080.00
家賃	19,476.00	1,800.00	1,020.00	1,500.00	23,796.00
俱樂部費	912.00	360.00	15.00		1,287.00
海外放送費	6,000.00				6,000.00
專用電話費	90,000.00				90,000.00
會議費				480.00	480.00
共濟援助金				1,500.00	1,500.00
社宅費	33,296.00	6,438.00	5,506.00	14,104.00	59,344.00
賞與金	37,395.00	11,120.00	6,999.00	5,284.00	60,798.00
退職慰勞金	10,927.00	3,359.00	2,135.00	1,613.00	18,034.00
豫備費				5,000.00	5,000.00
計	867,590.00	474,305.00	113,918.00	97,126.00	1,552,939.00

77

加盟社經常收支豫算査定表（其一）

康德五年度

NO. 6

科目	大新京日報社 前年度	本年度査定額	増減	本年度要求額	大同報社 前年度	本年度査定額	増減	本年度要求額	滿洲日報社 前年度	本年度査定額	増減	本年度要求額
新聞收入	237,180	319,512	82,332	311,616	171,700	198,960	27,260	198,960	21,632	59,010	37,378	83,880
印刷收入	0	0	0	0	20,400	0	(-)20,400	0	1,120	0	(-) 1,120	0
雜務收入	5,300	3,600	(-) 1,700	3,600	0	0	0	0	600	2,460	1,860	2,460
計	242,480	323,112	80,632	315,216	192,100	198,960	6,860	198,960	23,352	61,470	38,118	86,340
助成金	120,000	65,000	(-)55,000	100,000	36,000	31,200	(-) 4,800	36,000	58,960	65,000	6,040	86,508
合計	362,480	388,112	25,632	415,216	228,100	230,160	2,060	234,960	82,312	126,470	44,158	172,848
新聞經費	237,600	304,040	160,440	321,036		194,849		194,246	51,004	97,634	46,630	129,612
印刷經費	0	0	0	0	0	0	0	0	0	0	0	0
總務經費	74,880	84,072	9,192	94,180		35,311		40,714	31,308	26,436	(-) 4,872	43,236
計	362,480	388,112	25,632	415,216	228,100	230,160	2,060	234,960	82,312	124,070	41,758	172,848
剰餘金	0	0	0	0	0	0	0	0	0	2,400	2,400	0
合計	362,480	388,112	25,632	415,216	228,100	230,160	2,060	234,960	82,312	126,470	44,158	172,848

五年度助成金増減説明

大新京日報社

1・收入増	80,632
内譯 純増加	66,832
新設紙其他經營收入	13,800
2・經費増ノ主ナルモノ	
用紙インク活字鑄造費及工場用品	20,960
廣告券合金	7,200
工場從業員其他給料	6,812
退職慰勞金	6,700
工場員其他夜勤料	3,660
賞與金	774
旅費社屋家賃其他	3,360
計	49,466
3・經費減ノ主ナルモノ	
貸倒及經損	14,750
移轉改頁費	3,600
役員費及營繕修繕費其他	5,484
計	23,834

大同報社

1・收入増	6,860
2・經費増ノ主ナルモノ	
通信料	1,460
廣告手數料其他	1,200
計	2,660
3・經費減ノ主ナルモノ	
家屋修繕費其他	600

滿洲日報社

1・收入増	38,118
内譯 純増加	30,918
新設紙其他經營收入	7,200
2・經費増ノ主ナルモノ	
用紙インク及工場用品	20,727
擴張費及藥入費	11,695
増頁ニ伴フ給料増	6,359
通信料及配達費	2,762
退職慰勞金	2,320
間島版廢止ニヨル臨時費	2,103
旅費及賞與金	1,457
原稿料及寫眞製版費其他	1,445
計	48,868
3・經費減ノ主ナルモノ	
間島支社差損補塡金	5,910
社屋借家料	1,200
計	7,110

4・剰餘金2,400圓ハ社屋新築積立金ニ充當ス

78

75

NO. 7

加盟社經常收支豫算查定表(其二)

康德五年度

科目	マンチユリヤ・デーリー・ニユウス社			
	前年度	本年度查定額	增減	本年度要求額
新聞收入	43,530.00	65,400.00	21,870.00	65,400.00
印刷收入	9,000.00	9,000.00	0.-	9,000.00
雜務收入	1,380.00	870.00	(-) 510.00	870.00
計	53,910.00	75,270.00	21,360.00	75,270.00
助成金	68,000.00	68,000.00	0.-	97,000.00
合計	121,910.00	143,270.00	21,360.00	172,270.00
新聞經費	81,771.00	98,538.00	16,767.00	107,720.00
印刷經費	5,747.00	6,392.00	645.00	6,700.00
總務經費	34,392.00	38,340.00	3,948.00	57,850.00
計	121,910.00	143,270.00	21,360.00	172,270.00

79

76

加盟社經常收支豫算査定表（其三）

NO. 8

康德五年度

科目	滿洲日日新聞社			哈爾賓日日新聞社			盛京時報社			泰東日報社		
	四年度豫算	五年度査定額	增減	四年度豫算	五年度査定額	增減	四年度豫算	五年度査定額	增減	四年度豫算	五年度査定額	增減
收入												
新聞收入	1,745,256	2,022,324	277,068	216,200	437,447	221,247	303,150	436,320	133,170		281,996	
印刷收入	956,760	1,331,340	374,580	0	0	0	5,060	3,720	(-)1,340			
総務收入	21,744	63,204	41,460	200	0	(-) 200	310	1,210	900			
計	2,723,760	3,416,868	693,108	216,400	437,447	221,047	308,520	441,250	132,730		281,996	
助成金							6,000		(-)6,000			
合計	2,723,760	3,416,868	693,108	216,400	437,447	221,047	314,520	441,250	126,730		281,996	
支出												
新聞經費	1,637,366	1,838,820	201,454	174,674	381,533	206,859		364,314			258,520	
印刷經費	827,876	1,205,220	377,344					2,196				
総務經費	175,432	276,684	101,252	41,440	53,150	11,710		72,105			20,895	
豫備費	30,000	30,000										
計	2,670,674	3,350,724	680,050	216,114	434,683	218,569		438,615			279,415	
剩餘金	53,086	66,144	13,058	286	2,764	2,478		2,635			2,581	
合計	2,723,760	3,416,868	693,108	216,400	437,447	221,047	314,520	441,250	126,730		281,996	

80

康德五年度特別豫算

滿洲弘報協會

目　次

（備考）協會未加盟　ハルビンスコエ・ウレミヤ社豫算ノ外英文滿報社カ計畫セル印刷部擴張事業費豫算ヲ計上シテ特別豫算トセリ

英文滿報社印刷部擴張事業計畫ハ其ノ營業基礎タル滿鐵ノ雜誌印刷注文ニ關スル方針未詳ナルト一面同社經營ノ根本方針ニ關スルトコロ多キニ鑑ミ愼重ナル考慮ヲ要スルモノト認メ特ニ茲ニ計上セルモノナリ

NO. 1

特別豫算補助金內譯表

康德五年度

社名	件名	助成金	備考
英文滿報社	特別事業費	29,879.00	第2頁參照
計		29,879.00	
ウレミヤ社	經常費補助	50,500.00	第3頁參照
同社	事業費	3,500.00	第3頁參照
計		54,000.00	
合計		83,879.00	

NO-3

英文滿報社特別事業費豫算

康德五年度

件名	金額	財源 補助金	財源 其他	備考
◎印刷業務擴張費				
1・ライノタイプ一台 基本ポイント一種用	13・154	13・154		英文印刷ノ一般的注文ニ應スルタメノ基本的最小施設トシテ 是非必要
2・平版印刷機一台 濱田式四六全判自動給紙機付（平該機）	9・000	9・000		
3・寫眞製版室一棟 電氣・瓦斯・水道設備共15坪 @135.00	2・025	2・025		印刷業務擴張上是非必要ナル施設ニシテ同時ニ新聞製作ニ及ホス利便亦甚大ナルヲ期待ス
4・社屋移轉費 機械什器運搬据付工事及移轉先現住者立退料	2・700	2・700		印刷工場ノ擴張ハ現在社屋内ニソノ收容能力ナク移轉ヲ必須ノ要件トス（移轉先舊遠東新報社使用滿鐵所有建物）
5・社屋改装費 遠東新報社跡改装費	3・000	3・000		
計	29・879	29・879	0	

同上附帶收支（增加）豫算

科目	五年度豫算	査定額	增減	豫算ノ説明
印刷收入	35・400	35・400	0	注文決定33・000 注文豫定2・400
（缺損金）	390	390	0	
計	35・790	35・790	0	
印刷支出				
營業費				
給料	5・400	5・400	0	ライノタイプ技師夜手機械工各1名3・600圓カメラマン製版工各1名1・200圓 助手2名600圓
諸手當	720	720	0	時外手當月60圓
備消耗費	3・870	3・870	0	フヰルム亞鉛板其他消耗品
用紙インク	15・000	15・000	0	月125圓
委任工費	7・200	7・200	0	製本費月600圓
發送費	300	300	0	月25圓
雜費	3・000	3・000	0	月250圓
工場創當	300	300	0	月25圓
計	35・790	35・790	0	

83

康徳五年度ウレミヤ社豫算

經常收支

NO. 3

科目	原豫算	查定額
助成金	56,497.00	50,500.00
販賣收入	50,500.00	50,500.00
廣告收入	36,000.00	36,000.00
雜收入	900.00	900.00
計	143,897.00	137,900.00
總務費	27,349.00	24,919.00
營業費	32,460.00	31,755.00
編輯費	34,488.00	33,626.00
工場費	49,600.00	47,600.00
計	143,897.00	137,900.00

助成金查定額前年度トノ比較説明				
四年度助成金		35,000.00		
五年度助成金查定額		50,500.00		
差引增減額（增）		15,500.00		
助成金增加説明	1 收入減（購人減少ニ依ル）	9,720.00		
	2 經費增ノ主ナルモノ			
	賞與金	3,000.00		
	退職手當	4,000.00	計	8,300.00
	償却費	1,300.00		
	3 經費減ノ主ナルモノ			
	用紙及インク	1,940.00	計	2,520.00
	人件費其他	580.00		

事業費

件名	金額	財源 補助金	財源 其他	備考
◎輪轉機購入 中古品一臺	3,500.00	3,500.00	0.-	現在平版機ヲ使用スルモ用紙高價品薄等ノタメ輪轉機ノ使用ヲ必要トス
計	3,500.00	3,500.00	0.-	

84

康德五年度豫算査定表

NO. 4

ハルビン・スコエ・ウレミヤ社

科目	四年度豫算	五年度豫算	增減	査定額	査定增減	豫算說明	査定說明
補助金收入	39,480	56,497	17,017	50,500	5,997	四年度實際補助35.000	
雜收入	600	900	300	900			
販賣收入							
小賣	12,540	9,500	(-) 3,040	9,500		在任民減少窮乏ノ爲メ極メテ不良ナリ	
市内	28,800	28,500	(-) 300	28,500			
市外	11,100	12,500	1,400	12,500			
廣告收入	39,600	36,000	(-) 3,600	36,000		在任民減少ニヨル購買力減ニテ廣告蒐集困難ナリ	
計	132,120	143,897	11,777	137,900	(-) 5,997		
重役費	600	3,600	3,000	3,600			
諸手當		3,000	3,000	3,000			
社長費	600	600		600			
總務費	15,931	23,749	7,813	21,319	(-) 2,430		
給料	7,584	5,244	(-) 2,340	4,814	(-) 430	社主手當3.000.00諸手當支辨トナス	四年度ノ5%增額
旅費	400	400		400			
賞與金	1,000	5,000	4,000	4,000	(-) 1,000	來年度ヨリ一ケ年ニ壹月分支給シタシ	査定額1ケ月3.900圓トナル
退職慰勞金		5,000	5,000	4,000	(-) 1,000	新規定ニヨル	〃 〃
交際費	200	200		200			
家賃	4,902	5,760	858	5,760		新家屋ニ移轉賃擔增	
税金公費	120	120		120			
雜費	300	300		300			
臨時費	100	100		100			
償却費	200	500	300	500		新規定ニ準ズル爲	
其他	1,125	1,125		1,125			
編輯費	32,236	34,488	2,252	33,625	(-) 862		
給料	11,796	12,948	1,152	12,385	(-) 562	本年度豫算ニ於テ人員整理ノ豫定ノ處不可能ノ爲	四年度ノ5%增
諸手當	300	400	100	400		夜勤增加ノ爲	
旅費	240	240		240			

85

科目	[illegible]年度豫算	五年度豫算	増減		査定額	査定増減		豫算説明
原稿料	15,000	15,000		0	15,000			
通信料	840	1,080		240	1,080			他社ト均衡上是非値上ゲノ申出ニヨリ種々折合幾分値上ノ結果
寫眞銅版	2,040	2,400		360	2,400			諸種値上リニヨリ
交際費	280	280			280			
雜費	260	300		40	300			
移轉費		300		300		(-)	300	
其他	1,480	1,540		60	1,540			
營業費	34,721	32,460	(-)	2,261	31,755	(-)	705	
給料	11,136	9,996	(-)	1,140	9,996			
諸手當	576	300	(-)	276	295	(-)	5	事務當直廢止
旅費	360	360			360			
通信費	84	120		36	120			料金値上ゲノタメ
備品費	75	100		25	100			
文具費	210	600		390	600			
消耗品費	900	900			900			
活字諸般	600	300	(-)	300	300			
逓送費	9,900	9,000	(-)	900	9,000			市内配達數少量減少
交通費	144	144			144			
集金歩合	2,360	2,300	(-)	60	2,300			
購讀歩合	1,196	1,100	(-)	96	1,100			
廣告歩合	4,840	4,400	(-)	440	4,400			
擴張費	1,200	1,000	(-)	200	1,000			擴張方針變更ニヨル
雜費	640	640			640			
雜損	500	500			500			
移轉費		700		700	0	(-)	700	
工場費	48,632	49,600		968	47,600	(-)	2,000	
給料	19,560	19,600		40	19,600			
諸手當	660	500	(-)	160	500			手當範圍縮少
消耗品費	1,860	2,000		140	2,000			物價高
用紙	21,600	19,600	(-)	12,000	19,600			月280連@7.00在任民減少ニ原因シ部數下向
インク	1,440	1,500		60	1,500			値上リノタメ
動力	1,440	1,200	(-)	240	1,200			

NO. 6

科目	四年度豫算	五年度豫算	增減	査定額	査定増減	豫算説明
修繕費	180	300	120	300		
雜費	432	500	68	500		
メタル	600	600		600		
備品費	360	300	(-) 60	300		
償却費	500	1,500	1,000	1,500		現在迄正規ノ償却ヲナサザルニヨリ來年度ニ於テ規定通リノ償却ヲナスニヨル
移轉費		2,000	2,000	0	(-) 2,000	
計	132,120	143,897	11,777	137,900	(-) 5,997	

对時局実施事項　中央

一、座談会、講演会ニ関スル事項

七、十六　弘報連絡会議ヲ開始（弘報処

〃、二十　協和会奉天省宣撫巡回講演会ヲ開始

〃、二十二、　協和会省分会大会ヲ開催

〃、二十九、　軍人会館ニ於テ全満新聞記者大会ヲ開催

〃、三十一、　国務院ニ於テ全国省長会議ヲ開催

八、六　協和会東部事務長会議ヲ開催

八、十四、　北支事変実見報告会ヲ開催

八、二十三、　大同公園ニ於テ国民大会ヲ開催

八、三十、　国婦分会長会議ヲ開催

八、三十一　国婦主催日支事変講演会及ビ映画ノ夕ヲ行フ

九、四、五　省次長会議ヲ開催

88

九、六　弘報会議ヲ開始、

十二三、大同報社北支派遣記者ヲシテ実見講演会ヲナシム（各主要都市巡回）

日本大使館澤田参事官ノ講演会ヲ総務庁ニテ開催、

太原陥落ニ国民大会ヲ開催

二、印刷物ニヨル事項

七、二八、北支事変画報（継続刊行）

八、三　北支事変ハ何故起ツタカ（日満両文）

九、一八　支那事変講演放送集（満文）

九、二一、 佈告

一〇、一三、 北支事変パンフレット（露文）

一〇、一五、 共産党ノ実相

一〇、二〇 紅匪之惨禍

時局與国際共産党

時局速報号外（継續刊行）

一〇、二六 児童時事画報（継續刊行）

時局ト国民ノ覚悟

89

一、声明布告及発令

七、三 協和会布告

七、四 星野長官官吏ニ対シテ内訓

七、一六 官廳執務半どん廃止

七、二〇 国務総理声明

〃 〃 治安部大臣声明

七、二二 国務総理大臣談話発表

七、二三 民生部大臣布告

〃 〃 奉天民衆声明発表

七、二四 大嶋牡丹江省長訓令

八、三 暴利取締令 経済部、治安部ヨリ発表

四、「ラジオ」ニヨル事項

七、一五 時事講演及時事解説ヲ継續行フ、

九、二九、特別放送開始

ラジオ標語募集

九、六 新京、天津定期支曜放送ヲ開始

五、映画ニヨル事項

八、一〇 映協ヲシテ日支事変ニュースヲ各劇場ニテ公開

セシム、

毎木曜日事変ニュース映画ヲ総務部ニテ公開

民心ノ安定ヲ計ルタメ事変ニュース映画ヲ地方

出シテ行フ

90

六　現地派遣ニヨル事項

八　三二、皇軍慰問使派遣

映協カメラマン派遣

大同報記者派遣

協和会ヨリ皇軍慰問使派遣

処員（五名）ヲ支　ニ派遣

省別	月日	実施事項
吉林省		国務総理訓示並関東軍参謀長挨拶文各部大臣訓示ヲ印刷物トシ配布
		各県市旗宣撫小委員会ノ下ニ保宣撫分会及甲宣撫分会ヲ組織シ時局ニ対スル工作ヲ実施
		中央ヨリノ印刷物ヲ配布
	八、二五	吉林市ニ於テ時局ニ対スル懇談会開催
	自八、二六 至九、七	吉林市宣撫小委員会工作班ヲ組織シ時局ニ対スル工作ヲ実施
	八、一四	北支慰問吉林市代表ヨリ各県ニ於テ報告演説会ヲ実施
龍江省		

7

省	日付	事項
黑河省		
三江省		七月二十八日ニ開催サレタ第三次三江省宣撫小委員会ニ於テ時局ニ対スル方針、要綱、実施要領ヲ決定実施
牡丹江省		八月二十五日第一回宣撫小委員会ヲ開キ宣伝宣撫工作要領中ニ対事変、時局ニ対スル処置ノ一項目ヲ設ケ実施中
浜江省	七、二四	大嶋省長訓令公布 本年度秋季治安工作ニ伴フ宣伝宣撫工作実施要綱中ニ対時局工作ヲ加ヘ正確ナル時局ニ対スル認識ノ注入、民心安定工作ヲ実施 特別放送ニ対スル援助

91 8

間島省	事変突発スルヤ各県公署ヲシテ県下全村長及朝鮮人民会長ヲ召集シ、時局懇談会ヲ開催 第三期工作トシテ工作班ヲ組織シ民心安定工作ヲ実施、省下鮮人有力団体ヲシテ時局ニ対スル巡回講演会ヲ実施
濱江省	
安東省	七月二十三日ヨリ十月末日マデ実施スベキ秋季工作ニヨリ時局ニ対スル工作ヲ実施
奉天省	七月十六日本年度治安工作ニ伴フ宣撫工作要領中ニ今事変ニ対スル宣伝要領ヲ定メ省工作及各県市工作ヲ実施

錦州省

熱河省

興安北省

興安南省

一、本年度春期宣伝宣撫工作要領ヲ変更シ対時局工作要領トナシ実施 10

9

甘珠尔廟例祭ニ伴ヒ特ニ時局ニ対スル宣撫宣伝ヲ実施セリ

科尔沁左翼中旗唐格廟廟会実施ノ機会ヲ利用シ蒙古民衆ニ時局ノ徹底的認識ヲ注入

92

在京（东京）大桥关于申请煤炭液化工厂计划变更事致财务部长的电文（一九三七年十二月八日）

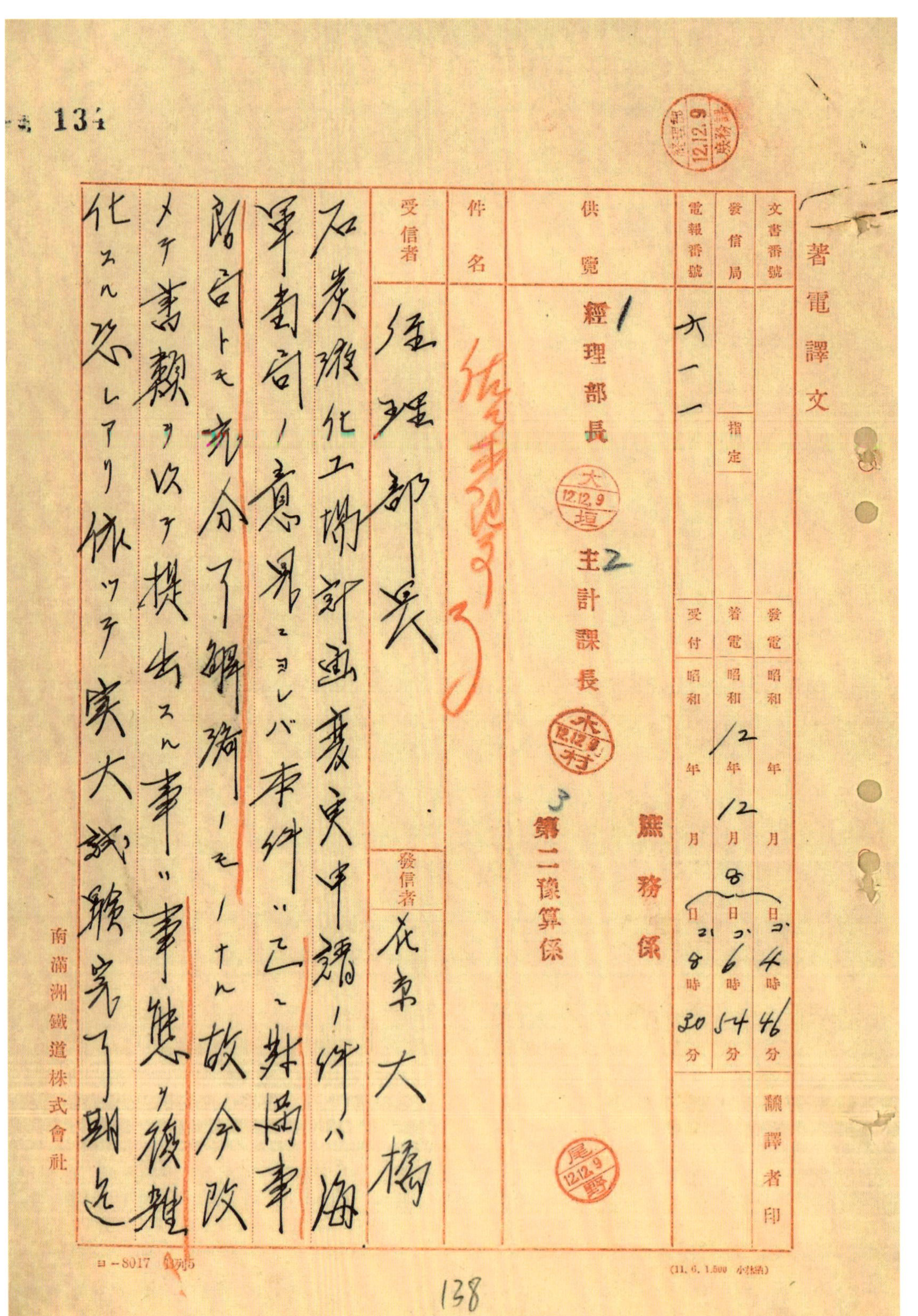
134

著電譯文

供覽 經理部長 主計課長 第二豫算係 庶務係

電報番號 六一一

受信者 経理部長

發信者 在京大橋

發電 昭和12年12月8日午後4時46分
着電 昭和12年12月8日午後6時54分
受付 昭和12年12月8日午後8時30分

石炭液化工場計画変更申請ノ件ハ海軍当局ノ意見ニヨレバ本件ハ已ニ鉄道省当局トモ充分了解済ノモノナル故今改メテ書類ヲ以テ提出スル事ハ事態ヲ複雑化スル恐レアリ依ッテ実大試験完了期迄

南滿洲鐵道株式會社

138

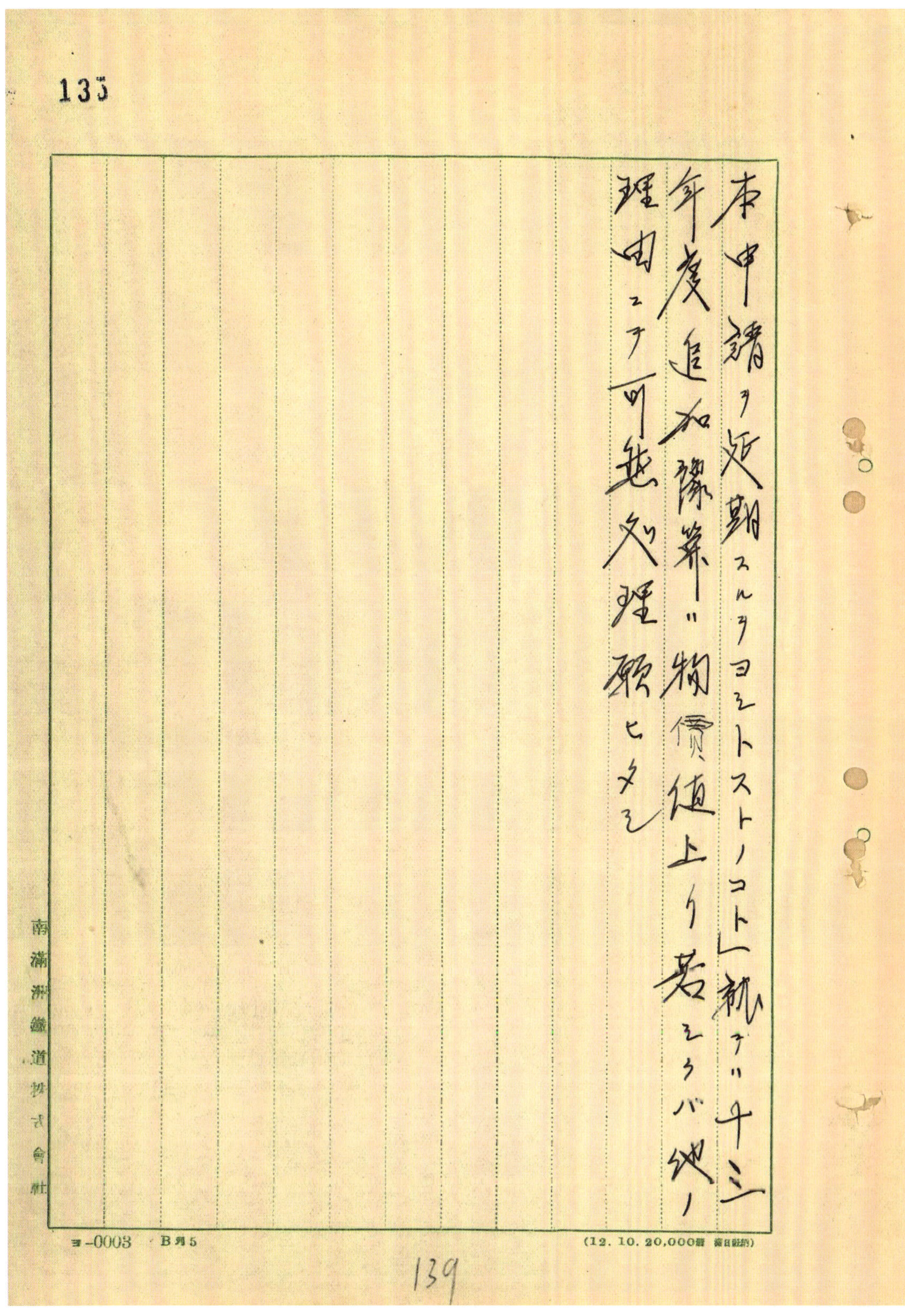
135

本申請ヲ延期スルヲヨシトストノコトニ就テハ十三年度追加豫算ハ物價値上リ若シクハ他ノ理由ニテ可然処理願ヒタシ

南滿洲鐵道株式會社

ヨ-0003 B列5 (12.10.20,000冊 ...)

139

满铁理事中西敏宪关于手枪子弹输出及转让许可申请书事致大连警察署长今村矩八的函

（一九三七年十二月十五日）

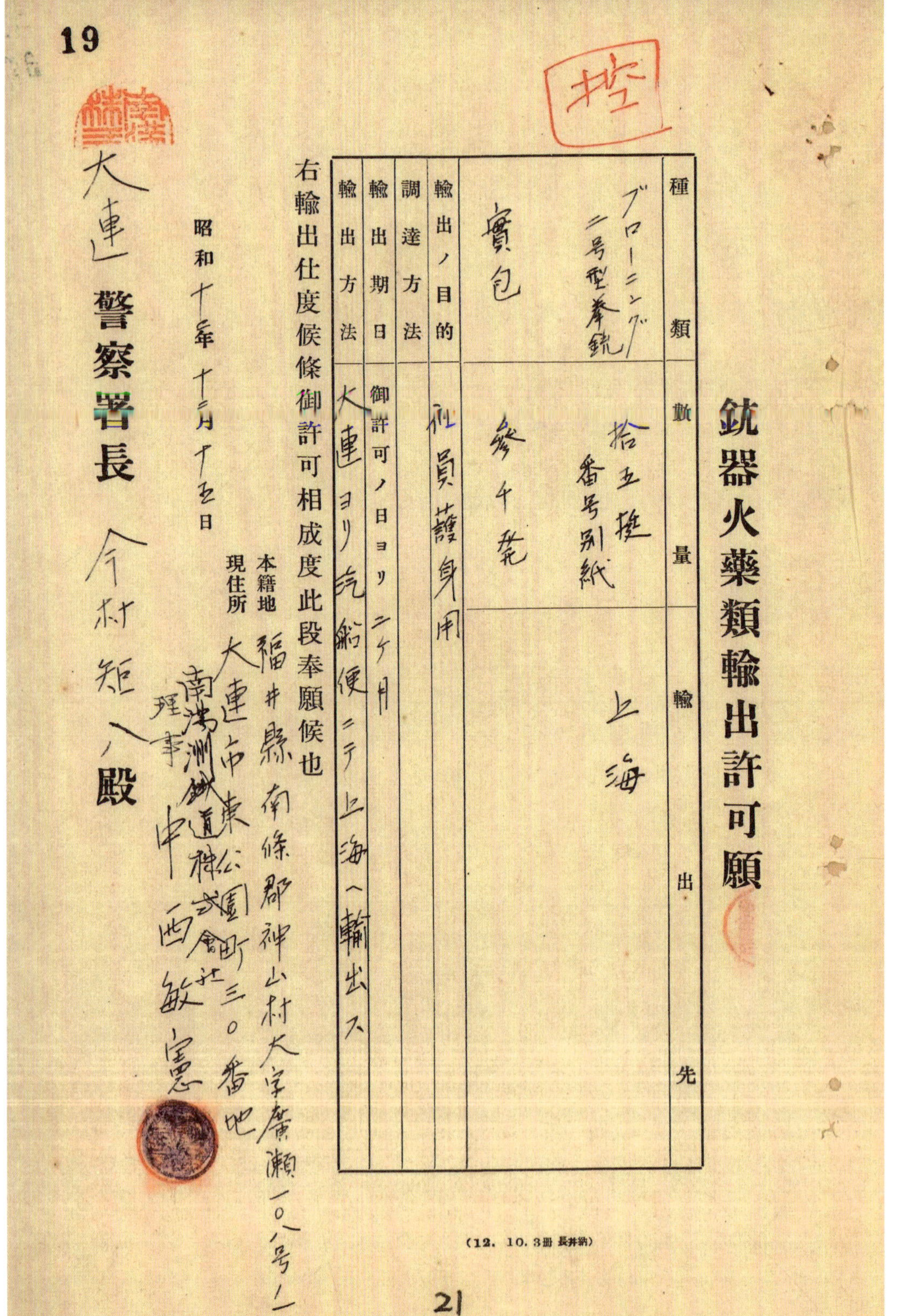

19

銃器火藥類輸出許可願

種類	數量	輸出先
ブローニング二号型拳銃	拾五挺 番号別紙	上海
實包	參千發	

輸出ノ目的	社員護身用
調達方法	
輸出期日	御許可ノ日ヨリ二ケ月
輸出方法	大連ヨリ汽船便ニテ上海ヘ輸出ス

右輸出仕度候條御許可相成度此段奉願候也

昭和十二年十二月十五日

本籍地 福井縣南條郡神山村大字廣瀬一〇八号ノ一

現住所 大連市東公園町三〇番地

南滿洲鐵道株式會社理事

中西敏憲

大連警察署長

今村矩八殿

控

（12. 10. 3冊 長井納）

21

20

控

銃砲火藥類讓受許可願

一、種類及數量　拳銃　拾五挺　實包　參千發

一、用途　社員護身用

一、讓受期間及事由　一ヶ年間
御許可ノ日ヨリ
大連市坂本商店坂本治一郎ヨリ讓受

一、貯藏方法　安全ナル場所

右御許可相成度候也

本籍　福井縣南條郡神山村大字廣瀬一〇八号ノ一

住所　大連市東公園町三〇番地

職業　南滿洲鉄道株式會社理事

中西敏憲

明治二十年三月九日生

昭和十二年十二月十五日

大連警察署長今村矩八殿

大連市浪速町一二六番地坂本商店　電話②長四七四〇番　三五七六番　七五五〇番

22

附：手枪编号

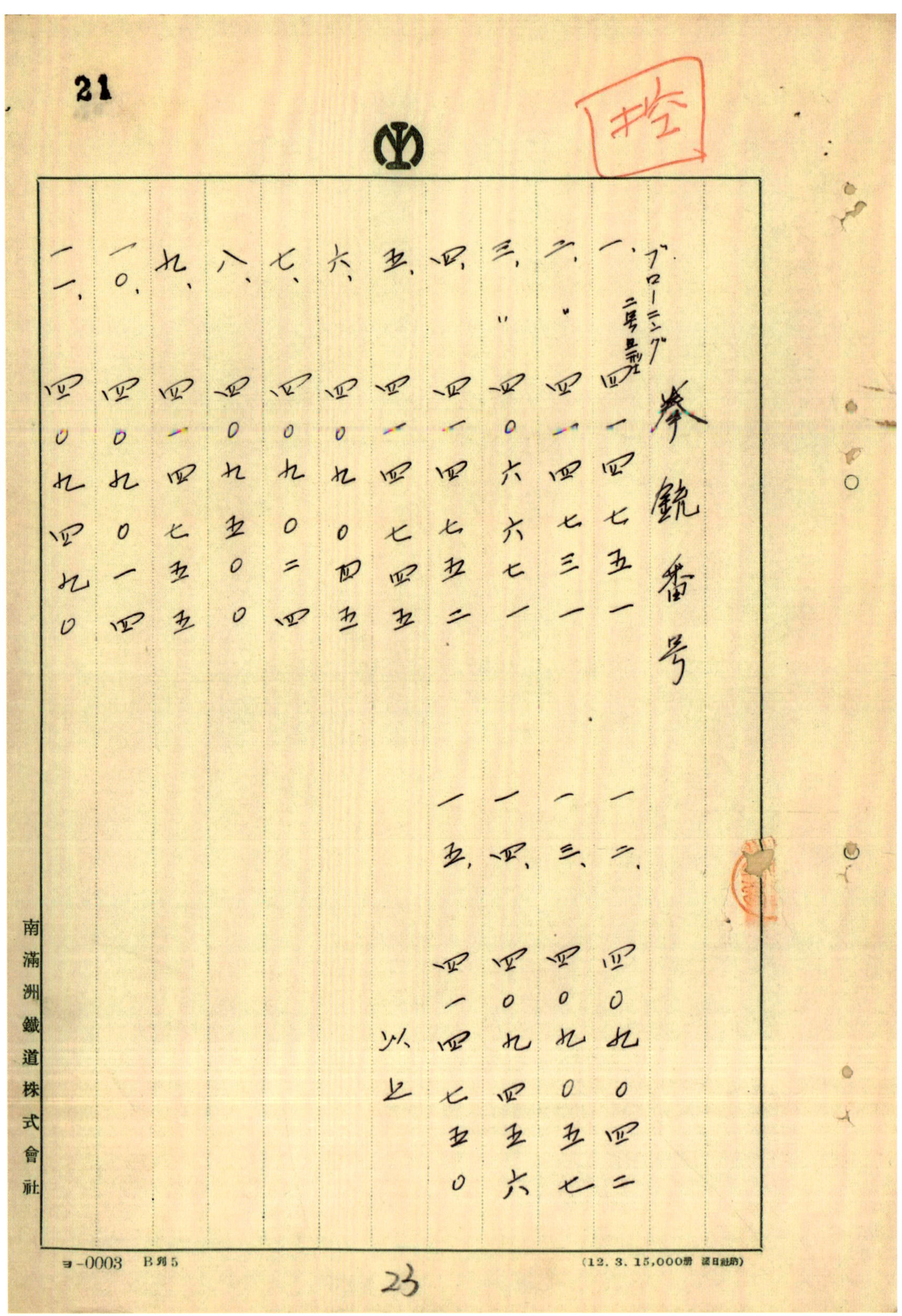

21

控

拳銃番号

一、ブローニング二号型 四一四七五一
二、〃 四一四七三一
三、〃 四〇六六七一
四、四一四七五二
五、四一四七四五
六、四〇九〇四五
七、四〇九〇二四
八、四〇九五〇〇
九、四一四七五五
一〇、四〇九〇一四
一一、四〇九四九〇
一二、四〇九〇四二
一三、四〇九〇五七
一四、四〇九四五六
一五、四一四七五〇

以上

南滿洲鐵道株式會社

ヨ-0003 B列5 (12. 3. 15,000冊 [illegible])

23

满铁用度部仓库课关于手枪子弹暂时领取证事致上海事务所庶务课的文件（一九三七年十二月十七日）

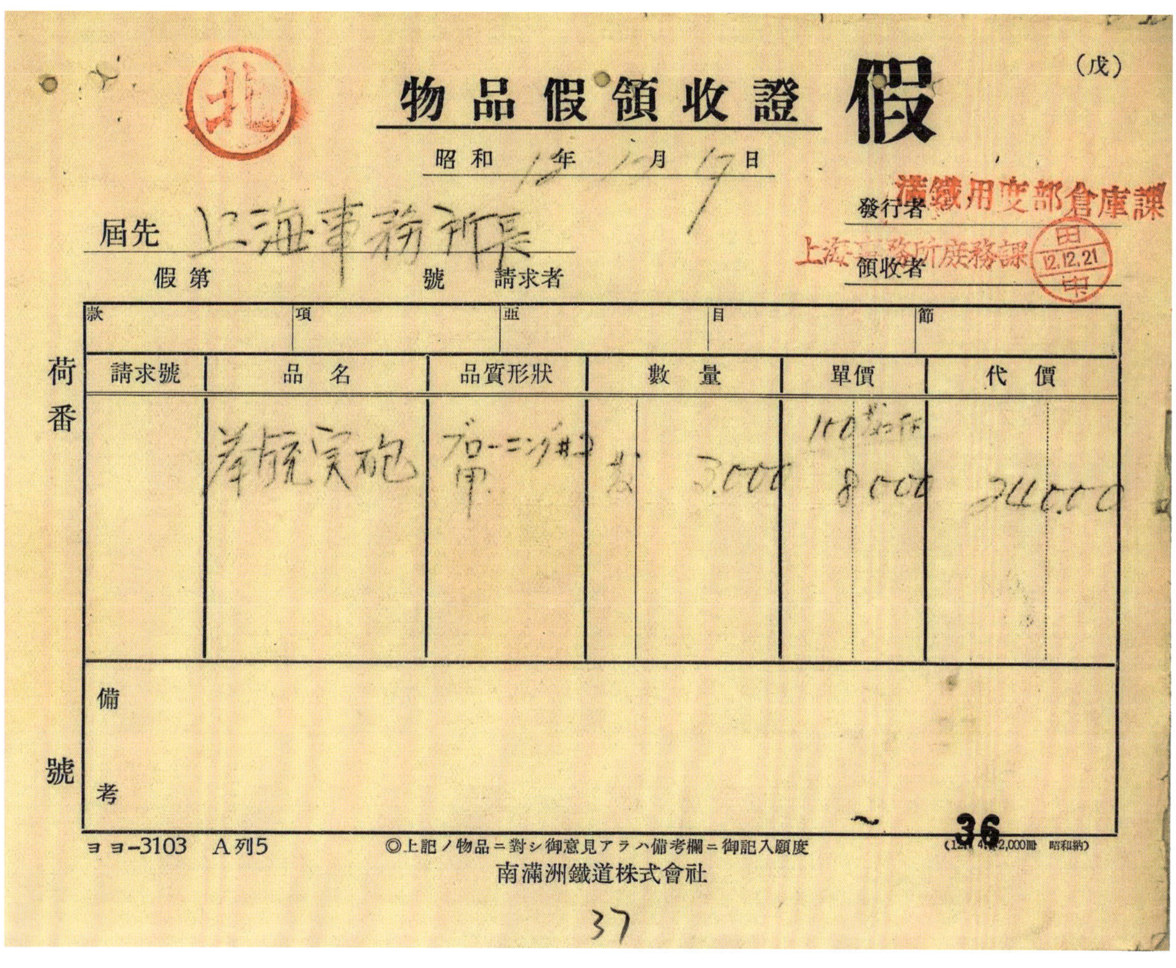

（戊）

物品假領收證 假

昭和 12 年 12 月 17 日

届先 上海事務所長

假第 號 請求者

發行者 満鐵用度部倉庫課

領收者 上海事務所庶務課

款	項	亜	目	節

請求號	品名	品質形狀	數量	單價	代價
	拳銃実砲	ブローニング#2 用	発 3,000	100発ニ付 8.00	240.00

備考

～ 36

ヨヨ-3103 A列5 ◎上記ノ物品ニ對シ御意見アラハ備考欄ニ御記入願度 (12. 4. 2,000冊 昭和納)

南滿洲鐵道株式會社

37

（戊）

北

物品假領收證 假

昭和12年12月17日

届先 上海事務所長

發行者 満鐵用度部倉庫課

假第　號　請求者

領收者 上海事務所庶務課 田中 12.12.21

款	項	亟	目	節

荷番號

請求號	品名	品質形狀	數量		單價	代價
	拳銃	ブローニング#2 清彈倉.又サック共	丁	15	50000	750000

備考

～ 37

ヨヨ-3103　A列5　◎上記ノ物品ニ對シ御意見アラハ備考欄ニ御記入願度　（12.4.2,000冊 昭和納）

南滿洲鐵道株式會社

38

伊藤武雄关于申请持枪许可书事致日本总领事馆警察署的函（一九三七年十二月二十二日）

34

拳銃携帯許可願

本籍地 愛知縣渥美郡神戸村大字西神戸四七

現住所 上海黃浦灘路二四號正金ビル內

職業 滿鐵社員 伊藤武雄

明治二八年三月一日生

銃器ノ種類及數量

一、種類 ブローニング二號型

一、番號

四一四七五一 No.414751　四〇九〇四五 No.409045　四〇九四九〇 No.409490

四一四七三九 No.414739　四〇九〇二四 No.409024　四〇九〇四二 No.409042

四〇六六七一 No.406671　四〇九五〇〇 No.409500　四〇九〇三七 No.409037

四一四七五二 No.414752　四一四七五五 No.414755　四〇九四五六 No.409456

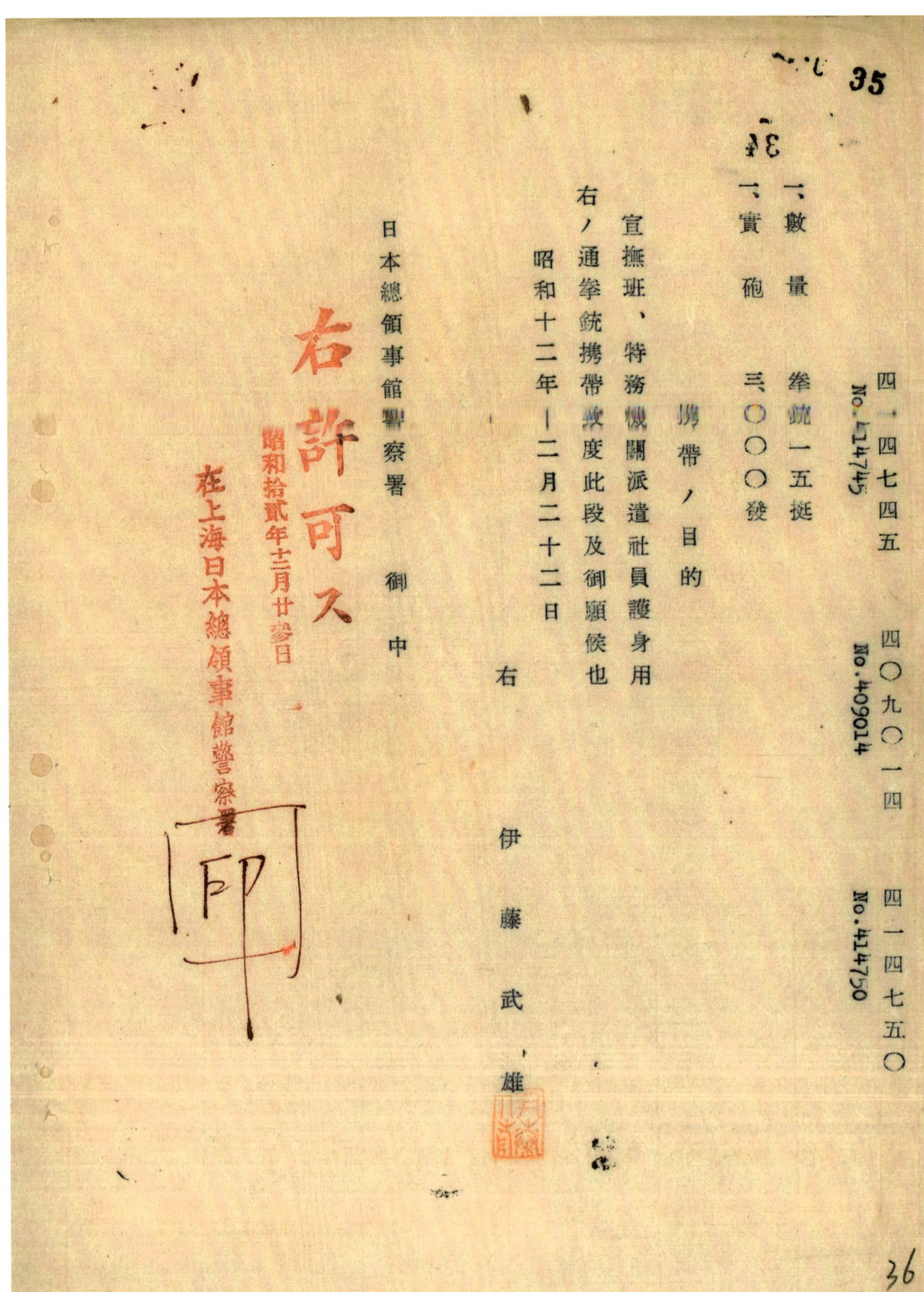

35

34

一、数量　拳銃一五挺

四一四七四五 No.414745　四〇九〇一四 No.409014　四一四七五〇 No.414750

一、實砲　三、〇〇〇發

携帶ノ目的

宣撫班、特務機關派遣社員護身用

右ノ通拳銃携帶致度此段及御願候也

昭和十二年一二月二十二日

右　伊藤武雄

日本總領事館警察署　御中

右許可ス

昭和拾貳年十二月廿參日

在上海日本總領事館警察署

印

36

满铁理事中西敏宪关于报手枪运送完成事致大连警察署长今村矩八的函（一九三八年一月十一日）

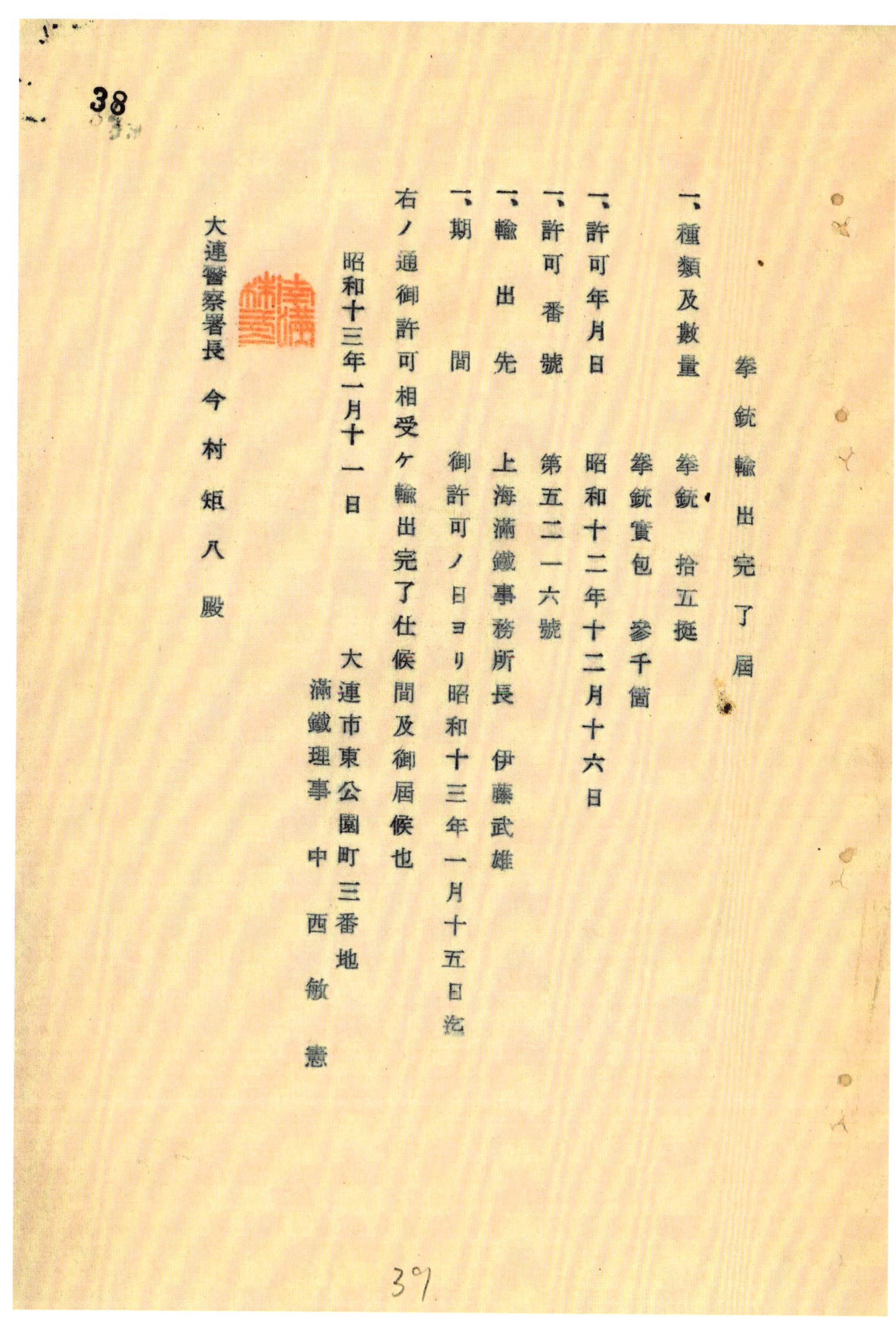

38

拳銃輸出完了届

一、種類及數量　拳銃　拾五挺
　　　　　　　　拳銃實包　參千箇
一、許可年月日　昭和十二年十二月十六日
一、許可番號　第五二一六號
一、輸出先　上海滿鐵事務所長　伊藤武雄
一、期間　御許可ノ日ヨリ昭和十三年一月十五日迄

右ノ通御許可相受ケ輸出完了仕候間及御届候也

昭和十三年一月十一日
大連市東公園町三番地
滿鐵理事　中西敏憲

大連警察署長　今村矩八殿

39

满铁理事中西敏宪关于请批准枪械火药类转让申请事致大连警察署长今村矩八的函（一九三八年一月十八日）

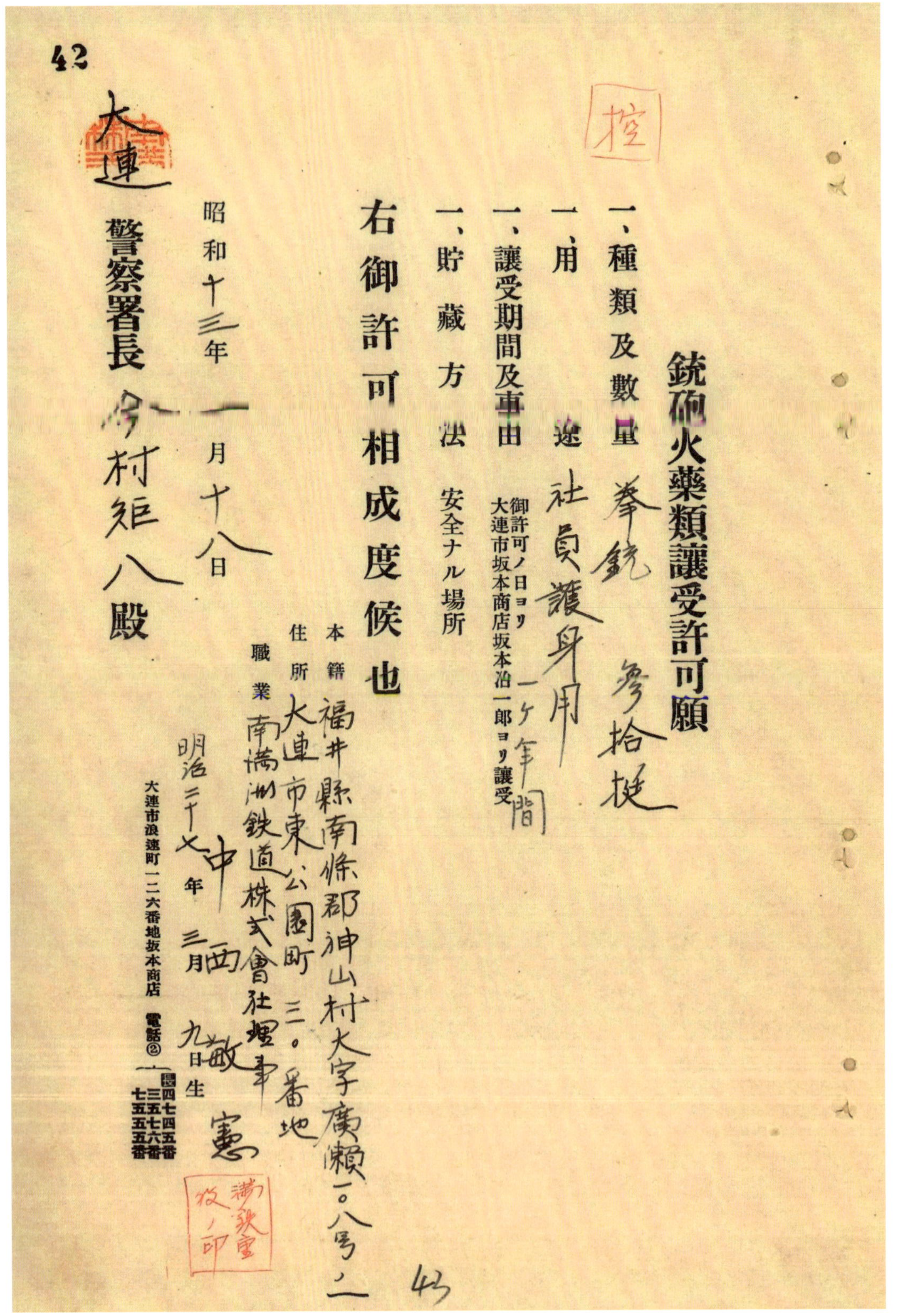

42

控

銃砲火藥類讓受許可願

一、種類及數量　拳銃　參拾挺

一、用途　社員護身用

一、讓受期間及事由　一ケ年間
御許可ノ日ヨリ
大連市坂本商店坂本治一郎ヨリ讓受

一、貯藏方法　安全ナル場所

右御許可相成度候也

本籍　福井縣南條郡神山村大字廣瀨一〇八号ノ二

住所　大連市東公園町三〇番地

職業　南滿洲鉄道株式會社理事

明治二十七年三月九日生　中西敏憲

滿鉄重役ノ印

昭和十三年一月十八日

大連警察署長今村矩八殿

大連

大連市浪速町一二六番地坂本商店　電話②七四五番 三五七六番 七五五五番

43

满铁理事中西敏宪关于请批准枪械火药类运送申请事致大连警察署长今村矩八的函（一九三八年一月十八日）

43

控

銃器火藥類輸出許可願

種類	數量	輸出先
ブローニング二号型拳銃	参拾挺	上海

輸出ノ目的　社員護身用

調達方法

輸出期日　御許可ノ日ヨリ二ケ月

輸出方法　大連ヨリ汽船便ニテ上海ヘ輸出ス

右輸出仕度候條御許可相成度此段奉願候也

昭和十三年一月十八日

本籍地　福井縣南條郡神山村大字廣瀬一〇八号ノ一

現住所　大連市東公園町三〇番地

南滿洲鉄道株式會社

理事　中西敏憲

大連警察署長　今村矩八殿

(14. 7. 1000)

44

华北派遣军山口部队本部功绩调查班关于请调查船员事致北支事务局长的函（一九三八年五月五日）

189

写

二軍監功第三二一號

船員調査ノ件依頼

昭和十三年五月五日

北支派遣軍山口部隊本部功績査班[印]

南滿洲鐵道株式會社
北支事務局長　杉廣三郎殿

貴所ニ於テ今回事變ノ爲軍經理部ニ供給セラレタル左記汽艇乘組員ニ對シ功績調査上必要ニ付乘組員ノ本籍住所氏名生年月日洩レナク記載至急御回報相煩度候也

左記

孚友丸　第二蛙丸　第三蛙丸
天神丸　大黒丸　第二末廣丸
新榮丸　上吉丸　濱榮丸
伊吹丸　かもめ丸　寶珠丸

198

190

寫

大黑丸一號
幸順丸
錦州丸

福神丸三號
常榮丸
敬華丸

浦吠丸二號
稻荷丸

199

财团法人日本防空协会要览（一九三九年四月二十八日）

98

财團法人

大日本防空協會要覽

110

趣意書
役員名簿
寄附行爲
支部規則
設立經過概要
財團法人設立許可書寫

111

99

趣意書

輓近航空機の驚異的進歩發達に伴ひ戰爭方法に一大變革が齎らされたことは今次の支那事變で國民の齊しく痛感した所であり、今後の戰爭に於て航空機が遠く後方都市、軍事要地を空襲することは重要作戰の一つとなつた。戰爭の舞臺面は從來の如く單に直接戰闘の行はるゝ第一戰にのみ限らるゝことなく、戰地を遙かに離れた國土全般に迄擴大されると共に、一度敵機空襲下に立てば、其の影響を蒙むる所ひとり戰闘員に止らず、非戰闘員たる銃後の國民も悉く其の危險に曝さるることゝなつたのである。斯くして國防の完璧を期するには國土の防空施設を等閑に附することは到底許されなくなつた。歐洲大戰の慘禍を嘗めた諸外國に於て防空對策に日夜汲々たる所以も實に此に存するのである。

固より我が陸海軍は其の精鋭の航空機を以て或は敵空軍根據地の潰滅に、或は敵爆撃機の擊墜に其の全力を擧げることであらう。併し乍ら航空機の補充は比較的容易な爲め敵空軍の絶滅は事實問題としては不可能であらうし、又際涯無き天空に於て我が監視の網を逃れた敵機が突如我が國土上空に現はれぬとは誰しも言ひ

一

112

切れぬことであらう。勿論陸海軍の防衛部隊は航空機と高射砲其の他の兵器とを以て積極的防衛に當るのではあるが、國民亦斯かる場合徒らに周章狼狽することなく、沈着冷靜、協力一致して國土の消極的防空卽ち國民防空に當り以て銃後の守りを固くしなければならない。

翻つて我が國に於ける防空施設の現狀を見れば、從來此の方面を閑却して來た結果として、軍事施設は暫く別としても、都市施設を初め其の他諸般の事項に亘り防空上からは極めて缺陷が多く一朝有力なる空軍を有する國を相手とする場合を考へる時膚に粟を生ぜざるを得ないものがある。

昭和十二年十月國民防空の基本法規たる防空法が施行せられて以來、其防空に關する官公の施設は勿論、國民の認識も急速に進展しつゝあることは洵に意を強くするものがあるが、それとて未だ漸く其の緒に就いたと云ふ程度に過ぎぬ。而も防空の事たる極めて多方面に關係を有するものであるから、單に官公の施設にのみ委せて足れりとすることの出來ぬは言ふ迄もなからう。獨逸、蘇聯を初め諸外國に於ける民間防空團體が、或は法規の及ばざる所を補ひ、或は官公の施設として行ひ難き事業に當り、防空上有力なる活動を續けつゝある今日、防空に立遲れた

113

100

る我が國として此の種施設の必要なることは論を俟たぬ所と信ずる次第である。
卽ち廣く國民を網羅し有力なる組織と機能とを有する民間團體を結成し、官公の施設と相俟て適切なる方策を講ずることは現下最も緊要の時務と言ふべきであつて、大日本防空協會の創設を提唱する所以は全く之に外ならぬ。

斯の如くして本協會の任務は極めて重要であり其の爲すべき事業は多岐多端に亘るものと豫想せられるが、就中防空知識を普及徹底して防空に對する適確なる認識と有事に處する確固たる心構えを喚起せしめ、防空の訓練養成に寄與して其の實施に備へ、防空設備の整備或は防空機關の援助に關しては特に官公施設の及び難きを補うて遺漏無きを期し、更に又防空の實施、訓練に因る殉職者傷病者の弔慰救護に意を用うる等本協會の活動範圍は洵に廣汎且重要なるものがある。

今や我國は不動の決意を以て東洋永遠の平和確立に邁進せんとし今後の國際情勢は愈緊迫を加へんとするの秋、本協會の意義と使命の重且大なるとに鑑み急速之が成立を期し、我が防空態勢の整備に一大偉力を加へんことを國家の爲切望に堪えざる所である。

114

四

役員名簿（順序不同）

會長　內閣總理大臣男爵平沼騏一郎

副會長　內務大臣侯爵木戶幸一

陸軍大臣陸軍中將板垣征四郎

海軍大臣海軍大將米內光政

男爵鄉誠之助

後藤文夫

理事長　後藤文夫

佐上信一

常務理事　陸軍中將佐野光信

115

101

理事

海軍中將　和田專三
內務次官　館哲二
內務省計畫局長　松村光磨
內務省警保局長　安藤狂四郎
陸軍次官陸軍中將　山脇正隆
陸軍省兵務局長陸軍少將　中村明人
海軍次官海軍中將　山本五十六
海軍省軍務局長海軍少將　井上成美
陸軍中將男爵　淺田良逸
松井茂
井坂孝
磯村豐太郎
小林一三
藤原銀次郎

五

116

六

佐野利器

松本健次郎

日本商工會議所會頭海軍造兵中將 伍堂卓雄

監事

南條金雄

三好重道

小倉正恒

常議員

後藤文夫

佐上信一

陸軍中將 佐野光信

海軍中將 和田專三

內務次官 館哲二

內務省計畫局長 松村光磨

內務省警保局長 安藤狂四郎

102

陸軍次官陸軍中將 山脇正隆
陸軍省兵務局長陸軍少將 中村明人
海軍次官海軍中將 山本五十六
海軍省軍務局長海軍少將 井上成美
陸軍中將男爵 淺田良逸
松井茂
井坂孝
磯村豊太郎
小林一三
藤原銀次郎
佐野利器
日本商工會議所會頭海軍造兵中將 伍堂卓雄
松本健次郎
南條金雄
三好重道

七

118

小倉正恒

企畫院次長　武部六藏

内務政務次官海軍少將　漢那憲和

内務參與官　中井一夫

内務省地方局長　挾間茂

内務省土木局長　山崎巖

大藏次官　大野龍太

文部次官　石黒英彦

農林次官　荷見安

商工次官　村瀬直養

遞信次官　大和田悌二

鐵道次官　喜安健次郎

厚生次官　岡田文秀

陸軍中將　大島健一

陸軍步兵大佐侯爵　西鄉從德

陸軍中將　佐竹保治郎

膳　桂之助

東京商工會議所會頭海軍造兵中將　伍堂卓雄

横濱商工會議所會頭　有吉忠一

名古屋商工會議所會頭　青木鎌太郎

京都商工會議所會頭　田中博

大阪商工會議所會頭　安宅彌吉

神戸商工會議所會頭　榎並充造

帝國在鄉軍人會副會長陸軍中將　小泉六一

帝國在鄉軍人會副會長海軍中將　中野直枝

大日本青年團常任理事　栗原美能留

日本放送協會長　小森七郎

帝國飛行協會副會長陸軍中將　堀丈夫

九

財團法人大日本防空協會寄附行爲

第一章　總則

第一條　本會ハ財團法人大日本防空協會ト稱ス

第二條　本會ハ事務所ヲ東京市麴町區霞ケ關一丁目二番地内務省内ニ置ク

第二章　目的及事業

第三條　本會ハ防空思想ヲ普及徹底シ防空事業ノ促進ヲ圖リ以テ國土防空ノ完成ニ寄與スルコトヲ目的トス

第四條　本會ハ前條ノ目的ヲ達スル爲左ノ事業ヲ行フ

一　防空ニ關スル調査研究

二　防空知識ノ普及徹底

三　防空勤務員ノ養成

四　防空ニ關スル設備及資材ノ整備ノ奬勵

五　防空機關ノ援助

六　防空訓練ノ援助

121

104

七 防空功勞者ノ表彰竝ニ防空殉職者傷病者及其ノ遺家族ノ弔慰援護

八 防空ニ關シ關係當局ニ對スル意見ノ具申

九 前各號ノ外本會ノ目的ヲ達スル爲必要ナル事項

第三章 資産及會計

第五條 本會ノ資産ハ左ニ掲グルモノトス

一 本會設立ノ際ニ於ケル資産

二 本會ノ事業又ハ財産ヨリ生ズル收益

三 支部分擔金

四 政府補助金

五 寄附金

六 其ノ他ノ收入

第六條 本會ノ資産ハ郵便官署、確實ナル銀行ニ預入レ若ハ信託ニ付シ又ハ國債地方債其ノ他確實ナル有價證券ヲ買入ルル、モノトス但シ特別ノ事情アル場合ハ常議員會ノ議決ヲ經テ不動産ヲ買入ルル、コトヲ得

第七條 本會ハ常議員會ノ議決ヲ經テ資産中ヨリ基本財産ヲ定ム基本財産ハ常議員三分ノ二以上ノ同

二

122

意アル場合ニ限リ之ヲ處分スルコトヲ得

第八條 本會ノ經費ハ資産ヲ以テ之ニ充ツ

第九條 本會ノ豫算ハ毎年度常議員會ノ議決ヲ經テ之ヲ定メ決算ハ其ノ認定ニ付スルモノトス

第十條 本會ノ會計年度ハ政府ノ會計年度ニ依ル

第四章 會員

第十一條 本會ノ會員ヲ分チテ左ノ七種トス

一 名譽會員 學識名望アル者又ハ本會ノ爲特ニ功勞アル者ニシテ常議員會ニ於テ推薦シタルモノ

二 特別有功會員 金一萬圓以上ヲ一時ニ若ハ五ケ年以内ニ年賦ヲ以テ醵出スルモノ

三 有功會員 金一千圓以上ヲ一時ニ若ハ五ケ年以内ニ年賦ヲ以テ醵出セルモノ

四 特別會員 金一百圓以上ヲ一時ニ若ハ五ケ年以内ニ年賦ヲ以テ醵出スルモノ

五 正會員 金五十圓以上ヲ一時ニ若ハ五ケ年以内ニ年賦ヲ以テ醵出スルモノ

六 普通會員 毎年金三圓宛十ケ年間醵出スルモノ

七 賛助會員 金五十錢以上ヲ醵出スルモノ又ハ本會ノ事業ニ功勞アル者

第十二條 會員ニシテ本會ノ名譽ヲ毀損シ又ハ本會ニ不利益ナル行爲アリト認ムルトキハ常議員會ノ

105

議決ヲ以テ除名スルコトアルベシ

會員ニシテ退會セムト欲スルモノハ書面ヲ以テ屆出ヅベシ

第五章　總裁、會長、副會長、顧問、委員及役職員

第十三條　本會ニ總裁ヲ置ク

總裁ニハ皇族ヲ奉戴ス

第十四條　本會ニ會長一名、副會長五名以內ヲ置ク

第十五條　會長ハ內閣總理大臣ノ職ニ在ル者ヲ推戴ス

副會長中三名ハ內務大臣、陸軍大臣及海軍大臣ノ職ニ在ル者ヲ推戴シ其ノ他ハ會長ノ推薦ニ依リ總裁之ヲ委囑ス

第十六條　本會ニ顧問若干名ヲ置ク

顧問ハ會長ノ推薦ニ依リ總裁之ヲ委囑ス

顧問ハ總裁ノ諮問ニ應ズ

第十七條　本會ノ事業遂行ノ爲必要アリト認ムルトキハ委員ヲ置クコトヲ得委員ハ會長ノ推薦ニ依リ總裁之ヲ委囑ス

第十八條　本會ニ左ノ役員ヲ置ク

一三

124

一　理事長　　一名
二　理事　　若干名
三　監事　　若干名
四　常議員　　若干名
五　評議員　　若干名

第十九條　理事長、理事、監事及常議員ハ評議員中ヨリ會長ノ推薦ニ依リ總裁之ヲ委囑ス
理事中若干名ヲ常務理事トシ會長之ヲ囑託ス

第二十條　評議員ハ會長之ヲ囑託ス

第二十一條　理事長ハ本會ヲ代表シ會務ヲ總理ス
理事長事故アルトキハ會長ノ指定シタル理事其ノ職務ヲ代理ス

第二十二條　監事ハ本會ノ會計及報告ヲ監査ス

第二十三條　評議員ハ會長ノ諮問ニ應ジ意見ヲ陳述ス

第二十四條　理事長、理事、監事及常議員ノ任期ハ二年トス但シ重任ヲ妨ゲズ
官職ニ在ルノ故ヲ以テ役員タル者ノ任期ハ其ノ在職期間トス役員ノ任期滿了ノ場合ニ於テハ其ノ後任者ノ就任スル迄ハ前任者ニ於テ其ノ職務ヲ行フ

第二十五條 本會ニ左ノ職員ヲ置ク

幹　事　　若干名
主　事　　若干名
書　記　　若干名

第二十六條 幹事ハ會長之ヲ囑託ス

幹事ハ理事長ノ指揮ヲ承ケ會務ヲ掌理ス

第二十七條 主事及書記ハ理事長之ヲ命免ス

主事及書記ハ上職ノ命ヲ受ケ庶務ニ從事ス

第六章　理事會及常議員會

第二十八條 理事會ハ左ノ事項ヲ議決ス

一　常議員會ニ提出スベキ議案
二　常議員會ノ議決ヲ要スルモノニシテ臨時急施ヲ要シ理事長ニ於テ之ヲ招集スルノ暇ナシト認メタル事項
三　常議員會ノ議決ヲ要スルモノニシテ其ノ委任ヲ受ケタル事項
四　其ノ他理事長ニ於テ必要ト認メタル事項

前項第二號ノ規定ニ依ル處置ニ付テハ理事長ハ次回ノ會議ニ於テ之ヲ常議員會ニ報告スベシ

第二十九條 常議員ハ豫算其ノ他重要ナル事項ヲ議決ス

第三十條 理事會及常議員會ハ理事長之ヲ招集ス

會議ノ議長ハ理事長之ニ當ル理事長事故アルトキハ其ノ指名スル者之ニ當ル

第三十一條 常議員會ハ常議員三分ノ一以上出席スルニ非ザレバ會議ヲ開クコトヲ得ズ

常議員會ノ議決ハ出席員ノ過半數ニ依リ之ヲ決シ可否同數ナルトキハ議長ノ決スル所ニ依ル

常議員ハ豫メ出席員ニ委任シ書面ヲ以テ議決ヲ爲スコトヲ得此ノ場合ニ於テハ之ヲ出席員ト看做ス

第三十二條 會議ヲ招集スベキ場合ニ於テ理事長ハ時宜ニ依リ書面ヲ以テ意見ヲ徵シ會議ニ代フルコトヲ得

第七章　會員章、有功章

第三十三條 會員ニハ本會所定ノ會員章ヲ交付ス

第三十四條 防空ニ關シ功績アル者又ハ本會ノ事業ニ功勞アル者ニ對シテハ別ニ定ムル所ニ從ヒ有功章ヲ贈與ス

第八章　支　部

第三十五條 本會ニ支部ヲ置ク

107

支部ニ關スル規則ハ別ニ之ヲ定ム

第九章 雜 則

第三十六條 本寄附行爲ハ常議員三分ノ二以上ノ同意ヲ得主務大臣ノ認可ヲ受クルニ非ザレバ之ヲ變更スルコトヲ得ズ

第三十七條 本寄附行爲施行ノ爲必要ナル細則ハ會長之ヲ定ム

第三十八條 總裁奉戴ニ至ル迄ノ間ハ副會長（官職ニ在ルノ故ヲ以テ副會長タル者ヲ除ク）、理事長、理事、監事及常議員ハ會長之ヲ委囑ス

第三十九條 本寄附行爲ニ依ル理事ノ就任スルニ至ル迄ノ間ハ左ノ者ヲ以テ理事トス

內務次官 館 哲二

內務省計畫局長 松村光磨

陸軍省兵務局長 中村明人

海軍省軍務局長 井上成美

一七

128

財團法人大日本防空協會支部規則

第一條 本會支部ハ別ニ定ムル場合ヲ除クノ外道府縣ニ之ヲ置ク

第二條 支部ノ會則ハ會長ノ承認ヲ受クベシ

第三條 支部ニ左ノ役員ヲ置ク

支部長 一名

副支部長 若干名

評議員 若干名

幹事 若干名

第四條 支部長及副支部長ハ會長之ヲ囑託ス

支部長ハ支部ノ事務ヲ統轄ス

副支部長ハ支部長ヲ補佐シ支部長事故アルトキハ支部長ノ指定スル副支部長之ヲ代理ス

第五條 評議員ハ支部長之ヲ囑託ス

第六條 幹事ハ支部長之ヲ囑託ス

幹事ハ支部長ノ指揮ヲ承ケ事務ヲ掌理ス

129

第七條 官職ニ在ル者ヲ除キ役員ノ任期ハ二年トス但シ重任ヲ妨ゲズ

第八條 支部ニ顧問ヲ置クコトヲ得

顧問ハ支部長ノ推薦ニ依リ會長之ヲ囑託ス

顧問ハ支部長ノ諮問ニ應ズ

第九條 支部ノ事務施行ノ爲必要ナル職員ヲ置キ支部長之ヲ命免ス

第十條 評議員會ハ支部長之ヲ招集ス

評議員會ハ重要事項ヲ審議ス

第十一條 支部ノ會計年度ハ政府ノ會計年度ニ依ル

第十二條 支部ノ豫算及決算ハ會長ニ報告スルモノトス

支部ハ毎年度事業計畫ヲ定メ會長ニ報告スルモノトス

第十三條 支部ハ寄附金ヲ募集セムトスルトキハ豫メ會長ニ報告スルモノトス

第十四條 支部ハ毎年四月末日迄ニ前年度ノ事務ヲ左記ニ依リ會長ニ報告スルモノトス

イ 會員ノ種類別員數

ロ 財産ノ状況

ハ 實施シタル事業ノ概要

第十五條　支部處務ノ細則ハ支部長之ヲ定メ會長ニ報告スルモノトス

設立經過概要

一、內務省計畫局ニ於テハ防空法實施後直ニ民間後援團體ノ設置ニ關シ研究ヲ開始シ昭和十三年一月ニ至リ總理大臣ヲ會長トシ、內務、陸海軍三大臣竝ニ民間一名ヲ副會長トスル大日本防空協會案ヲ作製シタリ本案ニ付テハ計畫局ヲ中心トシ陸海軍關係方面ト數次討議ヲ續ケ中央防空委員會ニ付議シタル結果同年四月四日大日本防空協會要綱ヲ答申シタリ

二、其ノ後協會ノ組織、資金募集方法、事業內容ノ檢討、寄附行爲諸規程案等ニ付關係各省間ニ審議ヲ續行シタリ

三、左ノ諸氏ヲ設立準備委員ニ委囑シ數次會合打合ス

男爵　郷　誠之助（委員長）
南條金雄
三好重道
小倉正恒
磯村豊太郎（副委員長）
小林一三（[illegible]）

二一

三二

井坂孝（副委員長）
藤原銀次郎
東京商工會議所會頭　伍堂卓雄
橫濱商工會議所會頭　有吉忠一
名古屋商工會議所會頭　青木鎌太郎
京都商工會議所會頭　田中博
大阪商工會議所會頭　安宅彌吉
神戶商工會議所會頭　榎並充造
松本健次郎
膳桂之助
內務次官　館哲二
陸軍省兵務局長　中村明人
海軍省軍務局長　井上成美
內務省計畫局長　松村光磨

四、昭和十三年十月二十一日關係各方面有力者約三百名ヲ首相官邸ニ招待シ協會設立ニ關シ懇談會ヲ開

110

催ス

五、昭和十三年十月下旬關係方面有力者約五百名ニ創立委員ヲ委囑ス

六、設立準備委員ニ於テ協議ノ結果取敢エズ財團法人ヲ設立シ然ル後一般ノ寄附募集ヲ行フコトニ方針ヲ決定ス

七、設立準備委員ノ盡力ニ依ル金五拾壹萬圓ヲ基礎トシ設立準備委員全員ヲ設立者トシテ昭和十四年一月三十一日東京府廳經由財團法人設立ヲ申請ス

八、昭和十四年四月二十八日財團法人大日本防空協會設立許可セラル

二三

134

財團法人設立許可書寫

財團法人大日本防空協會設立者
東京市麴町區上二番町二十八番地
男爵 鄉 誠之助
外拾九名

內務省東畫第六號

昭和十四年一月三十一日附申請財團法人設立ノ件許可ス

昭和十四年四月二十八日

內務大臣 侯爵 木戶幸一 印

135

二十一、附录

（一）关东军感谢信

驻满洲国特命全权大使植田谦吉关于感谢在满铁腹地修建土木教育卫生设施事致满铁的感谢信（一九三七年十一月二十六日）

感謝狀

南滿洲鐵道株式會社

明治三十九年八月以來政府ノ命ニ依リ南滿洲鐵道附屬地內ニ於ケル土木教育衛生等ノ施設經營ヲ爲スコト三十餘年拮据盡瘁地方發展ニ貢獻シタル功績眞ニ顯著ナリ

茲ニ南滿洲鐵道附屬地行政權ノ移讓ニ當リ多年ノ勞ヲ多トシ感謝ノ意ヲ表ス

昭和十二年十一月二十六日

滿洲國駐劄特命全權大使正三位勳一等功三級植田謙吉

关东军司令官植田谦吉关于感谢七七事变期间连通通州铁路事致满铁的感谢信（一九三八年二月二十八日）

感謝狀

南滿洲鐵道株式會社

昭和十二年七月支那事變勃發ニ伴ヒ滿支連絡線トシテ承德、古北口、通州鐵道建設ノ要愈、切實トナルヤ之カ迅速建設ヲ南滿洲鐵道株式會社ニ委託セラル

茲ニ於テ會社ハ其ノ建設ノ重大性ニ鑑ミ不動ノ決意ヲ以テ之カ建設作業ニ從事シ不眠不休克ク寒氣ト戰ヒ困苦ニ耐ヘ遂ニ嶮峻ナル山岳ヲ克服シテ起工後僅カ半歳ヲ出テスシテ延長二三八粁ノ鐵道ノ建設ヲ了ル洵ニ斯界ニ於ケル劃期的作業ニシテ鐵道建設史上名ヲ千載ニ貽スモノト謂フヘシ是レ實ニ關係職員一同ノ獻身報國ノ至誠ト堅忍不拔ノ努力トノ賜ニシテ深ク其勞ヲ多トスル所ナリ

茲ニ感謝狀ヲ授與シ以テ滿腔ノ謝意ヲ表ス

昭和十三年二月二十八日

關東軍司令官陸軍大將 正三位勲一等功三級 植田謙吉

关东军司令官植田谦吉关于感谢发放抚恤金事致满铁总裁松冈洋右的感谢信（一九三九年四月二十二日）

謝狀

今次ノ時局ニ關シ特ニ
恤兵金ヲ寄贈セラレ其
熱誠ナル御後援ニ對シ
感謝ニ堪ヘス茲ニ謹而
謝意ヲ表ス

昭和十四年四月二十二日

關東軍司令官植田謙吉

松岡洋右殿

28

附：关东军开具收到抚恤金之收据

關經主恤第 11323 號

證

一金 五千𠁅也

但恤兵寄附金

右正ニ領收候也

昭和十四年 四月二十二日

關東軍恤兵金出納官吏 陸軍主計少佐 山仲素夫

松岡洋右
大村卓一 殿

32

关东军司令官梅津美治郎关于感谢发放抚恤金事致满铁总裁大村卓一的感谢信（一九四〇年二月二日）

謝狀

今次、時局ニ關シ特ニ恤兵金ヲ寄贈セラレ其ノ熱誠ナル御援護ニ對シ感謝ニ堪ヘズ茲ニ謹而謝意ヲ表ス

昭和十五年二月二日

關東軍司令官梅津美治郎

大村卓一殿

关东军司令官梅津美治郎关于感谢协助军运辅助战备事致满铁的感谢信（一九四一年十月三十日）

謝辭

南滿洲鐵道株式會社

今次特殊輸送開始セラルルヤ満鐵ハ總裁以下一致協力軍鐵一如ノ信條ニ基キ凡ユル困難ヲ克服シテ軍ノ要求スル諸準備ヲ完備スルト共ニ稀有ノ大輸送ヲ完遂シテ北方戰備ニ些ノ䟽隙ナカラシメタリ此間特ニ現地諸機關ノ異常ノ努力ハ賞讃ニ値スルモノアリ然レトモ今回實施セルモノハ應急的措置ニ止マリ國防用兵上必要トスル本格的措置ハ今後引續キ實施セラルヘキ諸施策ニ俟タサルヘカラス今ヤ時局ハ一段ノ緊迫ヲ加ヘ情勢ノ推移眞ニ豫斷ヲ許サス宜シク内外ノ諸情勢ヲ達觀明察シ凡百ノ障碍ヲ排除シテ諸準備ヲ完整シ満鐵ニ課セラレタル國防的使命遂行ニ遺憾ナキヲ期スルノ要アリ

本日總裁以下ノ報告ニ接シ其ノ努力ニ對シ深ク謝意ヲ表スルト共ニ所懐ノ一端ヲ述ヘテ今後ニ期待ス

昭和十六年十月三十日

關東軍司令官 梅津美治郎

34

关东军司令官植田谦吉关于感谢向华北内蒙出兵牺牲将士发放抚恤金事致满铁总裁松冈洋右的感谢信（时间不详）

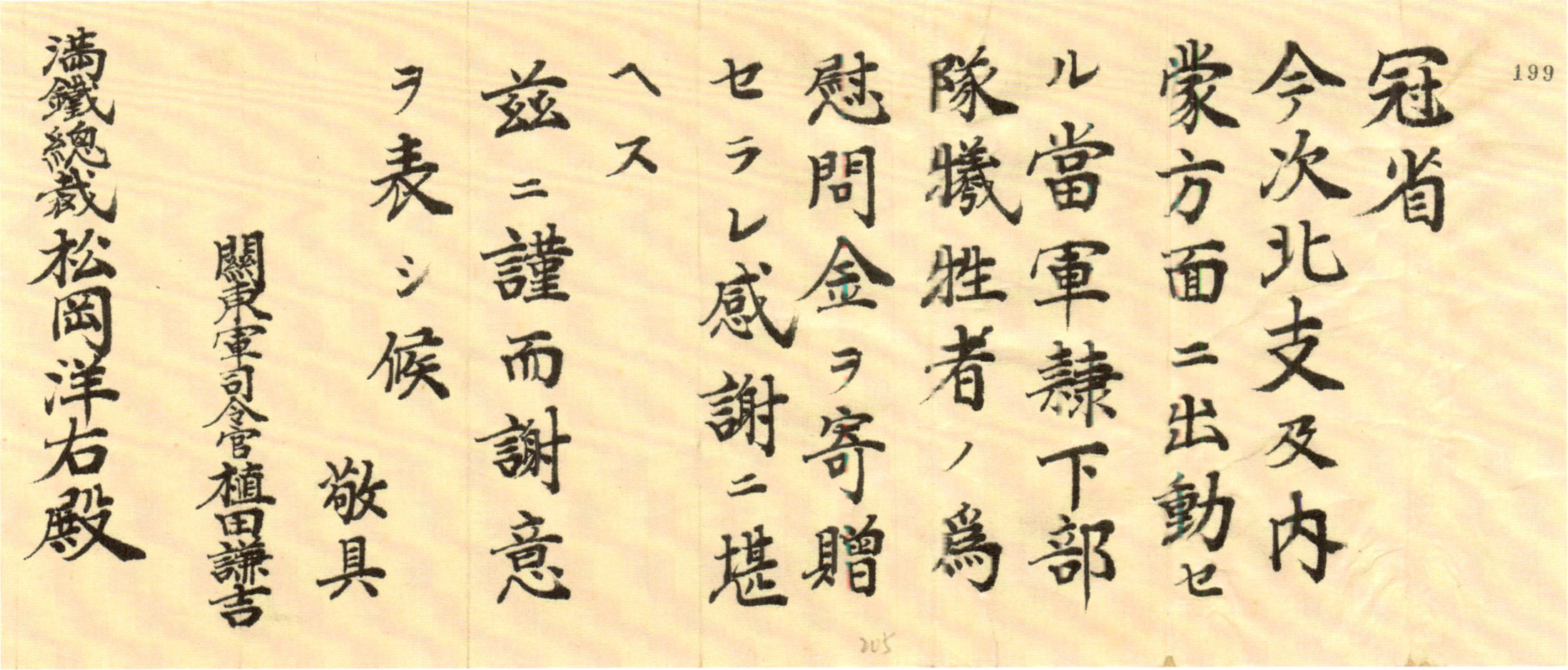

冠省
今次北支及内蒙方面ニ出動セル當軍隷下部隊犧牲者ノ爲慰問金ヲ寄贈セラレ感謝ニ堪ヘス
茲ニ謹而謝意ヲ表シ候
敬具

關東軍司令官植田謙吉

滿鐵總裁松岡洋右殿

199

（二）陆军感谢信

上海派遣军参谋长关于感谢发放抚恤金事致满铁总裁松冈洋右的感谢信（一九三七年九月二十七日）

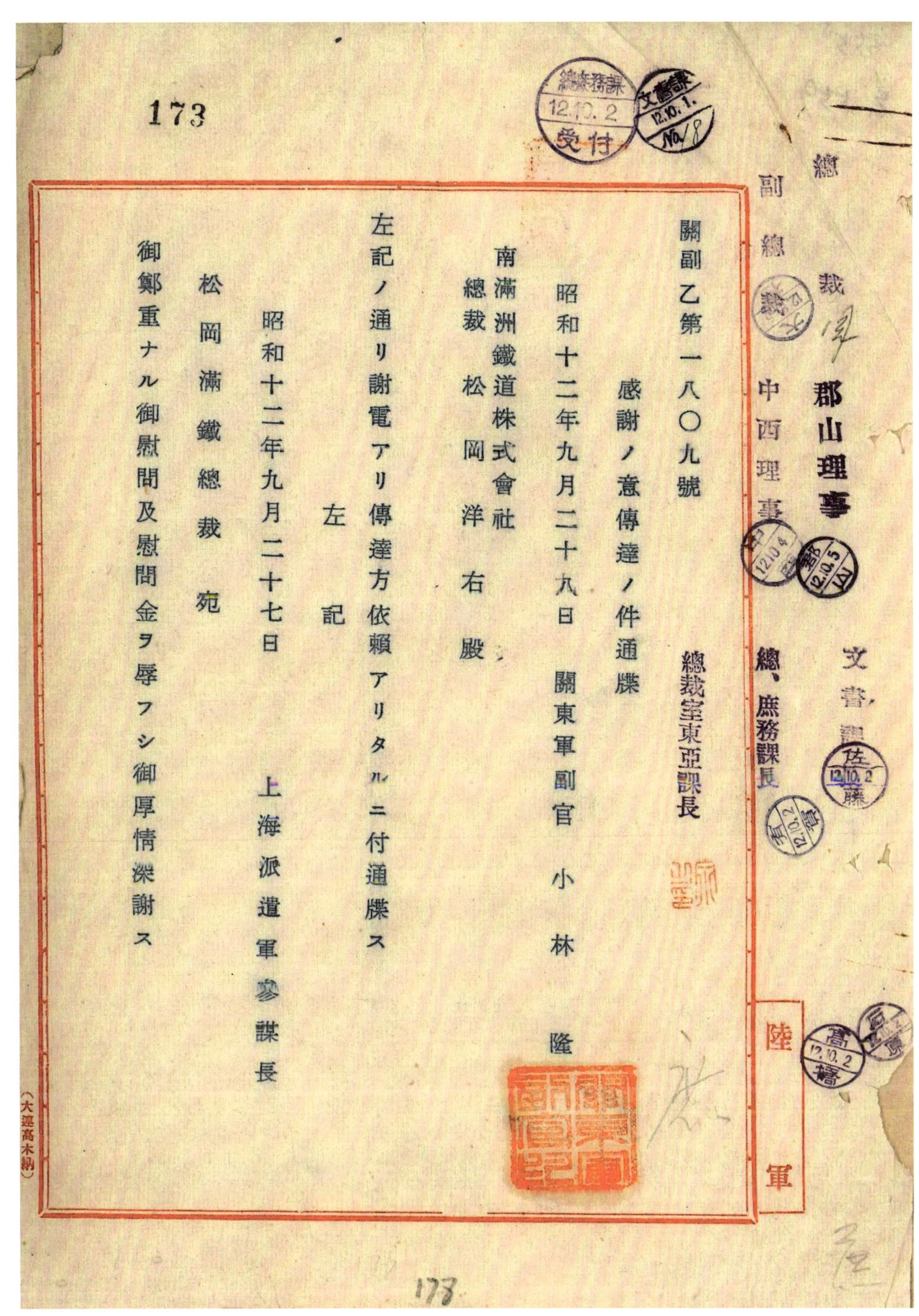
173

總裁
副總裁
郡山理事
中西理事
文書課
總、庶務課長

關副乙第一八〇九號
總裁室東亞課長

感謝ノ意傳達ノ件通牒

昭和十二年九月二十九日　關東軍副官　小林隆

南滿洲鐵道株式會社
總裁　松岡洋右殿

左記ノ通リ謝電アリ傳達方依賴アリタルニ付通牒ス

左記

昭和十二年九月二十七日　上海派遣軍參謀長

松岡滿鐵總裁宛

御鄭重ナル御慰問及慰問金ヲ辱フシ御厚情深謝ス

陸軍

（大連高木納）

173

德川部队长德川好敏关于感谢发放慰问品事致满铁总裁松冈洋右的感谢信（一九三七年十月十七日）

懇ク御慰問ヲ辱フシ且過分ノ慰問品ヲ賜リ感激ニ堪ヘス将兵一同ヲ代表シ謹ミテ厚ク御禮申上ク

昭和十二年十月十七日

徳川部隊長
男爵 徳川好敏

南満洲鐵道株式會社
總裁 松岡洋右殿

陆军大臣杉山元关于感谢向陆军医院伤兵发放苹果事致满铁总裁松冈洋右的感谢信（一九三七年十一月六日）

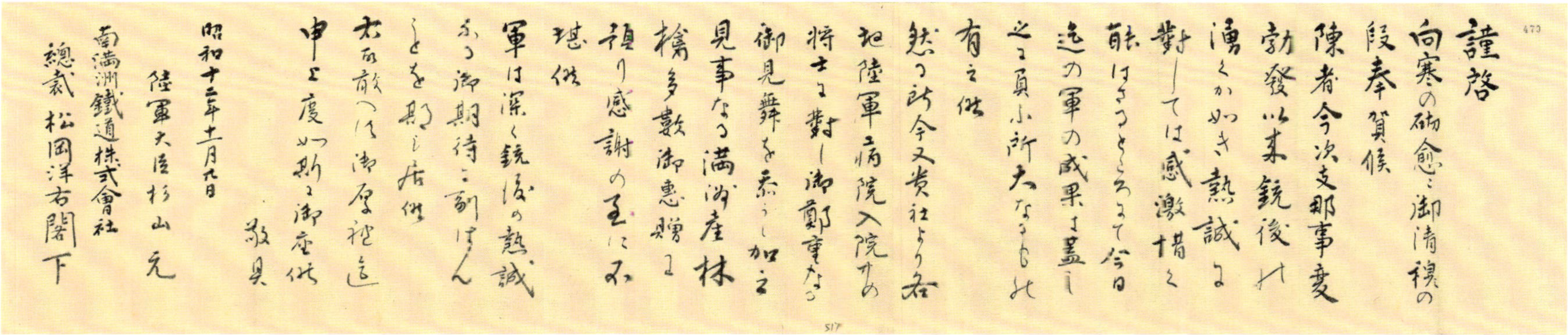

謹啓
向寒の砌愈々御清穆の
段奉賀候
陳者今次支那事変
勃發以来銃後に
湧くが如き熱誠に
對しては感激措く
能はさるところにて今日
迄の軍の戦果は蓋し
之に負ふ所大なるもの
有之候
然る所今又貴社より各
地陸軍病院入院中の
将士に對し御鄭重なる
御見舞を忝うし加之
見事なる満洲産林
檎多数御恵贈に
預り感謝の至りに不
堪候
軍は深く銃後の熱誠
ある御期待に副はん
ことを期し居候
右敢へて御厚禮迄
申上度如斯に御座候
敬具
昭和十二年十一月九日
陸軍大臣杉山元
南満洲鐵道株式會社
總裁松岡洋右閣下

陆军大臣杉山元关于感谢七七事变期间发放慰问品事致满铁的感谢信（一九三七年十一月）

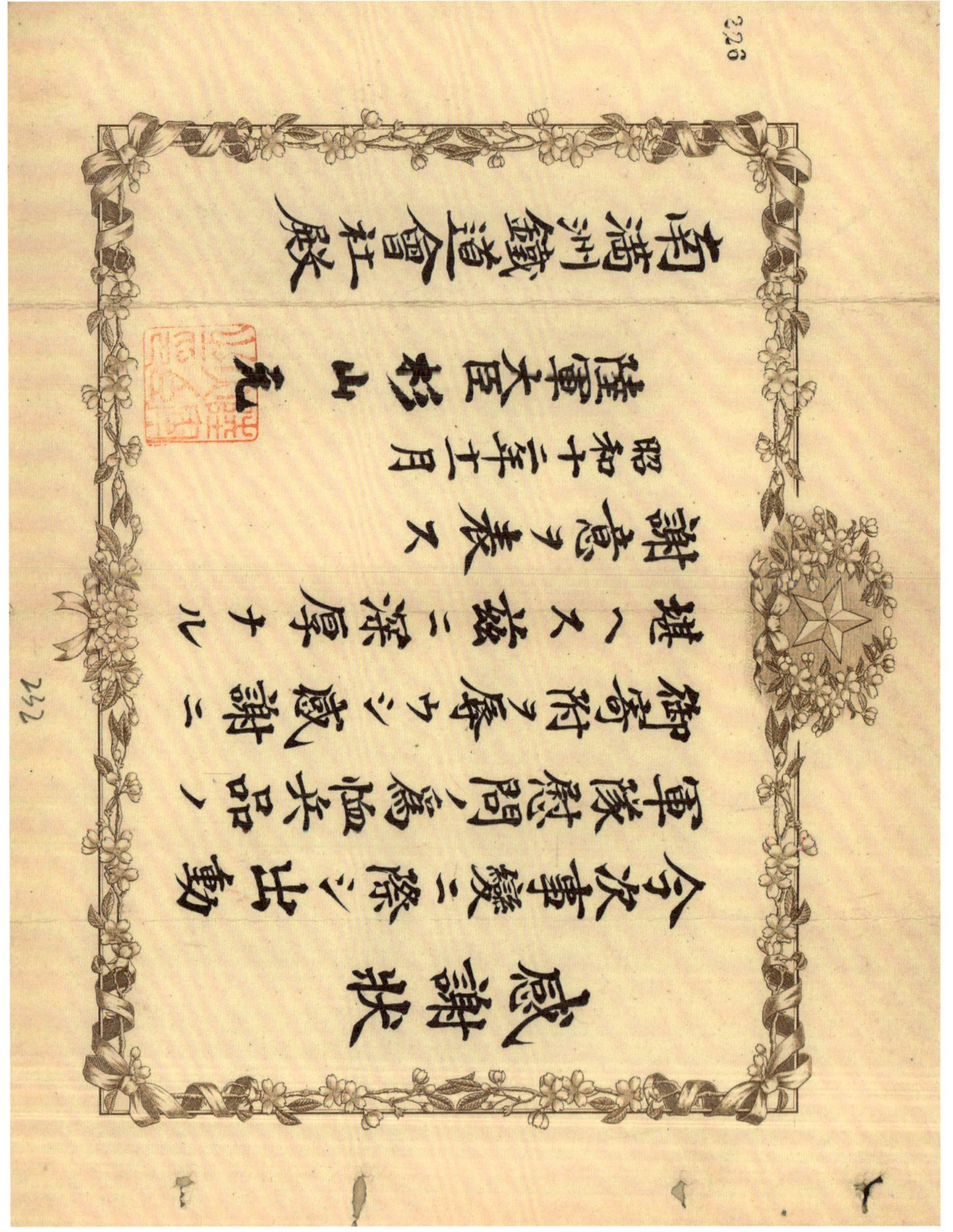

感謝状

今次事變ニ際シ出動
軍隊慰問ノ爲恤兵品ノ
御寄附ヲ辱ウシ感謝ニ
堪ヘス茲ニ深厚ナル
謝意ヲ表ス

昭和十二年十一月

陸軍大臣杉山元

南満洲鐵道會社殿

北支那方面军司令官寺内寿一关于感谢七七事变期间连通平津铁路事致满铁的感谢信（一九三八年二月二十八日）

感謝状

南満洲鐵道株式會社

熱河ノ中心承德及平津ノ鎖鑰北京ヲ結フ鐵道敷設ハ政戰両略ヨリ軍多年ノ翹望タリシカ本事變勃發ト共ニ急遽之カ建設ヲ貴社ニ委託セリ貴社ハ通州事變直後ヲ承ケ沿線尚敗殘兵ノ跳梁スルアリ諸般ノ準備亦整ハサルモノアリシニモ拘ハラス軍ノ意圖ヲ體シ軍鐵一如ノ熱誠ニ燃エ勇躍工ヲ起シ凡ユル天然人爲ノ障碍ヲ克服シテ克ク半歲ノ短期間ニ之ヲ概成セリ

茲ニ軌道連接ノ祝典ヲ擧クルニ方リ獻身的努力ヲ致シ本建設ノ衝ニ任シタル關係者各位ノ奮闘ト貴社ノ赫々タル功績トニ對シ厚ク感謝ノ意ヲ表ス

不幸工事未タ成ラサルニ職ニ殉シタル英靈ニ對シテハ謹ミテ哀悼ノ誠ヲ捧ク

昭和十三年二月二十八日

北支那方面軍司令官　伯爵　寺内壽一

陆军大臣板垣征四郎关于感谢七七事变期间发放慰问品事致满铁的感谢信（一九三八年六月至一九三九年七月）

感謝狀

今次事變ニ際シ出動軍隊慰問ノ爲恤兵品ノ御寄附ヲ辱ウシ感謝ニ堪ヘス茲ニ深厚ナル謝意ヲ表ス

昭和十三年六月

陸軍大臣 板垣征四郎

南滿洲鐵道株式會社殿

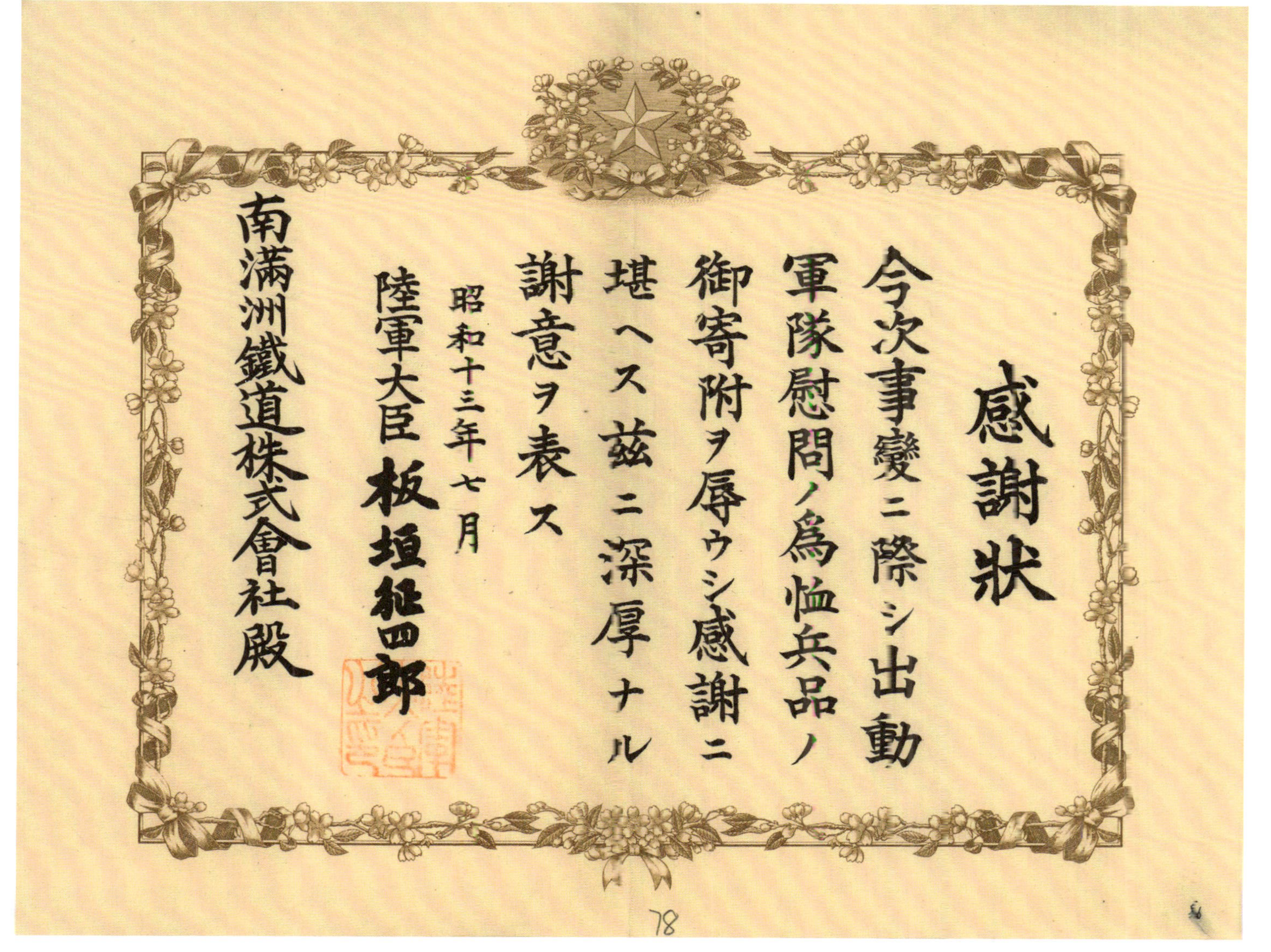

感謝状

今次事變ニ際シ出動
軍隊慰問ノ爲恤兵品ノ
御寄附ヲ辱ウシ感謝ニ
堪ヘス茲ニ深厚ナル
謝意ヲ表ス

昭和十三年七月

陸軍大臣 板垣征四郎

南滿洲鐵道株式會社殿

感謝状

今次事變ニ際シ出動軍隊慰問ノ爲恤兵品ノ御寄附ヲ辱ウシ感謝ニ堪ヘス茲ニ深厚ナル謝意ヲ表ス

昭和十三年八月

陸軍大臣 板垣征四郎

南滿洲鐵道株式會社殿

感謝狀

今次事變ニ際シ出動
軍隊慰問ノ爲恤兵品ノ
御寄附ヲ辱ウシ感謝ニ
堪ヘス茲ニ深厚ナル
謝意ヲ表ス

昭和十三年九月

陸軍大臣板垣征四郎

南滿洲鐵道株式會社殿

感謝狀

今次事變ニ際シ出動軍隊慰問ノ爲恤兵品ノ御寄附ヲ辱ウシ感謝ニ堪ヘス茲ニ深厚ナル謝意ヲ表ス

昭和十四年四月

陸軍大臣 板垣征四郎

南滿洲鐵道株式會社殿

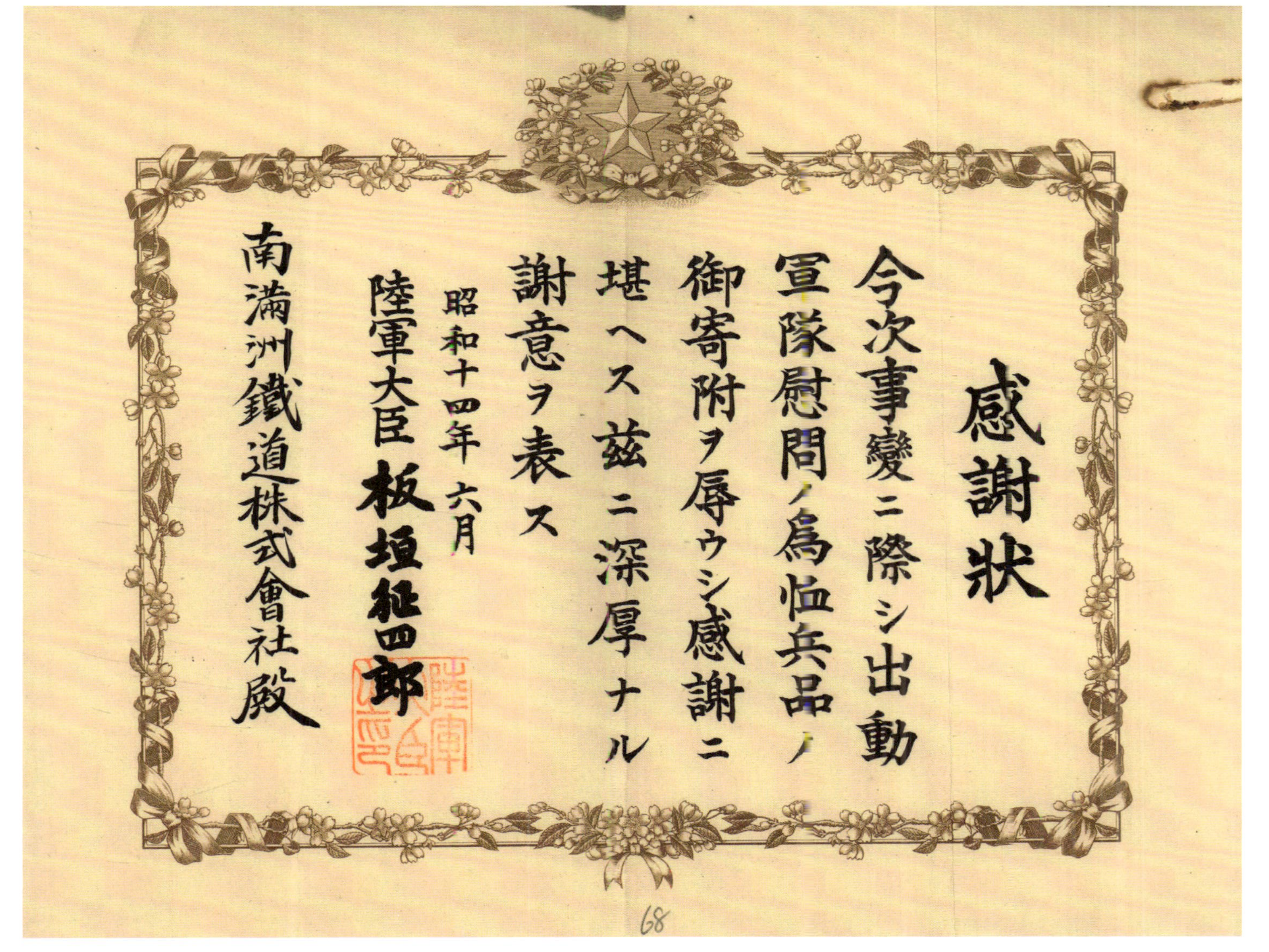

感謝狀

今次事變ニ際シ出動
軍隊慰問ノ爲恤兵品ノ
御寄附ヲ辱ウシ感謝ニ
堪ヘス茲ニ深厚ナル
謝意ヲ表ス

昭和十四年六月

陸軍大臣 板垣征四郎

南滿洲鐵道株式會社殿

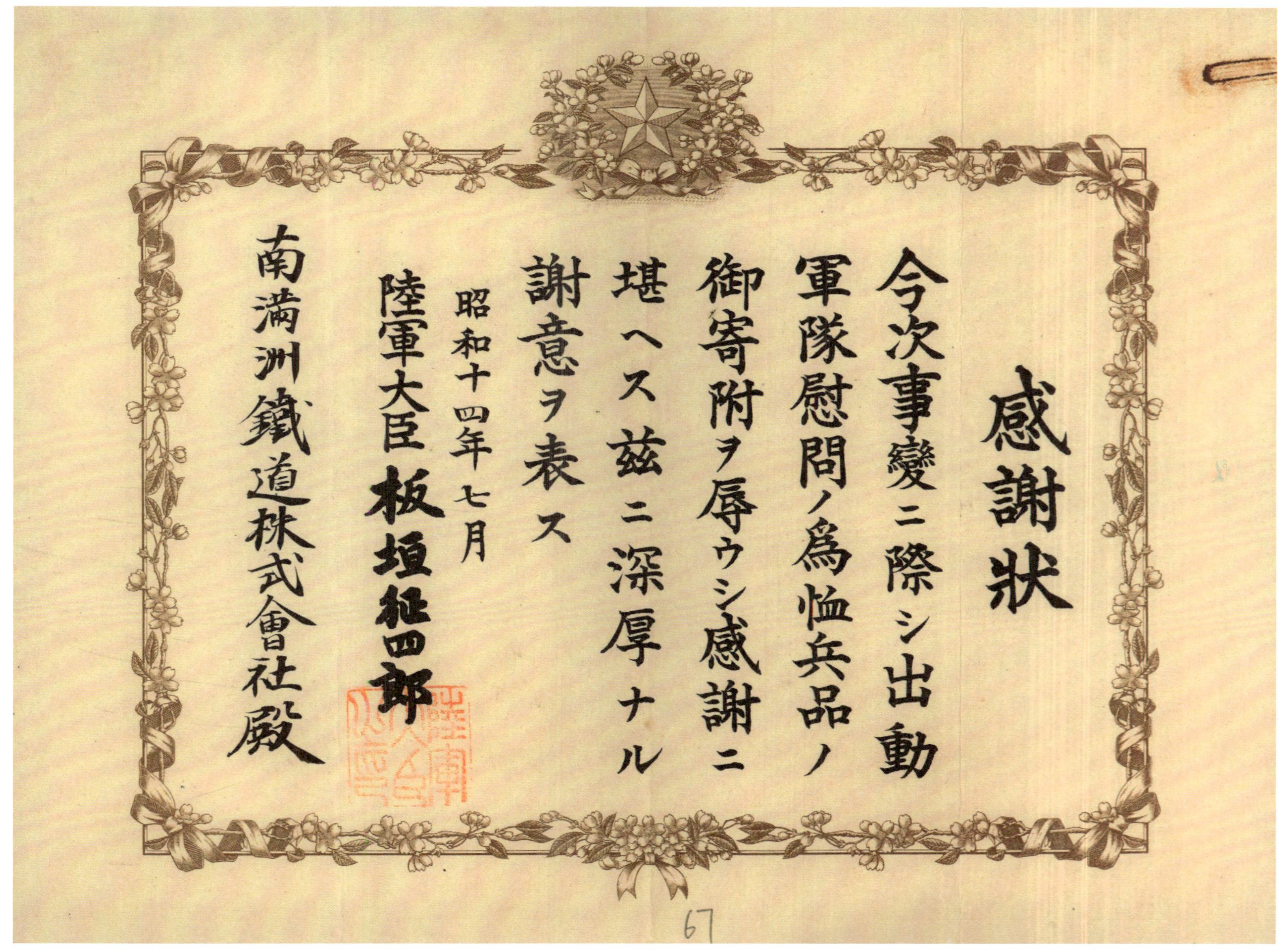

感謝状

今次事變ニ際シ出動軍隊慰問ノ爲恤兵品ノ御寄附ヲ辱ウシ感謝ニ堪ヘス茲ニ深厚ナル謝意ヲ表ス

昭和十四年七月

陸軍大臣　板垣征四郎

南満洲鐵道株式會社殿

北支派遣军最高指挥官杉山元关于感谢七七事变期间协助宣抚工作事致满铁的感谢信（一九三九年八月二十九日）

感謝狀

南滿洲鐵道株式會社

昭和十二年七月支那事變勃發以來貴社ハ軍ノ要請ニ基キ多數社員ヲ派遣シテ軍ノ宣撫工作ニ協力セリ

右派遣員七百九十五名ハ克ク軍ノ命ヲ遵奉シ進ンテ苦難ニ赴キ悅ンテ身命ヲ捧ケ以テ民衆宣撫ニ盡瘁シ軍ノ作戰並ニ治安工作上偉大ナル貢獻ヲ爲セリ

茲ニ派遣員大部ノ本社復歸ノ機ニ於テ貴社ノ適切ナル協力並ニ派遣員ノ熱誠ナル奉仕ト偉績トニ對シ深甚ナル感謝ノ意ヲ致シ併テ此ノ間ニ於テ名譽ノ戰死ヲ遂ケタル十勇士及陣中ニ病歿セル十四勇士ノ英靈ニ對シ敬弔哀悼ノ意ヲ表ス

昭和十四年八月二十九日

北支派遣軍最高指揮官 杉山元

陆军大臣畑俊六关于感谢七七事变期间发放慰问品事致满铁的感谢信（一九三九年九月至一九四〇年三月）

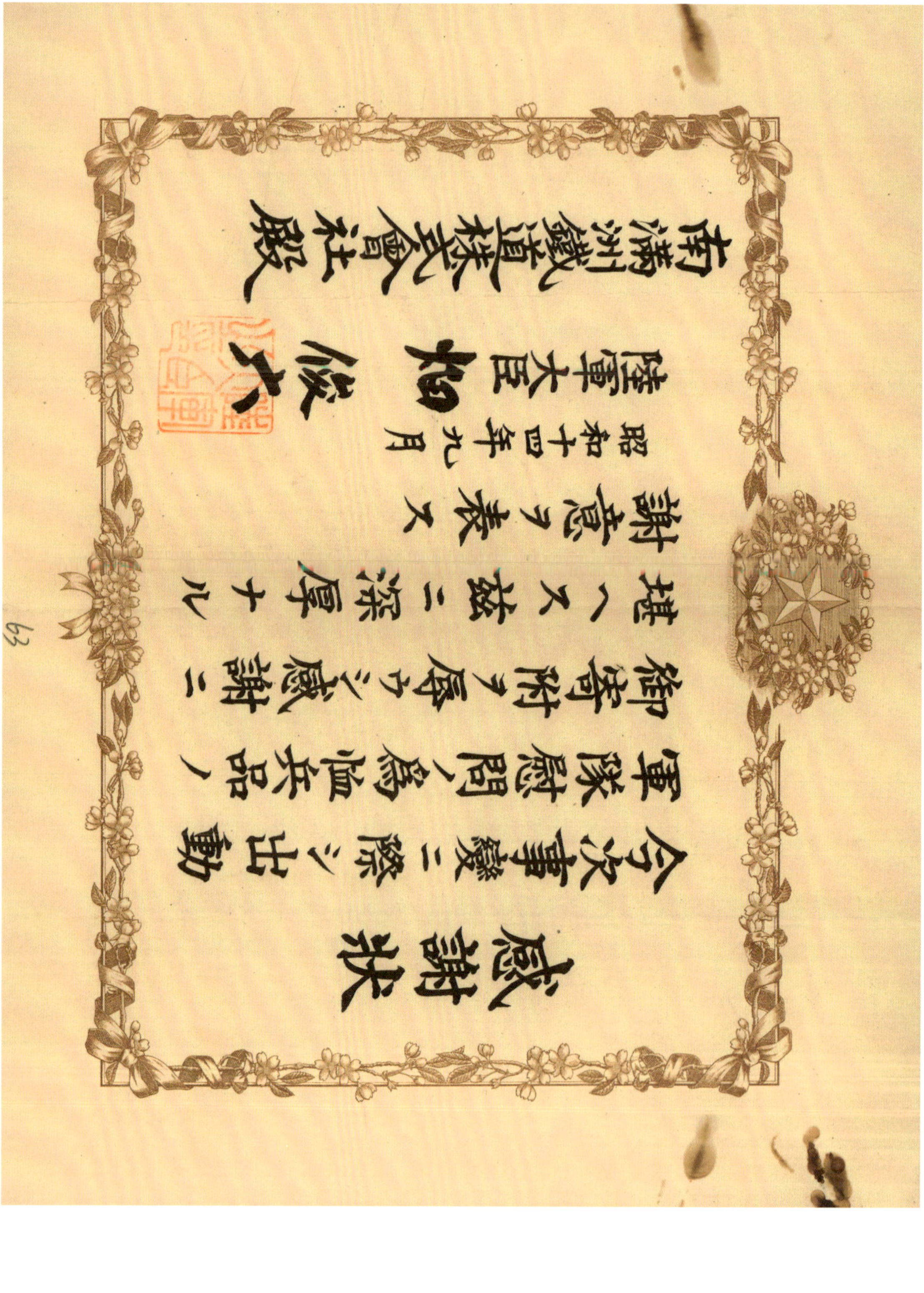

感謝状

今次事變ニ際シ出動軍隊慰問ノ爲恤兵品ノ御寄附ヲ辱ウシ感謝ニ堪ヘス茲ニ深厚ナル謝意ヲ表ス

昭和十四年九月

陸軍大臣 畑 俊六

南滿洲鐵道株式會社殿

63

感謝状

今次事變ニ際シ出動
軍隊慰問ノ爲恤兵品ノ
御寄附ヲ辱ウシ感謝ニ
堪ヘス茲ニ深厚ナル
謝意ヲ表ス

昭和十四年十月

陸軍大臣 畑 俊六

南滿洲鐵道株式會社殿

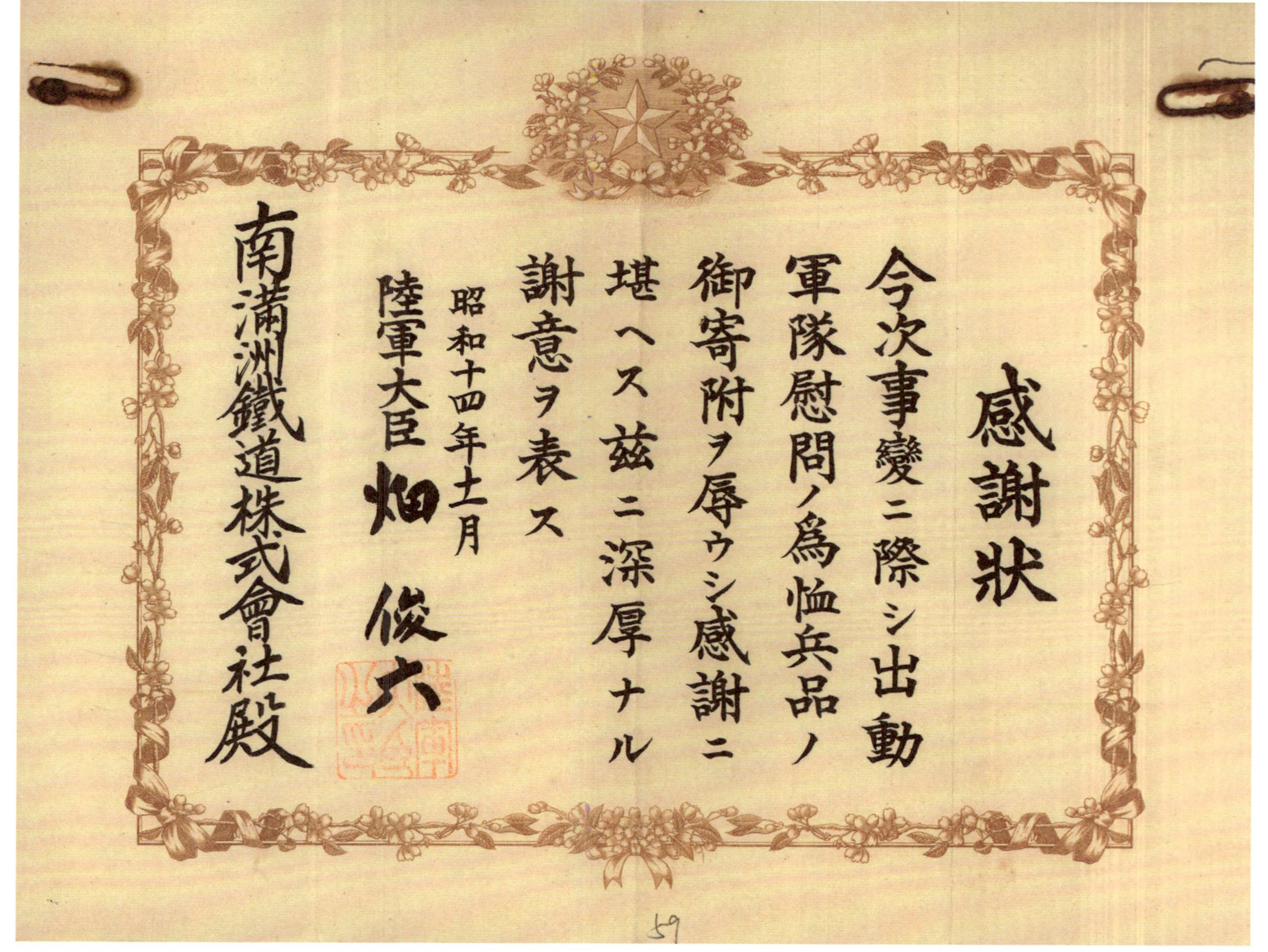

感謝状

今次事變ニ際シ出動軍隊慰問ノ爲恤兵品ノ御寄附ヲ辱ウシ感謝ニ堪ヘス茲ニ深厚ナル謝意ヲ表ス

昭和十四年十二月

陸軍大臣 畑俊六

南滿洲鐵道株式會社殿

感謝状

今次事變ニ際シ出動軍隊慰問ノ爲恤兵品ノ御寄附ヲ辱ウシ感謝ニ堪ヘス茲ニ深厚ナル謝意ヲ表ス

昭和十四年十二月

陸軍大臣 畑俊六

南滿洲鐵道株式會社殿

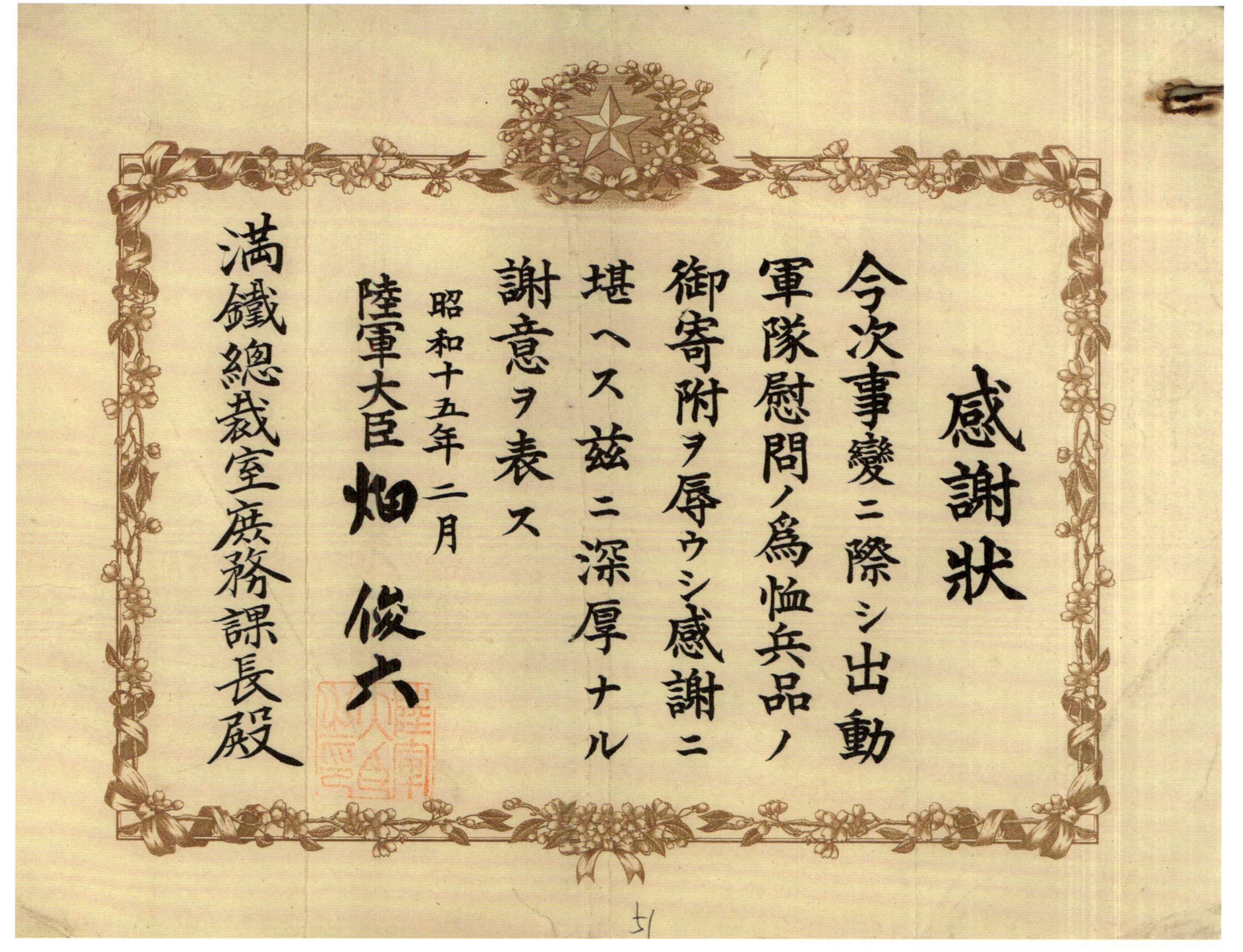

感謝状

今次事變ニ際シ出動軍隊慰問ノ爲恤兵品ノ御寄附ヲ辱ウシ感謝ニ堪ヘス茲ニ深厚ナル謝意ヲ表ス

昭和十五年二月

陸軍大臣 畑俊六

滿鐵總裁室庶務課長殿

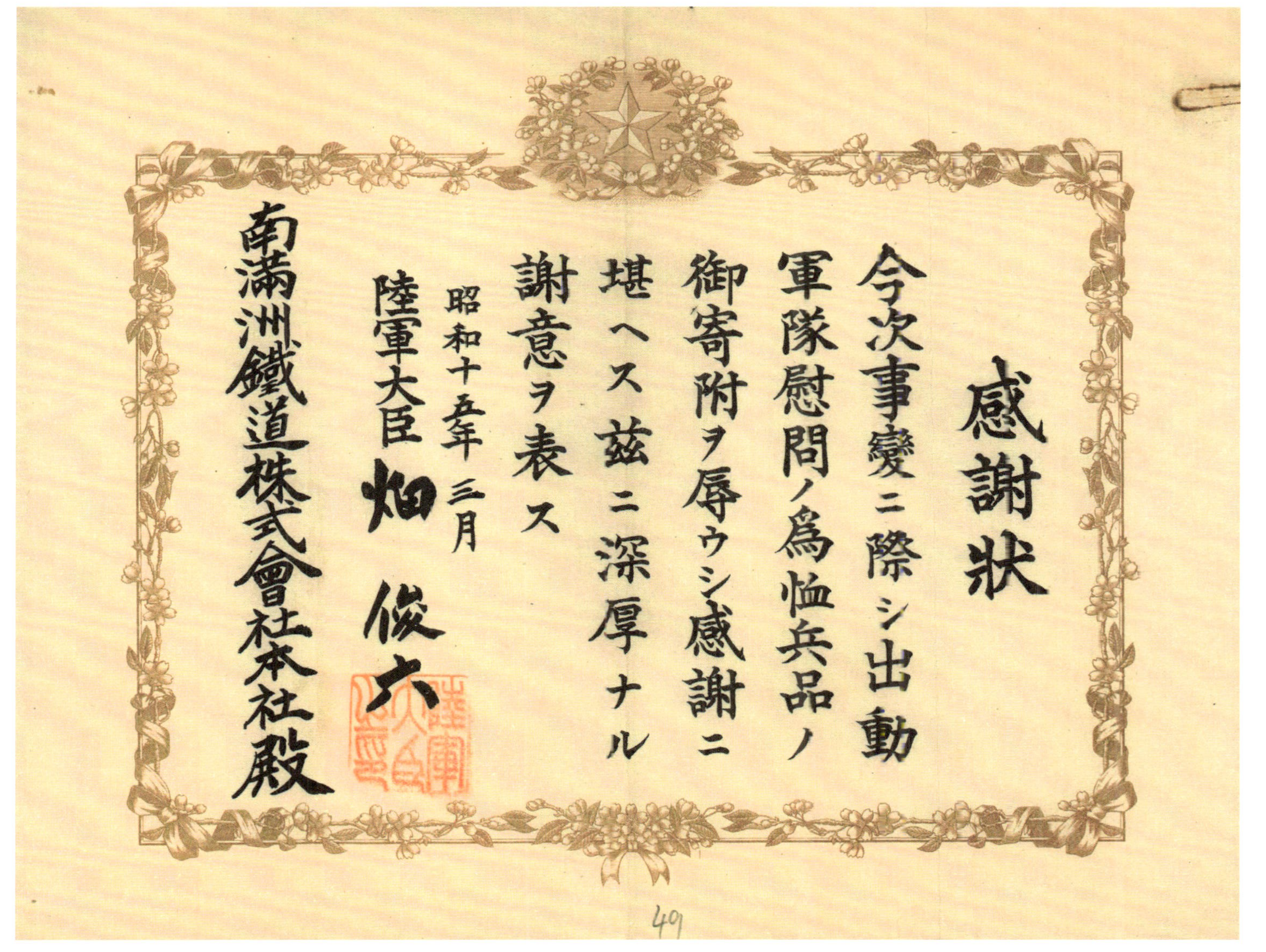

感謝状

今次事變ニ際シ出動
軍隊慰問ノ爲恤兵品ノ
御寄附ヲ辱ウシ感謝ニ
堪ヘス茲ニ深厚ナル
謝意ヲ表ス

昭和十五年三月

陸軍大臣 畑 俊六

南滿洲鐵道株式會社本社殿

陆军大臣东条英机关于感谢七七事变期间发放慰问品事致满铁的感谢信（一九四〇年十月）

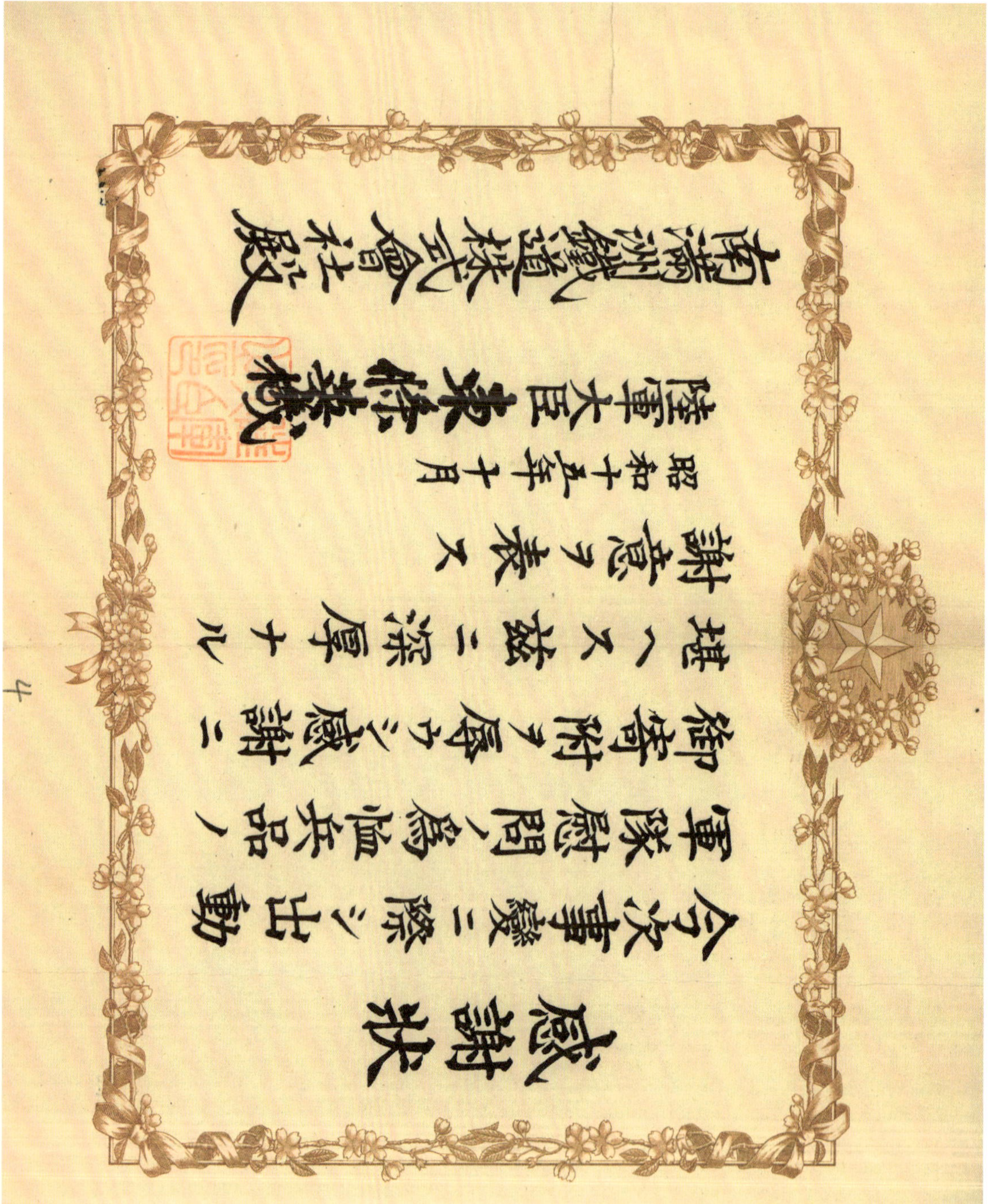

感謝狀

今次事變ニ際シ出動軍隊慰問ノ爲恤兵品ノ御寄附ヲ辱ウシ感謝ニ堪ヘス茲ニ深厚ナル謝意ヲ表ス

昭和十五年十月

陸軍大臣東條英機

南滿洲鐵道株式會社殿

陆军大臣东条英机关于感谢捐献国防耗材事致满铁的感谢信（一九四一年四月）

感謝狀

國防資材ノ獻納ヲ辱ウシ
感謝ニ堪ヘス茲ニ深厚ナル
謝意ヲ表ス

昭和十六年四月

陸軍大臣 東條英機

南滿洲鐵道株式會社 殿

陆军大臣东条英机关于感谢七七事变期间发放抚恤金事致满铁总裁大村卓一的感谢信（一九四一年八月）

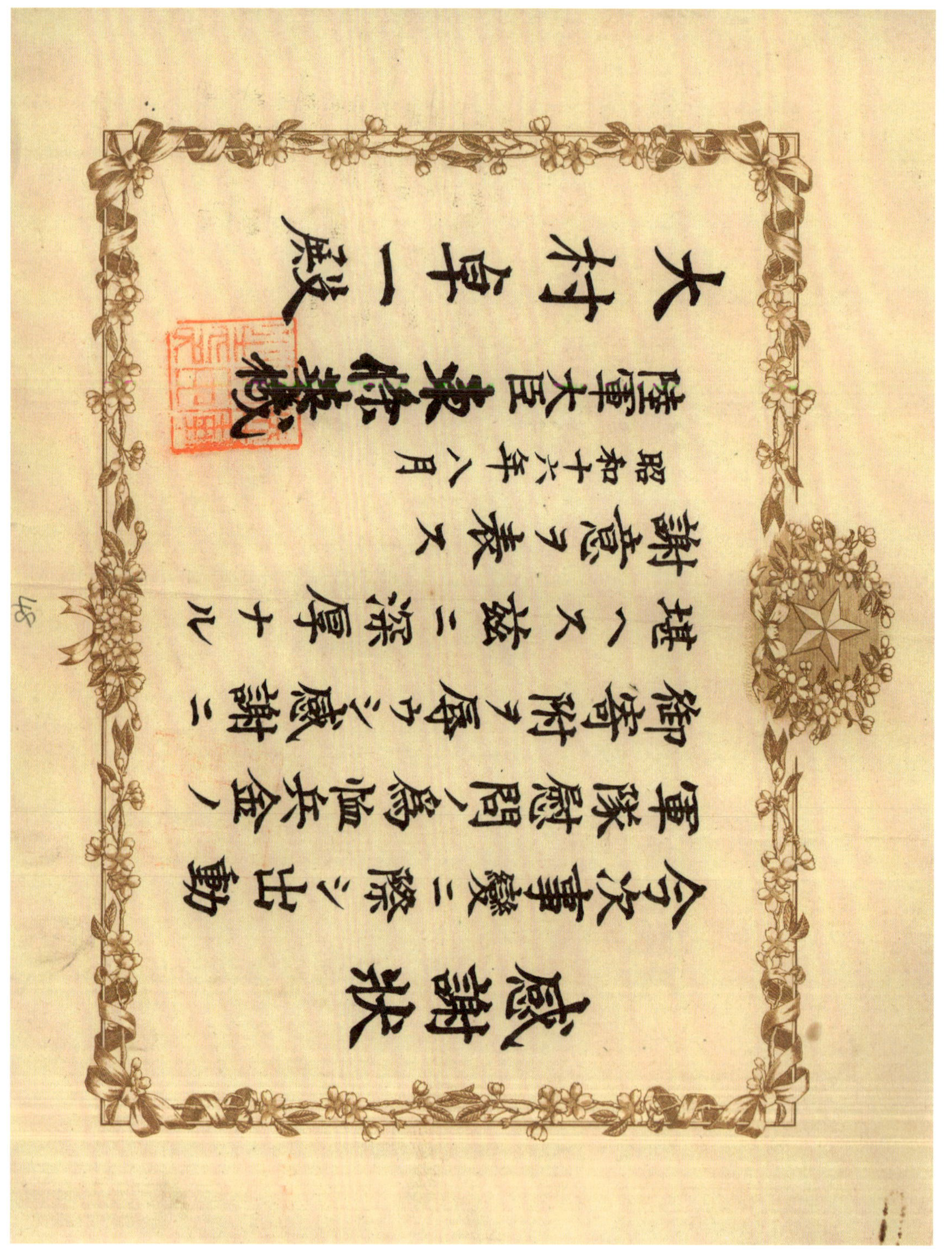

感謝状

今次事變ニ際シ出動軍隊慰問ノ為恤兵金ノ御寄附ヲ辱ウシ感謝ニ堪ヘズ茲ニ深厚ナル謝意ヲ表ス

昭和十六年八月

陸軍大臣東條英機

大村卓一殿

（三）海军感谢信

第三舰队司令长官关于感谢七七事变期间慰问将兵事致满铁总裁松冈洋右的感谢信（一九三七年十月十八日）

拜啓今次事変に際し早速将兵慰問の情溢るゝ慰問品の御恵贈を辱ふし御厚志の程寔に感謝に不堪候

将兵一同其の職責の重大なるを自覚し堅実なる銃後の護に信倚し士気旺盛任務達成に萬全を期し居候

先は右御禮申述度如斯御座候

敬具

昭和十二年十月十八日

第三艦隊司令長官

松岡洋右殿

上海海军特别陆战队司令官大川内传七关于感谢支援战斗慰问将兵事致满铁总裁松冈洋右的感谢信（一九三七年十一月十日）

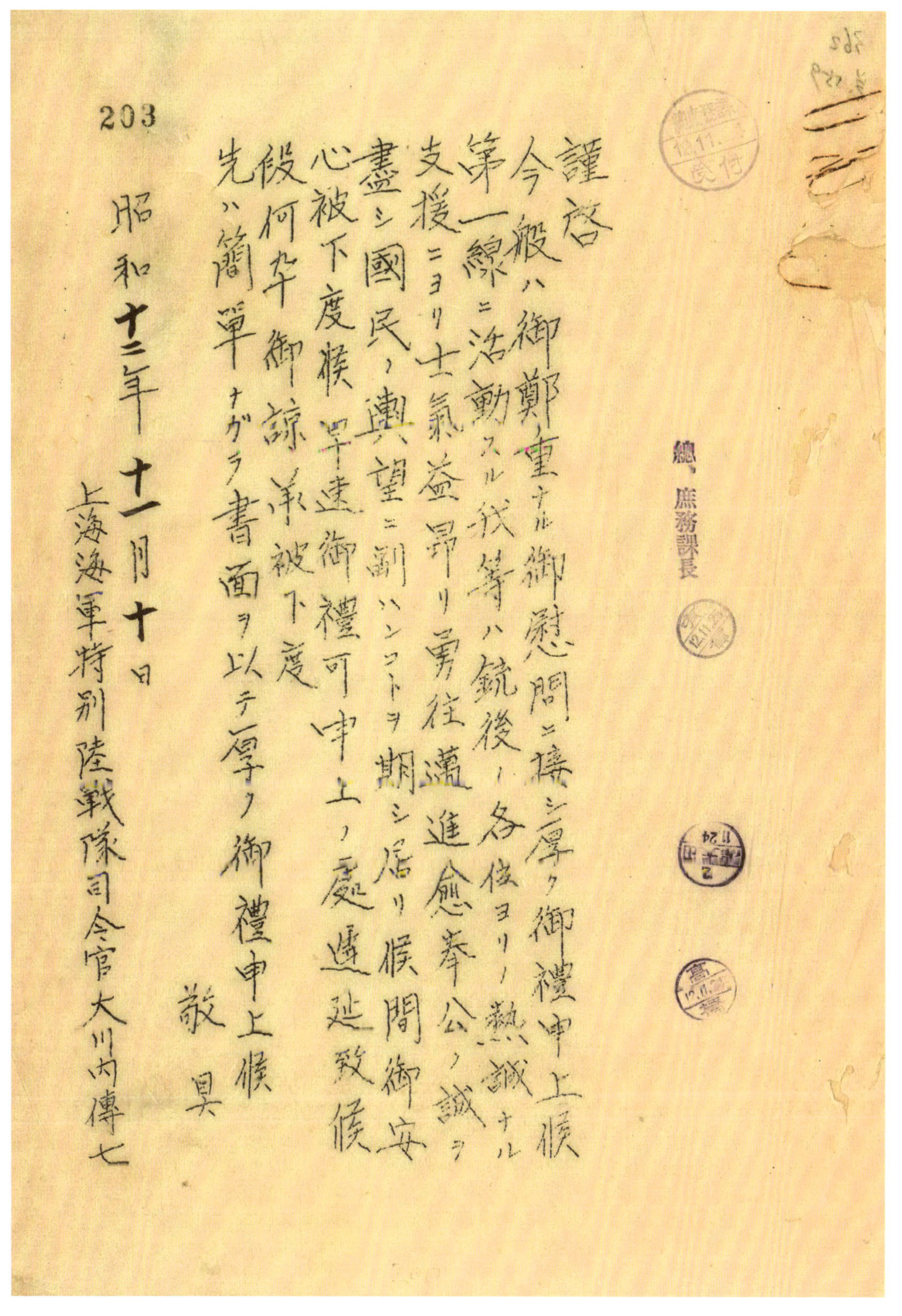
謹啓

今般ハ御鄭重ナル御慰問ニ接シ厚ク御禮申上候

第一線ニ活動スル我等ハ銃後ノ各位ヨリノ熱誠ナル支援ニヨリ士氣益昂リ勇往邁進愈奉公ノ誠ヲ盡シ國民ノ輿望ニ副ハンコトヲ期シ居リ候間御安心被下度候早速御禮可申上ノ處遅延致候段何卒御諒承被下度

先ハ簡單ナガラ書面ヲ以テ厚ク御禮申上候

敬具

昭和十二年十一月十日

上海海軍特別陸戦隊司令官大川内傳七

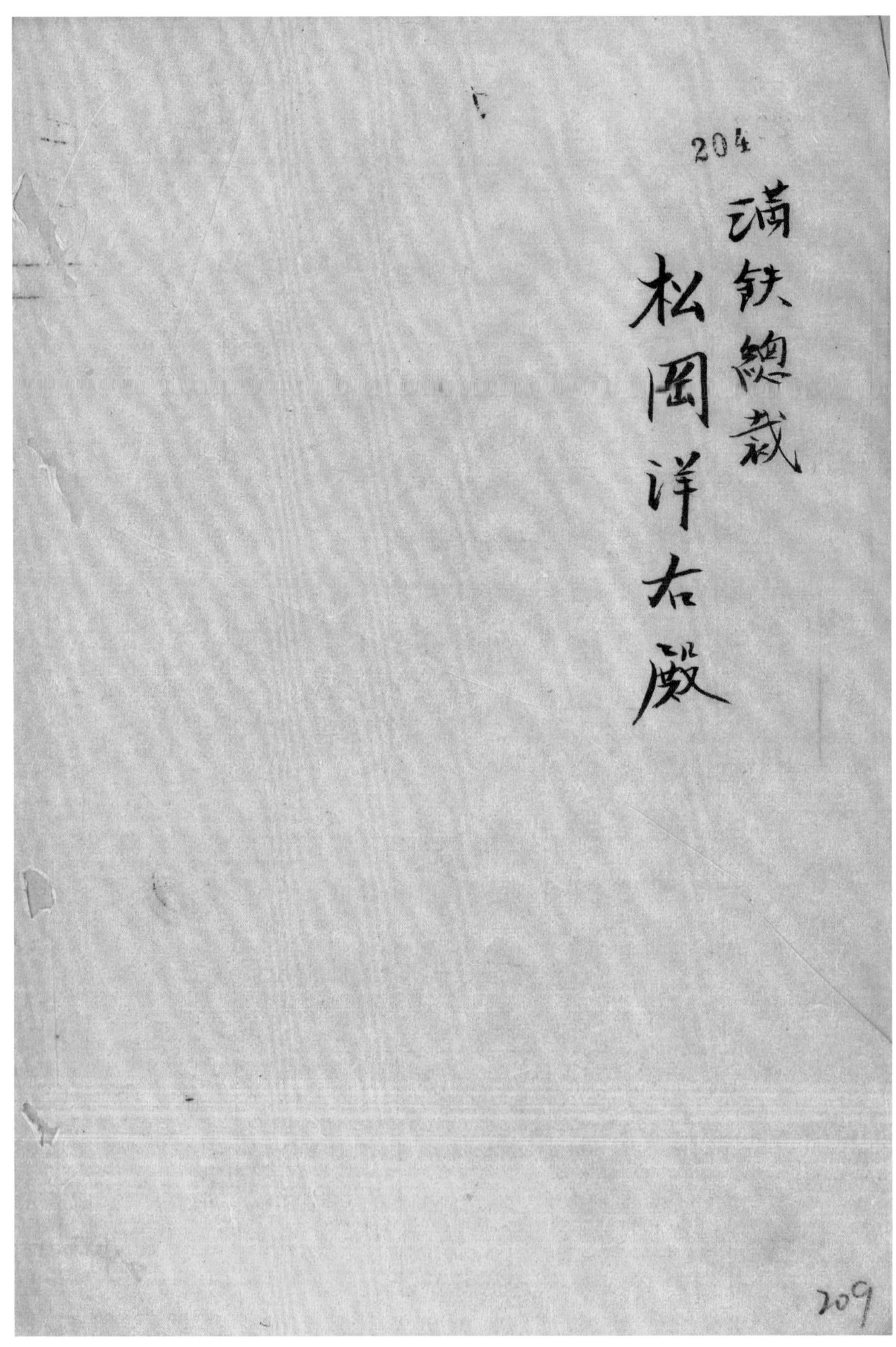
204
満鉄總裁
松岡洋右殿
209

海军省财务局抚恤金出纳石渕知定关于收到抚恤金并开具收据事致满铁总裁松冈洋右的感谢信
（一九三八年二月十二日）

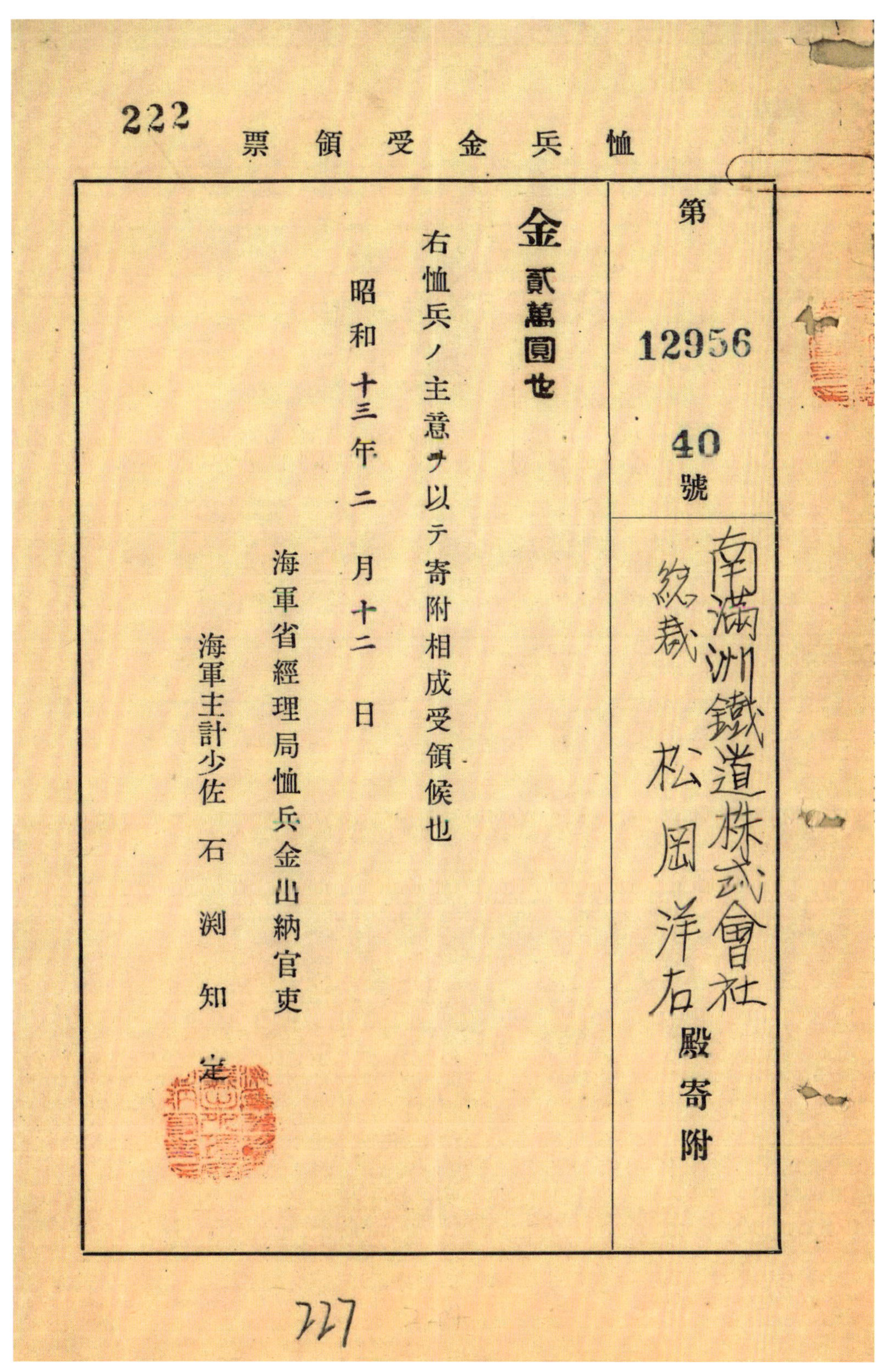
222

恤兵金受領票

第 12956 40 號

南満洲鐵道株式會社
總裁 松岡洋右 殿寄附

金貳萬圓也

右恤兵ノ主意ヲ以テ寄附相成受領候也

昭和十三年二月十二日

海軍省經理局恤兵金出納官吏
海軍主計少佐 石渕知定

227

海军大臣米内光政关于感谢七七事变期间发放慰问品事致满铁总裁松冈洋右的感谢信（一九三七年十一月）

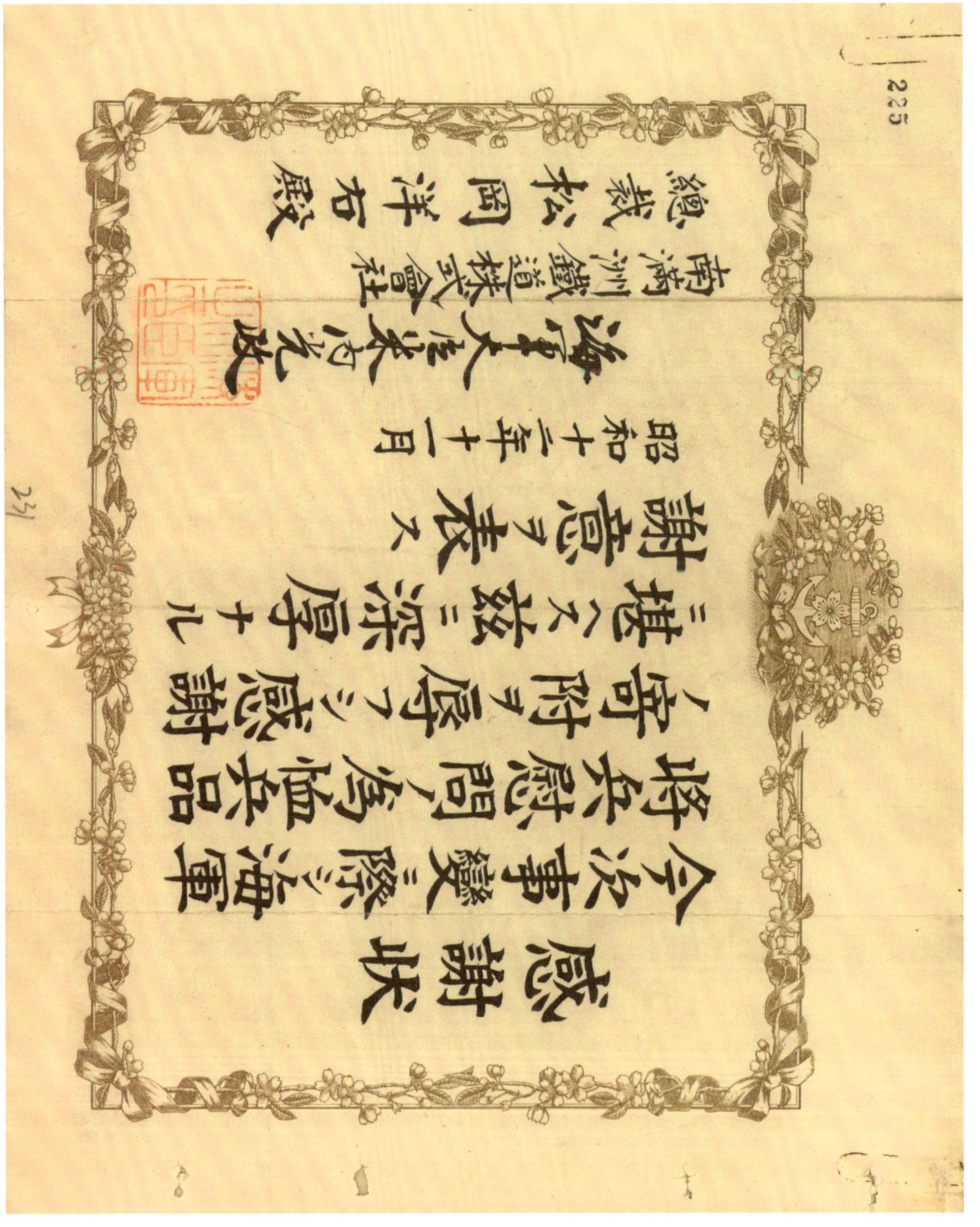

感謝状

今次事變ニ際シ海軍
將兵慰問ノ爲恤兵品
ノ寄附ヲ辱フシ感謝
ニ堪ヘス玆ニ深厚ナル
謝意ヲ表ス

昭和十二年十一月

海軍大臣米内光政

南滿洲鐵道株式會社
總裁松岡洋右殿

海军大臣米内光政关于感谢七七事变期间发放慰问品事致满铁总裁松冈洋右的感谢信（一九二八年六月）

227

感謝狀

今次事變ニ際シ海軍將兵慰問ノ爲恤兵品ノ寄附ヲ辱ウシ感謝ニ堪ヘス茲ニ深厚ナル謝意ヲ表ス

昭和十三年六月

海軍大臣米内光政

南満州鐵道株式會社

總裁松岡洋右殿

233

海军大臣米内光政关于感谢七七事变期间发放抚恤金事致满铁总裁松冈洋右的感谢信（一九三九年四月）

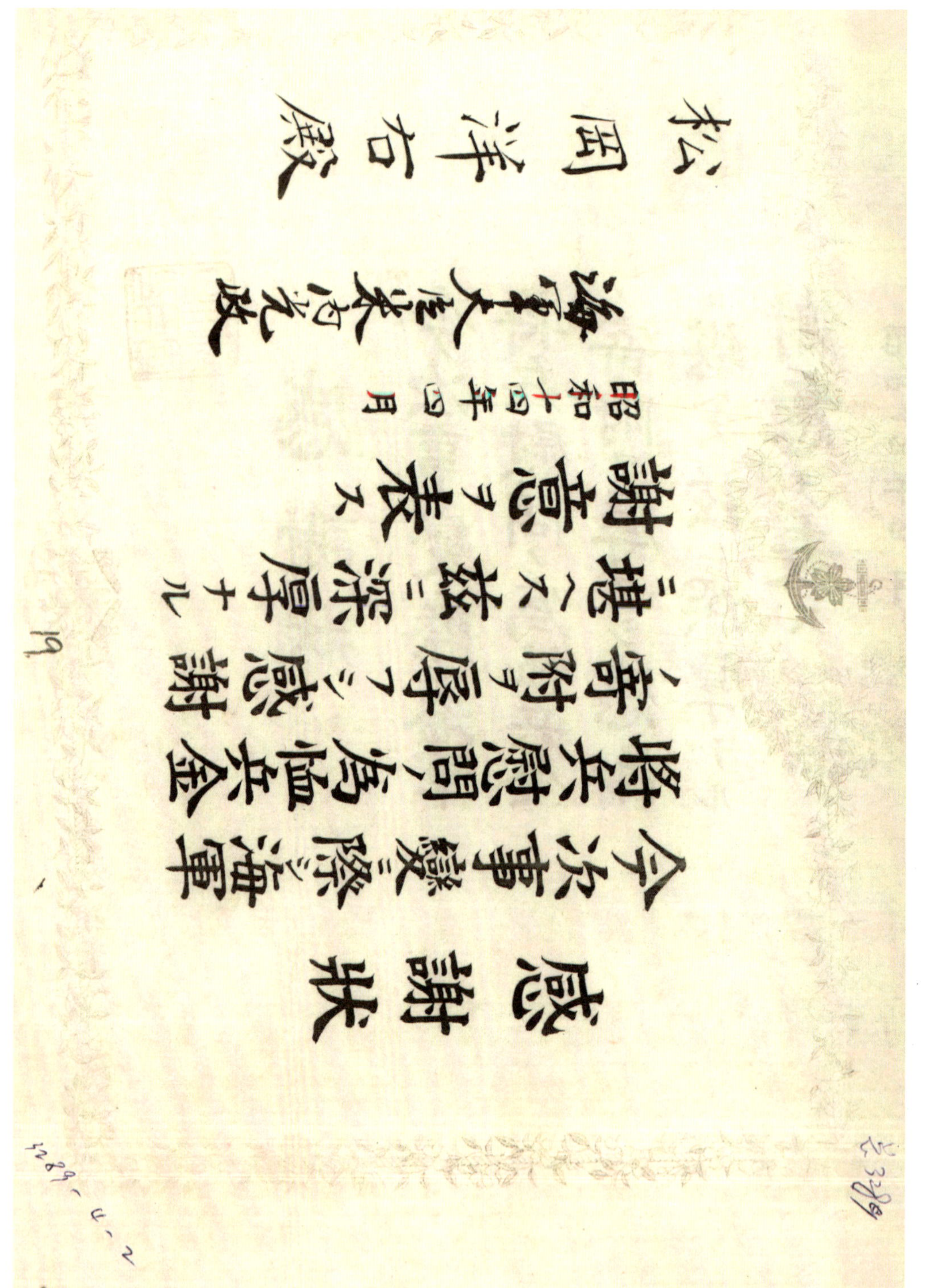

感謝狀

今次事變ニ際シ海軍將兵慰問ノ爲恤兵金ノ寄附ヲ辱フシ感謝ニ堪ヘス茲ニ深厚ナル謝意ヲ表ス

昭和十四年四月

海軍大臣米内光政

松岡洋右殿

海军大臣吉田善吾关于感谢七七事变期间发放慰问品事致满铁的感谢信（一九三九年十一月）

感謝状

今次事變ニ際シ海軍將兵慰問ノ爲恤兵品ヲ寄附ヲ辱ウシ感謝ニ堪ヘズ茲ニ深厚ナル謝意ヲ表ス

昭和十四年十一月

海軍大臣吉田善吾

南滿洲鐵道株式會社殿

22

海军大臣吉田善吾关于感谢提供石油液化气事致满铁的感谢信（一九四〇年四月二十七日）

表彰状

南満洲鐵道株式會社

石炭液化事業ニ關シ克ク帝國海軍ニ協力シ其ノ功績極メテ顯著ナリ仍テ花瓶壹箇ヲ贈與シ玆ニ之ヲ表彰ス

昭和十五年四月二十七日

海軍大臣從三位勲一等吉田善吾

海军大臣吉田善吾关于感谢七七事变期间发放抚恤金事致满铁总裁大村卓一的感谢信（一九四〇年五月）

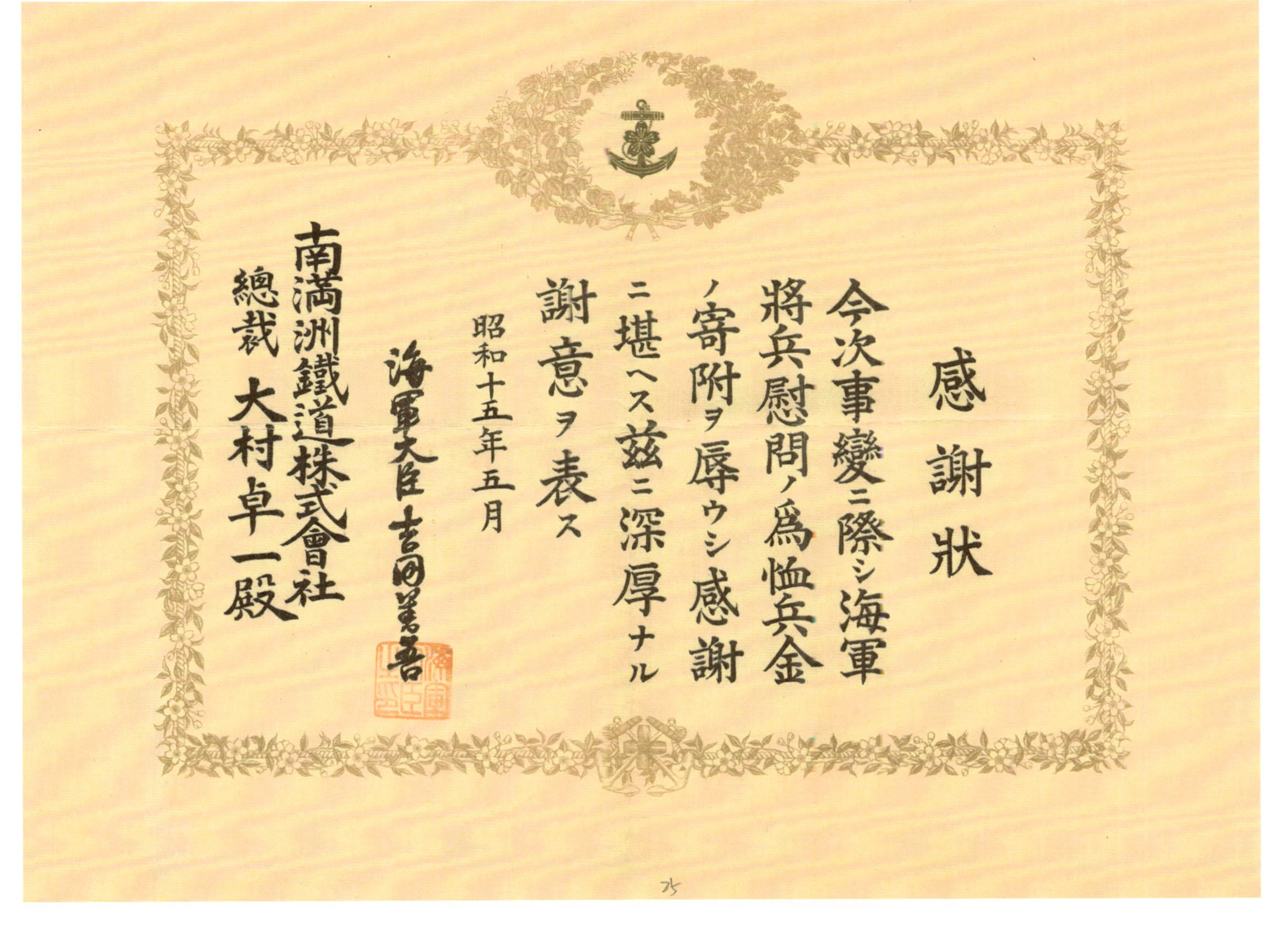
感謝狀

今次事變ニ際シ海軍
將兵慰問ノ爲恤兵金
ノ寄附ヲ辱ウシ感謝
ニ堪ヘス茲ニ深厚ナル
謝意ヲ表ス

昭和十五年五月

海軍大臣　吉田善吾

南滿洲鐵道株式會社
總裁　大村卓一殿

（四）医院感谢信

哈尔滨陆军医院长中野织治关于感谢向住院将兵赠送苹果事致满铁总裁松冈洋右的感谢信（一九三七年十一月二十日）

謹啓

初冬の候愈々御清適の段慶賀の至りに奉存候

陳者今度は當院入院將兵に對し慰問として結構なる林檎澤山御寄贈被下當院並分院入院將兵に夫々貴意傳達候處患者一同一方ならず喜びに有之茲に入院將兵一同に代り御禮申述度如斯御座候

昭和十二年十一月二十日

哈爾濱陸軍病院長 中野織治

南滿洲鐵道株式會社

總裁 松岡洋右殿

姬路陆军医院长牛田纯一关于感谢探望慰问住院将兵事致满铁总裁松冈洋右的感谢信

（一九三七年十一月二十日）

謹啓

今回當院收容中の傷病兵に對し遠路態々御慰問を忝うし同時に御丁重なる御見舞品を拜受仕り傷病兵は固より職員一同其の御厚意に深く感激在罷候

茲に謹而衷心感謝の意を表するものに有之候先は略書を以て御禮迄如斯に御座候

敬具

昭和十二年十一月二十日

姬路陸軍病院長牛田純一

満鉄總裁松岡洋右殿

附：领到苹果之收据

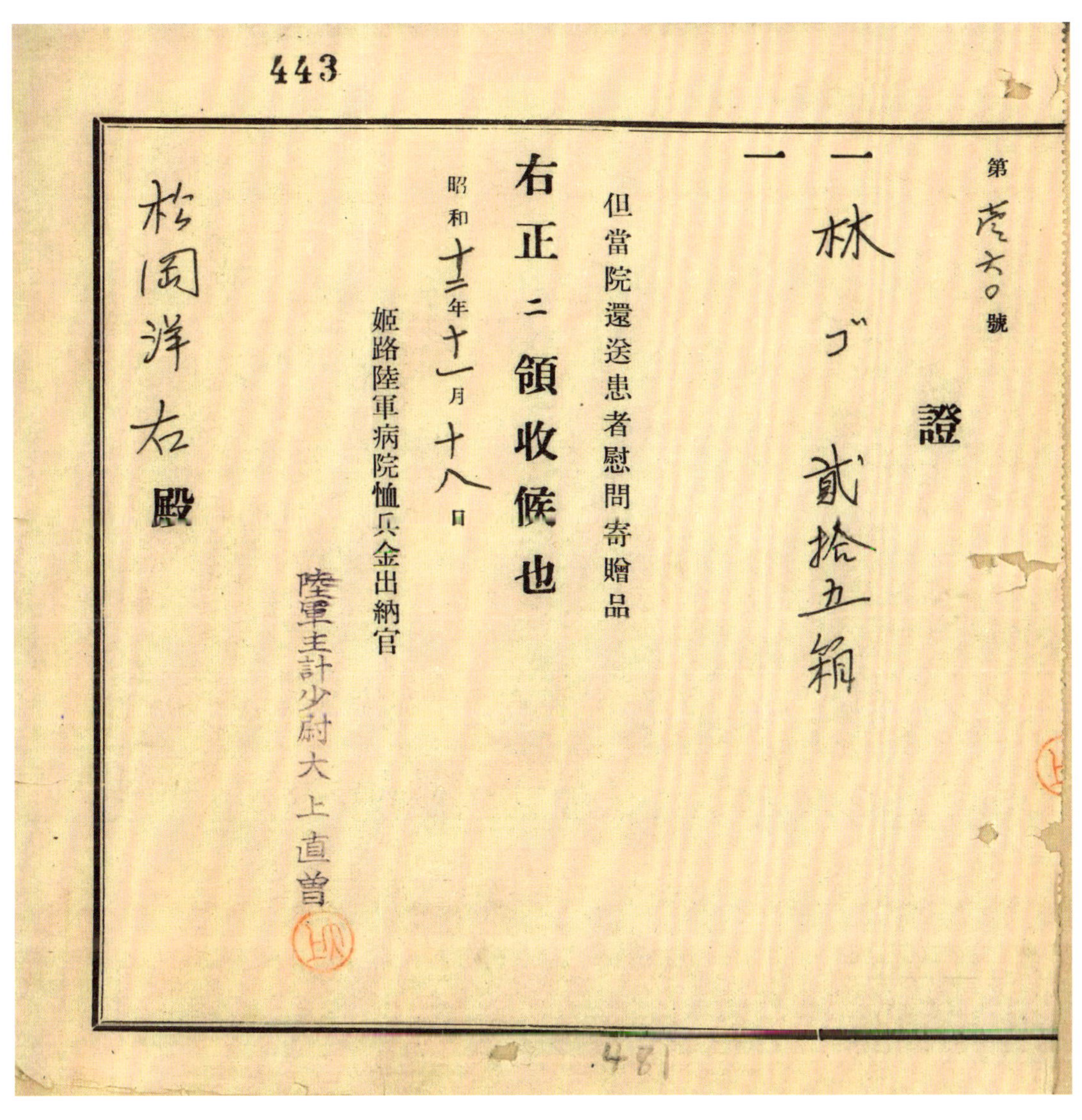
443

第壹六〇號

證

一林ゴ　貳拾五箱

一

但當院還送患者慰問寄贈品

右正ニ領收候也

昭和十二年十一月十八日

姬路陸軍病院恤兵金出納官

陸軍主計少尉大上直曾

松岡洋右殿

481

龙山陆军医院长宇野光风关于感谢慰问七七事变住院将兵事致满铁总裁松冈洋右的感谢信（一九三七年十一月二十二日）

感謝狀

一 果物

右當病院ニ入院中ノ支那事變戰傷病將兵慰問ノタメ御寄贈相成洵ニ感激ニ不堪候茲ニ謹ミテ深厚ナル謝意ヲ表シ候

昭和十二年十一月二十二日

龍山陸軍病院長宇野光風

松岡洋右殿

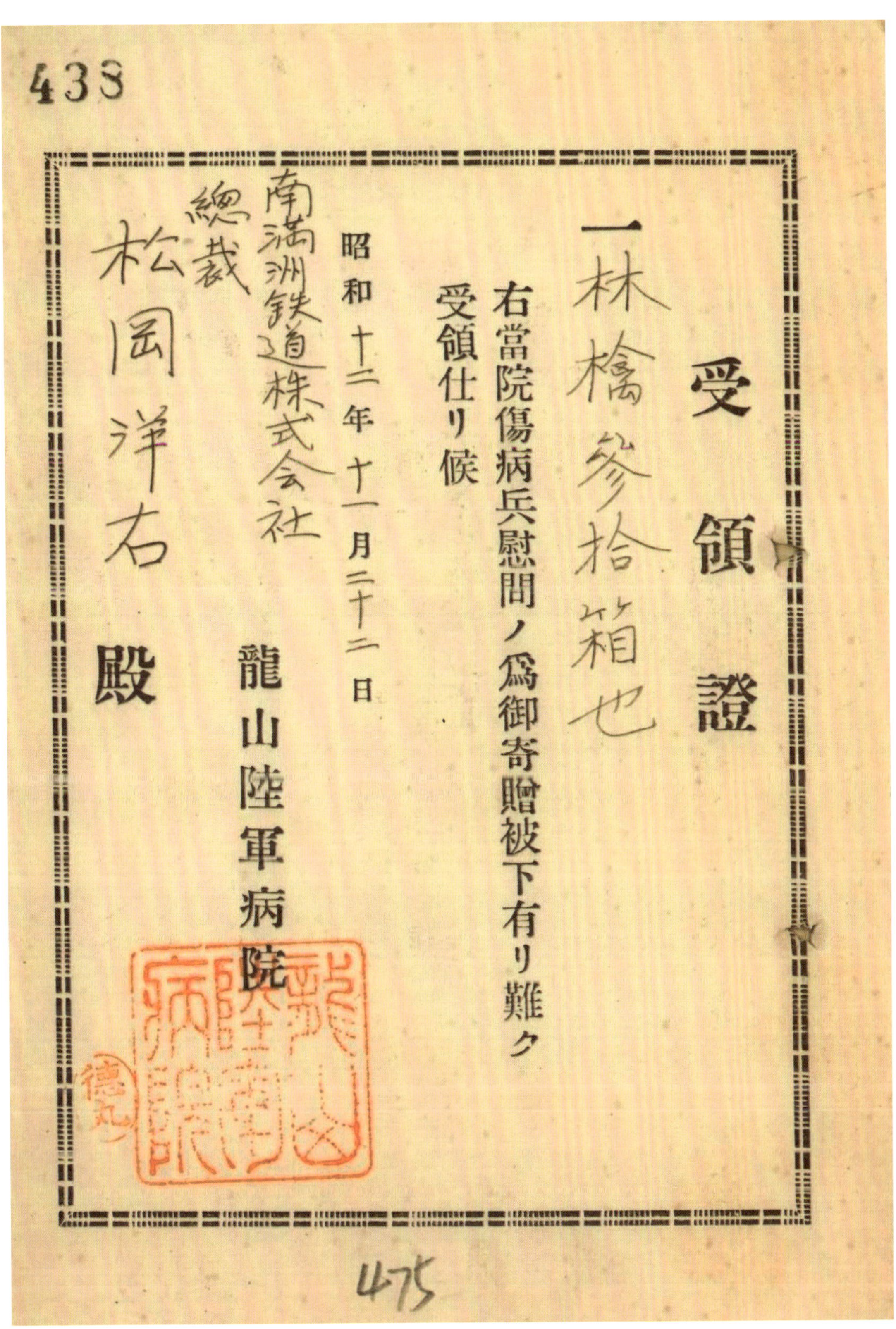

438

受領證

一林檎參拾箱也

右當院傷病兵慰問ノ爲御寄贈被下有リ難ク受領仕リ候

昭和十二年十一月二十二日

龍山陸軍病院

南満洲鉄道株式会社
總裁
松岡洋右 殿

475

承德陆军医院长三浦大三郎关于感谢向住院将兵赠送苹果事致满铁总裁松冈洋右的感谢信（一九三七年十一月二十四日）

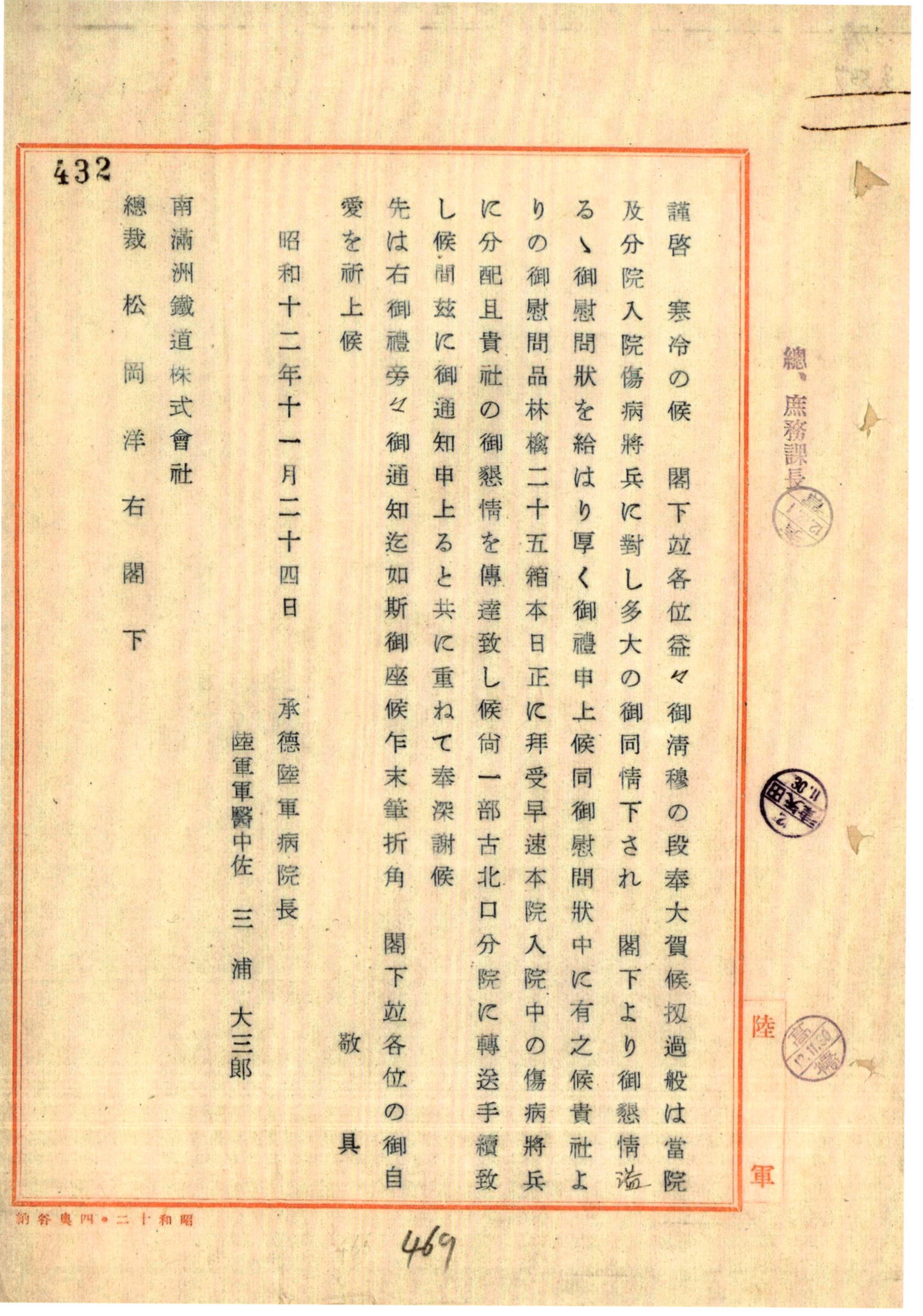

432

謹啓　寒冷の候　閣下並各位益々御清穆の段奉大賀候扨過般は當院及分院入院傷病將兵に對し多大の御同情下され　閣下より御懇情溢るゝ御慰問狀を給はり厚く御禮申上候同御慰問狀中に有之候貴社よりの御慰問品林檎二十五箱本日正に拜受早速本院入院中の傷病將兵に分配且貴社の御懇情を傳達致し候尚一部古北口分院に轉送手續致し候間玆に御通知申上ると共に重ねて奉深謝候

先は右御禮旁々御通知迄如斯御座候乍末筆折角　閣下並各位の御自愛を祈上候

敬具

昭和十二年十一月二十四日

承德陸軍病院長

陸軍軍醫中佐　三浦大三郎

南滿洲鐵道株式會社

總裁　松岡洋右閣下

總、庶務課長

陸軍

昭和十二・四奥谷納

469

陆军医院长小仓关于感谢向住院将兵赠送苹果事致满铁总裁松冈洋右的感谢信（一九三七年十一月二十四日）

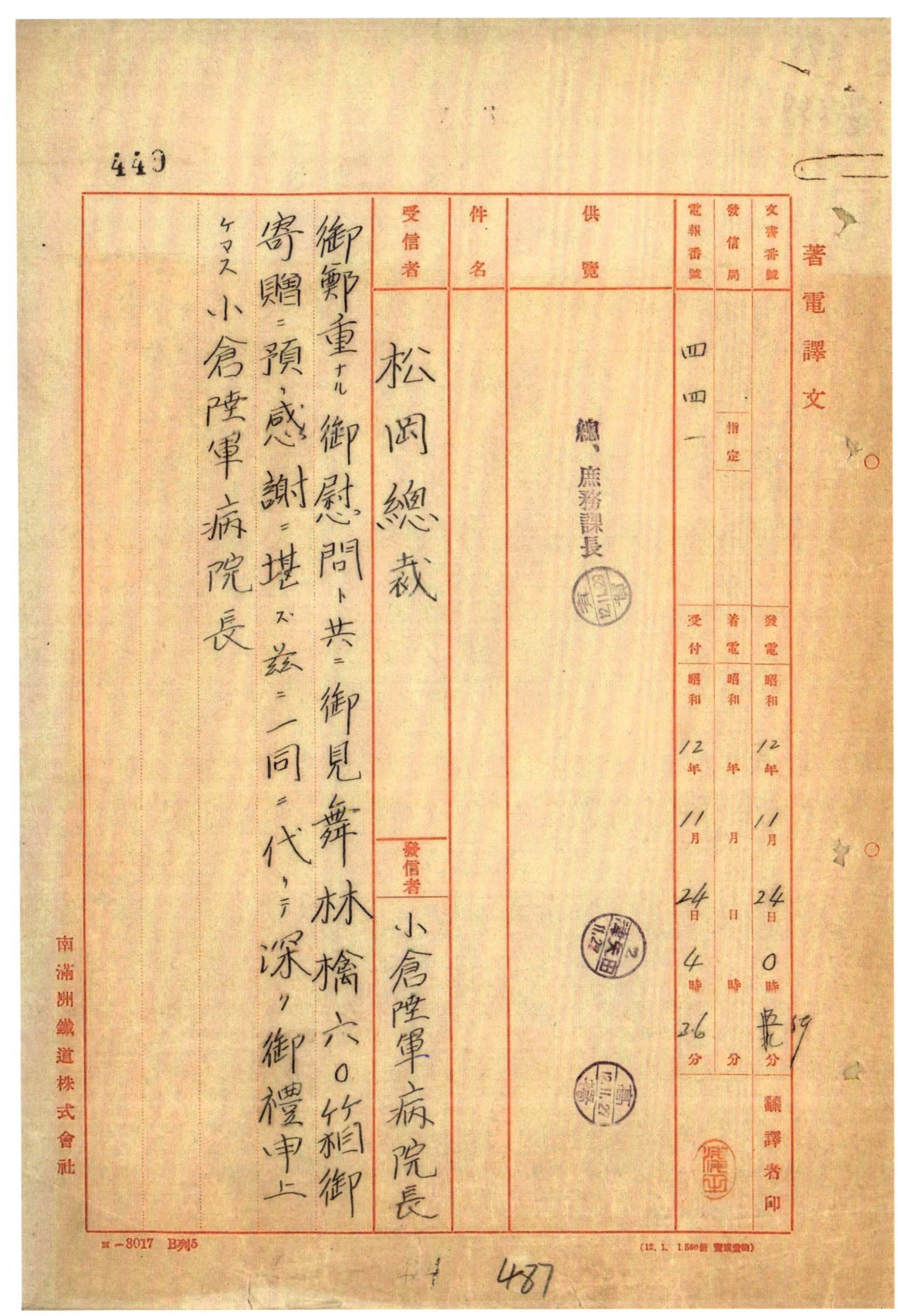

449

著電譯文

文書番號：
發信局：
電報番號：四四一
供覽：總、庶務課長
件名：
受信者：松岡總裁

發電 昭和12年11月24日0時分
着電 昭和 年 月 日 時 分
受付 昭和12年11月24日4時36分

發信者：小倉陸軍病院長

御鄭重ナル御慰問ト共ニ御見舞林檎六〇竹箱御寄贈ニ預ヽ感謝ニ堪ヘズ茲ニ一同ニ代リテ深ク御禮申上ケマス小倉陸軍病院長

南滿洲鐵道株式會社

487

新站陆军医院长上牧猛关于感谢向住院将兵赠送礼品事致满铁总裁松冈洋右的感谢信（一九三七年十一月二十六日）

謹啓
時下寒冷之候益々御健
祥之段奉慶賀候
陳者今般入院患者慰問
として南満名産多数御恵
送ニ預り有難く厚く御禮
申上候
御厚志の程懇々患者ニ相傳
へ今後愈々奉公の誠を致し
以て御高恩に報せん所存
に有之候
右乍畧儀御禮申述度
斯如くに御座候
敬具
昭和十二年十一月二十六日
新站陸軍病院長 上牧猛
松岡洋右殿

海城陆军医院长长冈正人关于感谢向住院将兵赠送慰问品事致满铁总裁松冈洋右的感谢信（一九三七年十一月二十七日）

謹啓
時下向寒の砌益々御清祥の
段奉賀候
扨て先般は當院入院患者に對し
誠に結構なる御慰問品を御贈與
被下御厚志の程厚く御禮申上候
入院患者一同も御芳情に只々感
謝致し居候
先は右御禮如斯御座候
敬白

昭和十二年十一月二十七日
海城陸軍病院長　長岡正人

南滿洲鐵道株式會社總裁
松岡洋右殿
侍史

佳木斯陆军医院长木村虎次郎关于感谢向住院将兵赠送苹果事致满铁总裁松冈洋右的感谢信
（一九三七年十一月二十七日）

謹啓　時下酷寒之候
益々御健勝之段奉賀候
扨て　今般は當病院
戰傷病患者及職員
御慰問として誠に結構
なる満洲名産の林檎十箱
御送附被下本二十七日
正に落手早速分配仕
候處傷病將兵並職員
一同誠に御厚情に深謝
し感激致し居候
茲に乍略儀御禮申上候
頓首
昭和十二年十一月二十七日
佳木斯陸軍病院長
木村虎次郎
南満洲鐵道株式會社
總裁松岡洋右閣下

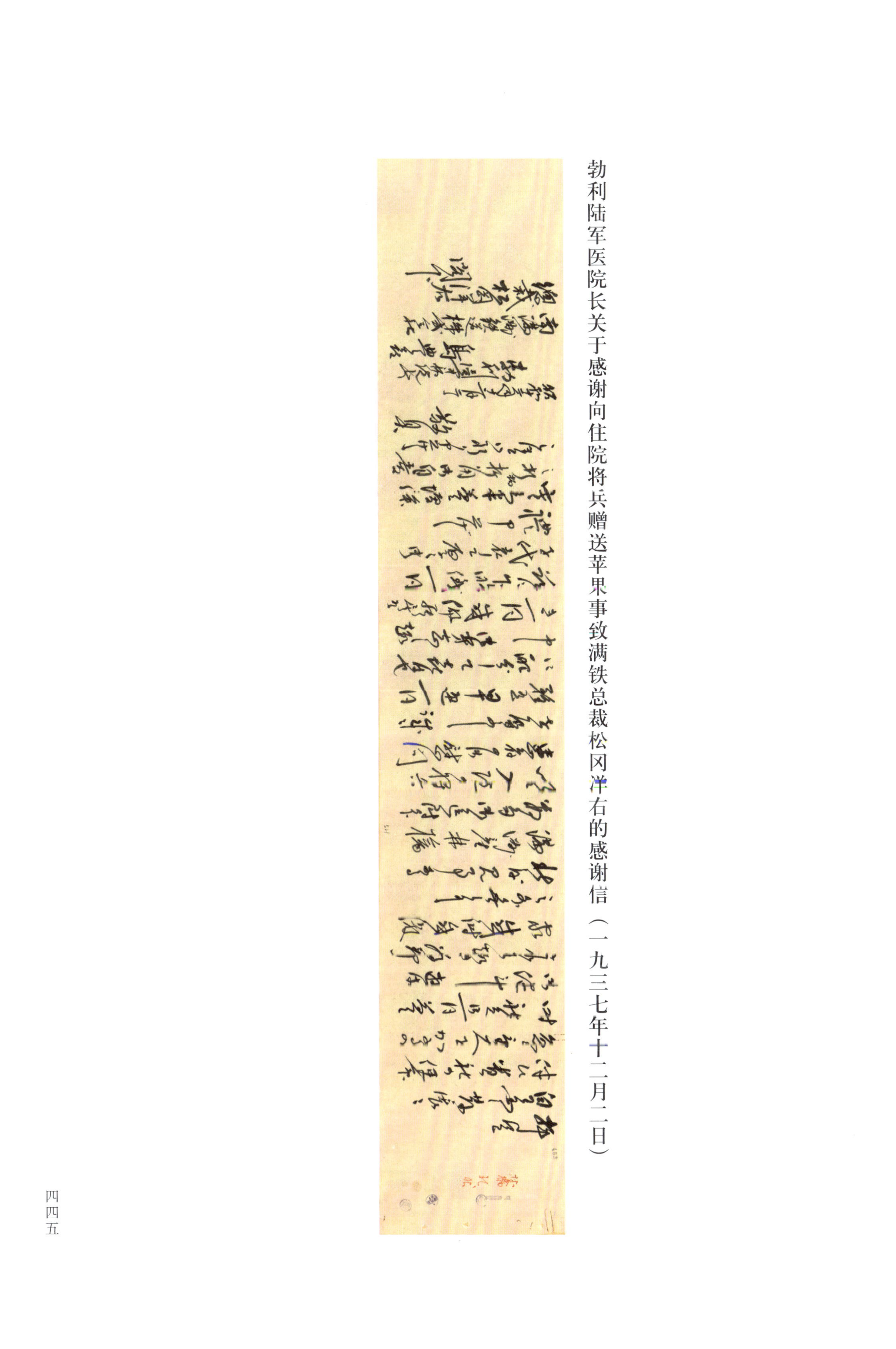

勃利陆军医院长关于感谢向住院将兵赠送苹果事致满铁总裁松冈洋右的感谢信（一九三七年十二月二日）

海军医院长关于感谢慰问住院将兵事致满铁总裁松冈洋右的感谢信（一九三七年十二月十二日）

謹啓
向寒の候愈々御清穆の段
奉賀上候陳者事[illegible]在院
戰傷病者に對し御鄭重なる
御慰問の辞に御見舞
御賜送に預り難有受領
專ら之に到らし拝取計申候
不敢取御禮申上度如
斯御座候　敬具

十二月十二日

海軍病院長

松岡洋右閣下

绥芬河陆军医院长关于感谢慰问住院将兵事致满铁总裁松冈洋右的感谢信（一九三七年十二月十三日）

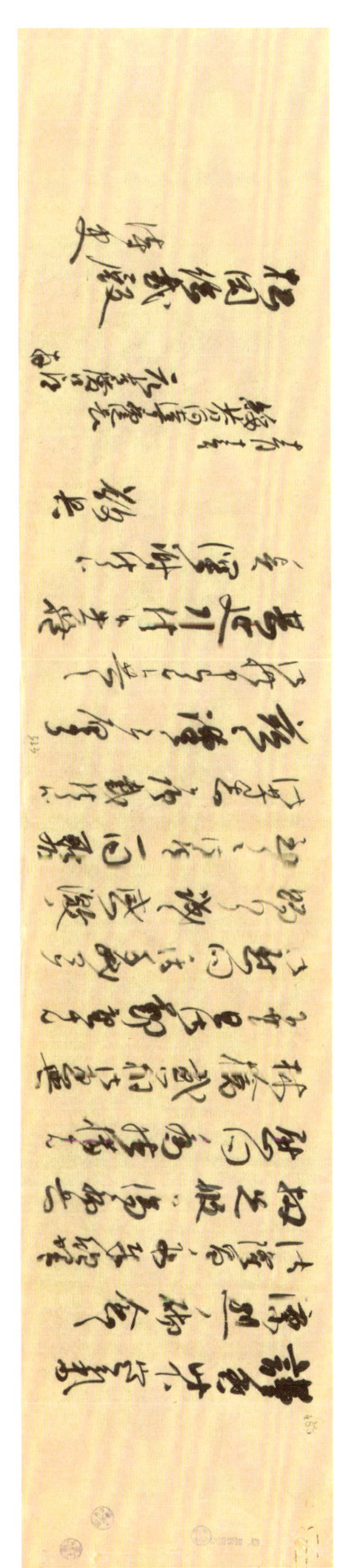

中国驻军医院长千田恒关于感谢慰问住院将兵事致满铁总裁松冈洋右的感谢信（一九三八年一月二十日）

489

肅啓　總、庶務課長

今般御叮重御熱誠ナル御慰問ヲ忝シ誠ニ感謝ニ不堪候

早速御芳情ノ段洩レナク傳達致スヘク患者一同感激措カサル事ト存候尚今後職員以下益々奮勵各充全ヲ期シ以テ皇軍戰力ノ恢復ニ努メ銃後ノ赤誠ニ酬ヒ度キ所存ニ御座候

謹テ御慰問ノ御厚禮ヲ申上ケ感謝ノ微意ヲ表明致シ候　敬具

昭和十三年一月廿日

支那駐屯軍病院長　千田恒

松岡洋右殿

527

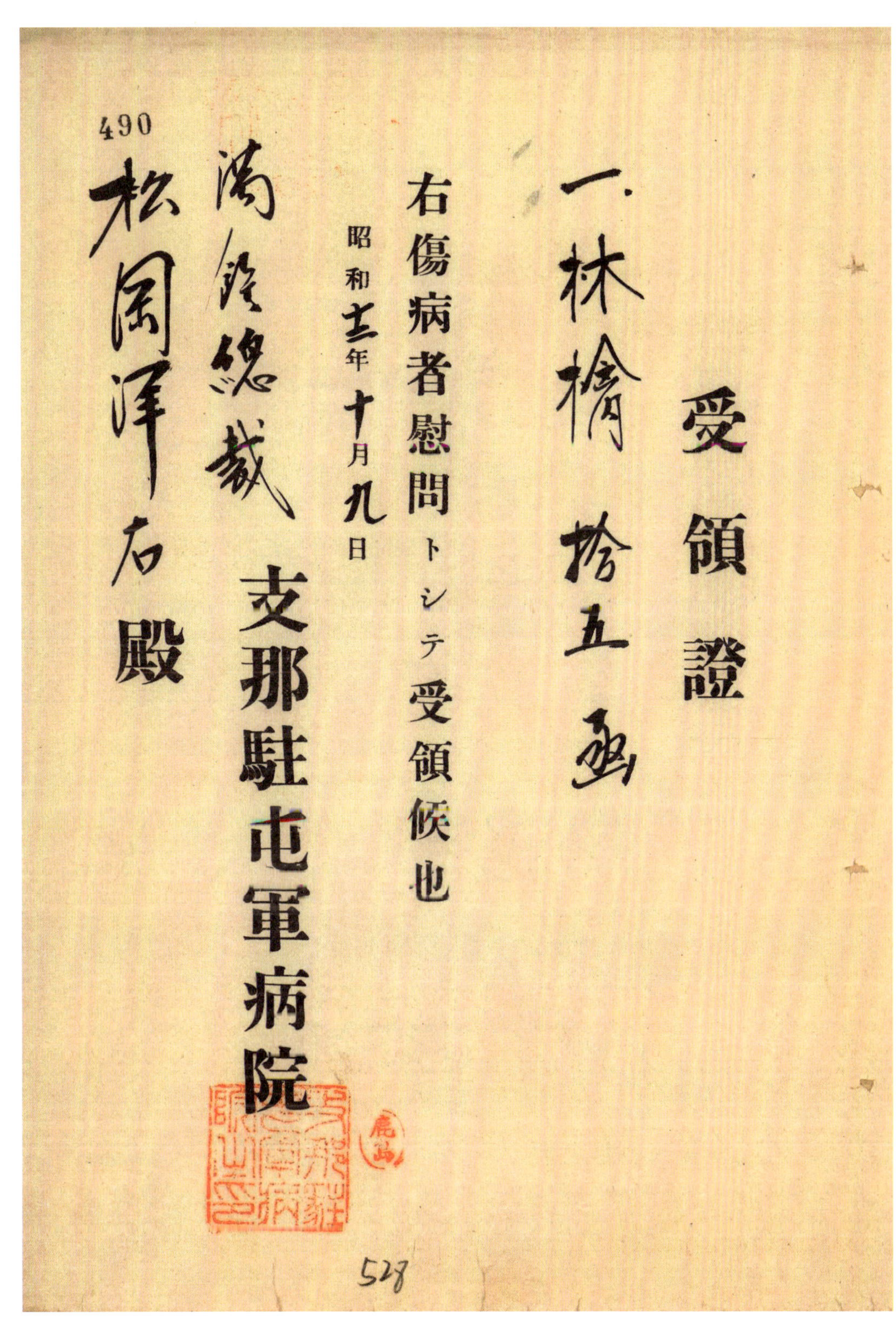

受領證

一、林檎　拾五函

右傷病者慰問トシテ受領候也

昭和十二年十月九日

支那駐屯軍病院

490

滿鐵總裁

松岡洋右殿

528

临时东京第一陆军医院长三木良英关于感谢慰问住院将兵事致满铁总裁松冈洋右的感谢信（一九三八年七月七日）

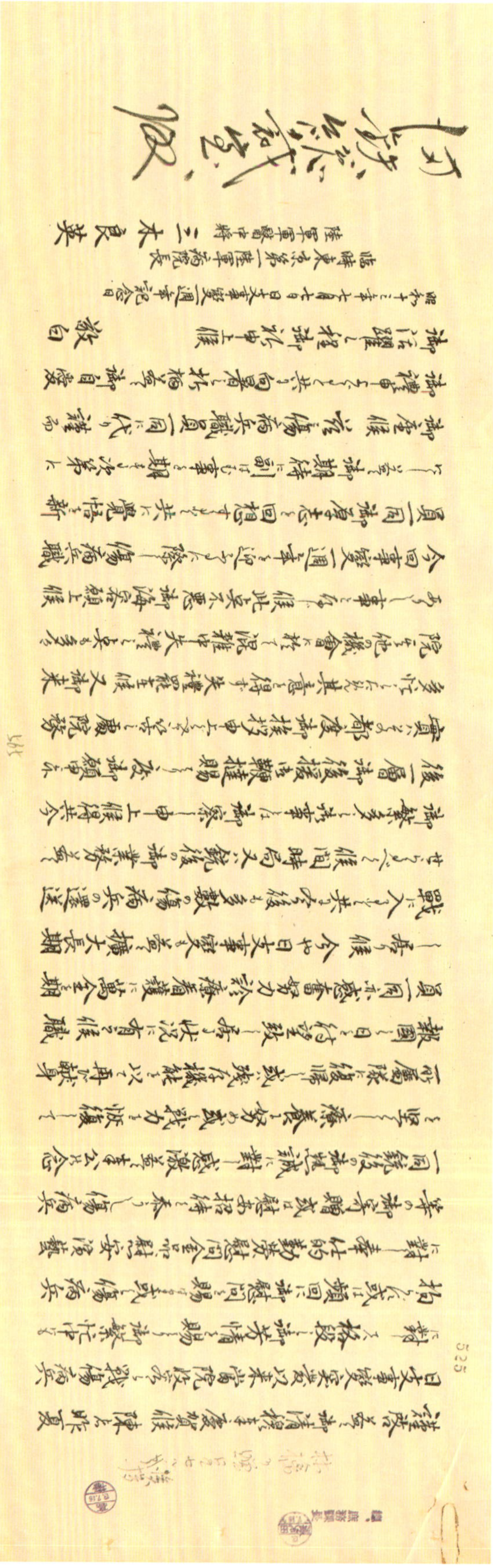

柳树屯陆军医院长高桥正高关于感谢向住院将兵敬献菊花事致满铁的感谢信（一九四〇年十月七日）

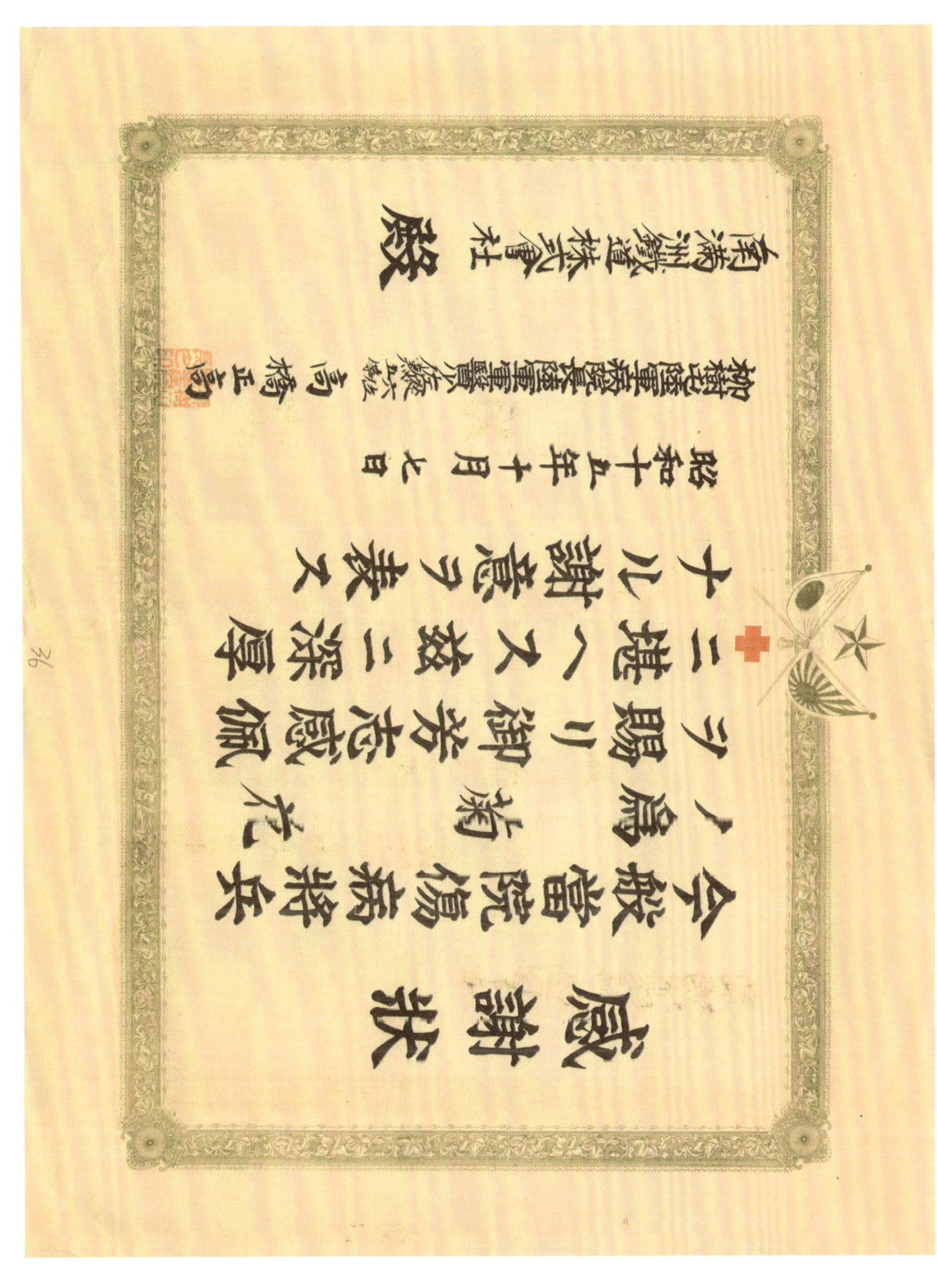

感謝狀

今般當院傷病將兵ノ爲菊花ヲ賜リ御芳志感佩ニ堪ヘス茲ニ深厚ナル謝意ヲ表ス

昭和十五年十月七日

柳樹屯陸軍病院長陸軍軍醫少佐從六位勳五等　高橋正高

南滿洲鐵道株式會社　殿

后记

本书编纂工作在《抗日战争档案汇编》编纂出版工作领导小组和编纂委员会的具体领导下进行，编者主要来自辽宁省档案馆（辽宁省工业文化发展中心）。在编纂过程中，档案保管中心、电子档案与信息安全部的同志为本书的编辑出版提供了大力支持和帮助，关杰、王天明、姜艳、张晓彤、孙叶等同志参与了编纂服务工作，中华书局对本书编纂出版工作给予鼎力支持。谨向上述单位和同志致以诚挚的感谢！

编者